설교자를 위한 구약 지혜문학

이형원 지음

침례신학대학교 출판부

머 리 말

한 통계에 의하면, 한국 교회 강단에서 구약성서가 설교의 본문으로 사용되는 비율은 일백년 역사 동안 평균 26%에 불과하며, 그것도 창세기, 출애굽기, 이사야서, 시편 등에 그 선호도가 집중되어 있다고 한다. 이 통계에서 언급하고 있는 것처럼, 성도들이 구약성서 본문으로부터 설교를 듣는 것이 쉽지 않고, 구약성서 지혜문학(잠언, 전도서, 욥기)으로부터 설교를 듣는 것은 더욱 그러하다. 이러한 현상에는 여러 가지 이유가 있겠지만, 무엇보다도 먼저 설교자들이 영혼 구원에 초점을 맞추는 복음 전도를 위한 설교에 집중하거나, 교회의 성장과 발전을 위한 설교에 주력하기 때문일 것이다. 또한 하나님이 자기 백성들을 구원하신 역사들에 근거하여 구속사적인 설교를 하려 할 때, 이와 같은 책들에서 성서적 근거들을 제시하지 못한다고 생각하기 때문이다. 뿐만 아니라, 구약성서와 신약성서의 어느 본문에서든 예수님께서 그리스도라는 것을 입증하려는 그리스도론적 관심을 기울이고 접근하지만, 이러한 책들에서 그리스도론적 메시지를 찾는 것이 용이하지 않다고 간주하기 때문이기도 하다.

그러나 설교자들이 잠언, 전도서, 욥기를 보다 폭넓은 관점으로 연구하게 되면, 그 속에 하나님의 백성들이 복잡한 인간 관계나 사회 생활 속에서 기억하고 지켜나가야 할 삶의 자세와 도리, 행동 지침 등을 다각적으로 소개한다. 또한 고대 이스라엘의 백성들 중에서 삶의 허무주의에 빠져 허덕이던 자들이나, 예기치 못한 고난을 맞이하여 힘들어하던 자들에게 제공하던 교훈들이 있다. 한 걸음 더 나아가 하나님의 백성들이 하나님의 어떠한 성품과 활동을 기억해야 하며, 그분 앞에서 어떤 신앙적인 자세로 살아야 하는지에 관해 중요한 신앙적 교훈들을 제시하고 있다.

이러한 관점에서 볼 때, 필자는 구약성서 지혜문학에 속하는 잠언, 전도서, 욥기는 이 시대를 살아가는 우리 모두에게 전인적으로 풍성한 삶을 얻을 수 있는 길을 제시하는 최고의 책들이라고 본다. 왜냐하면 잠언에서 다루고 있는 다양한 신앙적 행복론들을 비롯하여 신앙적 교훈들은 수천 년이 지난 지금 시대에 그대로 적용할 수 있는 삶의 교훈들이 되기 때문이다. 또한 전도서는 남녀노소를 불문하고 직면하고 있는 실존의 문제 중에 하나인 허무주의를 다루면서 그 해결책을 제공하고 있기 때문이다. 뿐만 아니라 욥기는 예기치 못했던 고난을 경험하게 될 때에 신앙인으로서 지녀야 할 삶의 자세를 바르게 가르쳐줌으로써 악과 고난의 문제에 관해 올바른 해답을 주고 있기 때문이다.

그러므로 필자는 현대의 모든 설교자들이 구약성서 지혜문학에서 다루고 있는 다양한 삶의 주제들과 신학적 주제들을 바르게 이해할 수 있어야 한다고 본다. 아울러 청중들이 처하고 있는 삶의 구체적인 상황도 잘 파악하여 그에 부합하는 주제들을 설교할 수 있어야 한다고 생각한다. 그리할 때 우리의 설교를 듣고 사는 청중들의 삶이 육체적, 정신적, 물질적으로 뿐만 아니라 영적으로도 균형 잡힌 가운데 전인적으로 행복한 삶을 경험할 수 있게 될 것이다.

이 책의 기록 목적은 설교자들이 잠언, 전도서, 욥기의 기록 목적, 문학적 특징, 신학적 주제 등을 바르게 이해하여 그 책들로부터 설교할 수 있는 주제들이나 삶의 교훈들을 발견할 수 있도록 돕도록 하는 것이다. 이러한 목적을 이루기 위해 필자는 구약학자들이 잠언, 전도서, 욥기에 관해 연구한 결과들을 소개하는 학적인 관심도 기울이면서, 다른 한 면으로는 설교자들이 목회적인 상황에서 쉽게 적용할 수 있는 점들도 언급하려는 노력을 기울였다. 뿐만 아니라 필자는 자신이 구약성서 지혜문학으로부터 설교를 했던 예들을 제시함으로써 설교자들의 설교 사역에 직접, 간접으로 도움을 제공하려고 시도했다.

필자는 이 책의 마지막 장에서 고대 근동의 지혜문학들을 소개하고 있다. 처음 계획한 것보다 많은 분량의 내용이 소개되고 있지만, 나름대로 가치가 있다고 판단하여 그대로 모두 소개하기로 했다. 한글로 된 책으로써 구약성서의 지혜문학에 관해 다루는 책이나 고대 근동의 지혜문학에 관해 다루는 책들을 보면 후자의 내용이 어떤 것인지를 실제로 언급하고 있는 책이 거의 없는 실정이다. 그래서 필자는 구약성서 지혜문학과의 유사성이 논의되는 고대 근동의 지혜문학들을 부분적으로 번역하여 소개함으로써 독자들이 그러한 책들과 잠언, 전도서, 욥기의 내용을 직접 비교해볼 수 있는 기회를 제공하고자 했다.

아무쪼록 이 책이 설교자들의 잠언, 전도서, 욥기 이해를 보다 깊게 해줄 수 있기 바라며, 그 책들로부터 무궁무진한 설교거리들을 찾아낼 수 있는 계기를 제공할 수 있기 바란다. 그래서 우리의 설교를 듣는 청중들이 하나님의 말씀에 근거하여 전인적으로 풍성한 삶을 맛볼 수 있게 되기를 기대해본다.

끝으로 이 책의 기초가 되는 신학적 토론들과 삶의 이야기들을 함께 나누어준 모든 목회자들과 신학생들에게 감사드리며, 이 책을 출판하도록 허락해주신 도한호 총장님께 깊이 감사드린다.

2007년 3월

하기동 캠퍼스에서

저자 이형원

목 차

제1장 구약성서 지혜문학의 정의

동서고금을 막론하고 어느 나라에서든지 백성들로 하여금 삶의 다양한 영역에서 지혜롭게 살아가도록 교훈하는 글들이 많이 존재해 왔다. 우리나라에서도 백성들의 지혜로운 삶이나 처세술을 위한 짧은 격언들이나 속담, 사자성어, 고사성어 등이 전해져 내려오고 있는가 하면, 뛰어난 현인들(wise men)이나 철학자들의 작품들이 지혜로운 삶에 관해 다양한 교훈을 제공하고 있다. 예를 들어, 이황의 퇴계전서, 이이의 율곡전서, 정약용의 목민심서 등에서 이와 같은 교훈들을 많이 발견할 수 있다. 그런가 하면 중국에서는 명나라 말기의 선비 홍자성이 지은 채근담이나, 논어나 맹자 그리고 노자의 도덕경 등이 지혜로운 삶의 도리들을 제공하고 있다. 천여 개가 넘는 언어를 가진 아프리카 대륙에서도 격언은 백성들의 지혜로운 삶과 현실 이해를 위해 가장 중요한 표현 양식이 되어 왔다.[1)]

고대 근동 국가들에서도 백성들에게 삶의 지혜를 제공하는 서적들이 많이 있었다. 고대 애굽이나 메소포타미아 등에서 존재했던 지혜문학 작품들이 현대에 와서 독자들이 쉽게 접할 수 있는 언어들로 번역되고 있다. 구약성서 예언서들은 지혜문학이 고대 근동의 여러 국가들에서 보편적인 문학적, 종교적 현상이었다는 점을 밝혀주는데, 에돔인(렘 49:7; 옵 8), 뵈니게인(겔 28장; 슥 9:2), 애굽인(사 19:11-13), 바벨론인(사 44:25; 47:10; 렘 50:35; 51:57; 단 2:1, 2-13), 그리고 앗수르인(사 10:13)의 지혜와 그들의 현인들의 활동이 언급되고 있다.[2] 뿐만 아니라, 열왕기상 4장 30절도 "솔로몬의 지혜가 동쪽 모든 사람의 지혜와 애굽의 모든 지혜보다 뛰어난지라"라고 언급함으로써 지혜로운 삶을 가르치는 것이 고대 근동 국가들에 있어서 보편적인 현상이었다는 점을 입증해준다.

고대 이스라엘도 예외가 아니었다. 여호와를 하나님으로 믿었던 고대 이스라엘의 현인들은 선민사상을 가지고 살아가는 이스라엘 백성들과 그들의 후손들이 하나님 앞에서나 사람들 앞에서 지혜롭게 살아가는 데 필요한 삶의 실제적인 도리들을 제시했는데, 구약학자들은 이러한 가르침들이 모아져 있는 책들을 이스라엘의 지혜문학(지혜서)이라고 부른다. 이러한 문학적 양식에 포함되는 구약성서의 책들에는 잠언, 전도서, 욥기가 있고, 시편 중에 몇 편들이 지혜를 주제로 하는 시로 이해되고 있다(시 36; 37; 49; 73; 78; 112; 127; 128; 133). 그런가 하면 아가서도 지혜문학에 포함되는 것으로 간주하는 학자들도 있다. 구약성서에 포함되지 않지만 고대 이스라엘 백성들에게 나름대로 지혜로운 삶의 원리를 제공하여 이스라엘의 지혜문학에 포함되는 책들이 있다면 집회서, 솔로몬의 지혜서 등이 있다.[3]

필자는 이 장에서 구약성서 지혜문학이 무엇인지에 관해 자세하게 소개하는 것을 목표로 삼고 있다. 이 일을 위해 필자는 먼저 구약성서에서 사용되는 "지혜"(hokmah)라는 개념의 다양한 의미에 관해 보다 상세하게 살펴보고자 한다. 이어서 이러한 의미 이해에 근거하여 지혜문학을 논할 때 고려되어야 할 요소들을 살펴보고, 이러한 논의들을 기초로 하여 구약성서 지혜문학의 정의를 내리고자 한다.

1. 지혜(hokmah)란 무엇인가?

히브리어 동사 hakam은 단순 능동태로는 '지혜롭다, 지혜로워지다, 지혜롭게 행동하다'라는 의미를 지닌다. 강조 능동태로는 '교훈하다, 지혜롭게 만들다'는 뜻이고, 강조 수동태로는 '교훈을 받다, 전문가가 된다'는 의미를 지닌다. 사역 능동태도 '지혜롭게 만들다'는 뜻이고, 강조 재귀형은 '자신의 지혜로움을 보이다, 지혜로운 체 하다'는 의미를 지닌다.[4] 이 동사는 동사, 명사, 형용사 등의 여러 형태를 포함하여 구약성서에서 318번 언급되고 있다. 그 중에서 절반이 넘는 183번이 잠언, 욥기 그리고 전도서에 포함되고 있다.

구약성서에는 hakam이라는 동사가 여러 가지 형태로 사용되고 있는데, 구체적인 상황들을 살펴보면 지혜롭다는 의미가 다양하게 이해되고 있음을 발견하게 된다.

(1) 지혜롭다는 동사의 가장 보편적인 의미는 공부나 경험이나 현인들의 가르침을 통해 지혜롭게 된다는 의미이다(신 32:29; 왕상 4:3; 욥 32:9; 잠 6:6; 9:12; 13:20; 19:20; 20:1; 23:15, 19; 전 2:15, 19; 7:23; 슥 9:2).[5] 그래서 삶의 모든 분야에 있어서 정신적으로나 지적으로 올바른 결정을 내리

며 살아가게 되는 것을 말한다. 다시 말하면 매사에 공의롭게, 정의롭게, 정직하게 살아가는 것이요, 슬기롭고 지식이 많고 근신하며 살아가는 것을 말한다(잠 1:3-5). 궁극적으로는 삶의 보람과 행복을 누리고, 좋은 인간관계를 유지하고, 장수하게 되며, 하나님께서 제공하시는 영육간의 풍성한 삶을 누리게 되는 것이다. 이렇게 볼 때, 현재 우리 국민들의 관심사가 되고 있는 웰빙(well-being)의 삶이 구약성서에서 말하는 지혜로운 삶에 포함되는 것으로 간주할 수 있다. 잠언은 자녀들이 지혜롭게 살아가기 위해 부모들이나 현인들의 다양한 가르침에 귀를 기울이라고 가르치며, 또한 여호와를 경외하며 살라고 권고한다(잠 1:7-8). 아울러 미련하고 어리석은 자들을 멀리하며 교만한 자들을 멀리하라고 경고한다.

하나님의 백성들이 삶의 다양한 상황을 맞이하게 되었을 때 하나님과 사람들 앞에서 올바른 결정을 내리고 행동함으로 말미암아 지혜로운 자로 나타나도록 가르치는 구약성서는, 이러한 삶의 중요성을 강조하기 위해 지혜라는 용어와 아울러 명철(원어적으로 볼 때, 사리를 판단하는 분별력이 뛰어남), 슬기(신중하고 영리함), 지식(지식에 근거하여 도덕적인 판단력이 뛰어남) 등과 같은 용어들도 사용하고 있다(잠 1:2-5).

(2) 지혜롭다는 의미는 어떤 일을 이루어 나가기 위해 필요한 재능이나 기술이 뛰어나거나 달인이 되었다는 의미도 내포하고 있다. 가장 대표적인 예를 든다면, 여호와께서 모세 시대에 회막을 건축하는 자들에게 여호와께서 주시는 지혜를 가지고 회막을 지을 수 있게 하겠다고 약속하셨는데, 여기에서 지혜라는 용어가 사용된 것은 회막을 짓는데 필요한 능숙한 기술과 재능을 의미하는 것이다(출 31:6). 출애굽기 36장

1절과 2절에 의하면 브살렐과 오홀리압과 마음이 지혜로운 사람 곧 여호와께서 지혜와 총명을 부으사 성소에 쓸 모든 일을 알게 하신 자들이 회막을 건축하는 일에 참여하도록 명령을 받았는데, 여기서도 지혜는 어떤 일을 이루어내는데 필요한 기술과 재능을 의미한다. 역대상 22장 15절도 "또 장인이 네게 많이 있나니 곧 석수와 목수와 온갖 일에 익숙한 모든 사람이니라"라고 기록하고 있는데, 여기서 "익숙한"이라고 번역된 형용사도 hakam으로, 솜씨나 기술이 뛰어난 면을 강조하는 의미로 사용되고 있다. 역대하 2장 7절, 12절, 13절에서 "재주 있는 사람"이라고 언급되고 있는 자들은 모두 원어로 볼 때 지혜로운 자들이다. 예레미야서 10장 9절에서는 정교한 솜씨로 베옷을 짜는 것을 언급할 때 hakam을 사용하고, 에스겔서 27장 8절과 9절에서는 바다에서 노를 젓는데 익숙한 선장이나 배의 틈을 막는데 익숙한 자들을 지혜로운 자라고 묘사하고 있다(참조: 시 107:27).[6] 그런가 하면 이사야서 10장 13절은 전쟁에서의 뛰어난 모습을 언급할 때에 지혜라는 단어를 사용하고 있다.

(3) hakam은 형용사 형태로서 성품이 간교하거나 약삭빠른 모습, 혹은 재치 있는 행동을 의미하기도 한다. 사무엘하 13장에는 다윗의 아들 암논이 이복누이인 다말에게 집착하여 그녀를 가까이 할 수 있는 방도를 친구 요나답에게 묻는 장면이 나온다. 그런데 요나답을 소개하는 3절에서는 그가 심히 간교한 자였다고 묘사하고 있는데, 원어적으로 hakam이라는 단어가 사용되고 있다. 열왕기상 2장 9절에서는 다윗이 곧 왕이 될 솔로몬에게 시므이를 죽이도록 조언을 하면서, 솔로몬을 "지혜 있는 사람"이라고 언급하고 있는데, 문맥적인 상황을 고려할

때 이것은 다윗이 솔로몬으로 하여금 정치적으로 재치 있고 현명하게 대처해야만 살아남을 수 있다는 점을 암시하고 있다고 해석된다.

(4) 잠언과 전도서는 지혜로운 삶에 이르는 길들 중에 가장 근본이 되는 것으로 여호와를 의지하는 신앙을 제시하고 있다. 그래서 구약성서의 여러 부분에서 지혜가 단순히 지적으로 올바른 판단을 하고 살며, 어떤 일을 이루어 가는데 필요한 기술이나 재능을 가지고 사는 정도의 개념으로 소개되는 것이 전부가 아님을 지적해준다. 구약성서의 저자들과 특히 잠언, 전도서, 욥기 등의 저자들은 하나님의 백성들의 지혜로운 삶에 있어서 무엇보다 먼저 여호와를 경외하는 마음 자세가 기본이 되어야 하며(잠 1:7), 각 사람의 걸음을 인도하시는 분이 하나님이심을 인정하는 마음과(잠 16:9), 하나님을 경외하고 그의 명령을 지키는 것을 인간의 본분으로 간주하는 인생관이 필수적이라는 점을 강조한다(전 12:13). 뿐만 아니라, 솔로몬이 왕으로서 백성들을 다스리는 시점에 하나님께서 주신 지혜로 그들을 다스렸고, 또 하나님께서 주신 지혜로 말미암아 이웃 나라들과의 관계도 좋게 유지하게 되었다는 기록 역시 지혜로운 삶과 하나님을 의지하는 삶이 불가분의 관계에 있음을 깨닫게 한다(왕상 4:29-34; 5:9-12). 그러므로 우리는 히브리어로 지혜라는 단어가 내포하고 있는 신앙적인 의미를 간과하지 말아야 한다.

2. 구약성서 지혜문학의 논의에 고려되어야 할 요소들

위에서 논의한 바들을 기초로 하여 구약성서 지혜문학을 논의하고, 또 구약성서 지혜문학의 정의를 내릴 때 고려되어야 할 요소들을 살펴

본다면 다음과 같은 것들이 포함되어야 할 것이다.

(1) 지혜문학은 고대 이스라엘에서만 존재했던 문학 형태가 아니다. 고대 이스라엘 백성들이 접촉하게 되었던 주위의 국가들과 문명들 속에서도 지혜문학들이 존재하고 있었다. 그러므로 고대 근동의 여러 국가들에서 존재했던 지혜문학들과 고대 이스라엘의 지혜문학의 문학 양식, 내용, 그리고 특히 그 속에서 강조하는 인생관과 신앙관의 유사성과 차이점 등에 관해 연구하는 것은 흥미로운 일이며 구약성서 지혜문학의 논의에 있어서 필수적인 연구 과제 중에 하나이다.

(2) 히브리어 hokmah가 내포하고 있는 다양한 의미들을 살펴본 결과로 이해할 수 있었던 것처럼, 구약성서 지혜문학에서 다루고자 했던 삶의 이슈들과 신적인 해답들이 오경이나 예언서 혹은 성문서의 다른 부분들에서 다루고자 했던 것들과 연관성도 있고 또 차이점도 있을 수 있다. 그러므로 구약성서 지혜문학에서 다루고 있는 주제들의 독특성을 인정하는 가운데 지혜문학 연구가 시도되어야 한다. 아울러 지혜문학과 구약성서의 다른 부분들과의 비교 연구를 시도할 때에도 지혜문학의 신학적 독특성이 존중되어야 하며, 오경이나 예언서에서 핵심으로 간주되는 한 가지나 몇 가지의 주된 주제들에 입각하여 지혜문학의 주제들을 평가하는 일은 지양해야 한다. 성서 각 책에서 발견되는 신학적 독특성과 통일성에 관해 연구하는 것은 성서학자들의 주된 관심 분야 중에 하나가 되고 있는데, 구약성서 지혜문학과 오경 그리고 예언서에서 발견되는 신학적 독특성과 연관성 연구 역시 구약성서 지혜문학 연구의 중요한 요소로 자리 잡혀야 한다.

(3) 고대 이스라엘을 하나님 앞에서 거룩하고 의로운 공동체로 만

들기 위해 노력했던 신앙적 지도자들 중에 한 무리였다고 간주되는 현인들의 정체나 그들의 활동에 관한 연구도 지혜문학 연구에 중요한 요소가 될 수 있다. 구약성서에 소개되는 다양한 전통들에 관한 연구 결과들을 살펴보면 제사장들이나 예언자들의 역할에 관해서는 많은 연구가 있었지만, 현인들에 관해서는 상대적으로 많은 연구가 이루어지지 못했던 것을 발견할 수 있다. 그러나 고대 이스라엘 현인들의 사회적인 위치와 역할, 그리고 그들의 인생관과 신앙관에 관한 이해는 구약성서 지혜문학을 이해하는 데 큰 도움을 제공할 것이다.

(4) 개신교인들이나 유대인들에 의해 구약성서 지혜문학에 포함되고 있는 잠언, 전도서, 욥기와 같은 책들이 있는가 하면, 정경의 가치를 인정받지 못한 유대인 지혜문학들이 존재한다(집회서, 솔로몬의 지혜서). 이러한 책들과 구약성서 지혜문학의 문학 양식, 내용, 그리고 주제와 교훈들을 비교 연구하는 것도 가치 있는 일이라고 본다. 한 걸음 더 나아가서 구약성서 지혜문학이 구약성서의 다른 부분들에 어떤 영향을 끼쳤는지, 그리고 신약성서의 여러 책들에 어떤 영향을 끼쳤는지 연구하는 것도 구약성서 지혜문학의 연구 분야 중에 하나로 포함될 수 있을 것이다.

3. 구약성서 지혜문학의 정의

이제 위에서 언급한 서론적 논의들에 근거하여 구약성서 지혜문학의 정의를 개괄적으로 내려 볼 수 있다고 본다. 아마도 깊이 있는 정의는 독자들이 이 책의 결론 부분에 이를 때 자연스럽게 이해할 수 있겠지만, 이 책의 독자들로 하여금 지혜문학에 관한 기초적이고도 올바른 선이해를 가지고 책을 읽어 나갈 수 있도록 돕기 위해 서론 부분에서 지혜문학의 정의를 내려보고자 한다.

구약성서 지혜문학에 관한 필자 자신의 정의를 내리기 이전에 다른 구약학자들이 내린 정의들을 소개한다면, 일반적으로 구약성서 중에서도 잠언, 전도서, 욥기가 다루는 독특한 신학적 주제들을 부각시키기 위해 붙여진 하나의 문학 장르 개념으로 간주되고 있다. 그렇다고 해서 시편 등에서 발견할 수 있는 지혜의 시편들이 지혜문학의 범주에서 완전히 배제되는 것은 아니다. 현대의 구약학자들이 아가서나 지혜 시편들이나 요셉의 생애 등에서 전통적인 지혜문학과의 연관성을 찾으려는 관심을 기울이고 있는 것을 볼 때, 지혜문학의 범주에 포함시킬 수 있는 구약성서 본문들이 더욱 확장될 가능성이 크다.

(1) 롤란드 머피(Roland E. Murphy)는 『지혜문학과 시편』에서 "지혜문학이란 히브리 성서 중에서 잠언, 욥기, 전도서를 말하며, 외경 중에서 집회서(전도서 외경), 솔로몬의 지혜서를 가리키는 용어이다"라고 언급한다.[7]

(2) 제임스 크렌쇼(James Crenshaw)는 『구약성서 지혜문학 서론』에서 지혜문학에 관해 아래와 같이 상세하게 정의를 내리고 있다.

> 형식적인 측면에서 볼 때, 지혜는 격언 문장이나 가르침, 논쟁, 지적인 반성 등으로 이루어지며, 주제의 측면에서 볼 때, 지혜는 인간 복지를 위해 삶을 다스리는 것에 관해 취급하는 자명한 직관들, 무죄한 고통에 관한 삶의 비밀을 추구하는 일, 인간의 유한성에 대한 고민, 창조 질서 안에 감춰지고 여성화 된 지혜 안에 드러난 진리를 추구하는 일 등으로 구성된다. 이상을 볼 때 분명해지는 것은 형식과 내용의 결합이 이루어질 때 그것이 곧 지혜문학이 된다는 점이다.[8]

크렌쇼는 『머서 성서사전』(*Mercer Dictionary of the Bible*)에서 구약성서 지혜문학에 관해 다음과 같은 설명을 덧붙이고 있다.

> 성서의 지혜문학은 참된 덕목과 신앙의 가능성, 삶의 풍요에 관한 심각한 반성, 그리고 전통적인 율법과 부모들의 조언과의 관계 등에 관해 소개하는 교훈들과 문장들 그리고 지적인 토론들을 포함하고 있다.[9)]

(3) 다이엔 버건트(Dianne Bergant)가 『이스라엘의 지혜문학』의 서론 부분에서 지혜문학과 지혜의 정의와 관련하여 이렇게 언급하고 있다.

> 지혜문학이라고 알려져 온 본문들을 자세하게 연구해보면 아주 다채롭고 난해한 개념인 지혜를 정의내리기가 어렵다는 점을 보여준다. 지혜는 삶 가운데서 발견하는 의미(the meaning in life), 삶의 의미(the meaning of life), 고대의 인본주의, 인간관계를 맺는 방법, 성공에 이르는 길, 창조의 질서들을 발견하고 그것들에 융화하기 등과 같은 다양한 내용들을 다루고 있다.[10)]

지혜와 관련한 버건트의 이와 같은 설명은 지혜문학이 다루게 되는 핵심 주제들이 무엇인지를 알게 함과 동시에 지혜문학의 정의를 제공하는 것으로 간주할 수 있다.

(4) 이렇게 볼 때, 구약성서 지혜문학이란 고대 이스라엘의 신앙적 전통 중에 하나를 형성하고 있었던 현인들이 중심이 되어, 하나님의 백성들이 이 세상에서 살아가는 동안 평범한 일상생활 속에서 뿐만 아니라 삶의 고난을 경험할 때에나 극도의 허무감을 경험할 때에도, 신

앙적으로나 윤리적으로, 그리고 가정이나 사회의 한 구성원으로 의롭게, 그리고 행복하게 살아갈 수 있는 원리들을 교훈했던 내용들을 모은 책들이다. 그래서 잠언, 전도서, 욥기를 중심으로 하여 지혜 시편 등이 이러한 문학 작품 속에 포함될 수 있다.

주(註)

1) Lawrence D. Radice, "Wisdom Tradition: A Door to Inter-religious Dialogue," *African Ecclesial Review,* vol. 43, no. 6 (2001), 301.

2) C. Hassell Bullock, *An Introduction to the Old Testament Poetic Books: The Wisdom and Songs of Israel* (Chicago: Moody Press, 1979), 20.

3) 집회서와 솔로몬의 지혜서의 내용은 데릭 키드너의 『어떻게 지혜서를 읽을 것인가?』를 참고하라 (서울: IVP, 2000).

4) Willem A. VanGemeren, ed., *New International Dictionary of Old Testament Theology & Exegesis,* vol. 2 (Grand Rapids: Zondervan Publishing House, 1997), 130.

5) Ibid., 131.

6) Ibid., 132.

7) Roland E, Murphy, *Wisdom Literature & Psalms* (Nashville: Abingdon Press, 1983), 13.

8) James L. Crenshaw, *Old Testament Wisdom: An Introduction* (Atlanta: John Knox Press, 1981), 19.

9) Watson E. Mills, ed., *Mercer Dictionary of the Bible* (Macon: Mercer University Press, 1990), 965.

10) Dianne Bergant, *Israel's Wisdom Literature* (Minneapolis: Fortress Press, 1997), 12.

제2장 고대 이스라엘의 사제, 예언자, 현인들의 관계

구약성서 지혜문학이 오경이나 예언서와 비교해 볼 때 독자적인 신학과 교훈들을 지니고 있다는 점을 발견한 구약학자들은 지혜문학을 형성시킨 주체들이 누구인지에 관하여 깊이 연구하게 되었다. 그리고 고대 이스라엘을 신앙적으로 바로 서게 만들기 위해 노력했던 신앙적 지도자들이 사제들과 예언자들이었다는 전통적인 이해를 넘어서서, 현인들도 신앙적 지도자들의 무리 중에 하나였다는 점을 발견하게 되었다.

필자는 이 장에서 고대 이스라엘의 신앙적 지도자들로 활동했던 사제, 예언자, 현인들의 관계에 대하여 개략적으로 살펴보고, 그 중에서도 현인들의 정체에 관해 보다 깊이 논하고자 한다. 아울러 현인들의 정체를 논할 때 대두되는 지혜 학교(wisdom school)에 관해서도 언급하고자 한다.

1. 고대 이스라엘의 신앙적 지도자들

고대 이스라엘의 역사를 되돌아 볼 때, 여호와 하나님이 어떤 분이시고, 그분이 바라시는 공동체는 어떤 공동체이며, 하나님의 선민인 이스라엘 백성들이 행해야 할 신앙적, 윤리적 본분들이 무엇인지를 가장 잘 가르쳐주고 있는 것은 모세가 여호와께로부터 받은 율법들이다. 그래서 이스라엘 백성들이 모세의 율법을 어떻게 적용하고 또 어떻게 반응하는지에 따라 이스라엘 역사의 방향이 바뀌게 된 것을 보게 된다. 다시 말하여, 왕을 비롯하여 온 이스라엘 백성들이 모세의 율법이 지시한대로 하나님의 뜻에 순종하는 삶을 살아갔을 때 그들은 평화와 번영을 누릴 수 있었다. 그러나 왕이나 온 백성들이 모세의 율법에서 명시한 법도들을 어긋나서 살아갈 때에 그들은 외세의 침입을 당하고 나라까지 빼앗기는 아픔을 경험하게 되었다. 이러한 점은 구약성서를 기록한 저자들의 관점에서도 밝히 나타나는데, 예를 들어 신명기를 근거로 하여 이스라엘의 과거 역사를 평가하고 있는 신명기적 역사가들은 여호수아서, 사사기, 사무엘서, 열왕기서를 기록할 때, 각 시대마다 왕과 백성들이 모세의 율법들과 특히 신명기에 제시된 가르침대로 살았는지 그렇지 않았는지를 지적해주고 있다. 또한 북왕국 이스라엘과 남왕국 유다가 멸망하게 된 주된 이유는 왕과 백성들이 모세를 통해 주어진 하나님의 율법에 따라 살지 않았기 때문이라고 평가하고 있다.

그런데 하나님께서 모세를 통해 계시하신 율법들은 범주도 다양하고 시행세칙들도 너무나 많다. 다시 말하여, 하나님께 다양한 제사들을 드리고 절기를 지킬 때 실행해야 할 제의적인 법도들이 소개되고 있을 뿐만 아니라(레 1-7장; 신 12-14장) 이스라엘 백성들 사이에서 발생하게 되는 여러 가지 사회 문제들을 처리하는 관계법들도 제시하고 있다. 또한 구약학자들이 계약법전이라고 부르는 출애굽기 20장부터 23장이나, 성결법전이라고 부르는 레위기 17장부터 26장, 그리고 신명기 법전이라고 부르는 신명기 12장부터 26장을 보면 현대 사회에서도 적용할 수 있고 실행해야만 하는 윤리적 규범들이 다양하게 소개하고 있다. 예를 들어, 계약법전은 노예들의 기본적인 권리에 관한 법, 상해보상법, 가축보상법, 재산관리법 등을 소개함과 아울러 이방인, 고아, 과부를 보호하고, 가난한 자에 대해 배려하며, 재판을 공정하게 할 것을 지시하는 내용들을 포함하고 있다. 그런가 하면 성결법전은 하나님께 올바른 제사를 드리도록 명령하며, 성적으로 성결하게 살고, 근로자를 보호하며, 가난한 자를 경제적으로 보호해주며, 공정한 재판을 시행하도록 지시하고 있다. 아울러 안식년 제도와 희년 제도를 통해 그 사회의 약자들의 인권이 회복될 수 있는 기회를 제공하도록 제안하고 있다. 또한 신명기 법전은 종교적 제도와 절기를 질서 있게 준수할 것을 지시하고 있으며, 안식년을 지키고, 도피성 제도를 지키도록 명령하고 있다. 아울러 재판의 공정성을 유지하며, 왕이 하나님의 율법에 따라 백성들을 다스리도록 명시하고 있다. 또한 전쟁에 관한 규율을 소개함과 아울러 가정이 성결하게 되기 위해 지켜야 할 도리들도 소개한다. 덧붙여서 가난한 자를 보호하도록 지시하며, 십일조 제도의 의미도 소개하고 있다.

여호와 하나님께서 이스라엘 백성들을 거룩한 공동체로 세우기 위해 모세에게 전수해주신 다양한 율법들은 모세의 가르침을 이어받은 신앙적 후손들과 제자들에 의해 백성들에게 가르쳐지게 되었다. 그런데 모세의 율법들의 범주도 다양하고 또 그 율법들 속에 내포되고 있는 교훈들도 광범위하여, 모세 이후의 신앙적 지도자들은 자신들이 처한 신앙적 전통에 입각하여 모세의 율법들 중에서 더욱 강조해야 할 교훈들을 집중적으로 가르치게 되었다. 그 결과로 고대 이스라엘의 사제들과 예언자들, 그리고 현인들이 가르친 신앙적 교훈들이 나름대로 독특한 점들을 드러내고 있다.

고대 이스라엘에 왕이 통치를 하는 제도가 도입된 이후에, 왕의 통치를 돕고 그에게 조언을 해주는 사제들과 예언자들이 왕의 주위에 존재하고 있었다는 점은 구약성서를 읽는 독자들이 일반적으로 이해하고 있는 사안이다. 예언자이자 제사장이었던 사무엘이 사울을 왕으로 세우거나, 사울 왕이 블레셋과 싸우기 위해 전쟁에 나가기 전에 사무엘이 직접 인도하는 제사를 기다려야 했던 장면이나(삼상 13:8-15), 다윗 왕이 통치할 때 제사장 아비아달과 사독, 예언자 나단이 왕의 조언자로 활동했던 기록(왕상 1-2장), 아합 왕이 아람과의 전쟁에 나가기 전에 선지자 사백 명쯤을 모으고 하나님의 뜻을 묻는 장면(왕상 22:5-6), 왕과 군사들이 전쟁에 나갈 때 사제들을 중심으로 하여 승리를 기원하는 제사를 드리고(시 20편), 또 그들이 승리하고 돌아왔을 때 사제들이 중심이 되어 감사의 제사를 드린 내용(시 21, 76, 110편) 등은 이러한 이해가 올바른 것임을 입증해준다.

그런데 구약성서 지혜문학을 연구한 구약학자들이 발견하게 된 사실은 고대 이스라엘에서 왕의 통치를 돕고 그를 조언하며 온 백성들이 여호와의 뜻에 합당하게 살아가도록 힘을 썼던 신앙적 지도자들 중에 현인들이 포함된다는 점이다. 이들이 왕궁에서 어떤 위치를 차지하고 있었는지에 관해 학자들이 다양한 견해들을 보이고 있지만, 현인들이 고대 이스라엘의 신앙적 지도자들 중에 한 무리로서 왕의 조언자들로 존재하고 있었다는 점에는 대부분의 학자들이 동의하고 있다.[1] 현인들이 사제들과 예언자들과 함께 고대 이스라엘 사회의 신앙적 지도자들로 활동하였다는 점을 입증할만한 구약성서의 구절들로는 예레미야서 18장 18절과 에스겔서 7장 26절과 27절 등이 있다. 예레미야서 18장 18절은 기원전 6세기 초에 바벨론이 유다를 침공하려 했을 때에, 예레미야가 그것을 유다 백성들의 죄악과 불순종에 대한 하나님의 정당한 심판 활동으로 해석하고, 왕과 백성들로 하여금 하나님께 회개하고 바벨론에 항복하도록 권유했을 때, 왕의 주위에 있었던 신앙적 지도자들이 예레미야를 치기 위해 한 말을 소개한다.

> 그들이 말하기를 오라 우리가 꾀를 내어 예레미야를 치자 제사장에게서 율법이, 지혜로운 자에게서 책략이, 선지자에게서 말씀이 끊어지지 아니할 것이니 오라 우리가 혀로 그를 치고 그의 어떤 말에도 주의하지 말자 하나이다.

그러므로 이 구절은 왕과 백성들에게 율법을 가르치던 제사장들과 하나님의 말씀을 전하던 선지자들과 함께, 삶의 지혜와 책략을 제공해 주던 현인들이 고대 이스라엘의 신앙적 지도자들 무리에 포함되고 있었다는 점을 밝혀준다.

에스겔서 7장 26절과 27절은 바벨론으로 말미암아 유다가 멸망하게 되는 시점에 더 이상 왕이나 사회의 지도자들이 나라를 바로 세울 수 있는 길들을 제시할 수 없게 되어버린 안타까운 현실을 에스겔이 토로하는 내용인데, 현인들이 사회의 지도자 계층에 속하여 활동했음을 암시해주는 구절이다.

> 환난에 환난이 더하고 소문에 소문이 더할 때에 그들이 선지자에게서 묵시를 구하나 헛될 것이며 제사장에게는 율법이 없어질 것이요 장로에게는 책략이 없어질 것이며 왕은 애통하고 고관은 놀람을 옷 입듯 하며 주민의 손은 떨리리라(겔 7:26-27상반절).

이 구절에서 장로라고 언급된 단어는 에스겔서의 문맥적인 상황을 고려해 볼 때 현인으로 간주할 수 있고, 현인이 선지자와 제사장과 아울러 왕의 주위에서 왕을 신앙적으로 조언하며 삶과 신앙의 지혜를 제공하는 역할을 한 것으로 이해할 수 있다.

또한 잠언이나 전도서에는 현인들이 왕을 조언하거나 앞으로 나라를 다스리게 될 자들을 가르치는 내용들을 담고 있는 구절들이 많이 소개된다. 아울러 왕의 신하들이 어떻게 왕을 보좌해야 하는지를 가르치는 구절들도 언급된다. 그래서 이러한 구절들도 현인들이 고대 이스라엘에서 사제들과 예언자들과 마찬가지로 왕의 조언자 역할을 했던 신앙적인 지도자들이었다는 점을 입증해준다.

> 하나님의 말씀이 왕의 입술에 있은즉 재판할 때에 그의 입이 그르치지 아니하리라 공평한 저울과 접시 저울은 여호와의 것이요 주머니 속의 저울추도 다 그가 지으신 것이니라 악을 행하는 것은 왕들이 미워할 바니 이는 그 보좌가 공의로 말미암아 굳게 섬이니라 의로운 입술은 왕들이 기뻐하는 것이요 정직하게 말하는 자는 그들의 사랑을 입느니라 왕

의 진노는 죽음의 사자들과 같아도 지혜로운 사람은 그것을 쉬게 하리라 왕의 희색은 생명을 뜻하나니 그의 은택이 늦은 비를 내리는 구름과 같으니라(잠 16:10-15).

지혜로운 왕은 악인들을 키질하며 타작하는 바퀴를 그들 위에 굴리느니라…. 왕은 인자와 진리로 스스로 보호하고 그의 왕위도 인자함으로 말미암아 견고하니라(잠 20:26-28).

왕의 마음이 여호와의 손에 있음이 마치 봇물과 같아서 그가 임의로 인도하시느니라(잠 21:1).

일을 숨기는 것은 하나님의 영화요 일을 살피는 것은 왕의 영화니라 하늘의 높음과 땅의 깊음 같이 왕의 마음은 헤아릴 수 없느니라 은에서 찌꺼기를 제하라 그리하면 장색의 쓸 만한 그릇이 나올 것이요 왕 앞에서 악한 자를 제하라 그리하면 그의 왕위가 의로 말미암아 견고히 서리라 왕 앞에서 스스로 높은 체하지 말며 대인들의 자리에 서지 말라(잠 25:2-6).

네 힘을 여자들에게 쓰지 말며 왕들을 멸망시키는 일을 행하지 말지어다 르무엘아 포도주를 마시는 것이 왕들에게 마땅하지 아니하고 왕들에게 마땅하지 아니하며 독주를 찾는 것이 주권자들에게 마땅하지 않도다 술을 마시다가 법을 잊어버리고 모든 곤고한 자들의 송사를 굽게 할까 두려우니라(잠 31:3-5).

내가 권하노라 왕의 명령을 지키라 이미 하나님을 가리켜 맹세하였음이니라 왕 앞에서 물러가기를 급하게 하지 말며 악한 것을 일삼지 말라 왕은 자기가 하고자 하는 것을 다 행함이니라 왕의 말은 권능이 있나니 누가 그에게 이르기를 왕께서 무엇을 하시나이까 할 수 있으랴(전 8:2-4).

그런가 하면 이사야서 29장 14절도 같은 맥락에서 이해할 수 있다. 이사야는 유다 백성들의 죄악으로 말미암아 예루살렘에 재앙이 닥치게 될 때 여호와께서 깊이 잠들게 하는 영을 백성들의 영적인 지도자인 선지자들과 선견자들에게 주셔서 그들의 눈이 감기게 하신다고 예언한 다음에(9절), 이스라엘 백성들 중에서 "지혜자의 지혜가 없어지고 명철자의 총명이 가려지리라"라는 예언을 덧붙이고 있다(14절). 그래서 지혜자들이 선지자들이나 선견자들과 마찬가지로 이스라엘의 지도자들로 활동했지만 그들이 백성들을 바른 길로 인도하지 못하여 나라가 패망하게 될 때, 그들의 지혜가 없어지고 총명도 가려지게 되는 비참한 결과를 초래하게 되었다는 점을 깨닫게 한다.

이사야서 19장 11절과 12절도 고대 이스라엘에서 현인들이 왕의 조언자들로 왕궁에 존재했었다는 점을 간접적으로 옹호해준다. 하나님께서 애굽을 심판하실 때에 애굽을 이끌었던 지도자들의 노력이 헛되었다는 점을 깨닫게 하는 이 구절들에는, 이스라엘이 외교적 관계를 자주 맺게 되었던 애굽의 왕궁에 현인들이 존재하여 왕의 참모 역할을 하고 있었다는 점을 언급하고 있다. 그래서 이스라엘의 왕정 체제 속에서도 이러한 역할을 하는 현인들이 존재했을 가능성을 높여준다.

> 소안의 방백은 어리석었고 바로의 가장 지혜로운 모사의 책략은 우둔하여졌으니 너희가 어떻게 바로에게 이르기를 나는 지혜로운 자들의 자손이라 나는 옛 왕들의 후예라 할 수 있으랴 너의 지혜로운 자가 어디 있느냐 그들이 만군의 여호와께서 애굽에 대하여 정하신 뜻을 알 것이요 곧 네게 말할 것이니라.

그러면 고대 이스라엘의 신앙적 지도자들로 활동했던 사제들과 예언자들 그리고 현인들의 독특한 활동들과 가르침들은 무엇인가? 현인들이 정치적인 지도자인 왕을 보좌하여 나라를 바로 세우기 위해 제시한 신앙적인 메시지나 활동들에 관한 연구는 여러 구약학자들의 연구 관심이 되어 왔다. 그래서 폰라트(Gerhard von Rad), 나이트(Douglas A. Knight), 브루그만(Walter Brueggemann) 등을 중심으로 하여, 구약성서에 나타나는 다양한 신학적 전통에 관한 연구가 다양하게 시도되었다. 필자도 이 분야에 관심을 가지고 있기에, 구약성서에 나타나는 신학적 전통들이 현대 목회자들에게 주는 교훈을 찾아 논문으로 발표하기도 했다.[2)]

먼저 고대 이스라엘의 사제(kohen)들은 왕과 백성들로 하여금 모세의 율법을 실행하며 살도록 권유했던 신앙적 지도자들로서, 특히 이스라엘을 제사 공동체와 예배 공동체로 형성시키려고 힘쓴 자들이다. 그래서 그들은 다양한 제사들과 예배들을 인도했고, 그 속에서 하나님의 율법을 가르치고(신 33:8-11; 말 2:7), 우림과 둠밈을 통해 백성들의 삶의 문제들에 대한 하나님의 뜻을 전달하고, 하나님의 임재를 드러내었다. 오경, 역대기적 역사서들(역대기, 에스라서, 느헤미야서), 그리고 시편 등에서 강조되는 사제들의 신학적 가르침들을 보면 그들은 하나님을 이스라엘의 구원자요 이스라엘 역사의 주관자로 묘사한다(출 20장; 신 5장; 26장). 그리고 제사를 드리고 절기 예배를 지키는 것이 하나님의 백성들의 본분이라는 점을 강조한다(레 1-7장). 아울러 하나님께서 지시하신 곳에 세워진 예루살렘 성전을 중심으로 온 백성들이 함께 왕 되신 하나님의 임재를 경험하고, 하나님이 주시는 위로와 구원과 생명을 경험하며 살도록 권유했다(시 2:6-8; 27:4; 65:4; 133). 사제들은 이스라엘 백성들이 안식일을 지키고 금식을 시행하도록 권했고 기도생활에 힘쓰도록 가르쳤다(느 8-9장; 대하 7장). 아울러 공동체가 바로 서기 위해서 무엇보다도 신앙적 개혁이 우선되어야 한다는 점을 부각시켰다. 사제들은 이러한 가르침들을 강조하는 가운데 신앙적 인과응보의 원리를 바탕으로 두고 있었는데, 신명기 30장에서 단적으로 소개되고 있는 것처럼, 하나님의 율법에 순종하며 살 때에는 축복과 장수가 따르고, 그것에 불순종할 때에는 화와 사망이 따르게 된다는 가르침은 이스라엘 백성들이 하나님과의 관계를 이해하는 데 있어서 지니게 된 가장 근본적인 사상 중에 하나가 되었다.

고대 이스라엘의 예언자들은 선견자(roeh), 예언자(nabi), 하나님의 사람, 여호와의 종 등으로 불리었다. 모세, 사무엘, 나단, 엘리야, 엘리사 등을 이어 예언자적 전통을 전수해나간 예언자들은 초기에는 신비적인 능력을 띤 선견자의 사역을 감당하는 면이 많았지만, 후대로 갈수록 자신들이 속한 공동체를 위해 하나님의 말씀을 전하는 설교자와 사회 개혁가의 사역을 감당하게 되었다. 특히 기원전 8세기로부터 그 이후에 활동했던 뛰어난 예언자들의 사역을 보면, 그들은 모세를 통해 계시된 하나님의 율법을 기초로 하여 자신이 속한 공동체의 현재와 미래를 변화시키기 위한 메시지를 전달하는 일, 하나님께서 초자연적으로 계시하시는 환상이나 말씀을 전하는 일, 그리고 하나님과 백성들 사이에서 중재자 혹은 중보기도자로 활동하는 일에 전념했다.[3)]

특히 예언서들에서 소개되는 예언자들의 신학과 교훈들을 살펴보면 사제들의 신학적 교훈들과 유사한 점들을 많이 포함하고 있는데, 대표적인 예를 든다면 둘 다 이스라엘을 하나님의 선민으로 소개하고, 하나님과 이스라엘 백성들 사이의 언약의 관계를 강조하고 있다. 예언자들도 하나님을 이스라엘의 구원자요 주권자로 강조하고 있으며, 하나님의 백성들이 성전을 중심으로 하나님께 예배를 드리는 공동체가 되어야 한다는 점을 강조한다(에스겔, 학개, 스가랴). 그렇다고 예언자들이 사제들의 신학을 그대로 답습하고 있는 것은 결코 아니다. 그들은 사제들의 가르침이 너무나 극단으로 치우치게 되거나, 백성들이 사제들의 가르침을 오해하여 그릇된 신앙관을 형성하게 되었을 때 그들의 신학을 교정해주는 역할을 감당하게 되었다.

> 우선 예언자들은 하나님의 선민들이 모세의 율법에 따라 예루살렘 성전을 중심으로 제사를 드리고 절기를 지키는 것도 중요하지만, 그들의 가정과 사회를 중심으로 한 일상생활에서 윤리적으로나 신앙적으로 거룩하게 사는 일도 중요하다는 점을 강조했다. 다시 말하여, 그들은 하나님의 백성들의 신앙생활은 윤리적인 삶을 실천하는 일과 불가분의 관계에 있다는 점을 지적했다. 특히 왕정시대에 이르러 제사장들이나 사회의 지도층 인사들이 성전에서 예배를 드리는 의식에는 충실하면서도 사회에서는 힘없고 연약한 서민들을 억압하거나 착취하는 현상을 보면서, 하나님께서 원하시는 신앙공동체는 대중 예배에 충실하면서도 공동체의 구성원들 간에 공의와 인자가 실현되는 장이 되어야 한다는 점을 역설했다(사 1장; 암 5장; 미 6장). 그렇지 못할 때 신앙공동체가 드리는 제사는 하나님 앞에서 아무런 의미가 없는 것으로 간주된다는 점도 그들은 역설했다(사 1장; 암 5:21-24). 그리하여 예언자들은 고대 이스라엘이 예배 공동체이자 사회정의와 인권이 존중되는 공동체가 되어야 할 것을 역설했고, 그들의 이러한 강조는 오경의 계약 법전(출 20-23장), 성결 법전(레 17-26장), 그리고 신명기 법전(신 12-26장)의 정신을 당대에 적용하고자 한 올바른 시도였다.[4]

예언자들은 이스라엘 백성들의 잘못된 예배관과 성전관을 바로잡아 줄 뿐만 아니라, 그들의 잘못된 선민사상과 종말관도 교정해 주었다. 그들은 하나님의 백성이라고 자부하는 자들이 하나님의 율법을 어기고 사회 전반적으로 죄악을 행하며 살아간다면, 그들이 그렇게도 고대하는 여호와의 날이 결코 구원의 날이 되지 못하고 심판과 저주의 날이 될 것이라고 경고하고 있다(암 5:18-20; 습 1:14-18).

예언자들의 신학에 또 다른 특징이 있다면 그들은 사제들과는 달리 하나님을 과거의 구원사를 주권하신 분으로 소개하는데 그치지 않고 현재에도 살아 계셔서 자기 백성들을 인도하시는 분으로 부각시킨다는 점이다. 그들은 조상들에게 약속을 주시고, 시내 산에서 언약을 주시며, 출애굽을 주관하시고, 광야에서 인도하시며, 그리고 가나안 땅으로 이끄신 하나님이 현재에도 자기 백성들을 구원하시고 거룩한 공동체로 회복시키기 위해 예언자들에게 말씀과 환상을 통해 역사하고 계신다는 점을 역설했다. 스캇(R. B. Y. Scott)에 의하면, 예언자들에게 있어서 여호와는 이스라엘 가운데 머물러 계시기만 하는 거룩한 존재이거나 지성소에 거하시는 하나님이 아니라, 자신의 말씀이 새롭게 들려지기 원하셔서 역사 속에 적극적으로 개입하시는 활동적이고 의로우신 존재이시다.[5] 그러므로 사제들이 하나님의 과거 활동을 소개하는 일에 주력했다면, 예언자들은 하나님의 불변하시는 성품과 활동에 근거하여 앞으로 행하실 일들을 강조하여 소개했다고 평가할 수 있다.

또한 예언자들은 하나님의 구원과 공의를 실현하시는 활동이 선민 이스라엘에게만 국한되지 않고 온 세계 만민을 향하고 있다는 점을 강조했다. 그래서 하나님을 모든 만민의 주권자로 선포했다. 이사야, 예레미야, 에스겔, 아모스, 나훔, 오바댜 등이 전한 이방 국가들을 향한 심판 예언들이 이 점을 입증해 준다.

예언자들의 독특한 교훈 중에서 빠질 수 없는 것이 있다면 메시야 사상이다. 예언자들은 자신들이 속한 사회가 사회 전반적으로 죄악된 모습을 보이고 있을 때, 하나님께서 주신 말씀과 환상에 따라 그 사회를 구원의 방향으로 이끌기 위해 최선을 다했지만, 자신들의 노력으로는 이스라엘 백성 개개인이나 사회 전체, 그리고 온 세계 만민의 죄와 악의 문제를 해결할 수 없다는 점을 깨닫게 되었다. 그래서 가까운 장래에 하나님께서 기름을 부으신 종인 메시야를 보내시면, 그가 나타나셔서 개인과 사회, 그리고 온 인류의 죄와 악의 문제를 해결하고 공의와 사랑이 넘치는 사회를 형성하실 것이라는 낙관론을 제공하고 있다(사 11:1-9; 61:1-3). 예언자들의 이러한 메시야 사상은 그들의 후예로 이해되는 묵시가들(visionaries)에 의해 더욱 발전되어 고대 이스라엘의 묵시문학을 형성하게 만드는 계기를 마련해 주었다(단 7-12장).[6]

사제들과 예언자들과 함께 고대 이스라엘의 신앙적 지도자들로 활동했던 현인들의 활동에 관해 여기서 자세하게 언급할 필요는 없다고 본다. 왜냐하면 그에 대해서는 현인들의 정체를 다루는 부분이나 지혜문학의 신학적 교훈들을 다루는 장에서 상세하게 언급할 것이기 때문이다. 그럼에도 불구하고 현인들의 독특한 활동들과 교훈들을 간략하게 언급한다면, 그들은 고대 이스라엘의 가정과 사회에서 덕망을 얻고 국가적으로도 중요한 위치에서 활동했던 부족장, 씨족장, 왕궁의 관료들, 왕의 고문들, 서기관 등을 포함할 수 있다. 그리고 그들은 하나님을 창조주로 부각시키고, 자연을 질서 있게 보호하시고 유지하시는 하나님, 자연과 만민을 공의롭게 심판하시는 하나님으로 소개한다. 한 걸음 더 나아가서 하나님은 자신이 뜻하신 일은 무엇이든 하실 수 있는 분이요, 인간은 하나님이 계획하신 모든 것을 다 이해할 수 없는 제한된 존재라는 점을 가르친다. 그러므로 자유자 되신 하나님의 존재 앞에서 인간은 경외하는 마음을 가지고 살아야 한다고 현인들을 가르친다.

현인들이 가르치는 교훈들은 하나님의 백성들이 자신이 속한 가정과 사회에서 인정을 받고 행복하게 살 수 있는 삶의 도리들을 많이 포함하고 있다. 필자는 이것을 신앙인들의 처세술이라고 표현하는데, 이런 것들은 잠언이나 전도서에서 발견할 수 있다. 사람들과 더불어 살아갈 때에 합당한 말을 사용하는 일, 겸손과 진실과 인자를 실천하는 일, 좋은 친구와 배우자를 얻게 되는 것, 그리고 성적으로 정결하게 사는 것, 왕과 지도자들을 지혜롭게 섬기는 일 등이 얼마나 중요한지를 가르치는 교훈들은 현인들이 하나님의 백성들의 일상생활 속에서 행복과 풍성한 삶에 관심을 기울이고 있었다는 점을 밝혀준다.

뿐만 아니라 현인들은 하나님의 백성들이 경험하게 되는 삶의 허무주의, 우울감, 자살 충동 등에 대처하는 방법도 제시하며(전도서), 한 걸음 더 나아가서 하나님 앞에서 선하게 살아간다고 자부하는 사람들이 경험하는 악과 고난의 문제에 대해서도 신앙적인 해답을 제공하고 있는데, 이것은 구약성서에서 다루고 있는 가장 심오한 신학적 교훈들로 간주될 수도 있을 것이다. 그래서 잠언, 전도서, 욥기 전체를 통하여 가르쳐지는 다양한 삶의 교훈들과 신앙적 교훈들을 종합해 볼 때, 고대 이스라엘의 현인들은 현대 우리 사회에서 하나의 화두가 되고 있는 '웰빙'(well-being)의 삶을 위해서도 적용할 수 있는 구체적이고도 거룩한 제안들을 제공하고 있다고 평가된다.

2. 고대 이스라엘의 현인들의 정체

필자는 위에서 고대 이스라엘의 현인들이 사제들이나 예언자들과 함께 왕과 백성들에게 신앙적 조언을 제공할 수 있었던 사회적, 신앙적 지도자들의 위치에 있었다는 점을 언급했다. 그리고 그러한 주장을 뒷받침할 수 있는 구약성서의 구절들도 소개한 바 있다. 그런데 여러 구약학자들은 현인들이 고대 이스라엘에서 차지했던 사회적 위치가 어떠했는지에 관해 보다 깊이 논의하고 있다.

"지혜와 계층"(Wisdom and Class)이라는 논문에서 스니드(Mark Sneed)는 고대 이스라엘의 현인들을 그 사회의 하부 계층에 속한 자들로 간주하는 구약학자들은 없다고 전제하면서도, 현인들이 어떤 사회적 위치를 차지하고 있었는지에 관해 구약학자들이 공감대를 형성하고 있지도 못하다고 밝혔다.[7] 그는 지금까지 여러 학자들에게 의해 이루어진 현인들의 정체 연구의 결과들을 개괄적으로 소개하고 난 다음에, 이 논제에 관해 보다 포괄적인 논의가 이루어지려면 '계층'(class)에 대한 이해를 넘어서서 직업, 수입, 교육 정도, 특권, 권력 등에 관한 다각적인 연구가 시도되어야 한다고 주장했다.

고디스(Robert Gordis)는 현인들의 사회적 위치를 표현하기 위해 "상류층"(upper classes)이란 용어를 사용하고, 그들이 보인 세계관이 부자들의 그것과 차이가 없다고 언급했지만, 현인들의 사회적 위치에 관한 보다 자세한 언급을 제공하지는 못했다.[8] 그는 현인들이 보수적이고, 신중하고, 현세적이고, 국제적이고, 실용적이고, 중도적이고, 회의적이며, 인과응보의 원리를 신봉하는 자들로서 내세의 존재를 거부한 자들이라고 평가했다.[9] 비록 고디스가 현인들을 부유한 사제들과 부동산 소유자들과 연결시키려 했지만 이러한 주장을 입증할만한 근거를 제시하지는 못했다.

그런가하면 와이브레이(R. N. Whybray)는 현인들이 어떤 사회적인 계층을 독특하게 형성했다고 생각하지 않았다. 오히려 지혜문학이 고대 이스라엘에서 교훈과 즐거움을 위해 독서하는데 익숙했던 부유한 자들을 위해 기록되었고, 이러한 문학 작품들을 기록하고 보전하는 일을 위해 "지적인 전통"(intellectual tradition, 지적인 무리나 학파)이 존재했다고 간주했다.[10] 코박(Brian Kovacs)은 현인들이 보다 폭넓은 지식인층의 한 부분이었던 서기관들 중에서 한 계층을 형성하게 되었다고 보았다. 그리고 현인들이 고대 이스라엘 사회에서 가장 높은 위치에 있으면서 부귀와 실제 권력을 지녔던 무리들이 아니라 중상류층에 속한 자들일 것으로 추정했다.[11]

매케인(William McKane)은 『예언자들과 현인들』에서 현인들을 고대 이스라엘의 왕정에서 고위 관직을 누리면서 정치가, 외교관 그리고 행정가들을 양성하는 일에 관여했던 자들로 보았다. 그는 고대 이스라엘에서 역사적으로 중요한 시점마다 왕의 주변에서 왕을 조언하던 예언자들과 정치가들의 교훈이 다를 수밖에 없었던 이유를 설명하고 있는데, 전자는 역사를 신적인 관점에서 풀어가려 했고, 후자는 역사적이고도 현실적인 관점으로 해결하려 했기 때문이라고 판단했다. 매케인은 예언자들과 갈등 관계에 놓이게 되었던 정치가들과 외교관들의 무리들이 서기관(soperim)이란 용어로 불리고 또 여러 경우에 지혜로운 자(hakam)라고 불리었던 점을 근거로 하여, 현인들이 고대 이스라엘의 왕궁에서 정치가와 외교관의 역할을 감당했던 서기관들과 관련이 있었다고 보았다. 특히 그는 고대 이집트나 앗수르에서 서기관이 지혜를 겸비한 자로 정치를 하며 왕을 조언하는 모사(counsellor)로 활동했던 점과, 또 다윗 왕을 섬기는 신하들 중에 요나단이 지혜가 있어 모사가 되며 서기관도 되었고, 아히도벨이 왕의 모사가 되었다는 점을 근거로 하여, 고대 이스라엘의 서기관들이 정치적으로나 외교적으로 중요한 위치에 처한 자들로서 현인들(hakamim)과 같은 무리로 이해할 수 있다고 주장했다(대상 27:32-33).[12] 젠슨(H. L. Jansen)도 서기관(soper)과 현인(hakam)이라는 용어가 벤 시라(Ben Sira)의 때에 이르기 전에는 엄격하게 구분되지 않고 교체될 수 있었고 예레미야 때에는 특히 그러했다고 보았다. 그러나 젠슨은 서기관이나 현인을 정치적인 역할을 한 자로 보기 보다는 지혜문학을 기록하고 모은 자들로 이해했다.[13] 1981년에 펴낸 『구약성서 지혜』라는 책에서 크렌쇼(James Crenshaw)는 현인들을 귀족들이나 부유층의 사람들로 묘사하기를 거부했다. 그는 현인들이 하나의 전문인 계층을 형성하고 있었다는 점은 인정하지만, 이 계층을 전적으로 상류 계층으로 간주하지는 않았다.[14] 그는 전도서의 사회적 배경에 근거하여 전도서의 저자가 상류층에 속한다고 주장했던 학자들에 반대한다. 그래서 전도서의 저자가 아니라 그의 제자들이 부유층에 속했다고 주장했다.[15] 그러나 1990년에 발표한 논문에서 크렌쇼는 잠언의 어떤 부분들이 현인들이 특권층에 속했다는 점을 암시해주고 있지만, 지혜문학이 다양한 사회 상황을 내포하고 있다는 점을 고려할 때 가족이나 왕정을 위한 지혜의 가르침들을 하나의 사회적 계층의 산물로 간주하기는 어렵다고 보았다.[16] 다시 말하여, 전문적인 현인들이나 그들의 작품들이 하나의 상황을 대변한다면, 민속 지혜처럼 또 다른 형태의 잠언들은 다른 사회 상황을 묘사해주고 있다고 보았다.[17]

폰라트와 브루그만은 고대 이스라엘의 지혜문학이 태동한 때를, 솔로몬 왕 때에 그의 왕궁에서 계몽주의적(enlightenment)인 경험을 했던 현인들의 활동과 관련지으려 했다.[18] 이미 지혜문학이 발전한 애굽을 비롯하여 다른 근동 국가들과 잦은 관계를 맺은 솔로몬 왕이 주위 국가들의 현인적인 전통을 수용하여 이스라엘 내에서도 지혜문학과 그 교훈들이 활성화되도록 후원했다고 보는 것이다. 브루그만은 솔로몬 왕 당시의 현인들을 당대에 백성들을 억압했던 관료들로 간주하고, 그들의 가르침은 왕과 관료들의 권력을 유지하고 증대시키기 위한 수단으로 보았다. 이러한 견해에 대해 크렌쇼는 반대 입장을 표현했는데, 백성들에게 억압적이고 피를 흘리게 만들었던 솔로몬 정권을 계몽주의와 연관 지을 수가 없고, 또 잠언에 언급되는 왕의 책임에 관련된 여러 교훈들이 권력의 남용이나 억압과 압제를 금지하고 있기 때문이다.[19] 그래서 크렌쇼는 현인들을 상류층에 속하는 자들로 간주하기를 싫어했다. 퍼듀(Leo Perdue)는 현인들을 고대 이스라엘의 상류층에 속한 자들로 간주하면서도 중류나 하류층에 속한 현인들도 있었을 것으로 추정한다. 그러나 구약성서 지혜문학에서 보여주는 내용들은 왕정의 관료주의를 합리화시켜 주거나 그 속에서 활동하는 현인들의 관심과 목표들을 반영하고 있다고 지적했다. 퍼듀는 코박과는 달리 현인들이 가끔 부귀와 권력을 동시에 누리고 있었던 통치자들이고 모사들이었다고 주장했다.[20]

브라운(John P. Brown)도 잠언을 기록한 현인들이 상류층에 속하는 사람이라고 간주했다. 그러나 잠언 속에 경제에 관한 언급과 정의로운 무역을 가르치는 내용들이 많이 있다는 점에 근거하여, 현인들이 원래는 "금세공인이나 은행가 계층" 혹은 "상인 계층"에서부터 기인하였을 것이라고 주장했다. 그들은 관료주의를 선호하는 모습을 보이면서도 또 다른 한 편으로는 그것에 대해 교정과 비판을 가하는 모습도 보였다.[21)]

구약성서를 사회학적으로 연구하는 일에 앞장서는 갓월드(Norman K. Gottwald)는 구약성서 지혜문학의 저자들을 계급 모순에 사로잡히게 된 자들로 보았다. 갓월드에 의하면, 한편으로 현인들은 그들의 직업적 지위와 교육을 통해 그 사회에서 어느 정도의 계급적 특권을 향유하고 있었다. 그래서 "질서"를 내세우는 그들의 가르침은 권력을 장악한 자들과 자신들의 권익을 옹호하기 위한 내용들을 포함하고 있다. 그러나 다른 한편으로, 자신이 속한 사회에서 엄청난 무질서와 불의와 억압과 여호와에 대한 범죄가 팽배할 때 현인들은 그것들을 개선해야 한다고 외쳤는데, 그러한 선포의 대상은 바로 관료들과 지배 계층의 사람들이었고, 자신들도 그 무리 속에 속하게 된 것이다. 비록 현인들이 사회의 부조리와 불의들을 바로 잡기 위해 고매한 연설들을 했지만, 시대가 지나면서 그 내용들은 공동체의 권력을 장악한 자들에 의해 "사회적인 상황이 무시된 가운데 지혜 교조주의"(contextless wisdom dogmatism)적인 가르침으로 탈바꿈하게 되었다. 그래서 권력을 유지하고 번영하고 성공하게 되면 지혜로움이 입증된다는 식의 가르침이 팽배하게 되었는데, 대표적인 가르침들이 잠언에 포함되고 있다고 해석했다. 그래서 이러한 비도덕적이고 불경건한 입장을 거부하기 위해 욥기와 전도서의 저자들이 활동했고, 지혜 전통의 사상적 다양성과 유연성을 제공하고 있다고 갓월드는 이해한다.[22] 현인들에 대한 갓월드의 이러한 평가는 현인들이 고대 이스라엘 사회에서 계급적 특권을 누리고 또 자신들이나 관료들의 권리를 옹호하는 가르침을 제공하다가, 사회의 불의나 억압이나 무질서를 볼 때 그것을 바로 잡기 위해 온몸으로 뛰어들지 못했던 자들로 간주하는 인상을 준다. 그리고 잠언이 권력을 장악한 자들의 권력 유지용으로 기록되고 사용되어 왔던 것으로 이해하게 만든다. 그러나 잠언의 내용을 자세히 살펴보면 이 책이 현인들의 사회적인 기득권을 옹호하거나 유지하기 위한 목적으로 기록한 내용들이라고 보기는 어렵다. 오히려 자신들이 속한 사회가 하나님 앞에서 거룩한 공동체가 되고, 구성원들의 인권이 회복되는 공동체가 되도록 하기 위해, 현인들이 깊이 고민하고 구체적인 제안들을 제공하고 있음을 볼 수 있다.

전도서에 관해 연구한 학자들 중에는 전도서의 저자를 프톨레미 왕조 때의 유대인 귀족들과 연관을 짓는 자들이 있다. 크루스만(Frank Crusemann)은 프톨레미 왕조 때에 유대인 귀족들의 무리와 또 그들보다 더욱 권위를 지닌 프톨레미 왕조의 백성들이 있었다고 보았다. 그리고 전도서에서 가르치는 사상이 프톨레미 왕조 때에 상류층에 속하는 자들 중에서 유대인 귀족들에 속하는 자들의 욕구와 관심을 자연스럽게 반영하고 있다고 보았다. 그래서 그는 전도자가 속하게 되었던 귀족들의 무리와 현인들의 무리를 구분하지 않았다.[23] 버나드 랭(Bernard Lang)도 전도서의 저자가 프톨레미 왕조 때에 부유한 유대인 귀족이었다고 보았는데, 그는 예루살렘에서 유대인 귀족들보다 더 높은 사회적 지위에 있었던 프톨레미 왕족들이 있어서 유대인들의 삶을 비참하게 만들었고, 그 때문에 전도서에서 염세주의를 논하고 있다고 간주했다. 그런가 하면 뮐러(Hans-Peter Muller)는 전도서의 저자가 이전에는 상류층에 속했다가 프톨레미 왕조에 의해 정치력과 권력을 빼앗겨 버린 부유층 유대인이라고 보았다. 그래서 그는 전도서의 저자를 부자와 가난한 자 사이의 중간 계층에 처한 자로 간주하였다. 그는 또한 전도서 내에서 전도자가 부자와 결속했던 예와 아울러 가난한 자와 우애를 나누는 예도 찾고 있다.[24)]

현인들이 고대 이스라엘 사회에서 상류층에 속하지 않고 중류층에 속했다고 보는 학자들도 있는데, 머피(Roland Murphy)는 전도서의 저자가 현 체제를 옹호하는 자가 아니었기 때문에 예루살렘의 부유층에 속한 자로 볼 수 없다고 주장했다.[25)] 또 헹겔(Martin Hengel)은 전도서의 저자가 부유층에 속했지만 관료들의 간섭 아래 있었던 자들이라고 보았다.[26)]

1994년에 윅스(Stuart Weeks)는 『초기 이스라엘의 지혜』라는 책에서 고대 이스라엘에 현인이라는 무리가 어떤 독특한 전통이나 계층을 이루고 있었다는 이전 학자들의 견해를 반박하고 있다. 그는 '지혜로운 자' 로 번역될 수 있는 단어들이 사용되고 있는 구절들에 대해 문맥적인 연구를 시도한 결과로 하나의 전문적인 직업 계층을 언급하기보다는, 일반적으로 지혜로운 사람들을 의미하는 경우로 볼 수 있기 때문에 현인들을 어떤 독특한 계층으로 보지 않는다. 그래서 잠언이 솔로몬의 왕궁에서 미래를 준비해야 하는 정치가들이나 관료들을 교육하기 위한 책으로 간주되기보다는, 보편적인 독자들의 삶을 윤택하게

하기 위해 통찰력과 충고를 제공하는 정도의 역할을 했던 것으로 간주했다.[27)]

고대 이스라엘에서 현인들이 사회적으로 어떤 위치에 있었는지를 논의한 여러 학자들의 견해들을 살펴볼 때 그들의 사회적 위치를 단정하기는 쉽지 않다. 그러나 구약성서의 여러 곳에서 현인들이 사제들과 예언자들과 함께 왕의 정책을 조언하는 위치에 있는 경우들이 소개되고(렘 18:18; 겔 7:26), 또 잠언과 전도서에서 왕과 신하들을 조언하는 내용들이 많이 언급되며, 고대 근동 국가들에서도 현인들이 왕의 모사나 서기관으로서 정치적으로나 외교적으로 중요한 역할을 하고 있었다는 점, 그리고 이스라엘의 왕들 주위에도 지혜로운 모사들과 서기관들이 조언자들로 활동했던 사실을 감안할 때(아히도벨: 대상 27장; 셉나: 왕하 18-19장; 사반: 왕하 22장), 고대 이스라엘의 왕정 시대에 현인들이 왕궁에서 왕과 왕족들과 신하들에게 신앙적으로 독특한 교훈들을 가르치며, 정치적으로나 외교적으로 중요한 조언자 역할을 감당했던 서기관들과 고위 행정가들과 연관이 있다고 볼 수 있을 것이다. 매케인(W. McKane), 모간(Donn F. Morgan), 코박(B. Kovacs), 클레멘츠(R. Clements), 블렌킨숍(Joseph Blenkinsopp), 히톤(E. W. Heaton) 등을 비롯하여 많은 학자들이 이러한 견해에 동의하고 있다.[28)] 고대 이스라엘의 초기에 부족 중심의 사회가 형성되었을 때에, 각 부족에서 신앙적으로나 도덕적으로 가장 덕망이 있어서 부족의 구성원들에게 가족 지혜, 민속 지혜를 가르치던 부족장들이, 시대가 흘러 왕정 시대로 변화되면서 왕들에 의해 발탁되어 국가적인 차원에서 활동하게 된 것으로 추정할 수 있을 것이다.

3. 고대 이스라엘에 지혜 학교(wisdom school)가 있었는가?

고대 이스라엘의 지혜문학을 연구하는 학자들이 논의하는 사안 중에 하나는 고대 이스라엘에서 현인들을 가르치는 학교가 존재했는가 하는 점이다. 언뜻 보기에는 구약성서가 이 사안에 대해 답을 제공하지 않는 것 같다. 현인들에게 지혜를 가르치는 지혜 학교뿐만 아니라 일반적인 학교도 발견되지 않는 것처럼 보인다. 그러나 구약성서를 좀 더 주의 깊게 살펴보면 고대 이스라엘에서 어떤 형태로든 학교들이 존재했고, 지혜 학교도 마찬가지였다는 사실을 추정하게 해주는 본문들이 많이 있다.

폰라트는 고대 이스라엘이 관계를 맺었던 주위 국가들에서 이미 학교들이 존재하고 있었고, 왕정 시대 초기의 이스라엘에서 서기관들이 중심이 되어 상당히 많은 문학적인 업적들을 남기고 있는 점을 근거로 해서, 이스라엘 내에서도 여러 다른 형태의 학교가 존재했을 것으로 추정했다. 그리고 그러한 학교들 중에는 사제들을 가르치는 사제 학교도 있었고, 특히 예루살렘의 왕궁에서는 서기관들에게 정치적, 외교적 수완, 대화술 등을 가르치는 서기관 학교도 있었을 것으로 보았다.[29]

블렌킨솝은 고대 이스라엘에 학교가 존재했다는 점을 옹호하기 위해 성서적 내증을 제시할 뿐만 아니라 고고학적인 발견들도 소개했다. 먼저 그는 지혜문학들에서 현인들이 지혜로운 삶을 가르친 교사들로 소개되고 있다는 점을 지적했다.

> 지혜 있는 자의 교훈은 생명의 샘이니 사망의 그물에서 벗어나게 하느니라(잠 13:14).

> 전도자는 지혜자이어서 여전히 백성에게 지식을 가르쳤고 또 깊이 생각하고 연구하여 잠언을 많이 지었으며(전 12:9).

뿐만 아니라 그는 농경 사회를 구축했었던 고대 이스라엘의 초기에 아이들과 자녀들에게 사회적인 역할이나 도덕적인 교훈을 가르치는 일이 가정이나 그것의 보다 확장된 형태를 중심으로 이루어졌었지만, 후기 청동기 시대의 가나안 문화를 접하게 되면서 도시들의 부유하고 유명한 거주자들의 자녀들이 보다 제도화된 교육을 받을 수 있는 기회를 얻게 되었을 것으로 추정했다. 중앙 고원 지대의 세겜에서 발견된 한 석판은 기원전 14세기에 기록된 것으로 간주되는데, 그 속에는 학교의 수업료를 지불하지 않은 부모에게 교사가 불평을 하는 내용을 담고 있다. 그런가 하면 비록 확실하지는 않지만, 1908년에 게셀에서 발견된 조그만 석회암 석판은 초기 왕정 시대에 한 학생이 연습을 한 내용을 담고 있는 것으로 해석되고 있다. 그러므로 그는 비록 확실한 증거들은 부족하지만, 그 당시에 도시 생활을 하는데 필요한 다양한 기술들을 가르치는 학교들이 존재했었다는 점에는 의심이 없다고 보았다.[30] 한 걸음 더 나아가서 그는 고대 수메르의 도시 국가들이나, 애굽, 그리고 고대 이스라엘에 지리적으로나 문화적으로 인접했던 시리아 해변의 우가릿 지역에서 이미 외교, 법의 집행, 부동산 관리 등을 위하여 글을 가르치는 학교들이 존재했던 것을 근거로 해서, 이스라엘이 가나안에 살고 있었을 때에 학교들이 가나안 내에 존재했던 것은 의심할 여지가 없다고 주장했다.

블렌킨숍은 고대 이스라엘이 왕정 제도를 수용하고 난 이후에 다양한 분야의 지도자들이 필요하게 되었고, 그 중에서도 왕궁의 행정과 역사 보전과 외교 활동 등을 담당했던 서기관(soper)들의 역할이 중요했다는 점을 지적했다. 그들은 외교를 위해 아람어도 잘 알아야 했는가 하면, 왕궁 서기관 중에는 국가적인 제사를 관장하는 자도 있었다(왕하 12:10; 22:3-10). 또한 성전에서 활동하는 서기관도 있었고(렘 36:10-12, 20-1; 37:15) 군대에서 필요했던 서기관도 있었다(왕하 25:19). 바룩이라는 서기관은 예레미야를 돕기 위해 그의 말을 받아 적어서 성전 안에서 읽어주기도 했다(렘 36장). 그래서 서기관들에게 글 쓰는 일, 대중 앞에서 연설하는 일, 외국의 권세자들과 협상하는 일, 재정적으로 다루는 일 등을 훈련시키기 위해 예루살렘에 애굽에서 있었던 형태의 서기관 학교가 존재했을 것으로 추정했다.[31] 그리하여 부유층의 자녀들이 훗날에 백성들을 잘 다스리게 하기 위해 올바른 처신, 예절 그리고 대화법 등을 서기관 학교에서 배우도록 했다고 주장했다.

1995년에 데이비스(G. I. Davies)는 "고대 이스라엘에 학교들이 있었는가?"라는 글을 썼다. 그 속에서 그는 서기관 학교들이 존재했는지에 관해 논의를 했던 다양한 학자들의 견해를 소개하고 나서, 수도들과 행정적으로 중요한 도시들에 서기관 학교들이 존재했고, 그것들이 기원전 8세기까지는 아주 제한된 형태로 존재했을 것으로 추정했다.[32] 그는 자신의 주장을 뒷받침하는 성서 내증적 증거로 엘리사를 중심으로 형성되었던 예언자 학교(왕하 6:1)나 예언자들의 제자들에 관한 기록(사 8:16)과 교사들의 존재에 관한 기록들(잠 5:13; 13:14; 15:7), 그리고 성전

음악 학교의 스승과 제자에 관한 언급(대상 25:8) 등을 예로 들었다. 뿐만 아니라 그는 르마르(A. Lemaire)와 제미슨 드레이크(D. W. Jamieson-Drake)가 고고학적인 연구 결과로 고대 이스라엘에 학교들이 존재했다는 주장을 했던 것에 대해 나름대로 수정을 가하며 서기관 학교들의 존재를 인정하는 결론을 내린 것이다.

필자는 구약성서의 내증적 자료들과 고고학적인 자료들, 그리고 고대 근동 국가들에서 학교들이 존재했었던 점들을 감안하여 고대 이스라엘에 예언자들을 훈련시키는 예언자 학교, 사제들을 훈련시키는 사제 학교, 그리고 서기관들을 가르치는 서기관 학교 등이 존재했을 가능성이 크다고 본다. 한 걸음 더 나아가서 현인들이라는 전문적인 지도자들을 양성하는 학교도 존재했을 가능성을 배제할 수 없다고 본다. 특히 서기관 학교에서 가르친 자들 중에는 현인들이 많이 있었을 것으로 추정한다. 왜냐하면 잠언이나 전도서에서 자주 언급되는 왕이나 지도자들의 임무에 관한 교훈들이나, 왕궁에서 왕을 보좌하는 신하들이 지켜야 하는 예절이나 자세들을 소개하는 교훈들은 서기관 학교에서 가르쳐야 했던 내용들과 다르지 않기 때문이다. 그래서 필자는 사제들과 예언자들, 그리고 현인들이 자신들의 독특한 신학적 전통들을 가르치기 위해 수도를 비롯하여 중요한 도시들마다 학교를 세우고 있었고, 서로의 신앙적 견해들을 공유하거나 토론할 수 있는 기회들을 가질 수 있었을 것으로 추정한다.

4. 고대 이스라엘의 사제, 예언자, 현인들의 관계

위에서 논의한 바들을 종합해 보면, 고대 이스라엘이 왕정 체제를 형성하고 난 이후에 나라를 다스리는 왕의 주위에 사제, 예언자 그리고 지혜자(현인)들이 독자적으로 신학적 전통(무리)을 형성하여 신앙적인 조언가들로 활동했다. 그들은 왕에게 정치적, 외교적, 군사적으로 조언하고, 왕과 신하들과 그들의 자녀들로 하여금 여호와의 율법에 따라 살아가도록 권유하는 일을 담당했다. 그리고 자신들에게 주어진 임무를 잘 감당하기 위해 예언자 학교, 사제 학교, 지혜 학교 등에서 전문적인 훈련을 받았던 것으로 보인다.

구약성서는 사제, 예언자, 현인들이 가르친 신앙적 교훈들이 유일하신 여호와 하나님의 주권과 임재를 선포하는 면에 있어서는 동일하지만, 그 하나님의 활동과 성품에 관해 보다 세부적으로 소개하는 면에 있어서는 독특하고 다양한 관점들을 보이고 있다는 점을 보여준다. 뿐만 아니라 사제, 예언자, 현인들이 당면한 정치적, 외교적 사안들이나 문제들에 대해 대안을 제시할 때 같은 목소리를 낼 때도 있었지만, 다른 목소리들을 낼 때도 있었다는 점을 발견하게 해준다. 그래서 사제, 예언자, 현인들 사이에 신학적, 시사적인 사안들에 대해 공감대가 형성되어 있었다는 점을 보여주는 본문들도 있지만, 서로의 갈등 관계를 표출하는 본문들도 존재하고 있다. 그래서 사제, 예언자, 현인적 전통은 자기 전통의 교훈이 더욱 중요하다는 점을 주장하는 가운데 서로 간에 '창조적인 긴장 관계'(creative tension)를 형성하고 있었다.[33] 결국 국가적으로 심각한 사안이 닥쳤을 때 사제, 예언자, 현인들이 왕과 백성들에게 제시했던 정치, 외교적, 신앙적 교훈들 중에 누구의 것이 가장 합당했는지는 훗날의 역사가 판가름해주고, 과거의 역사들을 신앙적 관점에서 평가했던 신앙적 후손들이 판단하게 되었다.

비록 신앙적인 관점에서 볼 때 사제, 예언자, 현인들이 강조하는 바들이 독특한 것은 사실이지만, 그들이 자신들의 독특한 교훈들을 전달하기 위해 사용한 문학적인 기교들을 살펴보면 유사한 방법들을 사용했다는 점을 발견할 수 있다. 여러 구약학자들은 예언서와 지혜서와의 관계를 연구하면서 신학적, 문학적 연관성을 아울러 찾아보게 되었는데, 소진(J. A. Soggin)은 아모스서에서 사용되고 있는 다양한 문학적 표현들과 지혜문학에서 발견되는 부족 지혜(clan wisdom)와의 관계를 연구한 결과, 포로기 이전 예언자들이 지혜 전통의 영향을 받았다고 주장하는 데는 신중을 기해야 한다는 입장을 표했다. 그러나 그는 일반적으로 예언자들이 고대 이스라엘과 유다의 지혜문학에서 사용된 구절들이나 대화들, 그리고 문체들에 영향을 받았을 수 있고, 그것들을 인용했을 가능성이 있다는 점을 인정하고 있다.[34] 매킨토시(A. A. Macintosh)는 호세아와 지혜 전통의 관계를 연구한 결과, 예언자 호세아가 자신의 신학적 독자성을 유지하는 가운데 지혜 전통에서 사용하고 있던 용어들이나 주제들을 사용했다고 주장했다. 그래서 호세아의 신학은 예언자적 전통에 충실했지만 그가 예언 선포를 위해 현인적 전통에서 사용된 문학적 기교를 그대로 혹은 수정하여 사용했다고 보았다.[35] 그런가 하면 윌리엄슨(H. G. M. Williamson)은 "이사야와 현인"이라는 글에서 예언자 이사야를 현인 무리의 한 사람으로 간주하기보다는, 현인들이 지녔던 것과 동일한 가치관과 인식론적 근거를 지닌 예언자로 보았다.

특히 그는 이사야서 29장 14절에 근거하여, 예언자들과 왕궁의 조언자들이 일반적으로 같은 가치관을 지니고 있었지만, 본문이 암시하는 시대 상황 속에서는 서로 간의 가치관의 충돌을 보이고 있었다고 간주했다.[36] 매케인(W. McKane)도 예레미야와 현인의 관계에 관해 연구한 결과, 예레미야가 살던 시대에 일반적인 예언자들의 말과 현인들의 조언들이 국제 정세와 관련하여 왕과 백성들을 조언하는 일에 있어서 서로 모순되지 않았지만(렘 18:18), 예레미야 자신의 예언과 현인들의 조언과의 차이에서 보여주는 것처럼 서로 충돌을 일으킬 경우도 있었다는 점을 지적했다.[37]

사제, 예언자, 현인들과 관련하여 이와 같은 일반적인 구분과 독특성이 존재함을 인정하면서도 인식해야 할 점이 있다면, 예언자들 중에 사제적인 전통에서 자라난 자들이 있어서 사제적인 전통의 교훈과 예언자적인 전통의 교훈을 동시에 강조하고 있는 자들이 있다는 점이다. 예를 들어, 예레미야와 에스겔이 사제 출신으로서, 한편으로는 신앙적으로 거룩하며, 또 다른 한 편으로는 사회 전반적으로 공의와 인자가 이루어지는 나라로 회복시키기 위해 예언 활동을 했던 자들이다. 또한 학개와 말라기는 성전 예배의 정결을 위해 도움으로써 사제적 전통을 바로 세우는 역할을 했던 자들이다. 그런가 하면, 사제들도 성결 법전이나 신명기 법전 등을 통해 보여주는 것처럼, 백성들로 하여금 사회 전반적인 죄악에서 벗어나게 하기 위해 힘쓰는 예언자적인 관심을 표현하기도 했다. 한 걸음 더 나아가서 사제들도 현인들이 보였던 관심을 유지하고 있어서 백성들이 여호와의 규례와 법도를 잘 지키면 여러 민족들 앞에서 지혜롭고 지식이 넘치는 백성으로 드러나게 된다는 약속을 제공하기도 했다(신 4:6; 34:9).

또한 현인적 전통과 연관성이 많은 것으로 이해되는 서기관들이 성전과 깊은 연관을 맺고 있었는가 하면(렘 36장), 잠언이나 욥기 등에서 여호와를 경외하는 자들이 주위의 백성들과 이방인들에게 윤리적인 책임을 감당하도록 권하는 내용들이 포함되어 있어서 예언자적인 전통의 가르침을 수용하고 있는 점을 보여준다.[38] 이러한 점들을 볼 때, 사제, 예언자, 현인들이 고대 이스라엘의 신앙적 지도자들로서 자신들의 신앙적 전통에 충실하면서도 다른 전통들을 이해하려고 노력하면서, 그것들의 가치를 존중하고 수용할 줄 아는 넓은 마음을 지니고 있었던 자들임을 추정할 수 있다. 다시 말하여, 절대로 양보하거나 포기할 수 없는 자신들의 신앙적 교훈들을 가지고 있으면서도, 함께 공유할 수 있는 교훈들을 찾기 위해 다른 신학적 전통들을 연구하고 경험하는 노력을 기울였다고 볼 수 있다. 그래서 이러한 신학적 전통들이 함께 어우러지기도 하고 서로 갈등하는 가운데 고대 이스라엘의 신학이 폭넓게 형성되어 가게 된 것이다.

주(註)

1) 참조: Joseph Blenkinsopp, *Sage, Priest, Prophet* (Louisville: Westminster John Knox Press, 1995) ; R. B. Y. Scott, "Priesthood, Prophecy, Wisdom, and the Knowledge of God," *Journal of Biblical Literature,* vol. 80 (1961) ; William McKane, *Prophets and Wise Men* (London: SCM Press, 1965).

2) 이형원, "구약성서에 나타나는 신학적 전통들이 현대 목회자들에게 주는 교훈," 『복음과 실천』, 25집 (2000 봄): 45-78.

3) Ibid., 59-60.

4) Ibid., 61-2.

5) R. B. Y. Scott, 9.

6) 묵시가들이 예언자들의 후예들인지 아니면 현인들의 후예들인지에 관한 논의는 구약학자들에 의해 활발하게 이루어지고 있는 사안이다.

7) Mark Sneed, "Wisdom and Class," *Journal of the American Academy of Religion,* vol. 62, no. 3 (1994) , 651.

8) Robert Gordis, "The Social Background of Wisdom Literature," *Poets, Prophets, and Sages* (Bloomington: Indiana University Press, 1971), 162, 176.

9) Sneed, 659.

10) R. N. Whybray, *The Intellectual Tradition in the Old Testament* (Berlin: Walter de Gruyter, 1974), 69.

11) Brian Kovacs, "Is There a Class-Ethic in Proverbs," *Essays in Old Testament Ethics*, eds., James Crenshaw and John Willis (New York: Ktav, 1974), 173-89; "Sociological-Structural Constraints upon Wisdom," (Ph.D. diss., Vanderbilt University, 1978), 448-50.

12) McKane, 17, 40-1.

13) Ibid.

14) Crenshaw, 28-9.

15) James Crenshaw, *Ecclesiastes, Old Testament Library* (Philadelphia: Westminster Press, 1987), 50.

16) James Crenshaw, "The Sages in Proverbs," *The Sage in Israel and the Ancient Near East,* eds.,

John Gammie and Leo Perdue (Winona Lake: Eisenbrauns, 1990), 211-2, 214.

17) Sneed, 652.

18) Gerhard von Rad, *Wisdom in Israel* (London: SCM Press, 1972), 58-60; Walter Brueggemann, "The Social Significance of Solomon as a Patron of Wisdom, " *The Sage in Israel and the Ancient Near East,* 117-32.

19) Crenshaw, "The Sages in Proverbs," 213.

20) Leo Perdue, "Cosmology and Social Order in the Wisdom Tradition," *The Sage in Israel and the Ancient Near East,* 476-7.

21) John Brown, "Proverb-Book, Gold-Economy, Alphabet," *JBL*, vol. 100, no. 2 (1981) : 169, 182-183, 187.

22) 노만 K. 갓월드, 『히브리성서: 사회, 문학적 연구』(서울: 한국신학연구소, 1987), 264-5.

23) Sneed, 654.

24) Ibid.

25) Roland E. Murphy, "The Sages in Ecclesiastes and Qoheleth the Sage," *The Sage in Israel and the Ancient Near East,* 270.

26) Martin Hengel, *Judaism and Hellenism,* vol. 1 (Philadelphia: Fortress Press, 1974), 126-7.

27) Stuart Weeks, *Early Israelite Wisdom* (Oxford: Clarendon Press, 1994), 91, 159.

28) Donn F. Morgan, *Wisdom in the Old Testament Traditions* (Atlanta: John Knox Press, 1981), 142.

29) von Rad, 16-18.

30) Joseph Blenkinsopp, *Wisdom and Law in the Old Testament* (New York: Oxford University Press, 1983), 11-2.

31) Ibid., 13.

32) G. I. Davies, "Were there schools in ancient Israel?" *Wisdom in Ancient Israel*,, eds., John Day, Robert P. Gordon and H. G. M. Williamson (Cambridge: Cambridge University Press, 1995), 209-10.

33) R. B. Y. Scott, "Priesthood, Prophecy, Wisdom, and the Knowledge of God," *Journal of Biblical Literature,* vol. 80, no. 1 (1961), 4.

34) J. A. Soggin, "Amos and wisdom," *Wisdom in Ancient Israel,* 123.

35) A. A. Macintosh, "Hosea and the wisdom tradition," *Wisdom in Ancient Israel*, 131.

36) H. G. M. Williamson, "Isaiah and the wise," *Wisdom in Ancient Israel,* 139.

37) W. McKane, "Jeremiah and the wise," *Wisdom in Ancient Israel,* 151.

38) Scott, 3-4.

제3장 구약성서 지혜문학의 문학적 특징

구약성서의 오경이나 예언서, 그리고 시가서와 마찬가지로 지혜서(잠언, 전도서, 욥기)에서도 다양한 문학 양식과 기교들이 사용되고 있음을 발견할 수 있다. 그래서 지혜서의 저자들이 하나님께서 주신 신앙적 교훈들을 독자들이나 청중들에게 전달할 때, 그 내용들을 구체적으로 이해하거나 느끼게 만들고, 또 오래 기억하거나 암기하면서 묵상할 수 있게 하려고 노력했다는 점을 깨달을 수 있다. 뿐만 아니라 지혜서의 독자들이 독서를 하는 과정 중에 독서하는 즐거움을 만끽할 수 있도록 의도되었다는 점도 알 수 있다. 이러한 점은 현재에도 하나님의 말씀을 청중들에게 효과적으로 전하기 위해 노력하는 설교자들이 성서 말씀의 신앙적 내용들을 바르게 해석하려는 노력을 기울일 뿐만 아니라, 청중들이 그 내용을 쉽게 이해하고 또 오래 기억할 수 있도록 다양하고 창조적인 문학 형태와 기교들을 통해 전달하는 일에 힘써야 한다는 점을 상기시켜 준다. 그래서 필자는 현재의 성서해석학이나 설교학의 과

제가 성서 본문의 의미를 찾아(what the text meant) 현재의 상황에 적용해 주는 일(what the text means)에 그쳐서는 안 된다고 주장한다. 오히려 본문이 처음 독자들에게 어떻게 전달되었는지를 찾아(how the text meant) 그와 유사한 방식이나 청중들이 효과적으로 이해할 수 있는 방식으로 전달하려고 노력하는 일(how the text means)까지도 포함해야 한다는 점을 강조하곤 한다. 요즈음 성서를 문학적인 관점으로 연구하려고 시도하는 신학자들이나 성서의 문학 양식에 충실한 설교를 해야 한다고 강조하는 설교학자들이 이야기 신학(서사 신학: narrative theology)이나 이야기 설교(서사 설교: narrative preaching), 극적인 설교(dramatic preaching), 일인칭 설교(first person preaching), 시적인 설교(poetic preaching), 그리고 이미지가 있는 설교(imaginative preaching, pictorial preaching) 등에 관해 소개하는 일이 이러한 추세를 대변해주고 있다. 필자는 이 장에서 지혜서에 사용되고 있는 다양한 문학적 양식들과 문학적, 수사학적인 기교들을 소개하고자 한다. 그래서 지혜서를 설교하고 가르쳐야 하는 설교자들이 설교 사역에 적용할 수 있는 다양한 문학 양식과 기교들을 제시하고자 한다.

1. 구약성서 지혜문학의 다양한 문학적 형태들

구약성서 본문의 문학적인 장르나 기교들에 관해 연구하는데 관심을 기울인 학자들은 일반적으로 양식비평학자들과 문학비평학자들이다. 그 중에서도 구약성서 지혜서에서 발견할 수 있는 다양한 문학 양식을 연구한 대표적 학자들을 크렌쇼와 갓월드이다. 크렌쇼는 구약성서의 지혜서뿐만 아니라, 다른 부분에 속해 있으면서 현인적 전통의 가르침을 보이고 있는 분문들에서 여덟 가지의 기본적인 문학 형태나 장르를 발견했는데, 그것들은 다음과 같다.

(1) 격언들(잠언을 보라)

(2) 수수께끼(삿 14:10-18; 잠 5:1-6, 15-23; 6:23-24; 16:15; 20:27; 23:27, 29-35; 27:20)

(3) 우화(삿 9:8-15; 민 22:21-35; 창 37:5-11)와 비유(잠 5:15-23; 전 12:1-6)

(4) 찬송(잠 1:20-33; 8장)

(5) 대화(욥기)

(6) 고백이나 자서전적 이야기(잠 4:3-9; 24:30-34; 전 1:12-2:26; 8:9-9:1)

(7) 목록(욥 38장)

(8) 교훈적인 시(시 37편, 49편, 73편, 139편)와 이야기(잠 7:6-23)[1]

지혜문학의 장르들에 관하여, 갓월드는 크렌쇼의 구분을 기초로 하면서도 더욱 세분화한 도표를 제시하면서 각 장르의 성격을 설명하고 있다.

지혜문학의 장르[2]

I. **'격언 또는 잠언'** : 재치 있고 기억하기 쉬운 형태로 인간의 경험을 함축성 있게 추출해낸 경구

A. 민간 잠언(folk proverb): 일반적으로 산문 형식을 취함(예: 삼상 24:14; 왕상 20:11; 렘 23:28)

B. 시적인 잠언(artistic proverb): 히브리 시의 A________/ B________// 구조를 갖춤.

1. '관찰 또는 경험적 잠언' 으로 인생의 한 측면을 평가없이 표현함

(예: 잠 11:24; 17:27-28; 18:16)

2. '교훈 또는 학문적 잠언' 으로 행위의 방침이나 가치를 일깨워줌 (예: 잠 10:7; 14:31; 15:33)

II. **'권고'** : 일반적으로 시의 A______ / B______ // 구조로 되어 있고, 잠언들 사이에서 단독으로 나타나거나 아니면 권위 있는 교사가 배우는 자에게 주는 '교훈' 으로 무리지어 나타남(예: 잠 1-9장; 22:17-24:22)

A. 명령(예: 잠 8:33; 16:3; 31:6-9)

B. 금지(예: 잠 22:22-23; 30:10)

III. **'수수께끼'** : "난해한" 물음으로 그에 대한 해답이나 해결책이 모호함(유일하게 완벽한 성서의 예는 사사기 4장 10절에서 18절이며, 잠언 1장 6절, 시편 49장 4절 등에서도 언급된다)

IV. **'우화'** : 식물이나 동물이 등장인물로 등장하는 짧은 이야기(삿 9:8-15; 왕하 14:9)

V. **'비유(알레고리)'** : 일종의 확대 비유(아내를 "우물"에 비유하는 잠언 5장 15절부터 23절; 노인을 "쓰러지는 집"에 비유하는 전도서 12장 1절부터 6절)

VI. **'찬송'** : 인격화된 지혜 찬양(욥 28장; 잠 1:20-33; 8장; 시락의 글 24:1-22; 솔로몬의 지혜서 6:12-20; 7:22-8:21)

VII. **'논쟁 담화 또는 논박'** : 이는 욥과 그의 친구들과의 대화를 특징짓고, 탄식과 소송 장르가 혼합되어 있다(욥 4-31장)

VIII. **'예화'** : 현인의 주장에 대한 구체적 예증(잠 7:6-23; 24:30-34; 전 4:13-16)

IX. **'고백, 자서전적 이야기 또는 반성(성찰)'** : 이러한 형식을 통해 현인은 그의 풍부한 경험을 제자들이나 독자들에게 전해줌(잠 4:3-9; 전 1:12-2:26; 시락의 글 33:16-18)

X. **'지리, 우주, 기상 현상 목록 또는 명단'** (욥 28장; 36:27-37; 38:4-39:30; 40:15-41:34; 집회서 43장; 솔로몬의 지혜서 7:17-20, 22-23; 14:25-26)

필자는 갓월드가 자세하게 소개한 지혜문학의 다양한 장르들 중에서, 특히 욥기와 관련하여 그가 '논쟁 담화' 혹은 '논박'이라는 장르로 이해하는 점에 대해 '연극'(drama)이나 '극본'(dramatic literature)이라는 장르로 이해하는 것도 가능하다고 본다. 고대 이스라엘의 예루살렘이나 마을 축제들에서 이루어졌던 제사들이나 회중 예배들이 제의적 드라마의 성격을 띠고 있었고, 아가서, 욥기, 요나서, 유월절 사건의 기록(출 12장), 예루살렘의 왕정 축제들에 관한 기록들(왕상 8장, 시편들)이 드라마의 성격을 지니고 있다는 점이나, 이사야서나 나훔서 등과 같이 여러 예언서들조차도 연극적인 장르로 이해할 수 있다는 점을 주장하는 학자들을 근거로 하여 볼 때, 욥기의 문학적 장르를 드라마로 간주하는 것도 가능하다.[3] 그래서 욥기의 장르를 논쟁 담화나 논박으로 규정하는 것이 욥기에서 다루는 신학적 내용에 치중하고 있다면, 그것을 드라마로 간주하는 것은 욥기의 문학적인 면을 더욱 부각시키는 관점이라고 볼 수 있다.

전도서의 지배적인 문학 장르와 관련하여, 크렌쇼는 '고백'이나 '자서전적인 이야기'라는 장르 명칭을 사용했고, 갓월드나 알렌(Leslie C. Allen)은 일인칭 산문 형태의 '반성'이라는 명칭을 사용하고 있다.[4] 그러나 필자는 이러한 세부적인 명칭과 아울러 '신앙적인 수필집'이라는 보다 포괄적인 장르도 사용할 수 있다고 본다. 한 평생 현인적인 전통 속에서 여호와를 신뢰하며 살아온 전도자가 자신의 살아온 길들과 경험했던 다양한 사회 현상들을 되돌아보면서, 신앙의 후손들에게 물려주고자 했던 교훈들을 하나님이 주시는 영감 가운데 기록하고 모아서 수필집 형식으로 엮어낸 것이 전도서라고 볼 수 있을 것이다. 그래서 성령의 감동 아래에 기록된 '신앙적 수필집'이라는 보편적인 용어가 현대의 독자들로 하여금 전도서에 보다 친근하게 다가갈 수 있게 만들어 줄 수 있다고 본다.

2. 구약성서 지혜문학에 사용된 문학적 기교들

구약성서 지혜서의 저자들은 자신들이 평생의 삶을 통해 얻게 된 신앙적인 교훈들과 삶의 도리들을 독자들에게 효과적으로 전달하기 위하여 가장 적합하다고 간주되는 문학 장르들을 사용함과 아울러 문학적, 수사학적 기교들도 적재적소에 추가하고 있다. 그래서 독자들이 독서하는 가운데 느낄 수 있는 즐거움과 감동을 더하게 해주고, 아울러 그 내용들을 아주 오래 기억할 수 있게 만들었다. 잠언, 전도서, 욥기에서 자주 발견할 수 있는 문학적, 수사학적 기교들의 대표적인 것들을 소개한다면 다음과 같다.

(1) **평행법**(parallelism): 히브리 시에 사용되는 문학적 기교들 중 가장 대표적인 것 중에 하나로써, 한 행(line)이나 두 행에 소개되는 사상들이나 용어들이 그 구절 전체의 사상을 강화시켜주는 역할을 하는 기교이다. 그래서 한 행의 처음 반절이 나중 반절의 내용과 비슷하거나, 두 행의 처음 행이 나중 행의 내용과 비슷하게 사용되어 그 구절 전체의 사상을 강조해주는 것을 동의적 평행법(synonymous parallelism)이라고 부른다. 동의적 평행법은 시편에서 특히 많이 사용되고 있지만(시 2:4, 9; 3:1; 6:1; 12:1 등), 잠언에서도 많이 발견할 수 있다.

> 내 아들아 네 아비의 훈계를 들으며 네 어미의 법을 떠나지 말라(잠 1:8).

> 사악한 자의 길에 들어가지 말며 악인의 길로 다니지 말지어다(잠 4:14).

> 거만한 자를 징계하는 자는 도리어 능욕을 받고 악인을 책망하는 자는 도리어 흠이 잡히느니라(잠 9:7).

반의적 평행법(antithetic parallelism)은 한 행의 처음 반절의 내용과 나중 반절의 내용이 대조되거나, 두 행 중의 첫 행과 둘째 행의 내용이 대조가 되어 그 결과로 어떤 하나의 사상이나 교훈을 부각시키고, 또 독자들로 하여금 그 구절을 오래 기억하게 만드는 문학적 기교이다. 잠언 중에서 10장부터 15장에서 반의적 평행법이 많이 사용되고 있다.

> 지혜로운 아들은 아비를 기쁘게 하거니와 미련한 아들은 어미의 근심이니라(잠 10:1).

> 속이는 저울은 여호와께서 미워하시나 공평한 추는 그가 기뻐하시느니라(잠 11:1).

> 훈계를 좋아하는 자는 지식을 좋아하거니와 징계를 싫어하는 자는 짐승과 같으니라(잠 12:1).

> 지혜로운 여인은 자기 집을 세우되 미련한 여인은 자기 손으로 그것을 허느니라(잠 14:1).

종합적 평행법(synthetic parallelism)은 첫 행의 사상이나 교훈을 둘째 행에서 더욱 확장시키거나, 첫 행이 원인을 소개하고 둘째 행이 결과를 소개하는 형식을 취하여 전체 구절의 의미를 강화시켜주는 평행법이다.

> 포도주는 거만하게 하는 것이요 독주는 떠들게 하는 것이라. 이에 미혹되는 자마다 지혜가 없느니라(잠 20:1).

> 악을 행하는 것은 왕들이 미워할 바니 이는 그 보좌가 공의로 말미암아 굳게 섬이니라(잠 16:12).

> 죽고 사는 것이 혀의 힘에 달렸나니 혀를 쓰기 좋아하는 자는 혀의 열매를 먹으리라(잠 18:21).

(2) **운율**(meter): 히브리시의 특징 중에 또 다른 하나는 운율이다. 일반적으로 애가나 탄원시 등에서는 독자들이 본문을 읽는 가운데 슬픈 감정을 느낄 수 있도록, 한 구절의 처음 세 단어를 읽고 조금 쉰 뒤에 나중 두 단어를 읽어 나가도록 문장이 구성되고 있다(3 + 2). 그러나 잠언, 욥기 등에서 보여주는 운율은 3 + 3 혹은 4 + 4의 형태로, 독자들로 하여금 한 문장의 처음 세 단어나 네 단어를 리듬감을 느끼며 읽고 난 다음에 잠깐 쉬고 나머지 세 단어나 네 단어를 읽어나가도록 유도하고 있다. 그래서 독자들이 본문을 읽어나가는 과정 속에서도 시적인 감흥을 느끼도록 한다. 비록 잠언, 욥기, 전도서 등에서, 히브리어로 되어 있는 시들이 지니고 있는 운율들을 한국의 독자들이 느낄 수 없는 것이 안타깝지만, 한국의 설교자들은 그와 버금가는 운율을 한국의 청중들이나 독자들이 느낄 수 있도록 전달할 책임이 있다.

(3) **사상적 비유법**(figures of thought): 수사학적인 용법들 중에서, 저

자가 의도하는 의미나 교훈을 독자들에게 보다 효과적으로 전달하기 위해 사용하는 비유적 표현들을 사상적 비유법이라고 부른다. 특히 저자는 추상적인 개념이나 사상을 독자들이 구체적으로 이해하게 하기 위해 볼 수 있고 느낄 수 있고 만질 수 있는 이미지들을 담고 있는 용어들을 사용하여 비유적으로 표현하게 되는데, 이는 사상적 비유법들이 사용되지 않는 경우에 저자가 전달하고자 하는 의미나 교훈을 파악하는 것이 쉽지 않기 때문이다. 사상적 비유법에는 직유법(simile), 은유법(metaphor), 환유법(metonymy), 대유법(synecdoche), 반어법(irony), 과장법(hyperbole), 그리고 이미지(imagery) 등이 포함된다.

1) 이미지(imagery): 이미지는 독자들로 하여금 본문이 소개하는 내용이나 교훈을 오감을 통해 느끼고 기억하게 만드는 역할을 하는 단어들이다. 이미지의 종류들로는 시각적, 청각적, 미각적, 촉각적, 후각적, 운동적, 그리고 종합적인 것들이 포함된다. 그 중에서도 특히 시각적인 이미지는 본문이 독자들에게 제시하고자 하는 세계를 독자들의 뇌리 속에 구체적이고도 영상적으로 담을 수 있게 만들어 준다. 그래서 본문의 내용이나 교훈이 추상적으로 흐르지 않게 도와주고, 독자들이 뇌리 속에 심겨진 영상적인 이미지를 오래 떠올리며 본문의 교훈을 기억하게 만든다. 잠언, 전도서, 욥기 등을 비롯하여 성서의 모든 책들에서 영상적인 이미지를 비롯하여 다양한 이미지들을 제공하는 용어들이 자주 사용되고 있어서 독자들로 하여금 본문의 세계를 바르게 이해하도록 만들어 주고 있다는 점은, 현대의 설교자들도 자신들의 설교나 가르침 속에 성서 본문이 제시하는 다양한 이미지들을 효과적으로 전

달하려는 노력을 기울여야 할 책임이 있다는 점을 깨닫게 한다. 지혜서의 각 부분에서 언급되는 다양한 이미지들의 예를 소개한다면 다음과 같다.

> 대저 음녀의 입술은 꿀을 떨어뜨리며 그의 입은 기름보다 미끄러우나 나중은 쑥 같이 쓰고 두 날 가진 칼 같이 날카로우며 그의 발은 사지로 내려가며 그의 걸음은 스올로 나아가나니(잠 5:3-5).

> 마른 떡 한 조각만 있고도 화목하는 것이 제육이 집에 가득하고도 다투는 것보다 나으니라(잠 17:1).

> 경우에 합당한 말은 아로새긴 은 쟁반에 금 사과니라(잠 25:11).

> 모든 산 자들 중에 들어 있는 자에게는 누구나 소망이 있음은 산 개가 죽은 사자보다 낫기 때문이니라(전 9:4).

> 전능자의 화살이 내게 박히매 나의 영이 그 독을 마셨나니 하나님의 두려움이 나를 엄습하여 치는구나(욥 6:4).

> 내가 누울 때면 말하기를 언제나 일어날까, 언제나 밤이 갈까 하며 새벽까지 이리 뒤척, 저리 뒤척 하는구나 내 살에는 구더기와 흙덩이가 의복처럼 입혀졌고 내 피부는 굳어졌다가 터지는구나(욥 7:4-5).

2) 직유법: 어떤 사물이나 개념을 보다 효과적으로 소개하기 위해 그것을 다른 사물이나 개념과 직접적으로 비교하는 방법으로, 보통 '…처럼,' '…같이,' '마치' 등과 같은 표현이 따른다.

> 자기의 재물을 의지하는 자는 패망하려니와 의인은 푸른 잎사귀 같아서 번성하리라(잠 11:28).

> 선한 말은 꿀송이 같아서 마음에 달고 뼈에 양약이 되느니라(잠 16:24).

> 악인은 잘 되지 못하며 장수하지 못하고 그 날이 그림자와 같으리니 이는 하나님을 경외하지 아니함이니라(전 8:13).

3) 은유법: '…처럼,' '…같이' 등의 언급이 없이, 어떤 추상적인 사물이나 개념을 구체적인 사물이나 개념을 사용하여 그 특성을 부각시키고 구체화시키는 수사법이다. 일반적으로 은유법은 직유법보다 수사학적인 효과 면에 있어서 더욱 강한 결과를 초래한다. 예를 들어, "내 사랑은 붉은 장미와 같다"는 표현보다 "내 사랑은 붉은 장미이다"라는 표현이 더욱 강하게 느껴진다는 말이다.

> 부자의 재물은 그의 견고한 성이요 가난한 자의 궁핍은 그의 멸망이니라(잠 10:15).

> 자기 집을 해롭게 하는 자의 소득은 바람이라 미련한 자는 마음이 지혜로운 자의 종이 되리라(잠 11:29).

> 경우에 합당한 말은 아로새긴 은 쟁반에 금 사과니라(잠 25:11).

4) 환유법: 하나의 사물이나 추상적인 사상을 그것과 연관된 속성을 지닌 다른 사물이나 구체적 개념으로 대치시킨 방법이다.

> 그들은 악을 행하지 못하면 자지 못하며 사람을 넘어뜨리지 못하면 잠이 오지 아니하며 불의의 떡을 먹으며 강포의 술을 마심이니라(잠 4:16-17).

> 속이는 저울은 여호와께서 미워하시나 공평한 추는 그가 기뻐하시느니라(잠 11:1).

5) 대유법: 어떤 사물의 일부분으로 전체를 묘사하거나 또는 전체로 일부분을 묘사하는 방법이다.

> 그리하면 네 창고가 가득히 차고 네 포도즙 틀에 새 포도즙이 넘치리라(잠 3:10).

> 많은 재물보다 명예를 택할 것이요 은이나 금보다 은총을 더욱 택할 것이니라(잠 22:1).

6) 의인법: 인간이 아닌 사물이나 딴 생물들에게 인간적인 성품을 부여하여 표현하는 방법이다.

> 지혜가 부르지 아니하느냐 명철이 소리를 높이지 아니하느냐(잠 8:1).
> 지혜가 그의 집을 짓고 일곱 기둥을 다듬고 짐승을 잡으며 포도주를 혼합하여 상을 갖추고 자기의 여종을 보내어 성중 높은 곳에서 불러 이르기를(잠 9:1-3).

> 게으른 자여 개미에게 가서 그가 하는 것을 보고 지혜를 얻으라 개미는 두령도 없고 감독자도 없고 통치자도 없으되 먹을 것을 여름 동안에 예비하며 추수 때에 양식을 모으느니라(잠 6:6-8).

7) 반어법(아이러니): 표현하려는 본뜻과 반대되는 말을 함으로써 문장의 변화 효과를 한결 높이려는 방법이다. 뿐만 아니라 독자들이나 청중들이 일반적으로 기대하는 현상과 상반되는 상황을 소개함으로써 어떤 사상이나 교훈을 심어주는 방법도 아이러니로 이해된다. 자신이 하나님 앞에서 의롭게 살았다고 자부하던 욥이, 자신의 의로운 행동에 근거하여 하나님이 자신을 불의하게 대하신다고 불평하다가, 결국 창조주 하나님을 직접 대면하고 나서 자신의 죄인됨을 깨닫게 되는 욥기의 전체 구조는 뛰어난 아이러니를 제공한다. 뿐만 아니라 욥의 세 친구들이 자신들의 제한된 신앙적 지혜들을 가지고 욥을 힐책하다가 하나님께 꾸지람을 당하는 상황도 아이러니이다. 그런가 하면, 삶의 의미가 여호와를 경외하며 그분의 뜻 안에 살아가는데 있다는 점을 가르치는 전도자가 전도서 1장에서 외쳤던 바인, 인생이 헛되고 헛되다는 외침도 전도서의 전체적인 맥락에서 볼 때 아이러니 기법으로 이해할 수 있다.

8) 과장법: 하나의 사상이나 사건을 강조할 목적으로 훨씬 지나치게 혹은 덜하게 표현하는 방법이다. 이것은 욥이 자신의 고난을 표현하는 구절들에서 많이 발견할 수 있다.

> 나의 괴로움을 달아 보며 나의 파멸을 저울 위에 모두 놓을 수 있다면 바다의 모래보다도 무거울 것이라 … 전능자의 화살이 내게 박히매 나의 영이 그 독을 마셨나니 하나님의 두려움이 나를 엄습하여 치는구나 (욥 6:1-4).

9) 대조법: 상반되는 사상이나 사물, 그리고 현상 등을 대조시켜

한 쪽의 사상이나 교훈을 강조하는 용법으로, 잠언의 기초를 이루고 있는 수사적 용법이다. 저자는 대조법을 사용함으로 말미암아 독자들이 두 갈래의 삶의 길들 중에서 어떤 것을 택해야 할지를 올바로 결정하게 만든다.

> 지혜로운 아들은 아비를 기쁘게 하거니와 미련한 아들은 어미의 근심이니라(잠 10:1).
>
> 여호와를 경외하면 장수하느니라 그러나 악인의 수명은 짧아지느니라(잠 10:27).
>
> 유순한 대답은 분노를 쉬게 하여도 과격한 말은 노를 격동하느니라(잠 15:1).

(4) **수사적 비유법**(rhetorical figures): 수사적인 비유법은 단어나 구를 효과적으로 배열하거나 생략하거나 삽입함으로 말미암아 독자들이 독서하는 가운데 다양한 운율을 느끼게 만들고 템포와 강약을 조절하면서 읽게 만든다. 그래서 독자들로 하여금 독서하는 가운데 청각적인 즐거움을 만끽하도록 돕는다. 현대의 수사학자들이 효과적인 수사적 비유법들로 제시하고 있는 것들을 히브리어로 되어 있는 구약성서 지혜서에서 찾아보는 일은 흥미로운 연구 분야가 된다. 필자는 자신의 박사학위 논문에서 나훔서에 나타나는 다양한 수사적 비유법을 찾는 시도를 한 적이 있다.[5] 그와 같은 관심을 가지고 잠언과 전도서, 욥기, 그리고 구약성서 전체를 연구하는 것은 구약성서를 문학적, 수사학적으로 연구하는 자들의 과제 중에 하나가 될 것이다. 이 부분에서 필자

는 히브리어로 되어 있는 잠언, 전도서, 욥기에서 발견할 수 있는 다양한 수사적 비유법들의 예를 간략하게 제시하고자 한다. 이 일을 위해, 아터 퀸(Arthur Quinn)의 『수사적 비유법들: 구절을 바꿀 수 있는 60가지 방법들』이라는 책이 큰 도움이 되었는데, 그는 현대의 수사학자들이 제시하고 있는 다양한 수사적 비유법들을 설명해주고 있다.[6)]

1) 단어나 구의 배열과 관련한 수사적 비유법

가) 답관체(acrostic): 이것은 계속되는 행이나 절의 첫 문자들을 히브리어 알파벳의 순서에 따라 소개하는 방법인데, 잠언 31장 10절부터 31절에서 답관체의 시가 언급되고 있다. 10절에서 히브리어 알파벳의 첫 자음인 알렙(aleph)으로 시작하고, 11절에서 둘째 자음인 베트(beth)로, 12절에서 셋째 자음인 기멜(gimel)로 시작하는 방식으로 31절에서 마지막 자음인 타우(taw)로 끝나고 있다. 그래서 독자들이 이 시를 쉽게 외울 수 있게 해주면서, 이 시에서 소개하는 내용의 총체성이나 완전성을 암시적으로 부각시키고 있다.

나) 두운법(alliteration): 이것은 하나의 구나 절에서 같은 자음이나 같은 소리가 나는 자음으로 시작하는 단어들을 나열하는 수사법이다. 지혜서의 어디에서나 쉽게 발견할 수 있는 용법인데, 단적인 예를 든다면 잠언 1장 1절부터 4절을 소개할 수 있다.

1절: mishlei shelomoh ben-david melek israel

2절: ladaat hakemah umusar lehavin imerei vinah

3절: lakachat musar hasekel tsedek umishpat umeishrim
4절: latheth liphethaim aremah lenaar daath umezimah

1절의 첫 구문의 단어가 멤(mem)이란 철자로 시작하고 둘째 구문의 단어도 마찬가지이다. 그리고 2절부터 4절까지의 각 구문의 첫 단어들이 라멧(lamedh)으로 시작하여 독자들의 귀에 같은 자음으로 말미암은 같은 소리를 들려주게 된다. 그래서 이 구절을 읽는 자나 듣는 자들의 청각적인 즐거움을 더하여 주고 있다.

다) 유음법(assonance): 이것은 같은 모음이 한 구나 절에서 반복되는 기법이다. 잠언 9장 1절과 2절의 예를 들면 이 구절들에서 '아' 발음이 나는 모음들이 거듭 반복되고 있다.

1절: chakhmoth banethah bethah chatsebah amudeiha shiveah
2절: tavecha tivecha masekah yeinah oph arkah shulechanah

라) 유사 접미어 사용법(homoeoteleuton): 이것은 구나 절의 마지막 단어들의 끝에 동일하거나 비슷한 발음이 나는 접미어들을 사용하는 방법이다. 바로 위에서 소개한 잠언 9장 1절과 2절의 예가 대표적인 것이 될 수 있다.

마) 교차대귀법(chiasmus): 이것은 절이나 구를 균형을 이룬 가운데 서로 바꾸어 놓는 것을 말한다. 대표적인 예는 전도서 7장 1절이다.

tov shem mishemen tov 좋은 이름이 좋은 기름보다 낫다

2) 단어나 구의 반복과 관련된 수사적 비유법

가) 구절 반복법(anaphora): 이것은 둘 혹은 그 이상의 연이나 절, 혹은 문장의 시작에서 같은 표현을 반복하는 방법이다. 가장 대표적인 예가 전도서 3장 2절부터 8절에 소개되는데, 몇 절만 소개하면 다음과 같다.

2절: eth laledeth weeth lamuth eth lataath weeth laakor natua

3절: eth laharog weeth lirepho eth liphrots weeth livenoth

4절: eth livekoth weeth lisechok eth sephod weeth reqod

나) 동일 어순 반복법(isocolon): 이것은 문법적으로 동일한 구조의 다른 단어들을 반복하는 방법이다.

> 가산이 적어도 여호와를 경외하는 것이 크게 부하고 번뇌하는 것보다 나으니라. 채소를 먹으며 서로 사랑하는 것이 살진 소를 먹으며 서로 미워하는 것보다 나으니라(잠 15:16-17).

다) 동일 단어 반복법(polyptoton): 이것은 같은 단어나 혹은 같은 단어가 문법적으로 변형된 것을 반복하여 사용하는 방법이다. 잠언 2장 14절이 대표적인 예이다.

hasmehim laasot raa yagilu bethhepukot raa

3) 단어나 구의 생략과 관련된 수사적 비유법: 여기에는 접속사 생략법(asyndeton), 기본 동사를 제외한 다른 동사를 생략하는 방법(zeugma), 동사 전체를 생략하는 방법(scesis onamaton) 등이 포함되는데, 특히 접속사 '와우'(wau) 생략법은 히브리어 구약성서에서 자주 발견할 수 있다.

4) 단어나 구의 삽입과 관련된 수사적 비유법

가) 접속사 삽입법(polysyndeton): 이것은 절이나 문장에 접속사들을 삽입하는 방법이다. 그래서 독자나 낭송자로 하여금 본문의 내용을 음미하는 시간을 보다 많이 가질 수 있도록 유도한다. 욥기나 잠언, 전도서를 보면 전형적으로, 한 구절의 반이 끝나고 나머지 반이 시작되는 부분에 접속사 '와우'(wau)를 첨가하고 있다.

나) 동의어 대치 삽입법(accumulatio): 이것은 한 단어와 같은 뜻의 다른 단어들을 사용하여 의사를 표현하는 방법이다. 잠언이나 시편에서 동의적 평행법이 사용되는 구절들이 대표적인 예가 될 수 있다.

> 내 아들아 내 말을 지키며 내 계명을 간직하라(잠 7:1).
>
> 지혜가 부르지 아니하느냐 명철이 소리를 높이지 아니하느냐(잠 8:1).
>
> 내 아들아 꿀을 먹으라 이것이 좋으니라 송이꿀을 먹으라 이것이 네 입에 다니라(잠 24:13).

다) 구절 문두 삽입법(astrismos): 이것은 다음에 따라오는 것을 강조하기 위해 단어나 구를 삽입하는 방법이다. 구약성서에서 가장 흔한 것은 "보라" 혹은 "주께서 말씀하시기를"이라는 구문이다(잠 1:23; 7:10).

5) 수사적 의문법(rhetorical question): 이것은 구체적인 대답을 요구하기보다 주의를 환기시키거나 자신의 주장을 강조할 목적으로 질문하는 경우이다.

> 재앙이 뉘게 있느뇨 근심이 뉘게 있느뇨 분쟁이 뉘게 있느뇨 원망이 뉘게 있느뇨 까닭 없는 상처가 뉘게 있느뇨 붉은 눈이 뉘게 있느뇨 술에 잠긴 자에게 있고 혼합한 술을 구하러 다니는 자에게 있느니라(잠 23:29-30).

> 누가 현숙한 여인을 찾아 얻겠느냐 그의 값은 진주보다 더하니라(잠 31:10).

> 누가 지혜자와 같으며 누가 사물의 이치를 아는 자이냐 사람의 지혜는 그의 얼굴에 광채가 나게 하나니 그의 얼굴의 사나운 것이 변하느니라(전 8:1).

> 그의 군대를 어찌 계수할 수 있으랴 그가 비추는 광명을 받지 않은 자가 누구냐(욥 25:3).

6) 수를 나타나는 구절들의 사용(numerical sayings): 이것은 저자가 어떤 사물이나 사상을 숫자를 언급하는 가운데 열거함으로써 독자들이 그것들을 잘 기억할 수 있는 기회를 제공한다. 잠언 6장 16절부터 19

절과 잠언 30장이 대표적인 예가 된다.

> 여호와께서 미워하시는 것 곧 그의 마음에 싫어하시는 것이 예닐곱 가지이니 곧 교만한 눈과 거짓된 혀와 무죄한 자의 피를 흘리는 손과 악한 계교를 꾀하는 마음과 빨리 악으로 달려가는 발과 거짓을 말하는 망령된 증인과 및 형제 사이를 이간하는 자이니라(잠 6:16-19).

> 족한 줄을 알지 못하여 족하다 하지 아니하는 것 서넛이 있나니 곧 스올과 아이 배지 못하는 태와 물로 채울 수 없는 땅과 족하다 하지 아니하는 불이니라….
> 내가 심히 기이히 여기고도 깨닫지 못하는 것 서넛이 있나니 곧 공중에 날아다니는 독수리의 자취와 반석 위로 기어 다니는 뱀의 자취와 바다로 지나다니는 배의 자취와 남자가 여자와 함께 한 자취며 음녀의 자취도 그러하니라….
> 세상을 진동시키며 세상이 견딜 수 없게 하는 것 서넛이 있나니 곧 종이 임금된 것과 미련한 자가 음식으로 배부른 것과 미움 받는 여자가 시집 간 것과 여종이 주모를 이은 것이니라. 땅에 작고도 가장 지혜로운 것 넷이 있나니…. 잘 걸으며 위풍 있게 다니는 것 서넛이 있나니…(잠 30:15-31).

필자는 이 장에서 구약성서 지혜서에서 발견할 수 있는 다양한 문학 장르를 소개하고, 한 걸음 더 나아가서 그 속에 함축되어 있는 여러 가지 문학적, 수사학적 기교들을 설명했다. 그 결과로 우리는 성령의 감동 가운데 지혜서를 기록한 저자들이, 하나님의 말씀을 독자들이나 청중들에게 가장 효과적으로 전달할 수 있도록 하기 위해 최선의 노력을 기울였다는 점을 발견할 수 있었다. 이러한 연구 결과가 현재의 성서해석자들과 설교자들에게 제공하는 교훈을 다시 한 번 강조한다면,

그것은 성서 본문을 연구하고 또 그 결과를 설교를 통해 청중들에게 전달할 때, 성서 본문이 제공하는 신앙적 교훈들을 찾아내려는 신학적 노력과 아울러 그것을 가장 효과적으로 전달하기 위하여 성서 저자들이 사용했던 다양한 문학 양식과 수사적 기교들을 찾아내려는 노력을 동시에 기울여야 한다는 점이다. 한 걸음 더 나아가서 성서 본문을 설교로 전달할 때에 본문에서 발견했던 문학 양식과 유사한 형태로 전달하고, 청중들로 하여금 감동을 느낄 수 있도록 돕는 수사적 기교들을 사용하려고 노력해야 한다는 점이다. 그래서 성령께서 성서 본문의 내용뿐만 아니라 전달 방식까지도 감동을 주셨다는 확신 가운데 우리의 설교도 이 두 가지 면에 함께 관심을 기울여야 할 것이다.

주(註)

1) John H. Hayes, *An Introduction to Old Testament Study* (Nashville: Abingdon Press, 1979), 152.

2) 갓월드, 254.

3) John D. W. Watts, *Isaiah 1-33*, *Word Biblical Commentary*, vol. 24 (Waco: Words Books, Publisher, 1985), xlvii; Hyung Won Lee, "The Function of Figurative Language in the Book of Nahum" (Ph.D. diss., The Southern Baptist Theological Seminary, 1988). 이 논문에서 필자는 나훔서의 장르를 예언적인 드라마로 소개하고 있다. 크라우스(H. J. Kraus) 등과 같은 양식비평학자들은 고대 근동 국가들에서 있었던 제의적 드라마들에 근거하여, 고대 이스라엘에서도 이러한 제의적 드라마들이 보편화되었을 것으로 보았다.

4) William S. LaSor, et al., *Old Testament Survey: The Message, Form, and Background of the Old Testament* (Grand Rapids: William B. Eerdmans Publishing Company, 1996), 504.

5) 필자의 박사 학위 논문을 한글로 집약하여 소개한 글을 참고하라: 이형원, 『구약성서 비평학 입문』(대전: 침례신학대학교 출판사, 1991), 제 10장.

6) Arthur Quinn, *Figures of Speech: 60 Ways to Turn a Phrase* (Salt Lake City: Gibbs M. Smith, Inc., 1982).

제4장 잠언 설교하기

필자는 이 장에서, 설교자들이 잠언으로부터 가르칠 수 있는 다양한 삶의 교훈들과 신앙적 메시지들을 소개하고, 이어서 잠언 설교를 위한 몇 가지 제안을 하고자 한다. 그러기 전에 필자는 서론적으로 잠언의 저자와 기록 연대, 처음 독자, 구조 등에 관해 먼저 언급하고자 한다. 잠언의 문학적 양식이나 기교에 관한 논의는 앞 장에서 언급한 바 있어서 여기서는 생략한다.

1. 잠언의 저자와 기록 연대

잠언에는 일곱 개의 표제들이 소개된다(1:1; 10:1; 22:17; 24:23; 25:1; 30:1; 31:1). 이것들은 잠언의 저자와 기록 연대에 관해 지극히 제한적인 정보를 제공한다. 이 표제들 중에 세 개는 "솔로몬의 잠언"(1:1; 10:1; 25:1) 이다. 히브리어로 볼 때, 이 표제는 솔로몬을 잠언의 직접적인 저자로 이해하게 만들기도 하지만, 잠언이 그에 의해 편집되거나 그에게 바쳐진 것일 수도 있다는 가능성을 배제하지 않는다. 시편에서 "다윗의 시"라는 표제들이 다윗이 직접 기록한 시일 수도 있지만 그에게 바쳐진 시로 이해될 수 있다는 점과 마찬가지이다. 뿐만 아니라 솔로몬이 이전부터 전해져 온 격언들을 성령의 인도하심 가운데 직접 편집했거나 신하들 중의 현인들을 통해 편집하게 했을 가능성도 배제할 수 없다.[1] 유대인 랍비들의 문헌에 의하면 솔로몬 왕이 원기 왕성한 젊은 시절에 아가를, 성숙한 중년 시절에는 잠언을, 그리고 노년 시절에는 전도서를 썼다고 언급하고 있는데, 이것은 이스라엘 백성들이 전통적으로 솔로몬 왕을 잠언의 저자로 이해했다는 점을 단적으로 보여준다.[2]

그런가 하면 잠언 25장 1절은 유다 왕 히스기야의 신하들이 솔로몬의 잠언을 편집했다고 기록하고 있다. 또한 30장 1절에서는 야게의 아들 아굴이 잠언을 만들어 전했다는 점을 언급하고, 31장 1절에서는 르무엘 왕의 어머니가 교훈한 내용을 르무엘 왕이 기록했다는 점을 명시하고 있다. 또한 22장 17절과 24장 23절에는 "지혜자의 말씀"이라는 구문이 언급되는데, 이것은 현인적인 전통에 입각해서 지혜의 교훈을 전문적으로 가르쳤던 현인들이 잠언의 완성에 기여했다는 점을 이해하게 만든다. 이렇게 볼 때, 잠언의 완성에 기여한 자들은 솔로몬 왕을 비롯한 고대 이스라엘의 신앙적 현인들이다. 이들은 가정이나 부족의 지도자들로서, 그리고 왕정 시대에는 왕에게 정치, 외교, 사회, 종교 등에 관해 조언하는 자들로서, 왕을 비롯하여 신하들과 그의 자녀들, 그리고 보다 넓게는 모든 이스라엘 백성들에게 하나님을 지혜롭게 섬기는 도리와 아울러 가정과 사회 전역에서 지혜롭게 살아갈 수 있는 방도들을 가르치고 문서화한 주체들이다. 솔로몬 왕이나 히스기야 왕은 이러한 현인들의 활동에 적극적으로 참여하고, 그 활동을 장려하고 후원해준 왕들로 이해되고 있다. 그러므로 우리는 잠언이 한 권의 책으로 모아질 때까지 여러 저자들이나 편집자들의 숨은 노력이 있었음을 인정해야 한다. 아울러 잠언의 인간적인 저자나 편집자가 누구인지 밝히는 것도 중요하지만, 그들이 누구이든 간에 그들에게 성령으로 감동하셔서 하나의 오류나 실수도 없이 하나님의 뜻이 전달되도록 하신 하나님께서 실제적인 저자라는 사실도 인정할 수 있어야 한다.[3)]

잠언이 한 권의 책으로 편집된 연대를 구체적으로 밝히는 것은 무리이다. 그러나 다수의 구약학자들은 일반적으로 솔로몬이 통치하던 기원전 10세기로부터 부분적으로 기록되기 시작한 잠언이 구약성서와 신약성서의 중간사 시대에 기록된 여러 지혜서들과 마찬가지로, 기원전 2세기경에 한 권의 책으로 편집되었을 것으로 추정한다. 그러나 잠언의 기록 연대에 관해 한 단계 더 깊은 추론을 해본다면, 히스기야 왕 이전 시대(기원전 700년 이전)에는 현재 형태의 잠언서가 완성되지 못했다는 사실은 성서 내증적으로 입증된다. 그런가 하면, 잠언의 여러 곳에서 언급되는 지혜자들의 "교훈"(torah)이 바벨론 포로기 이후의 에스라 시대에 이해되었던 것처럼, 오경이나 율법으로 이해되지 않고 보다 보편적인 가르침이나 현인들의 교훈으로 이해되었다는 점에 비추어 볼 때, 잠언서가 에스라 시대나 그 이전 시대(기원전 400년경 이전)에 이미 완성되어 읽혔을 가능성을 배제할 수가 없다.[4)]

2. 잠언의 처음 독자

잠언이 현재의 형태로 완성된 시기를 기원전 700년경에서 400년경 사이로 추정한다면 이것은 고대의 유다가 급격히 쇠퇴하여 국가적인 패망으로 치닫고 있었을 때나, 혹은 암울했던 바벨론 포로기가 진행되던 때, 혹은 포로기가 끝나고 난 뒤에 나라를 새롭게 재건해야 했던 시점 중의 어느 한 때에 잠언이 완성된 것을 암시해준다. 그렇다면 잠언의 처음 독자는 기원전 7세기에 나라가 바벨론 군대에 의해 패망하는 것을 눈으로 목격한 자들이거나, 혹은 6세기의 바벨론 포로기 때에 국가를 잃은 설움 속에 있었던 자들일 수도 있다. 아니면 5세기 후반에 포로기가 끝난 후 여호와의 율법에 근거하여 종교개혁을 시도함으로써 나라를 새롭게 재건하자는 메시지가 사제들에 의해 강조되고, 유다의 멸망에 대한 신학적 해석과 아울러 미래에 대한 소망의 메시지를 전하고 있던 예언자들의 메시지가 성행하고 있을 즈음에 살던 자들로 유추하게 만든다. 필자는 잠언이 포함되어 있는 성문서가 유대인들에 의해 정경화 된 시기가 기원후 1세기경으로 이해되는 것에 근거하여, 현재 형태의 잠언이 기원전 400년경이나 그 이후에 완성되었을 것으로 추정한다.[5] 그렇다면 잠언의 처음 독자는 포로기 이후 시대의 유대인들이 된다. 그들은 당대에 성행하던 사제들과 예언자들의 메시지들과 아울러 현인들의 독특한 신학과 교훈을 담고 있는 잠언을 읽음으로써 그들의 삶과 신앙에 필요한 교훈들을 종합적으로 이해할 수 있었을 것이다.

3. 잠언의 문학적 구조

잠언의 현재 구조는 저자나 편집자들이 이전부터 보존되어 왔던 잠언들과 자신들이 직접 기록한 것들을 모아 모음집을 만든 결과로 이루어지고 있다. 각 모음집에 포함되는 내용들을 보면 주제가 체계적인 순서에 따라 열거되지 않는다. 그래서 편집 활동에 참여한 자들이 주제의 체계화를 위한 고려를 하지 않고, 오히려 자신이 자료들을 접하여 모은 순서에 따라 편집한 것으로 추정하게 된다. 그러므로 잠언의 구조를 주제 중심으로 재구성해보는 것은 흥미로운 일이며, 특히 설교자들이 어떤 주제와 관련된 여러 구절들을 잠언들에서 발견하는데 크게 도움을 주게 될 것이다. 잠언의 구조는 다음과 같이 나누어 볼 수 있다.

(1) 솔로몬 왕의 잠언들: 첫째 모음집(1:1-9:18)
(2) 솔로몬 왕의 잠언들: 둘째 모음집(10:1-22:16)
(3) 지혜자의 교훈 모음집(22:17-24:22)
(4) 지혜자의 교훈 모음집 부록(24:23-24)
(5) 히스기야 왕의 신하들이 편집한 솔로몬 왕의 잠언 모음집(25:1-29:27)
(6) 아굴의 잠언들(30:1-33)
(7) 르무엘 왕의 교훈(31:1-9)
(8) 현숙한 아내에 관한 잠언들(31:10-31)

1992년에 세일러(Ronald M. Sailler)와 위르젠(David Wyrtzen)은 잠언에서 강조되는 42개의 주제를 중심으로 잠언을 재구성하여 소개하는 『지혜의 실천: 잠언의 주제적 지침서』라는 책을 발간했는데, 이 책에서 그들은 각 주제와 관련된 구절들을 세부적인 교훈들에 따라 분리하고 있다.[6] 필자는 이 책 한 권에서 다루는 핵심 주제들과 또 그와 관련된 세부적인 교훈들, 그리고 그것들과 관련된 잠언의 구절들을 모두 소개하는 것이 독자들과 특히 설교자들로 하여금 잠언의 구조를 주제별로 재구성하고, 또 다양한 설교거리들을 파악하는데 도움을 준다고 판단하여 부록에서 집약하여 소개하고자 한다.

4. 잠언의 다양한 교훈들

몇 세기에 걸쳐 각 시대의 뛰어난 현인들이 성령의 감동 아래 기록한 격언과 교훈들을 모아둔 잠언서는 삶의 다양한 교훈들과 아울러 독특한 신앙적 교훈들을 제공하고 있다. 비록 그 교훈들이 주제에 따라 체계적으로 소개되지는 않지만, 각 주제에 연관되는 구절들을 집약해 보면 주제들이 다양할 뿐만 아니라 이 시대에도 적용되어야 할 교훈들을 담고 있다.

필자는 잠언에서 발견할 수 있는 교훈들을 크게 두 가지의 범주로 나눌 수 있다고 보는데, 그 첫째는 여호와를 신뢰하는 백성들이 가정, 직장, 사회 속에서 많은 사람들과 더불어 살면서 하나님과 사람들 앞에서 인품과 능력을 인정받고 선한 영향력을 발휘하며 살기 위해서 기억하고 실천해야 할 일반적인 생활 지침, 윤리적 교훈, 그리고 대인 관계의 지침 등이다. 그래서 이러한 내용의 교훈들을 '신앙적 행복론'이라고 부르거나 선한 의미에서 '신앙적 처세술'을 제공하는 것들이라고 부를 수 있을 것이다.

보트(Lawrence Boadt)는 잠언에서 다루는 이와 같은 주제들의 성격을 실용적이고 현세적이고 물질적인 충고들이라고 규정하고 있다. 그는 잠언의 교훈들을 배워야 하는 전반적인 목적이 삶에 숙달되기 위한 것이라고 간주하면서, 이 일을 위해서는 여호와 하나님을 신뢰할 뿐만 아니라 실용적이고 현세적이고 물질적인 충고들에도 주의를 기울여야 한다고 보았다. 보트는 잠언에서 다음의 주제들이 부각되고 있다고 보았다.

1) 자녀들은 부모를 공경하고, 부모들은 자녀들을 훈계로 교육해야 하는 면을 강조하면서 부모와 자녀의 관계를 다루고 있다.
2) 의인과 악인의 행동 대조
3) 좋은 친구들과 사랑스런 아내의 가치
4) 공공 생활에 있어서 정직, 친절, 정의, 성실함의 가치
5) 성적인 욕망을 비롯한 개인적 욕망들을 극복하고 자기 절제를 실천하는 일
6) 합당한 말과 침묵의 중요성
7) 재산을 지혜롭게 관리하고, 미래를 준비하기 위해 신중하고 열심히 일하는 것
8) 상사들 앞에서의 예절과 합당한 행동
9) 어리석고 무분별한 행동을 피하고 지혜롭게 행하는 일의 가치[7]

힌슨(David Hinson)도 잠언에 삶의 다양한 상황과 관련한 실용적 교훈들이 제공되고 있다는 점을 지적하고, 가장 강조되어 소개되는 주제들을 다음과 같이 소개하고 있다.

1) 징계를 동반한 자녀 교육(13:24; 22:15; 29:15, 17)

2) 성인들로 하여금 지혜로운 삶을 방해하는 두 가지

   –나태함(6:6; 13:4; 20:4; 24:33–34)

   –술취함(20:1; 21:17; 23:29–30)

3) 좋은 친구를 사귀는 일의 가치(13:20; 24:1–2; 28:7)

4) 부부 관계를 좋게 유지하라(5:18–19; 18:22; 19:14)

5) 생각과 말에 조심하라(11:12–13; 16:23; 21:23)

6) 순종(10:1), 겸손(11:2; 15:33), 자제(14:17; 18:13; 25:28), 진실함(12:22), 인자함(11:17), 구제(11:25), 마음을 즐겁게 하고 사는 것(15:13), 정의(21:15), 충성됨(25:13)[8)]

잠언을 주제별로 재구성하여 소개하고 있는 세일러와 위르쩬은 잠언이 다음과 같은 다양한 주제들을 다루고 있으며, 한 걸음 더 나아가서 각 주제와 관련해서도 여러 면의 세부적인 교훈들을 제시하고 있다는 점을 보여주고 있다. 세일러와 위르쩬이 각 주제들과 관련하여 세분화하고 있는 내용들은 부록에서 참고할 수 있다.

> 술, 동물과 곤충들, 외모, 권세자들, 복, 복에 대조되는 것들, 몸, 비교들과 대조들, 만족, 죽음, 근면, 훈계, 가족, 재정, 어리석은 자, 우정, 하나님, 증오심, 겸손, 부도덕함, 교훈, 율법, 나태함, 생명, 사랑, 거짓말, 도덕성, 자연, 음식물, 가난한 자, 교만, 부자, 재물, 공의, 고난의

때, 혀, 진실, 삶의 방식, 악함, 악함에 대조되는 것들, 지혜, 지혜에 대조되는 것들

그러므로 설교자들은 성도들이 가정과 직장, 사회라는 공동체 속에서 하나님의 사람답게, 그리고 한 사람의 인격체로서 합당하게 살아갈 수 있도록 실제적인 교훈들을 잠언을 통해 제공할 수 있어야 한다. 그리하여 삶의 모든 면에 있어서 무한경쟁 시대를 살아가고 있는 성도들이 사회에서 낙오하지 않고 사회를 변화시키는 주체로서 영향력을 발휘하며 살 수 있도록 해야 한다.

잠언에서 소개되는 또 한 범주의 교훈은 신앙적인 것이다. 특히 잠언은 전도서와 욥기와 아울러 하나님에 관해 독특한 면을 소개하고 있다. 다시 말해서, 오경이나 예언서에서는 하나님께서 이스라엘 백성들의 역사 속에서 행하셨던 커다란 구원 활동들에(출애굽 사건, 광야에서의 인도하심, 가나안 땅을 차지하게 하심, 다윗 왕조를 세우심 등) 근거해서 구원주가 되시는 하나님을 강조하고 있지만, 잠언에서는 이 세상을 창조하시고 그것을 공의와 진리 가운데서 질서 있게 다스리시며, 자연을 통해서 계시를 주시는 창조주 하나님을 부각시킨다. 그래서 창조주 하나님, 공의로 의인과 악인을 심판하시는 하나님을 강조하며, 신앙적 인과응보 사상이 고대 이스라엘 사회에서 존중되어야 한다는 점을 지적한다. 위에서 소개했던 삶의 실용적인 가르침들은 하나님이 공의와 지혜로 세상을 다스리시며 심판하신다는 신앙적 인과응보 사상을 기초로 하여 보급되었다고 볼 수 있다.

그러나 잠언은 하나님의 백성들이 살아가다 보면, 창조주 되시며 이 세상을 공의롭게 주관하시는 하나님이 하시는 일을 인간의 좁고 한정된 지혜로 모두 이해하기가 어렵다는 점을 인정해야 하는 경우가 생긴다는 점을 지적한다. 특히 자신이 계획한 대로 현재나 미래가 펼쳐지지 않을 때, 더불어 사는 사람들 중에 악한 자들이 더욱 창성하게 될 때, 그리고 한 걸음 더 나아가 의롭게 사는 자들이 고난을 당할 때, 하나님의 백성들은 하나님만이 인간의 역사와 온 세상 만물을 의롭게 주관하시는 분이라는 점을 깨닫고 하나님을 겸손하게 의지하며 인내하는 신앙을 보여야 한다고 가르친다.

> 마음의 경영은 사람에게 있어도 말의 응답은 여호와께로부터 나오느니라 사람의 행위가 자기 보기에는 모두 깨끗하여도 여호와는 심령을 감찰하시느니라 너의 행사를 여호와께 맡기라 그리하면 네가 경영하는 것이 이루어지리라 여호와께서 온갖 것을 그 쓰임에 적당하게 지으셨나니 악인도 악한 날에 적당하게 하셨느니라. … 사람이 마음으로 자기의 길을 계획할지라도 그의 걸음을 인도하시는 이는 여호와시니라(잠 16:1-9).

> 너는 마음을 다하여 여호와를 신뢰하고 네 명철을 의지하지 말라 너는 범사에 그를 인정하라 그리하면 네 길을 지도하시리라 스스로 지혜롭게 여기지 말지어다 여호와를 경외하며 악을 떠날지어다(잠 3:5-7).

이러한 신학적 교훈은 삶의 허무주의에 빠져 허덕이는 자에게 주어진 전도서에서도 발견된다. 또한 하나님 앞에서 의인으로 살았다고 자부하던 자가 고난에 빠졌을 때, 자신의 의로운 행위들에 근거하여 하나님의 불의함을 불평하다가, 온 만물과 만민을 공의롭게 이끄시는 하나님에게 꾸지람을 당하는 내용을 다루는 욥기에서도 분명히 가르쳐지고 있다. 그러므로 폰라트는 인간의 지혜나 경험을 뛰어넘어 하나님 자신이 뜻하신 대로 이 세상을 다스리실 수 있는 하나님을 "자유자 되신 하나님"으로 묘사하고, 인간은 지혜와 경험이 제한된 존재들이기 때문에 항상 그분 앞에 겸손해야 한다는 점을 강조한다.

필자는 십 여 년 동안 신학교에서 지혜문학과 잠언을 가르치면서 잠언에서 제공하는 다양한 삶의 교훈들과 신앙적 교훈들을 세분하고, 일목요연하게 도표로 만드는 시도를 해보았다. 학생들로 하여금 강의 시간에 잠언을 장별로 함께 읽고 토론하게 하고, 각 장에서 발견되는 중요한 주제들을 찾아보도록 했다. 그 결과 아래와 같은 도표를 완성하게 되었다. 이 도표가 독자들로 하여금 잠언에 나타나는 다양한 교훈들을 주제별로 쉽게 인식하는데 도움이 될 것이라고 본다.

– 잠언에 나타나는 다양한 교훈들의 주제적 분류 –

주제			성서 구절들
지혜로운 삶으로의 초대	하나님의 말씀을 통한 지혜		1:1–6; 2:1–12; 3:1–2, 11–26; 4:1–13; 8:1–36; 9:1–6; 13:13; 16:10; 22:17–20; 29:18; 30:1–6
	신앙을 통한 지혜 (여호와 경외)		1:7–9; 3:5–8; 8:13; 9:10–12; 14:26–27; 15:16, 33; 19:23; 22:4; 28:14, 25; 29:25
	지혜자의 길과 그 결과/ 의인의 길과 그 결과		1:20–23, 33; 3:32–35; 4:1–13, 20–27; 8:14–21, 32–36; 9:9; 10:22–25, 27–30; 11:29–31: 12:1–10; 13:19–21, 25; 15:24; 23:3–7; 24:13; 28:1, 12, 26; 29:6
	어리석은 자의 길과 그 결과/ 악인의 길과 그 결과		1:10–19; 24–32; 2:13–15; 3:32–35; 4:14–19; 6:12–19; 9:7–8, 13–18; 10:27–30; 11:29–31; 12:1–10; 13:25; 15:24; 17:11–16; 18:1–3; 21:16–18; 22:3, 5, 8; 23:29–35(술취한 자); 28:1, 9, 12, 18; 28:28; 29:6, 16
신앙적 행복론 (인과 응보 사상)	대인관계를 신중히 하라	가족, 부부관계	14:1(지혜로운 아내); 15:17; 17:1; 18:22; 19:13–14; 21:9, 19; 25:24; 27:15–16; 28:24; 30:11, 17; 31:10–31
		이웃, 친구관계	3:29–31; 17:17; 18:24; 19:6, 9, 11; 23:6–9, 19–21; 24:1, 21, 26–29; 25:8–10(소송), 17–23; 27:9–10, 14, 17; 28:7; 29:9, 24(도둑); 30:10
		지도자(상사)와의 관계	14:35; 16:13–15; 17:2; 19:12; 20:2; 23:1–3; 24:21; 25:4–7, 13; 26:10–12; 27:18; 28:15–17; 29:21(종); 30:31; 31:4–7(술을 멀리해야 하는 왕)

주제		성서 구절들
신앙적 행복론 (인과 응보 사상)	성적으로 깨끗하라	2:16–22; 5:1–23; 6:20–35; 7:1–27; 22:14; 23:26–28; 29:3; 30:18–20; 31:1–3
	인자, 진리(정직), 공의를 행하라	3:3–4; 11:1, 3, 4–8, 9–11; 11:17–23; 14:9, 11, 34; 15:8–10; 16:11–13, 17; 18:5; 19:22; 20:10, 23, 28; 21:15, 21; 22:26; 23:10–11; 24:11–12, 23–25; 28:3–6, 10, 13, 21; 29:2, 4, 5, 12, 14; 30:7–8, 12, 21–23(모순); 31:8–9(왕의 도리)
	마음의 평정을 유지하라	13:12; 14:30; 15:13, 15; 17:22; 18:14; 20:22; 23:17–18; 24:10; 27:8, 19
	감정을 절제하라	12:16; 14:17, 29; 15:18(화); 16:32; 19:19; 20:3; 22:23–24; 24:17–20; 25:15, 28; 29:11, 22; 30:33
신앙적 행복론 (인과 응보 사상)	근면, 성실하라	6:6–11; 10:3–5, 26; 11:16; 12:11–12, 23–28; 13:4; 15:19; 18:9; 19:1, 15, 24; 20:4, 6; 21:25; 22:13, 29; 24:30–34; 26:13–16; 27:23–27; 28:19–20
	겸손하라	11:2; 13:10(교만하지 말라); 16:18–19; 18:12; 19:25; 21:24; 22:4, 10; 29:8, 23; 30:13, 32
	합당한 말과 대화를 하라	10:6–14, 17–21, 31–32; 11:12–14; 12:13–14; 12:17–23(거짓말); 13:2, 3, 5; 14:3–5, 23, 25; 15:1, 2, 4, 7, 14, 23, 28; 16:21, 23–28; 17:4, 7, 9, 20, 28; 18:6–8, 13, 17, 20–21; 19:5; 20:19; 21:23, 28; 22:11; 23:16; 25:11–12, 14, 18, 23; 26:1–9,19–28; 29:20; 30:10

구분	주제	세부	본문
신앙적 행복론 (인과 응보 사상)	훈계, 충고에 경청하라		13:18; 15:5, 32; 19:20, 25-29; 23:12; 29:1
	징계, 견책하라		13:24; 17:10; 20:30; 21:11; 22:6, 15; 23:13-14; 27:5-6; 28:23; 29:15, 17, 19
	물질에 관한 교훈	물질을 지혜롭게 사용하라	3:9-10; 6:1-5(보증); 11:15(보증); 22:26; 27:13
		뇌물을 피하라	17:8, 23; 21:14; 22:16
		부당한 이익을 피하라	10:2; 10:15-16; 13:11; 13:22-23; 20:21; 21:6; 28:8, 11
		가진 자는 물질만 의지함	11:28
		탐욕을 멀리하라	21:26; 22:16; 23:4-5; 25:16; 27:20; 28:22; 30:7-9, 14-16
	가난한 자를 도우라		3:27-28; 11:27; 14:21, 31; 17:5; 19:17; 21:13; 22:9, 16, 22-23; 28:27; 29:7; 30:14
창조주 이신 하나님	공의로우신 하나님		15:3, 25-27, 29; 17:3; 20:10; 20:23-28; 21:3-5, 12; 22:12; 29:13, 26
	지혜로우신 하나님		8:22-31
	창조의 하나님		8:22-31; 22:2; 30:24-31
	인도, 보호하시는 하나님		3:5-6, 25-26; 14:26-27; 20:22; 21:1, 31
초월자 이신 하나님	초월자(자유자)이신 하나님		16:1-9, 33; 19:21; 21:1-2, 30-31; 25:2
	인간 지혜의 한계		14:12-13; 16:1-2, 9, 25, 33; 19:21; 21:2, 30-31; 27:1

5. 잠언 설교를 위한 제안

필자는 고대 이스라엘의 백성들로 하여금 하나님을 경외하는 가운데 하나님의 백성다운 인품과 덕목을 유지하며 살도록 교훈하고 있는 잠언이, 이 시대를 살아가는 그리스도인들에게도 가감 없이 가르쳐져야 한다고 본다. 특히 가정이나 학교, 학원 등에서 인격적인 삶이나 윤리적인 삶을 가르치며 올바른 가치관을 심어주는 것이 등한시되는 현실 속에서, 잠언이 담고 있는 삶과 신앙의 교훈들이 어린이들과 젊은 이들에게 더욱 자주 가르쳐져야 한다고 생각한다. 그래서 잠언을 설교하고 가르치는 이들에게 몇 가지 제안을 하고자 한다.

(1) 잠언이 다루는 주제와 교훈들이 다양한 점을 고려할 때, 잠언 설교는 한 번에 그칠 수가 없다. 그래서 잠언을 연속적으로 설교할 수 있는데, 그 경우에 1장부터 31장까지 순서대로 설교할 수도 있겠지만, 잠언에 소개되는 중요한 주제들을 중심으로 연속 설교를 하는 것이 더욱 효과적일 수 있다. 이 일을 위해서 세일러와 위르쩬의 『지혜의 실천: 잠언의 주제적 지침서』를 참고하거나, 필자의 책 부록에 소개하는 요약본을 참고할 수 있을 것이다. 또한 위에서 필자가 제공한 "잠언에 나타나는 다양한 교훈의 주제적 분류표"를 참고로 할 수 있을 것이다.

잠언은 지금까지도 이스라엘 백성들이 자녀들을 신앙적으로나 인격적으로 가르치기 위해 필독서로 간주하여 읽히고 또 암송하게 하고 있는 책이다. 이 책에서 다루어지는 다양한 주제들은 결코 추상적인 것들이 아니다. 하나님을 신뢰하는 자녀들이 삶의 올바른 도리들을 기억하며 그들이 처한 곳에서 인정받고 또 삶의 보람을 누릴 수 있도록 돕는 것들이다. 그러므로 이러한 다양한 주제들이 이 시대의 그리스도인 젊은이들에게 더욱 자주 가르쳐져야 한다.

(2) 설교하는 잠언의 본문이 간단한 격언이나 교훈으로 되어 있다면 그 본문을 해석하는데 시간을 너무 많이 보내기보다 오히려 성도들이 설교 중에 그 본문을 암송할 수 있는 다양한 기회들을 제공하라. 그리하면 본문이 성도들의 뇌리에 오래 남아 그들의 삶에 지침으로 작용하게 될 것이다. 이 일을 위해서 설교자가 본문을 보다 시적으로나 운율적으로, 혹은 음악적으로 소개하려는 시도가 있어야 할 것이다. 특히 요즈음에는 설교에 도움을 줄 수 있는 시청각 장치들이 쉽게 준비될 수 있기 때문에 설교자가 조금만 창조적인 계획을 세운다면 잠언 본문이 청중들의 뇌리에 오래 기억되도록 만드는 일이 가능할 것이다.

(3) 잠언 본문의 내용과 유사한 내용이 있는 고대 근동의 지혜서들이나 여러 격언집들을 참고하여, 그 유사성과 차이점들을 비교하여 소개하라. 특히 서로의 차이점을 강조하면서 구약성서 잠언의 교훈의 도덕적, 신학적 우월성과 독특성을 부각시키는 것이 바람직할 것이다.

(4) 잠언 본문의 메시지가 단순히 일반적인 삶의 교훈을 다루는 것이든 아니면 여호와 하나님을 신뢰하게 만드는 신앙적인 것이든 상관없이 본론이나 결론의 어느 한 부분에서는 예수 그리스도의 삶과 성품, 혹은 교훈과 연관 지을 수 있는 메시지를 뽑아내려는 시도가 있어야 할 것이다. 예를 들어, 겸손에 관한 교훈이 있는 본문이라면, 겸손한 삶의 중요성을 강조한 후에 우리에게 겸손한 삶의 본을 가장 잘 보여주신 예수님을 언급할 수 있을 것이다.

(5) 잠언 본문의 문학적 특징 부분에서 강조되었던 것처럼 본문에 다양한 문학적, 수사학적 기교들이 포함되어 있음을 파악하게 되었다면, 설교자가 한국의 청중들에게 설교할 때에도 그와 버금가는 문학적, 수사학적 기교가 느껴지도록 소개할 수 있어야 한다. 그 가운데서도 특별히 본문이 제공하는 독특한 이미지들이 있다면 그것들을 잘 파악하여, 청중들이 그 이미지들을 느낄 수 있도록 유도해야 한다. 예를 들어, 꿀송이, 고기, 금사과, 채소, 포도주, 독주 등의 미각적 이미지를 포함하는 용어들을 소개할 때에는 청중들로 하여금 머리 속에서 그 맛을 음미할 수 있도록 해야 할 것이다. 뿐만 아니라 성적으로 정결한 생활을 하도록 교훈하기 위해 우물과 샘물의 비유를 제공하는 잠언 5장이나, 게으른 자를 바로잡기 위해 개미의 비유를 제공하는 6장, 그리고 음녀의 길을 따라간 자의 비참한 결과를 소개하는 7장 등을 비롯하여 잠언의 많은 본문들이 뛰어난 영상적 이미지들을 제공하고 있기에 이러한 영상적인 면을 최대한 잘 묘사해주는 설교를 시도해야 할 것이다.

(6) 잠언에서 가장 두드러진 수사학적 기교 중에 하나가 대조법이다. 살아가면서 이렇게 살아야 할 것인지 아니면 저렇게 살아야 할 것인지 둘 중에 하나를 선택하도록 하기 위해 의로운 길과 악한 길, 지혜로운 자의 길과 어리석은 자의 길, 내 명철을 의지하는 길과 여호와를 의뢰하는 길 등을 분명하게 제시하고 있다. 그래서 독자나 청중이 반드시 택해야 할 길을 밝히 보게 만들어 준 것이다. 그러므로 잠언 본문을 설교할 때에는 본문이 제시하는 양극화된 두 갈래 길과 그 결과만 잘 보여주면 된다. 이것이 잠언 설교의 매력 중에 하나이자 특징이기도 하다.

주(註)

1) 이형원, 『구약성서 해석의 원리와 실제: 사회-문학적 연구를 중심으로』(서울: 대한기독교서회, 1999), 317.

2) James K. West, *Introduction to the Old Testament* (New York: Macmillan Publishing Co., Inc., 1981), 465: 유대인의 미드라쉬 중에서 Shir Hashirim Rabba 1장 1절, 제 10항에 언급되고 있음.

3) 이형원, 318.

4) Ibid.

5) 이형원, 『잠언』, 『전망성서주해』(서울: 전망사, 1993), 19.

6) Ronald M. Sailler and David Wyrtzen, *The Practice of Wisdom: A Topical Guide to Proverbs* (Chicago: Moody Press, 1992).

7) Lawrence Boadt, *Reading the Old Testament: An Introduction* (New York: Paulist Press, 1984), 480-1.

8) David Hinson, *The Books of the Old Testament* (London: SPCK, 1992).

제5장 전도서 설교하기

비커만(Elias Bickerman)은 『네 권의 이상한 책들』이란 책에서 요나서, 다니엘서, 에스더서와 함께 전도서를 일반적으로 이해하기에 이상하고 생소한 책으로 간주하고 있다.[1] 이 점은 전도서의 저자, 기록 연대, 기록 배경, 문학적 구조, 그리고 신앙적 교훈들을 이해하는 일이 쉽지 않다는 사실을 단적으로 표현해주는 것이다. 알렌(Leslie Allen)도 전도서가 난해하다는 점을 아래와 같이 언급하고 있다.

> 전도서의 의미에 관해 다양한 견해들이 제기된 것처럼 많은 견해들을 제시한 성서의 책들은 거의 없다. 그 메시지의 요점을 찾으려고 시도하는 일은 중요한 일이지만 또한 애타게 하고 좌절하게 만들기도 한다. 그 책은 우리에게 난제들로 가득한 상자를 제공한다. 우리가 그것을 열 때마다 우리는 그것의 스타일에 적응해야 하고, 그것의 주장들을 밝혀내야 하고, 그것의 이미지를 해석해야 한다. 우리가 그렇게 할 때, 우리는 하나님께서 역사하고 계심을 감지하게 되고, 적나라하게 놓여 있는 우리 인간의 문제들을 보게 되고, 우리의 단순한 해결책들에 대한 경고

들을 발견하게 된다. 그리고 인간으로 하여금 누리게 하기를 원하시는 삶의 풍성함을 십자가와 부활을 통해 보여주신 그분을 향한 갈망을 더욱 분명하게 만들게 된다.[2)]

전도서는 하나님의 백성들을 향해 던져주는 메시지들과 독특한 감동들이 있다. 필자는 이 장에서 전도서의 저자와 기록 연대, 처음 독자, 구조 등과 같은 서론적 논의들을 소개하고, 이어서 전도서의 다양한 교훈들과 전도서 설교를 위한 구체적인 제안들을 제시하고자 한다.

1. 전도서의 저자, 기록 연대, 기록 장소

전도서의 저자와 관련되는 표현들이 전도서 내에서 발견된다. 첫째는 "전도자"(qohelet)인데(전 1:1), 이 용어는 '모으다, 소집하다'라는 뜻을 지닌 qahal에서 파생되었다. 그래서 그는 회중을 소집하는 자, 의장, 설교자, 자료를 모으는 자 등으로 이해되고 있다. 둘째는 "다윗의 아들 예루살렘의 왕"(1:1)이나 "예루살렘에서 이스라엘의 왕이 된 자"(1:12)라는 표현이다. 이러한 표현은 "내가… 나보다 먼저 예루살렘에 있던 모든 사람들보다 낫다 하였나니 내 마음이 지혜와 지식을 많이 만나 보았음이로다"(1:16)라는 구절이나 "내가 이같이 창성하여 나보다 먼저 예루살렘에 있던 모든 자들보다 더 창성하니 내 지혜도 내게 여전하도다"(2:9)라는 구절과 어우러져서, 최고의 지혜자로 알려져 있던 솔로몬 왕을 가리키는 것으로 이해되어 왔다(왕상 4:29-34). 잠언, 솔로몬의 시편들, '솔로몬의 지혜서,'[3)] 그리고 솔로몬의 아가서 등이 솔로몬 왕을 여러 지혜서를 기록한 저자로 고려하고 있다는 점은 그가 전도서도 기록했을 가능성을 높여준다. 그러나 잠언이나 아가서 그리고 '솔로몬의 지혜서' 등에서는 솔로몬이라는 이름이 직접 언급되고 있는데 반해, 전도서에서는 암시적인 표현만 있고, 또 다윗의 아들이라고 할 때 아들이 자손이나 후손으로 이해될 수도 있다는 점을 고려할 때, 전도서에서 지칭하는 왕을 솔로몬 왕으로 단정할 절대적인 이유는 없다고 본다.

또한 왕의 성품이나 활동에 대해 언급하는 여러 구절들이 왕에 대해 비판을 가하는 내용들을 포함하고 있고, 또 왕을 섬기는 방법들에 관해 소개하는 구절들이 있다는 점은 솔로몬이나 다른 왕이 직접 전도서의 모든 내용을 기록했다고 보는데 부정적으로 작용하게 되었다(4:13; 7:19; 8:2-4; 9:14-17; 10:4-7). 뿐만 아니라 12장 9절과 10절은 이 전도자가 지혜자(현인)의 무리 중에 한 사람으로서, 백성에게 지식을 가르치고 또 깊이 생각하고 연구하여 잠언을 많이 지었으며, 힘써 아름다운 말들을 구하고, 진리의 말씀들을 정직하게 기록하는 일을 했던 자라고 설명하고 있다. 그런가 하면 11절은 전도자를 "회중의 스승들"로 표현하고 있으면서, 제자들을 위해 많은 책들을 짓는 일을 하고 있었다는 점도 밝히고 있다. 결과적으로 전도자는 백성들에게 하나님의 말씀을 통해 인생의 참다운 의미를 가르치던 교육가로 활동했던 현인으로 간주할 수 있다. 이렇게 볼 때, "회중의 스승들의 말씀들은 잘 박힌 못 같으니 다 한 목자가 주신 바이니라"라는 구절은 전도자요 회중의 스승으로 활동했던 현인들이 자신이 속한 현인적 전통에 충실하게 가르치면서, 자신의 가르침들이 사제적 전통이나 예언자적 전통의 가르침들과 차이가 있고 독특함이 있지만, 궁극적으로 볼 때에는 한 하나님께로부터 주어진 교훈들이라는 점을 설명하고 있는 것으로 해석할 수도 있다고 본다. 종합해 볼 때, 전도서는 솔로몬이나 어떤 이스라엘 왕이 평생을 살아오면서 깨닫게 된 인생관과 신앙관을 모은 것들을 시발점으로 하여, 고대 이스라엘의 전도자요, 회중의 스승들로 활동했던 현인들이 오랜 세월 동안의 신앙적 묵상과 신학적 토론 후에 성령의 감동 아래 한 권의 책으로 완성한 것이라고 볼 수 있다.

전도서의 저자에 관한 논의와 연관이 되는 것이 기록 연대에 관한 논의이다. 이 논의에 결정적인 단서를 제공하는 주장들이 있다. 전도서 내에서 사용되고 있는 용어들 중에 미쉬나(mishnah: 기원전 3세기경에 기록된 것으로 추정되는 유대교의 기초를 제공하는 율법들과 규례들)에 사용된 용어들과 유사한 것들이 많고, 2장 5절의 "과원"(pardes)과 8장 11절의 "징벌"(pithgam)이라는 용어가 페르샤어에서 온 외래어이며, 아람어적인 성격을 띤 용어들이 많고, 또 헬라적 사상에 친근한 내용과 개인주의적인 성격을 띠고 있는 내용들이 있다는 점 등은 전도서가 페르샤 통치 시대나 헬라 시대에 완성된 것이라고 추정하게 만들고 있다. 뿐만 아니라 잠언에서 가르쳐지고 있던 전통적인 삶의 도리들이나 교훈들의 가치에 대해 문제를 제기하는 내용들이 전도서에서 다루어지고 있다는 점은, 예언자들의 활동이 사라지고 하나님의 임재와 능력에 관한 소망이 희박해졌을 때에 전도서가 기록되었을 가능성을 시사해준다.[4] 그래서 전도서가 기원전 400년경에서 200년경 사이에 완성된 것으로 추정할 수 있게 만든다. 기원전 200년 이후에 기록되었을 가능성은 희박한데, 그 이유는 기원전 180년경에 기록된 것으로 추정되는 집회서

(전도서 외경)에서 전도서를 언급하고 있고, 쿰란 사본들에서도 전도서의 일부들이 발견되었기 때문이다.[5)]

전도서의 기원이나 기록된 장소에 관한 논의도 활발했다. 전도서의 문학 구조나 주제들이 고대 근동의 지혜문학과 매우 유사하다는 점을 강조하는 학자들은 전도서의 기원을 다른 나라에 둔다. 그래서 긴스버그(H. L. Ginsberg)는 전도서가 원래 아람의 문헌이었다고 보았고, 다후드(M. Dahood)는 페니키아 문헌이라고 주장했는가 하면, 레이니(A. F. Rainey)는 알렉산더 대왕 이전의 아케메니안 시대의 메소포타미아 무역상들이 사용하던 언어에 상응하는 문헌으로 간주했다.[6)] 전도서가 고대 그리스의 철학적 가르침들에 영향을 받았다는 전제 하에, 아리스토텔레스, 테오그니스, 에피쿠로스, 스토아 학파 등의 사상과의 연관성을 비교하는 시도들이 있었는가 하면(랜스턴, 페더젠, 뒤에스베르), 고대 애굽의 지혜문헌들 중에 "자살에 관한 논쟁"이나 "수금 타는 자의 노래" 등에서 보여주는 사상에 영향을 받았다는 주장(윌리엄스, 훔버트, 갈링), 그리고 "인간의 고통에 관한 대화"나 "염세주의의 대화"와 같은 고대 바벨론의 지혜문헌들에 영향을 받았다는 주장(램버트)들이 여전히 제시되고 있지만, 단정적인 증거들을 제공하지 못한 것이 사실이다.[7)] 물론 고대 그리스나 애굽, 그리고 바벨론의 지혜문헌들이 다루는 주제들이 전도서의 그것과 흡사한 점이 있는 것은 사실이다. 그러나 전도서의 결론은 결코 그것들의 결론과 같지 않다. 전도서를 완성한 저자는 삶의 의미와 보람, 그리고 허무주의 등과 같은 주제를 다루기 위해 고대 근동 국가들의 다양한 지혜문헌들에 익숙했지만, 여호와를 믿는 신앙적 전통들과 상관없는 이방 문학들의 사상들이나 주제들을 무분별하게 인용한 것이 아니라, 오히려 여호와 하나님을 신뢰하는 자의 관점에서 그러한 사상들이나 주제들을 비판하면서 자신들의 독특한 인생관과 신앙관을 제시하고 있다. 그러므로 전도서가 고대 근동 국가들의 지혜문헌들에 그 기원을 두고 있다는 주장이나, 그것들을 인용하고 있다는 주장은 합당하지 않다. 이 책의 마지막 장에서 필자가 소개하게 되는 고대 근동의 지혜문헌들을 읽어본다면 전도서가 제시하는 인생관들과 신앙관들이 고대 근동의 지혜문헌들의 그것들과 분명한 차이가 있음을 쉽게 발견할 수 있을 것이다.

2. 전도서의 처음 독자

전도서가 한 권의 책으로 완성된 시기를 기원전 400년경에서 200년경 사이로 간주한다면, 이 책의 처음 독자는 페르시아나 헬라의 압제 하에 살아가던 유다 백성들이었을 것이다. 그들은 한 세기 정도 전에 바벨론 포로 생활을 끝내고 고향으로 돌아온 선조들이 나라를 재건하기 위해 성전을 재건하고 종교 개혁을 실행했지만, 기대했던 국가의 밝은 미래가 현실로 다가오지 않았다는 점을 잘 알고 있었다. 그래서 어떤 면으로 사제적 전통의 가르침의 실효성에 회의를 느끼게 되었을 것이다. 그들의 정치적 현실은, 바벨론의 압제 하에서 벗어나 이제는 페르시아나 헬라의 압제 하에 있는 것으로 바뀌었을 뿐이다. 이러한 시점에 나라의 미래에 대한 소망을 제시해주는 예언자들의 활동도 활발하지 않았다. 그나마 기원전 5세기에 활동했던 것으로 추정되는 말라기조차도 사제들과 일반 유다 백성들의 신앙적 불성실함과 하나님 앞에서의 회의와 원망, 그리고 가정생활의 불성실함 등을 신랄하게 지적하고 있다. 그래서 그 시대 백성들이 직면했던 삶의 문제들이 개인주의, 물질주의, 향락주의, 그리고 삶과 신앙에 대한 깊은 비관주의에 빠진 것이라는 점을 암시해준다. 이렇게 볼 때, 정치적으로 어려운 현실 속에서 살아가던 페르시아 시대나 헬라 시대의 유다 백성들에게, 전도서는 그들이 살아가면서 시시때때로 내뱉게 되는 여러 가지 푸념들과 원망들을 대변해주면서, 그것들을 극복할 수 있는 길을 제시하고 있다고 볼 수 있다.

전도서가 고대 이스라엘 백성들의 장막절 축제 때에 읽혀서, 기원후 5세기경부터 이스라엘 백성들의 축제에 사용되었던 "다섯 두루마리 책"(megillot) 중에 하나로 간주되었다는 점이 시사해주는 바가 크다.[8] 그 이전 시대부터 이스라엘 백성들은 가을의 추수가 끝날 즈음에 나무로 만든 오두막을 중심으로 축제를 벌였다. 장막절은 처음에는 고대의 선조들이 광야 생활을 할 때의 삶을 되돌아보며 그들과 함께 해주신 하나님을 높이는 축제였지만, 세월이 흘러가면서 가을에 추수를 할 수 있게 인도해주신 하나님께 감사하는 의미가 가미되게 된 것이다. 페르시아나 헬라의 압제 하에 있었거나 그 후대에 살았던 이스라엘 백성들은 매일의 삶 속에서 느끼게 되는 쾌락과 물질의 덧없음, 노동의 고통과 무의미감, 사회적 부조리에 대한 울분, 불의한 지도자들에 대한 분노, 늙어가는 것에 대한 허무감, 그리고 죽음에 대한 두려움 등의 감정을 건전하게 드러내고 영적으로 치료받을 수 있는 기회가 필요했다. 그래서 그들은 장막절 축제 기간 동안 오두막집에 함께 모여 하나님 앞에서 예배를 드리며 전도서를 읽으며 감정의 승화와 영적인 회복을 맛볼 수 있었을 것이다. 아울러 삶을 허무하게 만드는 것들에 대해 이겨내고 승리하려는 신앙적인 다짐을 하게 되며, 비록 힘들고 단조로운 매일의 생활이지만 새롭게 다가오는 날들을 기쁨으로 맞이하려는 결단을 갖게 되었을 것이다. 이 시점에서 장막절 축제에서 있었던 일에 관한 엘룰의 설명은 전도서의 가치를 보다 잘 이해하는데 도움이 될 것이다.

> '오두막집' (장막행사)은 칠일 간 지속된다. 숙곳의 칠일 밤에 대한 하잔(A. Hazan)의 놀라운 묵상을 읽어야 한다. 숙곳에서 매일 밤 유대인은 "나보다 앞서 있었던 거룩한 방문객" 중 하나를 영접한다. 아브라함, 이삭, 야곱, 요셉, 모세, 아론, 다윗이 그들이다. 사랑의 능력을 가진 아브라함, 엄격함을 구현하는 이삭(능력은 지속된다), 끊임없는 도전에 직면해서 울며 껴안은 인물 야곱, 추방과 왕국의 상징인 요셉, 이스라엘의 영원한 지도자 모세, 인간과 시간과 공간을 하나로 묶으면서 지극히 숭고한 이름을 표명할 수 있는 대제사장-그 안에서는 "전시 체제에서도 너는 샬롬을 제거할 수 없으며 평화의 명령을 피할 수 없다"- 아론, 그리고 구원 선포의 시작을 표시하는 위대한 호산나요 위대한 구원인 다윗, 이들이 전도서를 읽으면서 결코 잊어서는 안 되는 일곱 등불이다. 왜냐하면 그들이 전도서를 밝혀주기 때문이다. 전도서가 이스라엘의 삶의 이 결정적인 주간의 낭독문으로 선택된 것은 우연도 역사적 우발사건도 아니다. 무와 전부, 무게와 은총, 제로와 무한, 불안과 이원성의 축제에 전 백성을 위해 선포되는(개인적으로 읽혀지는 것이 아니다) 전도서! 그런데 가장 놀라운 것은 이 숙곳 축제가 칠일 후에 제 팔일 곧 마지막 날, 아니 그보다는 마지막 밤으로 이어진다는 것인데, 그 밤은 '토라에서의 기쁨' 이라고 불리는 특별한 축제가 펼쳐진다. 마치 이 전도서 낭독이 기쁨을 노래하는 데로 이끌어야 했던 것처럼(이것은 리스가 강조한 것이다. "이 숙곳 축제는 먹고 마시며 즐기는 기간이다. 코헬레트는 희락을 칭송한다").[9)]

3. 전도서의 문학적 구조

전도서의 문학적 구조를 논할 때, 그 속에 논리적인 일관성이 결여되었거나 모순되게 보이는 부분들이 있다고 간주하는 학자들은 전도서가 다른 시대를 살았던 여러 편집자들의 손길을 거친 후에 모아진 책이라는 점을 주장한다(시그프리드, 바톤, 포드챠드, 맥닐 등).[10] 예를 들어, 전도서 2장 16절은 지혜자나 우매자가 모두 죽게 되고 영원하도록 기억함을 얻지 못하게 되기 때문에, 죽음 앞에서 삶은 의미가 없는 것이라는 점을 부각시킨다. 그러나 9장 4절에서는 살아 있는 자에게는 소망이 있기에 산 개가 죽은 사자보다 낫다고 표현하고 있다. 이렇게 언뜻 보기에 논리적으로 모순되게 보이는 부분들에 근거해서, 여러 학자들이 전도서가 여러 편집자들이 오랜 시대를 걸쳐 활동한 결과로 완성된 책이라는 점을 주장하고, 아울러 전도서 자체의 일관된 구조를 발견하는 일이 의미가 없거나 불가능한 일이라고 간주했다.

그런가 하면 전도서의 구조의 일관성을 옹호하는 학자들은 전도서의 저자가 전통적으로 인정되고 있던 지혜 자료들을 소개하면서 그것들의 긍정적인 가치와 아울러 한계점까지도 지적하는 관심을 보이고 있기 때문에, 어떤 본문들이 다른 부분의 내용과 모순되게 이해될 수도 있다고 설명했다. 아울러 전도서의 저자가 어떤 주제와 관련하여 자신의 주장과 상반되게 보이는 주장들까지도 비판적으로 수용하고 대화하는 가운데 자신의 독자적인 교훈들을 제시하는 문학적인 기법을 사용하고 있기 때문에, 이러한 기법을 이해하지 못하는 자들은 전도서 내에 대립되는 주장들이 논리적인 일관성을 해친다고 오해하게 된다고 보았다.(팍스, 고디스, 와이브레이).[11] 예를 들어, 허츠버그(H. W. Hertzberg)는 전도서의 저자가 "예, 그러나"(yes, but/ 독일어로 *zwar-aber*) 구문을 사용하여, 이전에 언급한 사상을 긍정한 이후에는 그 사상의 한계를 지적하는 기법을 사용했다고 주장했는데, 2장 13절과 14절 상반절에서 지혜의 우월성을 논한 저자가, 14절 하반절과 15절에서는 지혜의 이점에 관해 의문을 제기하고 있는 경우가 대표적인 예이다. 그는 다음 구절들에서도 이와 같은 기교들이 발견된다고 주장한다(1:16-18; 2:3-11; 2:13-15; 3:11; 3:17-18; 4:13-16; 7:7, 11-12; 8:12b-15; 9:4-5, 16; 9:17-10:1; 10:2-3, 5-7).[12]

전도서를 연구한 학자들이 제시하고 있는 전도서의 문학적 구조 분석은 각양각색이다. 바룩(A. Barucq)은 전도서를 논리적으로 구분하지는 않았지만, 1장 4절부터 12장 8절까지의 내용을 열세 부분으로 나누고 있다. 브라운(R. Braun)은 전도서를 서론(1:2-11), 왕의 이야기(1:12-2:12), 반성(2:12-4:16), 교훈(4:17-11:10), 결론(12:1-8)으로 나눈다. 디폰조(L. di Fonzo)는 전도서를 서문(1:1-3), 자연과 역사의 헛됨(1:4-11), 삶과 그 가치들의 헛됨(1:12-2:26), 인생의 신비(3:1-6:12), 삶의 실제적 도리(7:1-11:6), 젊은이와 노년 시절(11:7-12:8), 그리고 부록(12:9-14)으로 나눈다. 그런가 하면 갈링(K. Galling)은 서문(1:1-3)과 두 개의 결문(12:9-14) 사이에 전도자의 진술 27개가 존재한다고 보았다. 로핑크(N. Lohfink)는 전도서를 철학적 논문으로 간주했는데, 우주론(1:4-11), 인간론(1:12-3:15), 사회 비평(3:16-6:10; 종교 비평을 포함함: 4:17-5:6), 이데올로기 비판(6:11-9:6), 윤리학(9:7-12:7), 그리고 두 개의 결문으로 구성된다고 보았다.[13]

라이트(A. G. Wright)는 전도서에서 반복되는 핵심 구절들을 중심으로 전도서를 다음과 같이 구분하고 있는데, 문학적인 기교를 중심으로 한 구조 분석 중에서는 뛰어난 시도로 평가할 수 있다.[14]

(1) 서문(1:1-11)

(2) 본문은 핵심 구절에 따라 크게 두 부분으로 나누어진다.

a. 1:2-6:9: 이것은 여섯 부분으로 나눌 수 있는데, 각 부분은 "헛되다"는 말이나 "바람을 잡는 것이로다"라는 구문으로 끝을 맺는다(2:1-11; 2:12-17; 2:18-26; 3:1-4:6; 4:7-16; 4:17-6:9).

b. 이 부분도 둘로 나뉜다.

1) 6:10-8:17: 이것은 서론 부분(6:10-12)과 이어지는 네 개의 부분으로 나눌 수 있는데, 이 네 부분은 "능히 헤아려 알지 못한다", "누가 능히 통달하랴?"라는 구문으로 끝이 난다(7:1-14; 7:15-24; 7:25-29; 8:1-17). 마지막 8장 17절은 "능히 알지 못한다"는 구문을 세 번이나 언급한다.

2) 9:1-11:6: 이것도 네 부분으로 나뉘는데(9:1-12; 9:13-10:15; 10:16-11:2; 11:3-6), 끝 부분마다 "알지 못함이니라"라는 구문으로 끝이 난다(9장 12절은 예외).

(3) 젊은 시절과 노년 시절에 관한 시(11:7-12:8)와 결문(12:9-14)

이렇게 볼 때, 전도서를 크게 삼분하여 서문(1:1-11)과 결문(12:9-14), 그리고 그 사이에 다양한 토론과 교훈을 제공하고 있는 본문(1:12-12:8)으로 구분하는 것이 보편적인 추세이다. 아울러 서론과 결론에 대해서는 거의 동의하지만 본론의 내용을 구분하는데 있어서는 학자들마다 차이가 있다는 점을 발견할 수 있다. 이 외에도 수많은 학자들이 전도서의 구조 분석에 관하여 독자적인 결과들을 제시하고 있는데, 그것들에 관해 알려면 그들의 주석들을 참고하면 될 것이다. 필자는 전도서의 각 장에서 다루는 핵심 주제들을 중심으로 하여 전도서의 구조를 다음과 같이 구분하고자 한다.

(1) 서문: 인생은 헛되다(1:1-11)

(2) 인생을 헛되게 만드는 요소들(1:12-2:26)

- 1) 지혜를 얻는 것이 헛되다(1:12-18)
- 2) 쾌락과 사업이 헛되다(2:1-11)
- 3) 죽음이 헛되게 만든다(2:12-17)
- 4) 수고도 헛되다(2:18-24)
- 5) 인생의 모든 경험들이 헛되다(2:24-26)

(3) 모든 일에 때를 정하신 하나님(3:1-15)

(4) 인생 무상을 느끼게 만드는 것들-죽음, 학대, 수고(3:16-4:16)

(5) 지혜로운 삶에 이르는 길들(5:1-11:6)

- 1) 합당한 예배(5:1-7)
- 2) 죽음의 필연성을 아는 지혜(7:1-4; 9:1-10)
- 3) 중용의 도리(7:5-8:9)
- 4) 인간 지혜의 한계를 인정함(9:11-12)

(6) 젊은이를 위한 충고(11:7-10)

(7) 연로한 자의 모습을 통해 얻는 지혜(12:1-8)

(8) 결문: 인생의 본분(12:9-14)

엘룰은 『존재의 이유』라는 책에서, 전도서에서 다루어지는 가장 중요한 주제들 세 가지(헛됨, 지혜, 하나님)를 중심으로 전도서의 사상적 흐름과 구조를 파악하여 도표화시켜 놓았다. 이것은 전도서의 저자가 나름대로 인생의 허무주의로부터 벗어날 수 있는 지혜로운 생각들을 제시하고, 또 필요한 곳에서는 하나님의 생각과 뜻을 소개하는 방식을 취함으로써 사상적인 흐름의 일관성과 연속성을 유지하기 위해 노력했다는 점을 보여주는 시도이기에 독자들이 참고할 가치가 있다고 본다.[15]

핵심 주제어로 분류한 전도서의 구조도

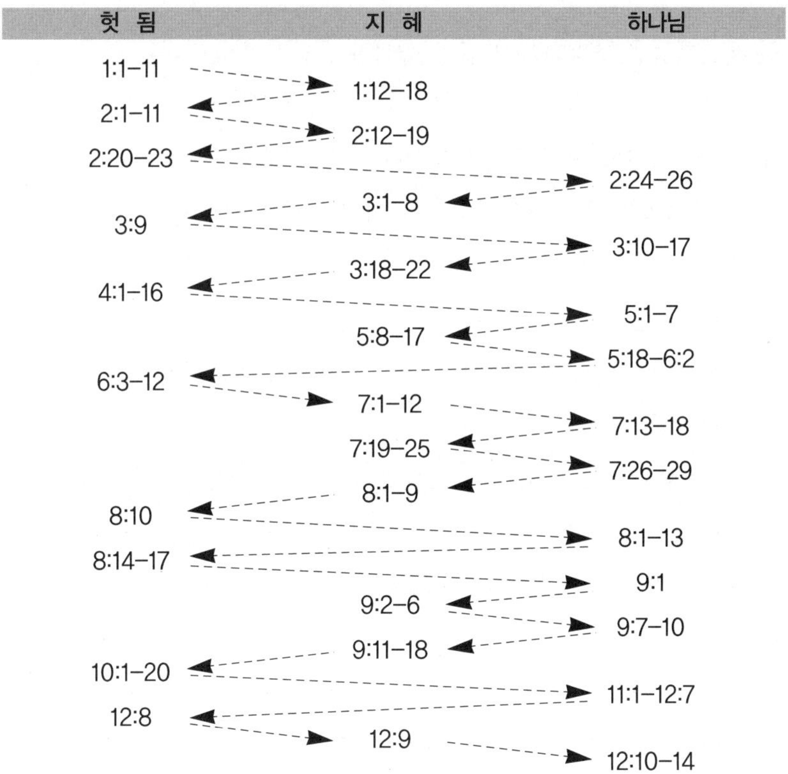

4. 전도서의 다양한 교훈들

전도서의 문학적 구조를 파악하는 것이 난해한 일이라면, 전도서에서 다루고 있는 주제들과 삶의 교훈들을 찾는 일도 마찬가지이다. 그럼에도 불구하고 전도서를 연구하는 자들은 전도자가 전하고자 하는 주제나 메시지의 큰 틀은 발견할 수 있다고 본다. 왜냐하면 전도서의 저자는 하나님의 백성들이 살아가면서 크게 관심을 가지는 분야들뿐만 아니라, 그들이 가장 심각하게 고민하고 있는 실존적인 문제들도 파악하고 있었고, 한 걸음 더 나아가 그것들을 해결할 수 있는 신앙적인 해결책들을 분명하게 깨달아 소개하고 있기 때문이다.

머피는 그의 전도서 주석에서 전도서에 언급되는 주요한 단어들을 중심으로 전도자의 사상들을 열 가지로 요약하고 있다.[16] 필자는 이러한 열 가지의 주된 단어들과 사상들이 전도서를 가르치기 원하는 자들에게 도움이 될 수 있다고 간주하여 소개하고자 한다. 머피의 설명이 현학적이고도 장황한 성격을 띠고 있기에, 필자는 가능한 한 쉽고 함축된 형태로 소개하여 설교자들이 설교의 주제나 대지로 사용할 수 있게 하려고 시도했다.

(1) **헛됨**(hebel): 이 용어는 전도서에서 38번 언급되는데, 성서 전체에서 사용되는 횟수의 반을 넘는다. 이 용어는 기본적으로 호흡이나 안개라는 뜻이지만, '덧없이 지나가는, 헛된, 가치 없는, 어리석은' 등의 의미를 포함하고 있다. 이 용어는 노동과 그 결과(2:11; 6:2), 즐거움(2:1; 6:9), 지혜(2:15), 말(6:11), 인간의 실존(2:12), 죽음(11:8) 등과 연관되어 사용되고 있다. 그래서 인생에 있어서 이러한 것들이 모두 허무하

고 의미가 없어질 수 있다는 점을 지적해준다. 그래서 부귀, 노동, 지혜, 삶 자체 등에서 궁극적인 의미를 추구하려는 시도는 바람을 잡으려는 것과 마찬가지로 허무한 일이라고 평가하고 있다(1:14; 2:11, 17, 26; 4:4, 16; 6:9). 왜냐하면 죽음이 찾아오기 때문이다. 그러므로 허무주의를 벗어나기 위해 인간은 즐길 수 있는 기회들을 포착해야 하지만(2:24; 3:12, 22; 8:15), 궁극적인 해답은 신앙적인 데서 찾을 수 있다.

(2) **유익**(vitron): 찜멀리(W. Zimmerli)에 의하면 "무엇이 유익한고?"(1:3)라는 질문은 지혜의 중심 질문이다. 이 단어의 원어적인 뜻은 "남다, 넘치다"인데, 구약성서에서는 전도서에서만 사용되고 있다(2:13, 15; 3:9; 5:16; 10:11). 이 질문에 대해 전도자는 인간의 일하는 수고가 남지 않고(3:9), 지혜자의 노력도 마찬가지인데, 궁극적으로 죽음이 다가오면 인간의 수고와 지혜는 사람들에게 잊혀져가기 때문이라고 답한다.

(3) **몫**(heleq): 이 단어는 긍정적인 의미를 지니고 있지만, 전도서 전체의 관점에서 볼 때에는 제한된 면을 보인다(2:10, 21; 3:22; 5:17-18; 9:6, 9; 11:2). 이것은 2장 21절과 11장 2절에서 재물을 의미하는데, 그것을 가질 때 내적인 즐거움이 있다는 점을 전도자는 인정한다(2:10; 3:22). 그러나 사람이 이 몫을 얻거나(5:18) 지켜서(2:21; 6:2) 실제로 즐길 수 있는지에 대해서는 불확실하다. 9장 9절에 의하면 몫의 긍정적인 의미는 엄격히 이 세상에 제한된다.

(4) **수고**(amal): 이 용어는 수고나 그것으로 얻는 열매들을 의미한다. 이것은 일반적으로 부정적인 의미를 지니고 있는데, 삶 자체도 수고로 이해되고 있다(2:22, 24; 3:12, 13). 수고로 말미암은 침울한 분위기가 2장 18절부터 24절에 꽉 차 있다.

(5) **즐거움**(simha): 이 용어는 기쁨이나 즐거움을 뜻하는데, 명사나 동사, 혹은 비슷한 표현(선을 경험하고, 먹고 마시는 등)들이 삶을 즐기도록 추천하는 부분에서 사용되고 있다(2:10, 24; 3:12, 22; 5:17-18; 8:15; 9:7-9; 11:7-10). 그 중에 네 부분(2:24; 3:12, 22; 8:15)은 "…하는 것보다 더 기쁘게 하는 것이 없다"는 비교 형식으로 사용되고 있다. 이것은 삶의 가치에 관한 최종 판결이 아니기에 이와 같은 추천은 긍정적인 것이 아니다. 그것들은 인간 본성을 설명하는 것이다. 전도자는 인간이 이 세상에서 살아가야 한다면, 힘을 다하여 기쁨으로 음식물을 먹고 즐거운 마음으로 포도주를 마시고 살아가야 한다고 추천한다(9:7-10). 여기서 전도자의 삶을 향한 열정을 느낄 수 있다. 그러나 인간이 장차 스올에 가게 된다는 사실로 말미암아 즐거움은 극히 제한된다(9:10). 뿐만 아니라 즐거움은 전적으로 하나님께서 임의로 주시는 선물이기에 불확실한 가능성이다(3:13; 5:18). 역설적이지만, 즐거움은 하나님께서 몫으로 주시지 않으면 얻지 못하는 것이다(2:26). 죽은 자에게는 즐거움의 몫이 없고(9:6), 살아 있는 자에게는 측량할 수 없는 하나님이 기쁨을 주실 때 그것이 하나의 몫이 되게 된다. 전도자는 인간의 무력함이 극에 달하여 좌절하게 될 때 즐거워 하도록 충고한다.

(6) **지혜**(hokmah): 이 용어는 전도서에서 명사나 동사의 형태로 52번 언급되는데, "행하다"(asah)라는 단어 다음으로 많이 사용되고 있는 것이다. 전도서의 해석자들 중에는 욥기에서와 마찬가지로 전도서에서 소개하는 지혜의 가르침들이 전통적인 가르침과 차이가 있기 때문에, 지혜의 "위기"나 "파산"을 다루고 있다고 보는 자들도 있다. 예를 들어, 프로스(H. D. Preuss)는 지혜가 이방 국가들로부터 유입된 것으로

이스라엘 신앙에 있어서 변두리적인 위치를 차지하고 있었다고 보았다. 뿐만 아니라 지혜의 하나님은 여호와 하나님이 아니라 근원들을 주관하는 신(the god of origins)으로, 이 세상의 질서를 세운 신이라고 주장했다. 그래서 잠언에서 자주 소개되고 있는 바와 같이 고대 이스라엘의 현인들은 이 신이 세상을 인과응보의 원리로 다스리고 있다는 점을 깨달아 가르치는 것을 중요하게 간주했고, 그것이 현인들의 전통적인 교훈이 되었다고 보았다. 그런데 전도서나 욥기에서 인과응보 사상의 한계점을 드러내자 전통적인 현인의 가르침에 위기나 파산이 닥쳤다고 보았고, 뮐러(H. P. Muller)는 현인들의 전통에 "무서운 손님"이 찾아온 것으로 표현하기도 했다.

그러나 전통적인 현인들의 가르침과 마찬가지로 전도자도 어리석은 삶을 권하지 않고, 어리석은 자를 명백하게 비난하고 있다. 전도자는 지혜를 추구하는 삶을 살려고 힘쓰지만, 지혜가 너무나 멀리 있고 심오하다는 점을 인정한다(7:23-24; 잠 30:1-4; 욥 28장). 뿐만 아니라 전도자는 전통적인 지혜에 유동적인 자세를 보이는데, 전통적인 지혜의 가치를 인정하면서도 그것이 삶의 모든 원리들을 가르쳐 줄 수 있다는 주장에 대해서는 문제를 제기한다. 그래서 그는 전통적인 지혜와 대화를 나누는 가운데 삶의 실제적인 상황에서 보다 잘 이해할 수 있는 교훈을 제시하고 있다. 예를 들어, 2장 13절부터 17절에서는 지혜가 어리석음보다 우월하다는 점을 지적하고 난 후에(2:13-14a), 죽음 앞에서는 둘 다 마찬가지라는 관점을 첨가하고 있다(2:14b-17).

이렇게 볼 때, 전도서에서 강조하는 지혜의 교훈들은 고대 이스라엘 현인들의 전통적인 가르침을 무시하거나 거부하는 것이 아니다. 전도자는 여전히 현인들의 전통에서 자라 그 전통에 충실한 자로 살아간다. 그러면서 새로운 시대와 상황 속에서 야기되는 실존적이고도 신앙적인 질문들을 고려하는 가운데 보다 정화되고 확대된 가르침을 제시하고 있는 것이다.

(7) 하나님 경외하기: 전도서에는 전통적인 지혜 교훈이 하나님 경외 사상과 접목되고 있는 경우들이 많은데, 후자는 모두 동사 형태로 소개된다(3:13; 5:6; 7:18; 8:12; 12:13). 전도서에서 소개되는 하나님 경외하기의 성격이 어떤 것인지에 관해 논의가 많다. 그런데 3장 11절과 14절에서는 하나님의 불변하고 신비로운 활동에 대해 인간이 보여야 할 당연한 반응이란 점을 지적한다. 그리고 5장 6절에서는 예배적인 상황에서 하나님을 경외하도록 권고하는데, 그 구체적인 내용을 보면 하나님께서 예배 중에 인간들이 하는 말과 서약에 대해서도 관심을 기울이시는 분이라는 점을 언급하면서, 인간들이 하나님을 경외하는 행동이 예배 상황에서 어떠해야 하는지를 잘 보여준다. 7장 16절에서 18절에 걸쳐 강조되는 바는, 인간은 제한된 지혜로 하나님께서 하시려는 것을 다 이해할 수 없다는 점이다. 8장 12절과 13절은 지혜에 관한 전통적인 교훈들에서 하나님을 경외하도록 제안하는 것들이 그 효과에 있어서 한계가 있다는 점을 지적한다. 이 모든 점들을 종합해보면, 하나님을 경외한다는 것은 하나님께서 신비로우시고, 인간의 지혜로 모두 이해할 수 없는 위대한 분이라는 점을 인식하는 가운데 이루어지는 자연스러운 반응이다. 그러므로 하나님께서 하고 계신 일을 이해하지 못할 경우(3:11; 8:17; 11:6)에나 하나님의 사랑이나 미워하심(9:1)에 대해 감지하지 못할 경우에도, 하나님을 경외하는 것이 합당하다(3:14; 5:6).

(8) **보복:** 전도자는 납득할만한 보복이나 정의가 이 땅에서 반드시 이루어진다는 사실을 거부한다. 악인들의 행위에 따라 벌을 받는 의인들도 있고 의인들의 행위에 따라 상을 받는 악인들도 있기 때문이다(7:15; 8:11-12, 14; 9:11-12). 그렇다고 해서 하나님께서 의로운 심판자가 되어 의인과 악인을 공의로 심판하신다는 점을 전도자가 믿지 않았던 것도 아니다(3:17; 8:15). 단지 그는 하나님께서 심판하시는 방법이 신비롭기에 인간이 다 이해할 수 없다는 점도 인정한 것이다. 그러므로 전도자나 욥기의 저자는 신명기, 시편, 예레미야서, 잠언 등에서 강조되는 신앙적 인과응보 사상이 고대 이스라엘 사회에서 무시되어지는 것으로 보일 때, 그 현상을 인과응보 사상이나 전통적인 지혜 교훈의 붕괴로 간주하지 않고, 오히려 하나님의 활동의 신비스러움을 깨닫게 되는 계기로 이해했다. 필자는 지혜문학의 신학적 주제들을 다루는 장에서 이 점의 목회적 적용점들을 언급하게 될 것이다.

전도자의 보복 사상과 관련하여 '결정주의'(determinism)나 '운명주의'(fatalism)라는 현대적 개념들이 사용되기도 한다. 만약 결정주의가 모든 것들을 계획하고 처리할 주권이 하나님께 있다는 점을 뜻한다면, 전도자는 성서의 다른 저자들과 마찬가지로 결정주의를 인정한다. 그러나 이것은 특이한 결정주의인데, 왜냐하면 인간의 책임을 제외시키지 않기 때문이다. 이스라엘 백성들은 신적인 섭리와 인간의 책임(혹은 의지의 자유)이라는 두 개념을 대조시켜 놓고 결코 탁상공론을 하지 않았다. 구약성서는 둘 다를 동등하게 인정하고 있다. 그러므로 전도서는 결코 운명주의를 옹호하지 않는다.

(9) **죽음:** 죽음에 관한 전도자의 관점은 성서의 보편적인 관점과 차

이가 있다. 고대 이스라엘 사람들은 죽음에 대해 상당히 체념하는 모습을 보였고, 의인이 죽게 되면 그에 관한 기억이 칭찬으로 남아 있는 정도에 위로를 얻었다(잠 10:7). 그러나 전도서는 어떤 기억도 거부한다(1:1; 2:16). 고대 이스라엘 백성들은 어떤 이의 불후의 명성이 계속 남게 된다고 일반적으로 생각했지만, 전도자는 자기 뒤를 이을 자가 지혜자일지 우매자일지 알 수가 없다고 말한다(2:18-19). 현인은 장수하지 못하고 죽게 되거나 고난 가운데 죽게 되는 것을 바람직하게 생각하지 않았다(잠 11:4; 시 49:16-17).

그러나 어떤 경우에는 죽음이 살아 있는 것보다 낫게 간주되었다. 그래서 고통 가운데 사는 사람보다 죽은 사람이 더 낫고, 악한 일을 경험하는 사람보다 아직 출생하지 않은 자가 더 낫다고 언급했다(4:2-3). 또한 6장 1절부터 6절에서는 수많은 불행을 경험하는 자보다 낙태된 자가 더 낫다고 지적하고 있다. 이런 점들은 전도자가 죽음이나 스올이 고통을 벗어나게 하는 것으로 이해했다는 점을 암시한다. 이 점은 욥기에서도 소개된다(욥 3:3-26; 10:18-22).

그러나 이러한 구절들을 제외하고는 죽음이 절대로 달갑지 않은 것으로 이해되고 있다. 12장 1절부터 7절에 소개되는 노년 시절과, 이어지는 죽음의 허무함에 대한 설명이 대표적인 예가 된다. 전도자는 지혜자나 우매자나 죽게 된다는 죽음의 필연성에 불평을 표출한다(2:16). 죽음은 이 땅에서 즐거움을 누릴 수 있는 삶에 대조되는 것이요, 죽은 후에는 아무 것도 없다고 보았다. 전도자는 사후에 어떤 소망도 없다고 생각했다. 그래서 그는 상대적으로 살아 있음의 가치를 강조하며 "산 개가 죽은 사자보다 낫다"(9:4)고 외치고 있다.

(10) 전도서의 하나님은 누구이신가?: 전도서의 하나님은 근원들을 주관하는 신인가 아니면 이스라엘의 참된 하나님이신가? 여호와라는 이름이 전도서에는 언급되지 않는다. 엘로힘(elohim)이 정관사와 함께 26번 사용되고, 정관사가 없이 7번 사용되었다. 이 하나님이란 용어는 “주다,” “행하다”라는 동사와 함께 18번이나 사용되고 있어서 하나님이 아주 활동적인 분임을 강조해준다. 하나님이 인간에게 몫으로 주시는 선물은 먹고 마시는 즐거움인데, 일하는 수고와 연관이 있다(2:24, 26; 5:17).

전도자는 하나님께서 이 세상에 임재하시면서 만물의 때와 기한을 주관하고 계시는 주권자이심을 선포한다(3:11, 14). 또한 하나님이 행하시는 일에 관해서 인간이 다 알 수가 없다는 점도 인정한다(3:11; 8:17). 그래서 전도자는 하나님의 백성들이 하나님의 임재와 부재의 양면성을 체험할 때마다 하나님을 경외하는 결단을 내리도록 권유하고 있는 것이다.

알렌은 전도서가 성서 신학에 기여하는 바들을 크게 세 가지로 언급하고 있는데, 그 첫째는 하나님의 자유와 인간 지혜의 한계를 파악했다는 점이요, 둘째는 삶의 실재들을 소개하고 있다는 점이며, 셋째는 복음의 길을 열어주었다는 점이다.[17] 그는 인간들이 하나님께서 그들의 삶의 사건들을 결정하는 방식에 따라 제한된 삶을 살게 되며, 인간들은 자신들의 수고나 노력으로 역사의 과정을 변경시킬 힘이 전혀 없다는 점을 전도서가 가르치고 있다고 보았다(1:15; 3:1-9; 7:13). 뿐만 아니라 그는 인간들이 하나님의 섭리들을 발견할 수 있는 능력이 없기 때문에 제한된 삶을 살게 된다는 점을 전도서가 언급하고 있다고 보았다. 비록 그들의 삶이 하나님의 주권에 의해 결정된다는 점을 그들이 이해해도 어떻게, 또 왜 그렇게 이루어지는지를 그들은 이해하지 못한다는 점을 지적하고 있다. 이것은 잠언에서도 강조된 바이다(잠 16:9; 19:21).

알렌은 삶의 실재와 관련하여, 전도자가 이스라엘 백성들의 언약이나 구원의 경험을 언급하지 않지만 하나님의 은혜를 분명하게 감지하고 있었다고 이해했다. 그래서 하나님의 은혜가 하나님께서 창조하신 선한 것들을 제공해 주시는 것으로 나타나고 있다고 간주했다. "사람이 먹고 마시며 수고하는 것보다 그의 마음을 더 기쁘게 하는 것은 없나니 내가 이것도 본즉 하나님의 손에서 나오는 것이로다"(2:24; 3:13).

머피와 마찬가지로 알렌도 전도자가 죽음을 삶의 실재 가운데 하나로 이해하고 있었다는 점을 간파했다. 그래서 죽음의 필연성은 확실하지만 죽음의 때는 그렇지 않다는 점을 전도서에서 발견하고 있다. 뿐만 아니라 인간이 알지도 못한 가운데 죽음이 급격하게 닥쳐서, 인간들이 자신들의 미래를 주관할 수 없다는 사실을 상기시켜 준다는 점도 깨닫고 있다. 아울러 알렌은 전도서에 소개되는 죽음에 관한 언급이 창세기 2장의 창조 기사에 근거하고 있다는 점도 발견했다.

알렌은 살아가면서 누리는 즐거움이야말로 삶에 대한 긍정적인 결론이 될 수 있다는 점을 전도서가 강조하고 있다고 보았다. 고통스러운 현재와 불확실한 미래가 냉혹하다고 할지라도, 먹을 것, 마실 것, 일과 사랑 등과 같은 하나님의 단순한 선물들에 대해 감사할 수 있다면 즐거움은 가능하다는 점을 전도서를 통해 깨닫고 있다. 성공과 성취와 결과와 통치에 집착하고 있는 사회에 대해, 전도자는 그러한 노력이 가져다주는 무익함과 쓸쓸함을 경고하고 있다고 평가했다. 기쁨은 인간적인 성취에서 얻어지는 것이 아니라, 창조주께서 주신 매일의 선물을 통해 얻어지는 것이라는 점을 전도자는 깨닫게 하고 있다.

알렌은 전도서가 쉽게 인식할 수 있는 예언적, 예표론적 자료들을 담고 있지는 않지만 기독교 복음의 길을 열어주고 있다고 보았다. 이 점이 전도서의 핵심 목적이거나 정경에서의 역할이라는 말은 아니다. 지혜 학교의 극단적인 가르침들에 대해 비판을 가하고, 삶의 비극들과 불의들에 대해 보여주며, 실존의 즐거움을 지적해줌으로써 전도서는 모든 인류들을 향한 하나님의 말씀이 되고 있다. 그럼에도 불구하고 고난과 죽음의 아이러니들을 묘사하는데 있어서 드러나는 사실성은 예수님의 처형과 부활의 중요성을 설명해주고 있다. 하나님이 역사하시는 방식들을 인간이 측량할 수 없다는 전도자의 주장은, 하나님과 인간 사이의 대화에 있어서 일어나게 된 놀라운 진전(하나님이 인간의 모습을 입고 오시는 사건)의 배경 음악이 된다. 또한 전도자가 지치게 만드는 수고에 관해 묘사하는 내용은 짐이 되는 수고로부터 은혜로운 안식으로 이끄는 주님의 초청을 위해 길을 예비해준다(마 11:28-30). 염려하지 말고 하나님의 단순한 선물들도 즐기라는 전도자의 명령은 백합화와 참새의 하나님을 신뢰하도록 권하시는 예수님의 권고에서 다시 들려진다(마 6:25-33). 모든 것이 헛되다는 전도자의 판단은 "피조물이 허무한데 굴복하게 된다"는 바울의 평가의 배경이 된다(롬 8:20). 그리고 전도자는 이전의 지혜 교훈들의 지나친 확신들과, 그것들이 당대의 문화에 잘못 적용되는 것을 지적했는데, 이러한 노력은 솔로몬보다 더 크신 이, "그 안에 지혜와 지식의 모든 보화가 감추어져 있는 이"의 길을 예비해주고 있다(골 2:3).[18]

전도서 전체를 통해 가장 심각하게 다루어지고 있는 주제 중에 하나는 허무주의(nihilism)일 것이다. "모든 것이 헛되고 헛되다"는 전도자의 거듭된 외침이 이 점을 단적으로 보여주고 있다. 그런데 고대 이스라엘의 전도자가 제기했던 허무주의의 문제는 당대의 사람들에게만 국한되는 것이 아니다. 수천 년이 지난 지금에도 이것은 국경과 신분과 빈부의 차이에 상관없이 모든 사람들의 가슴속에 어떤 형태로든 자리를 잡고 있다. 19세기 후반의 허무주의 철학자들이었던 니체, 사르트르, 카뮈 등의 전문적인 주장을 접하지 못한 자들이라 할지라도, 살아가면서 시시때때로 인생무상의 감정과 허무감에 허덕이게 되는 것이 사실이다. 그래서 삶의 의미나 보람을 잃어버린 채 찰나적인 쾌락을 추구하거나 삶의 모든 면에 무관심하게 된다. 그러므로 인생의 허무주의를 극복하기 위해 올바른 인생관을 발견하는 것이 삶의 의미를 찾고 궁극적으로 행복한 삶을 누리기 위해 필수적이다.

전도자는 인간들이 살아가는 가운데 우울감을 느끼게 만들고 한 걸음 더 나아가 허무주의에 빠지게 만드는 요소들을 다양하게 소개하고 있다. 대표적인 예를 든다면, 쾌락을 누리고, 지혜와 지식을 추구하고, 사업을 번창시켜 부귀를 축적하는 등의 인간 경험들이 영원하지 못하다는 점이 인간들로 하여금 허무주의에 빠지게 만든다. 또한 사회생활을 해나가는 가운데 경험하는 여러 가지 사회적 부조리, 권력자들의 억압과 불의, 미래에 대한 불확실감도 마찬가지이다. 뿐만 아니라 신명기의 가르침에서 강조되는 바처럼 신앙적 인과응보의 원리를 존중하며 살았지만, 의로운 자가 고난을 당하고 악한 자들이 더욱 창성해지는 현상들을 보는 것도 인간들을 허무주의에 빠지게 만든다고 전도서는 지적하고 있다. 한 걸음 더 나아가서, 인간들로 하여금 허무주의에 빠지게 만드는 가장 궁극적인 요인 중에 하나는 인간이 결국은 죽게 된다는 죽음의 필연성이다. 의인이든 악인이든 모두 죽고, 또 그 죽음의 때도 알 수 없는 현실 속에서 인간들은 허무감과 인생무상을 느끼게 되는 것이다.

그렇다면 이와 같은 요소들에 사로잡혀 허무주의에 허덕이고 있는 인간들에게 전도자가 제시해주는 해결책이나 긍정적인 가치관은 무엇인가? 그것은 인간들이 삶을 하나님의 관점에서, 그리고 그분과의 관계 속에서 이해해야 한다는 점이다. 여호와 하나님께서는 온 세상 만물들과 인간들을 창조하시고 그들의 삶이 질서와 조화 속에 이루어져 나가도록 인도하고 계신다. 아울러 하나님을 창조주요 주권자로 인정하며 살아가는 자들이 이 땅에 살아 있는 동안 풍성한 삶을 누리도록 계획하셨다(5:18-19). 그래서 하나님께서는 하나님의 백성들의 매일의 삶에 선물을 주셨는데, 그것은 일하는 수고를 통해 얻은 열매를 가지고 가족들과 함께 먹고 마시며 즐거움을 누리고, 이웃들에게 선을 베풀며 살아가면서 보람을 누리는 것이다(2:24; 3:12, 13; 5:18-19; 9:7-9). 한 걸음 더 나아가 하나님께서는 자기 백성들이 매일의 삶 속에서 하나님이 함께 하고 계심을 의식하는 가운데 하나님과 인격적인 교제를 나누며, 하나님을 경외하는 마음 자세로 살아가기를 원하신다. 이러한 삶이야말로 허무주의를 이겨낼 수 있는 신앙적 해결책이라는 점을 전도자는 가르치고 있다.

전도서에서 강조하는 주제 중에 또 하나는 인간의 경험과 지혜가 온전하지 못하고, 이 점은 하나님에 관해 이해하는데 있어서 특히 그러하다는 점이다. 그래서 인간들의 어떤 경험도 때가 한정되어 있다고 말하고(3:1-8), 모든 지혜와 지식을 추구하는 것이 불가능하다는 점을 지적하고 있다(1:12-18). 그리하여 참으로 지혜로운 자는 자신의 경험과 지혜가 부족함을 인정하고 겸손한 자세로 살아가는 자임을 가르친다. 그런데 인간 지혜의 한계를 인정하는 깨달음은, 다른 한 편으로는 하나님이 생각과 행동에 있어서 신비로우시고 초월자가 되시고, 이 세상을 공의로 다스리면서도 자유롭게 행동하실 수 있는 자유자가 되신다는 점을 부각시키게 된다. "하나님이 모든 것을 지으시되 때를 따라 아름답게 하셨고 또 사람들에게는 영원을 사모하는 마음을 주셨느니라 그러나 하나님 하시는 일의 시종을 사람으로 측량할 수 없게 하셨도다"(3:11). 이러한 깨달음은 "사람이 마음으로 자기의 길을 계획할지라도 그의 걸음을 인도하시는 이는 여호와이시니라"(잠 16:9)라는 구절과 마찬가지로 초월자 하나님, 주권자 하나님, 자유자 하나님, 신비로우신 하나님의 신학을 강조해주고 있다. 이러한 신학이야말로 무질서와 혼돈, 불의와 불공평으로 가득 찬 사회 속에 살아가며, 죽음의 필연성 앞에서 좌절하기 쉬운 하나님의 백성들로 하여금 허무주의에 빠지지 않고, 오직 하나님만을 존경하고 경외하며 매일의 삶에 주어진 사역들을 즐기는 가운데 인생을 긍정적인 자세로 살아가게 만든다.

전도서 12장 9절부터 14절에서 강조하는 바, 하나님을 경외하는 것이 인간의 본분이라는 교훈은 하나님을 사랑하고 그의 계명을 지키는 것이 인간의 본분이라는 오경 속의 명령(신 6:4-9)이나, 정의를 행하고 인자를 사랑하고 겸손히 하나님과 동행해야 하는 것이 하나님께서 원하시는 바라는 예언자적 전통의 가르침(미 6:8)과 연관되는 것이다.

하나님의 백성들이 하나님을 경외하는 것이란, 하나님의 임재 앞에서 맹목적으로 두려워 떨면서 아무 것도 하지 않고 지내는 것이 아니다. 오히려 매사에 있어서 하나님의 뜻을 존중하려는 마음을 가지고 결정하고, 그 결정을 적극적으로 실행해가는 모습이야말로 하나님을 경외하는 것이다. 한 걸음 더 나아가서 자신의 뜻과 하나님의 뜻이 대치될 경우에 하나님의 뜻을 선택하는 것이요, 자신에게 일어나고 있는 상황이 부당하게 여겨지는 상황 속에서도 하나님의 공의에 문제를 제기하기보다 하나님의 의로우심과 선하심을 믿고 인내하는 자세를 유지하는 것이다(욥기). 그런데 하나님의 기본적인 뜻이 사제적, 예언자적, 현인적 전통들의 가르침들을 통해 소개되고 있고, 그 속에는 공통적으로 하나님을 경외하거나 사랑하라는 명령과 아울러 이웃들을 사랑하고 또 그들에게 정의를 행하라는 교훈이 포함되고 있기 때문에 전도자가 강조한 하나님 경외 사상과 사제들이나 예언자들이 강조한 하나님과 이웃을 사랑하라는 교훈을 같은 맥락으로 간주할 수 있다.

5. 전도서 설교를 위한 제안

(1) 일반적으로 볼 때 전도서를 설교하는 자들이 자주 택하는 본문이 1장이나 3장이 되고 있다. 그래서 “모든 것이 헛되다”는 고백이나, “모든 것이 때가 있다”는 외침을 중심으로 전도서의 교훈을 전하려 하는 것 같다. 그러나 전도서 전체를 볼 때 1장과 3장은 서론에 불과하며, 전도서의 핵심적인 메시지가 본론이나 결론 부분에서 소개될 수밖에 없는 상황을 언급하고 있을 뿐이다. 그러므로 전도서의 핵심 주제

나 전도서에서 다루고 있는 이슈들을 포괄적으로 이해하려면 본론 부분과 결론 부분들이 반드시 언급되어야 하고, 그 부분들에 더 강조를 두어야 한다. 그렇지 않고 1장과 3장만을 강조하다가 끝나는 설교가 된다면, 청중들은 이전에 느끼지 못하던 허무감을 더욱 많이 떠안고 살아가게 될지도 모른다.

(2) 전도서가 핵심적으로 다루고 있는 두 가지 주제들(허무주의에 빠지게 만드는 요소들과 허무주의를 극복하게 만드는 방법들)은 주제의 대조적인 모습 때문에, 설교자들이 설교를 할 때에 정서적인 분위기의 반전을 고려해야 한다는 점을 암시해준다. 그래서 허무주의에 빠지게 만드는 요소들을 소개할 때에는 청중들이 어떤 우울감이나 허무감을 느낄 수 있도록 한다면, 허무주의를 극복하게 만드는 방법들을 소개하는 부분에서는 나름대로의 감정의 승화(catharsis)를 느낄 수 있는 기회를 제공해 주어야 한다. 그래서 전도서를 설교하는 시간이 단순히 지식이나 사상의 전달에 그치는 것이 아니라 말씀에 기인하여 정서적인 반응까지도 이끌어 낼 수 있는 장이 되도록 해야 할 것이다.

(3) 우리나라의 대중 매체들을 통해 접하게 되는 수많은 사건들을 보면, 삶의 허무주의를 벗어나지 못한 자들이 극단적인 행동을 저지른 결과가 많다. 연로한 자들은 연로한 대로, 어린 아이들은 어린 아이들 대로, 가난한 자는 가난한 대로, 부자들은 부자들 대로, 각각 나름대로의 우울감과 허무감 가운데 허덕이다가 결국은 자신뿐만 아니라 주위 사람들에게도 비참한 결과를 초래하고 있다. 그래서 어떤 면으로 볼 때, 이 시대를 살아가는 사람들의 최고의 화두 가운데 하나가 허무주의를 극복하는 비결을 찾는 것이라고 간주할 수도 있을 것이다. 이러

한 현실을 감안할 때, 전도서는 이 시대에 영적으로나 정신적으로 많은 질병을 가지고 살아가고 있는 자들을 치유할 수 있는 하나의 귀한 처방전이 될 수 있다고 본다. 그래서 설교자들이 전도서에서 다루는 삶과 신앙에 관련한 주제들을 깊이 연구하여 신앙적, 실존적 처방책을 자주 제시해 주어야 한다. 특히 매일의 삶에서 하나님을 경외하라는 교훈은 그리스도인들로 하여금 영적인 교만으로부터 치유되게 해줄 것이다. 그리고 하나님이 맡겨주신 일을 성실하게 행하며, 그 얻은 열매들을 가지고 가족들과 먹고 마시며 즐거워하라는 교훈은 가정의 행복을 회복시키는데 필수적인 교훈이 될 것이다.

뿐만 아니라, 삶의 어떤 환경 속에서도 생명을 포기하지 말고, 현재에 주어진 생명을 귀하게 여기며 허비하지 말라는 교훈은 특별히 의미가 깊다(9:2-6; 11:9-10). 사업의 부도로, 성적 부진으로, 사랑하는 자의 배신으로, 오랜 실직이나 질병 등으로 허무감과 우울감을 느끼고 쉽게 목숨을 포기하는 것이 유행처럼 번지고 있는 것이 우리나라이다. 경제협력개발기구(OECD)의 30개 국가 중에서 자살율이 일등인 나라가 우리나라이다. 그런가 하면 보다 나은 미래를 위해 열심히 준비하고 공부해야 하는 젊은이들이 오락실과 피씨방에서 헛된 놀이들에 귀한 시간들을 허비해 버리거나, 술과 향락이 있는 곳에서 젊음을 허비하고 있다. 이러한 모습이 우리 젊은이들의 현주소라면 자신들뿐만 아니라 우리나라의 미래도 없다. 그러므로 이 시대의 설교자들은 사의 예찬론이 팽배해져가는 우리 사회 속에서 전도서를 통해 생의 예찬론을 강조해야 할 것이요, 세월을 아끼는 지혜(Carpe Diem)를 가르쳐야 할 것이다(엡 5:15-16).

주(註)

1) Elias Bickerman, *Four Strange Books of the Bible* (New York: Schocken Books, 1967)

2) Leslie C. Allen, "Ecclesiastes," *Old Testament Survey*, 497.

3) 개신교에서 외경으로 간주하고, 가톨릭 교회에서는 정경으로 인정하는 책이다.

4) Allen, 499.

5) James Muillenburg는 이 사본들이 기원전 2세기 후반에 기록된 것으로 추정한다.

6) 자끄 엘룰, 『존재의 이유』(서울: 규장, 2005), 288.

7) 페더젠은 그리스의 철학적 가르침들이 히브리 사상을 와해하는 역할을 했다고 본다. 뒤에스베르는 기원전 4세기에 활동했던 테오그니스라는 철학자의 시가 전도서에서 발견되는 내용과 매우 유사하다는 점을 지적했다. 아울러 그는 테오그니스가 결코 보편화되지 않은 채 자신의 개인적 경험에 머물렀을 뿐만 아니라, 아무런 신학도 없고 운명과 신들을 원망하며 공격했다고 주장한다(엘룰, 289). 이러한 점이야말로 그리스 철학과 전도서의 사상이 차이점을 단적으로 보여주는 것이다.

8) 아가서는 유월절에(3월과 4월 사이), 룻기는 오순절에(5월과 6월 사이), 애가는 아브월 9일에(7월과 8월 사이), 전도서는 장막절에(9월과 10월 사이), 에스더서는 부림절에(2월과 3월 사이) 읽혔다.

9) 엘룰, 316.

10) 예를 들어, 시그프리드(C. G. Siegfried)는 전도서가 에피쿠로스의 사상을 선호했던 사두개인(Q2), 현인(Q3), 하시딤이라고 불렸던 거룩한 자(Q4) 등의 주장을 포함하고 있다고 보았다: Murphy, *Ecclesiastes*, xxxiii.

11) Murphy, xxxiv.

12) Ibid.

13) Ibid., xxxv.

14) Ibid., xxxvii; A. G. Wright, "The Riddle of the Sphinx: The Structure of the Book of Qoheleth," *CBQ*, vol. 42 (1968), 313-34.

15) 엘룰, 7.

16) Murphy, Ecclesiastes, lviii-lxix.

17) Allen, 506-9.

18) Ibid, 509.

제6장 욥기 설교하기

욥기는 인간이 경험하는 악과 고난의 문제를 심도 깊게 다루고 있고, 이 일을 위해 사용하고 있는 문학 양식이나 기교들이 뛰어나다. 그래서 많은 철학자들과 문학가들도 욥기의 사상적, 문학적 가치를 인정하고 있다. 예를 들어, 시인 테니슨(Alfred L. Tennyson)은 욥기를 "고대와 현대의 시들 중에서 최고의 시"라고 간주했고, 카알라일(Thomas Carlyle)은 욥기가 "고상한 책이요 모든 사람을 위한 책으로서… 성서나 그 밖의 책들 중에서 이처럼 문학적으로 뛰어난 책은 없다고 생각한다"고 평가하고 있다. 루터도 욥기와 관련하여 "성서에서 욥기와 같이 위대하고 숭고한 책은 없다"고 주장하기도 했다[1] 욥기의 주제들은 단테(Dante)의 『신곡』, 괴테(Goethe)의 『파우스트』, 도예토예프스키(Dostoevsky)의 『카라마조프 형제』 등의 작품에서 다루어지고 있다. 그런가 하면, 극작가 맥리시(A. MacLeish)는 욥기를 기초로 하여 J. B.를 기록하고, 사이먼(Neil Simon)은 "하나님이 총애하는 자"(God's Favorite)를 성공적인 연극으로 만들었다. 욥기는 단순히 뛰어난 문학가들이나 철학자들에 의해서만 그 가치를 인정받고 있는 것이 아니다. 수천 년 동안 인종과 문화의 장벽을 깨고 고난 속에 살아가는 수많은 사람들에게 인생의 합당한 가치관들을 제공해주고 있다. "내일 모든 문학 서적들이 다 없어지고 나에게 단 한 권의 책만 남겨야 한다면 나는 욥기를 남기겠다"라고 말한 유고(Victor Hugo)의 표현은 욥기의 위대함을 단적으로 말해주고 있다.

한 편, 필자는 성서의 책들 중에서 욥기만큼 잘못 이해되어 가르쳐지는 경우도 드물다고 생각한다. 수많은 설교자들이나 교사들이 욥기 전체에서 다루고 있는 핵심 주제를 이해하지 못한 가운데, 욥에 대한 단편적인 소개에 치중하여 그릇된 교훈을 전하고 있다. 그러므로 필자는 이 장에서 욥기 전체의 문학적 구조와 줄거리를 중심으로 연구함으로 말미암아, 욥기에 대해 잘못 가르쳐지고 있는 것들을 시정하고, 한 걸음 더 나아가서 욥기가 독자들에게 제공하는 심오한 교훈들을 제시하고자 한다.

1. 욥기의 저자와 기록 연대

구약성서의 다른 여러 책들과 마찬가지로 욥기의 저자나 기록 연대를 추정하는 일은 쉽지 않다. 또한 이와 관련한 학자들의 견해도 다양하다. 그럼에도 불구하고 욥기 자체에서 암시해주는 바들을 모아보면 저자와 기록 연대에 관해 개략적인 추정을 가능하게 만든다. 먼저 욥기에서 산문으로 되어 있는 서문(1:1-2:13)과 결문(42:7-17)의 내용을 보면,

이 부분이 바벨론 포로기보다 훨씬 이전 시대에 기록된 것으로 추정하게 만든다. 제사장이나 성소가 없이 욥 스스로 자신의 제사를 드리고(1:5), 그의 소유들은 아브라함이나 야곱 때처럼 양과 낙타와 소와 나귀와 종들의 수로 측정되고(1:3; 창 12:16; 32:5), 그의 땅이 약탈하는 족속들의 공격 대상이 되었고(1:15-17), 욥의 일생이 140년이나 되는 것은 족장들과 유사하며, 산문 부분의 서사시적 이야기의 성격이 창세기나 우가릿 문헌의 내용들과 비교될 수 있으며, 에스겔서가 고대의 의로운 영웅들 중에 노아와 다니엘과 함께 욥을 언급하고 있다(겔 14:14, 20). 이러한 점들에 근거해서 하틀리(John Hartley)는 욥기의 산문 부분이 적어도 기원전 1000년 이전에 기록되어 전해진 것으로 추정한다.[4]

욥기의 산문 부분에서 에돔인들에 대해 호의적인 관점이 유지되고 있다는 사실은 이 부분이 바벨론 포로기 시대 이전에 기록된 것으로 추정하게 만든다. 왜냐하면 바벨론이 유다를 침공하여 멸망시킬 때 에돔인들도 유다를 진멸시키는 일에 합세했고, 그래서 기원전 6세기 이후의 유다 백성들은 에돔인에 대한 적대심과 분노가 가득했기 때문이다(옵 10-14).

욥기의 운문 부분(3:1-42:6)은 구약성서의 다른 책들과 유사성이 많다. 예를 들어, 욥기 3장 3절부터 26절까지와 예레미야서 20장 14절부터 18절까지가 유사하고, 욥기 7장 17절과 이어지는 내용들이 시편 8편 5절과 아울러 이후에 이어지는 내용과 유사하다. 또한 욥기 9장 8절과 9절이 아모스서 4장 13절과 5장 8절과 유사하며, 욥기 15장 7절부터 이어지는 내용들이 잠언 8장 22절과 25절과 흡사하다. 뿐만 아니라 욥기의 다양한 주제들이 이사야서 40장부터 55장의 내용과 흡사하며 욥기의 내용이 고난 받는 종을 묘사하는 이사야서의 내용과 유사성이 크다. 이러한 점들에 근거하여 하틀리는 욥기의 운문 부분이 기원전 7세기나 그 이후에 기록된 것으로 추정한다. 그는 욥기가 다루는 고난의 주제가 국가적인 것이 아니라 개인적인 것이라고 간주하는데, 그 이유는 욥기가 애가나 하박국서처럼 이스라엘을 향한 하나님의 보응이나 그 한계를 소개하고 있지 않기 때문이다. 그래서 그는 욥기 전체가 바벨론 포로기 시대나 포로기 이후 시대에 기록되기 보다는 그 이전인 기원전 700 년이나 600년경에 기록되었다고 간주한다.[5] 그러나 하틀리가 언급했던 것처럼, 욥기의 다양한 주제들이 이사야서 40장부터 55장의 내용과 흡사하다면, 그리고 후자가 바벨론 포로기 시대 상황을 내포하고 있다면, 욥기도 바벨론 포로기 시대의 국가적인 패망에 대한 신앙적 해석을 제공하기 위해 기록된 책으로 추정할 수도 있을 것이다. 그래서 갓월드(Norman Gottwald)처럼 바벨론 포로기 시대나, 포로 되었던 자들이 팔레스타인으로 돌아온 이후의 백년 사이에, 지혜의 교훈을 와전시키고 그것을 삶의 피상적인 공식들로 만들어버린 도덕주의(moralism)나 교조주의(dogmatism)를 파괴하기 위해 어떤 현인이 욥기를 기록했다고 추정할 수도 있을 것이다.[6] 그러나 욥기가 이사야서 40장부터 55장의 내용에 영향을 끼친, 보다 이전 시대의 작품이라고 간주하는 자들은 욥기를 포로기 이전 작품으로 간주한다. 예를 들어, 앤더슨은 욥기를 예레미야와 제 2 이사야 사이에 기록된 작품으로 추정하고, 포프(Marvin H. Pope)는 포로기 이전 시대 중에서도 기원전 7세기의 작품으로, 파이프(R. Pfeiffer)는 기원전 600년경의 작품으로, 테리엔(S. Terrien)은 기원전 580년에서 540년경의 작품으로 간주했다.[7]

그런가 하면 욥기를 기원전 5세기나 4세기의 작품으로 간주하는 학자들도 있다(해리슨, 쉐인, 홀츠만, 부데, 둠, 스토이에르나겔, 무어, 부어, 돔, 켄트 등).[8]

욥기의 산문과 운문이 다른 시대에 다른 기록자들에 의해 기록된 작품들이 아니라 한 시대에 한 저자에 의해 기록된 작품이라고 간주하는 학자들은 산문과 운문을 병합하여 하나의 문학 작품을 만드는 것이 고대 근동 문헌들의 문학적 특징 중에 하나라고 주장한다(C. H. Gordon). 그러나 이러한 관점이 욥기의 저자나 기록 연대를 추정하는데 그리 직접적인 도움을 제공하지는 못한다. 필자는 포로기 이전 시대에 널리 읽혀졌던 욥기의 산문 부분이 포로기 시대나 이후 시대를 살았던 어떤 현인(현인들)에 의해 기록된 운문 부분들과 결합된 가운데, 유다 나라의 패망으로 말미암은 개인적, 국가적 고난의 문제에 대해 신학적으로 질문하고 있는 백성들에게 전반적인 해답을 제공하는 책으로 승화되었다고 본다. 이렇게 본다면 욥기의 저자는 단순한 저자가 아니라 뛰어난 편집가이기도 하다고 볼 수 있다. 그는 당대의 백성들이 갈등하고 있는 신앙적, 실존적 문제들에 대해 합당한 해답을 제공하기 위해 오래 전부터 존재해왔던 신앙적 자료들의 가치를 적절하게 수용하여 배치하면서 새로운 글을 창조할 줄 아는 자였다. 그래서 자신의 작품 전체가 이전의 신적인 계시들을 존중함과 아울러 창조적인 비판을 가함으로써, 새로운 시대에 부합하는 새로운 계시를 제공하는 작품이 되도록 만들었다고 본다. 그리고 이러한 저자나 편집자의 작품 활동에 성령께서 함께 하셔서 합당한 신앙적 교훈만이 전해질 수 있도록 감동을 주셨다고 본다.

욥기의 저자가 누구인지 명확하게 밝히는 것은 불가능하다. 그러나 욥기의 내용을 근거로 하여 간접적으로 추정할 수는 있다. 그는 주인공 욥에게 커다란 동정심을 보이는 것을 고려할 때 자신도 극심한 고난을 경험한 자로 추정할 수 있다. 그 자신도 고난을 통하여 어떤 깨달음을 갖게 되었고, 하나님을 만나는 경험을 통해 고통을 이겨낼 수 있었던 것으로 보인다(38:1-41:34). 또한 그가 다루고 있는 주제들이나 사용하고 있는 문학적 기교들을 볼 때, 그는 오랜 현인적 전통을 잘 이해하는 자이다.[9] 특히 그는 전통적으로 배워왔던 신앙적 인과응보 사상, 즉 복은 의의 열매이요 고난은 죄의 삯이라는 가르침에 문제를 제기하게 되었다. 하나님의 주권과 공의를 신뢰하고 윤리적인 삶을 중요하게 간주하고 있는 점을 볼 때 그는 분명히 이스라엘 사람이다. 어떤 이는 욥기의 주인공이 우스 땅에 사는 사람이었고 그 땅은 팔레스타인의 남동쪽인 에돔 근처로 이해되기 때문에 욥기의 저자가 에돔 사람이었을 것이라고 추정하기도 하지만(R. Pheiffer), 욥기 내에서 다루고 있는 신학적 문제들은 저자를 이스라엘 사람으로 간주하는 것이 더욱 합당한 것으로 간주하게 만든다. 욥기의 저자는 자신이 다루는 신학적이고도 실존적인 사안이 단순히 이스라엘 백성들에게만 국한되는 것이 아니라 이방 민족들과도 연관이 되는 보편적인 사안이라는 점을 부각시키기 위해 주인공과 등장인물들을 다른 민족의 사람들로 묘사하고 있다고 볼 수 있다. 또한 욥기와 유사한 고대 근동의 문헌들이 이방 백성들에게 이미 존재하고 있었기에 굳이 주인공과 등장인물들을 이스라엘적인 것으로 바꿀 필요가 없었다고 생각한 것으로 추정해 볼 수 있다.

2. 욥기의 처음 독자

산문 부분과 운문 부분을 종합하고 있는 한 권의 완전한 욥기를 처음 접하여 읽게 된 처음 독자들이 누군지에 대한 논의는 저자나 기록 연대에 관한 논의와 연관된다. 만약 욥기가 현재의 형태로 완성된 시점을 바벨론 포로기 시대나 그 이후로 간주한다면, 욥기의 처음 독자는 바벨론으로 말미암아 유다가 패망하는 것을 경험하고 오랜 유배 기간 동안 개인적으로나 국가적으로 처한 고통의 상황을 하나님과의 관계 속에서 올바로 해석해야 할 필요가 있었던 유다 백성들일 것이다. 그들은 유다의 멸망과 관련하여 다양한 질문들을 던지고 있었다. 프레타임(Terence E. Fretheim)은 바벨론 포로기 시대의 유다 백성들이 실존적으로 던진 질문들이 다음과 같다고 보았다.[10)]

(1) 정체성에 관한 질문: 우리는 아직도 하나님의 백성인가? 하나님이 우리를 영원히 버리지 않았을까?

(2) 죄책감에 관한 질문: 우리가 무슨 잘못을 저질렀는가? 모든 잘못이 우리의 것인가? 우리의 죄가 용서받을 수 있을까?

(3) 신정론에 관한 질문: 하나님의 행위가 정당한가? 하나님께서 우리를 정당하게 심판하셨는가? 우리가 다른 이들의 죄 때문에 심판받게 된 것은 아닌가?

(4) 소망에 관한 질문: 우리에게 소망이 있는가? 아니면 우리는 완전히 저주받은 백성인가?

(5) 하나님의 성실성에 관한 질문: 하나님은 조상에게 하신 약속에 성실하신가? 땅과 번영과 자손을 주시리라고 하신 약속은 아직

도 유효한가?

(6) 하나님의 임재에 관한 질문: 성전이 파괴되었어도 하나님은 이 백성 가운데 거하시는가?

(7) 하나님의 능력에 관한 질문: 이스라엘의 패배에 대해 하나님께서는 무엇이라고 말씀하시는가? 하나님은 우리를 구원하실 능력이 있으신가?

(8) 우상숭배와 혼합 종교에 관한 질문: 혼합 종교와 우상숭배가 우리에게 밝은 미래를 약속하는가? 꼭 한 분 하나님만 섬겨야 하는가?

(9) 순결성에 관한 질문: 다른 민족들에 대한 우리의 자세는 어떠해야 하는가?

(10) 지속과 변화에 관한 질문: 우리의 전통 중에 무엇을 지키고 무엇을 변화시켜야 하는가?

(11) 새 출발에 관한 질문: 포로기의 경험이 끝나면 우리는 무엇을 해야 하는가?

(12) 지도력에 관한 질문: 과거의 지도자들을 볼 때 현재에는 어떤 지도자가 요청되는가?

비록 욥기가 위에 소개한 모든 질문들을 다루고 있지는 않지만, 그 중에서 정체성, 죄책감, 신정론, 하나님의 성실성, 하나님의 임재, 하나님의 능력 등과 관련한 처음 독자들의 질문들에 대해서는 욥기가 나름대로 분명한 해답을 제시하고 있다고 추정된다. 이렇게 볼 때, 욥기는 개인적으로 고난을 당하는 자들을 위한 해답을 제시하는 차원을 넘어서서, 국가적인 고난에 대해서도 명확한 해석을 제시해주는 역할을 했던 귀중한 책이었다. 특히 욥기가 제시하는 해답이 사제적인 전통이나 예언자적인 전통의 그것들에 비해서 독특한 것이었기에 더욱 가치가 있다.

욥기의 처음 독자들은 욥기 이전에 고대 근동 국가들에서 존재했던 유사한 문헌들에 대해서도 밝히 알고 있었을 것이다. 그들은 애굽의 문헌인 "언변이 좋은 소작농의 항변"이나 메소포타미아 문헌인 "나는 지혜의 주를 찬양하리라," "한 사람과 그의 신," "바벨론인 신정론" 등의 내용에서 강조하는 인생관과 욥기가 제시하는 인생관을 비교하면서 나름대로 선택을 할 수 있는 자들이었을 것이다.

3. 욥기의 문학적 양식들

욥기는 책 전체에서 인간 고난의 문제에 대해 독특하면서도 심오한 해답을 제공하고 있기 때문에 사상적인 면만으로도 문학적 가치를 인정받을 수 있는 책이다. 그러나 욥기의 핵심 사상들과 교훈들을 전하기 위해 사용되고 있는 다양한 문학적 양식들을 연구한 자들은 욥기의 문학적 우월성을 높이 평가하고 있다. 무엇보다도 먼저, 욥기는 서문(1장과 2장)과 결문(42:7-17)에서 산문 양식을 사용하고, 본문 부분(3:1-42:6)에서 운문 양식을 사용함으로써, 독자들로 하여금 양식의 차이가 제공하는 독특한 맛을 느낄 수 있게 할 뿐만 아니라, 서문과 본문에서 다루어지는 사상의 차이점도 암시해준다. 다시 말하여, 고난에 대해 반응하는 욥의 모습이 서문에서와 본문에서 차이가 나는데, 산문과 운문의 양식적 차이가 이런 점을 더욱 확연하게 느끼게 만들어주는 것이다.

욥기의 문학 양식과 관련하여 다양한 견해들이 제시되었다. 욥기에서 발견되는 고난에 대한 기록과 탄원, 그리고 고난 받는 자를 치료하기 위해 하나님이 개입하시는 내용 등을 중심으로 하여 욥기의 장르를 "불평과 화해"로 보기도 하는가 하면, 탄원시가 욥기의 근간을 이룬다고 보는 자들도 있다. 그런가 하면 욥기가 욥과 하나님과의 법적 논쟁(rib)을 소개한다고 보기도 하는데(B. Gemser, L. Koeller, P. Ackroyd 등), 겜셀에 의하면 욥은 원고와 아울러 검사가 되고, 욥의 친구들은 증인이 되다가 피고와 아울러 판사도 되고, 하나님은 피고인이 되기도 하지만 결국에는 욥과 그의 친구들에 대해 최종적인 심판자가 되신다.[11] 그런가 하면 또 어떤 이는 학교 강의로 이해하기도 하고(M. B. Crook), 다른 이는 철학적 논쟁으로 간주한다(C. Fries). 그런가 하면 욥기를 비유적 이야기로 간주하기도 하고(랍비 시므온 벤 라기스), 서사적 이야기로 규정하기도 한다(B. W. Anderson).

욥기가 부조화와 아이러니들을 제시하다가 줄거리의 결말이 '해피 엔딩'으로 끝나는 점을 감안하여 희극(comedy)으로 간주하는 자도 있고,(J. W. Whedbee), 헬라의 비극(tragedy)과 같은 양식으로 간주하는 자도 있다(H. M. Kallen). 그런데 후자의 견해를 받아들이지 못하는 자들은 기원전 2세기 이전의 유대인들의 예배와 오락 속에서 연극적인 요소가 없었다는 점을 언급한다. 뿐만 아니라 헬라의 비극에서는 부당한 운명들과 도덕적 결함들이 소개되는데 비해 욥기에서는 하나님의 자유와 욥의 성실함이 긴장 관계를 이루고 있어 커다란 차이가 있기 때문이다.[12]

필자는 "구약성서 지혜문학의 문학적 특징들"을 다루는 장에서 욥기의 문학 양식을 연극(drama)이나 극본(dramatic literature)으로 간주할 수 있다고 주장했다. 그리고 이 주장을 뒷받침하기 위해 왓츠(John D. W. Watts)의 연구 결과도 언급한 바 있다. 유대교의 기원을 소개하는 자료들에 의하면 헬라나 로마의 압제를 경험했던 고대 이스라엘 백성들이 헬라나 로마의 예술적인 문화를 비롯하여 그것들의 극적인 재현을 반대했고, 연극에서 내포되는 이원론적인 사상과 유대 종교의 유일신적인 정신이 차이가 있다는 점을 인식하고 있었던 것은 사실이다. 그리고 어떤 현인들이 제의 중심적이고 이단적인 요소들(중세의 기독교 신비주의적인 연극들)을 내포하고 있는 드라마에 반대한 것도 사실이다.[13] 그러나 다른 면으로 볼 때, 고대 이스라엘의 성전이나 마을 축제들에서 이루어졌던 종교 의식들이 신앙적인 이야기들이나 사건들을 연극으로 재현했다는 점을 주장하는 연구 결과들이 많다. 모빙켈(S. Mowinckel), 바이저(A. Weiser), 크라우스(H. J. Kraus), 그리고 영국의 '신화와 제의 학파'(the British Myth and Ritual School)와 스칸디나비아 학파 등은 구약성서의 여러 책의 문학적 양식에 제의적 드라마가 주도적으로 작용하고 있다는 점을 주장하고 있다.[14] 뿐만 아니라 헬라 시대 이전의 페르시아 시대(기원전 6세기부터 5세기까지)나 포로기 이전 시대의 이스라엘에서 히브리적인 신앙을 극적인 방식으로 표현하는 것을 금지했다는 기록은 없다. 아가서의 장르를 드라마로 본 로울리(H. H. Rowley)를 비롯하여 여러 학자들이 요나서와 욥기, 유월절 사건의 기록(출 12장), 예루살렘의 왕정 축제들에 관한 기록들(왕상 8장, 시편들) 등이 드라마적인 성격을 띠고 있다는 점을 발견했다.[15] 그리고 이사야서나 나훔서 등과 같이 여러 예언서들도 드라마로 이해할 수 있다고 보았다.[16] 이렇게 볼 때, 욥기의 문학 장르를 연극으로 간주하거나, 무대에서 공연될 수 있는 자료 형태의 극본으로 간주할 수 있다고 본다. 산문 부분으로 되어 있는 서문(1장과 2장)과 결문(42:7-17)은 한 명이나 두 명의 낭독자가 읽을 수 있다. 그리고 본문에 등장하는 욥과 그의 세 친구들이 주고받는 신학적 논쟁들이나, 욥을 꾸짖는 엘리후의 연설, 그리고 최종적으로 욥을 꾸짖는 여호와 하나님의 연설들은 연극적인 상황에서 가장 효과적으로 이해될 수 있다.

4. 욥기의 문학적 구조

잠언이나 전도서에 비해서 욥기는 문학적 구조가 너무나 분명히 드러난다. 간단한 산문 형식으로 소개되는 서문과 결문 사이에 아주 긴 본문들이 언급되지만, 본문의 구조를 파악하는 것은 어렵지 않다. 왜냐하면 고난 속에서 탄식하고 있는 욥에게 세 친구들이 다가와, 욥이 고난을 당한 이유를 나름대로 설명해주고 그것에 대해 욥이 항변하는 구조를 취하고 있기 때문이다. 이러한 대화가 세 차례에 걸쳐 이루어지고 난 다음에 엘리후가 나타나 욥의 세 친구들과 욥을 비난하고, 그 다음에 창조주 되신 여호와 하나님이 나타나셔서 욥을 훈계하는 내용이 이어지고 있기 때문이다. 욥기의 문학적인 구조를 개략적으로 소개한다면 다음과 같다.

(1) 서문: 하나님이 허락하신 고난 속에서도 인내하는 욥(1-2장)

(2) 본문

1) 욥의 탄식-자신의 처지를 한탄하는 욥(3장)

2) 욥과 세 친구의 대화(4-27장)

가) 1차 대화

a) 엘리바스의 주장(4-5장)과 욥의 항변(6-7장)

b) 빌닷의 주장(8장)과 욥의 항변(9-10장)

c) 소발의 주장(11장)과 욥의 항변(12-14장)

나) 2차 대화

a) 엘리바스의 주장(15장)과 욥의 항변(16-17장)

b) 빌닷의 주장(18장)과 욥의 항변(19장)

c) 소발의 주장(20장)과 욥의 항변(21장)

다) 3차 대화

a) 엘리바스의 주장(22장)과 욥의 항변(23-24장)

b) 빌닷의 주장(25장)과 욥의 항변(26-27장)

3) 지혜를 찬양하는 노래(28장)

4) 욥의 마지막 탄식(29-31장)

5) 엘리후의 연설들(32-37장)

6) 창조주 하나님의 출현과 말씀(38-41장)

7) 욥의 회개(42:1-6)

(3) 결문: 욥의 세 친구들과 욥에 대한 하나님의 최종 결정(42:7-17)

욥기의 서문(1-2장)은 욥기에 등장하는 주요 인물들을 소개해주고 아울러 배경을 제시해준다. 뿐만 아니라 욥기 전체의 줄거리에서 다루어지게 되는 신학적 문제들을 제안하고 있다. 특히 이 부분에서는 온전하고 정직하여 하나님을 경외하며 악에서 떠나 살았던 욥이 극심한 고난 속에서도 하나님을 원망하지 않지 않고 입술로 범죄하지 않는 자로 부각된다. 그러나 3장부터 시작되는 본문 부분에서는 이 욥이 고난 속에서 탄식하며, 자신의 의로움을 내세움과 아울러 하나님이 공의롭지 못하다고 항변하는 모습을 보인다. 그래서 독자들로 하여금 욥의 행동이 보여주는 극적인 아이러니를 분명하게 발견하게 만든다.

4장부터 27장에 걸쳐 이어지는 욥의 세 친구와 욥 사이의 대화는 욥이 당하게 된 고난의 이유를 나름대로 해석해주고 있다. 비록 세 친구들의 표현은 차이가 있지만, 그들의 주장은 고대 이스라엘의 전통적인 신학 사상을 대변해주는 것으로서 신앙적 인과응보 사상이 핵심이 되고 있다. 하나님께서는 의로운 자를 복주시고, 악한 자를 저주하신다. 그러므로 욥이 고난을 당하는 이유는 그가 죄를 지었기 때문이고, 욥은 자신의 죄악에 대해 회개해야만 한다는 것이다.

> 엘리바스: "생각하여 보라 죄 없이 망한 자가 누구인가. 정직한 자의 끊어짐이 어디 있는가. 내가 보건대 악을 밭갈고 독을 뿌리는 자는 그대로 거두나니 다 하나님의 입 기운에 멸망하고 그의 콧김에 사라지느니라"(4:7-8).

> 빌닷: "하나님이 어찌 정의를 굽게 하시겠으며 전능하신 이가 어찌 공의를 굽게 하시겠는가. 네 자녀들이 주께 죄를 지었으므로 주께서 그들을 그 죄에 버려두셨나니 네가 만일 하나님을 찾으며 전능하신 이에게 간구하고 또 청결하고 정직하면 반드시 너를 돌보시고 네 의로운 처소를 평안하게 하실 것이라. 네 시작은 미약하였으나 네 나중은 심히 창대하리라"(8:3-7).

> 소발: "만일 네가 마음을 바로 정하고 주를 향하여 손을 들 때에 네 손에 죄악이 있거든 멀리 버리라. 불의가 네 장막에 있지 못하게 하라. 그리하면 네가 반드시 흠 없는 얼굴을 들게 되고 굳게 서서 두려움이 없으리니 곧 네 환난을 잊을 것이라…"(11:13-16).

욥의 세 친구들의 이러한 주장에 대해 욥은 강력하게 반발한다. 그는 고난 속에 있지만 자신의 죄 때문에 그와 같은 심각한 고난을 받아야 한다고는 믿지 않는다. 그는 자신이 하나님 앞에서 죄인된 것을 인정한다. 아무도 하나님 앞에서 의롭지 못하다는 것을 알기 때문이다(9:2). 그럼에도 불구하고 그는 자신이 의롭게 살아왔던 삶을 근거로 하여 볼 때 자신이 그렇게 심각한 죄인이 아니라고 주장한다.

> 내게 가르쳐 나의 허물된 것을 깨닫게 하라. 내가 잠잠하리라…. 너희는 돌이켜 행악자가 되지 말라. 아직도 나의 의가 건재하니 돌아오라. 내 혀에 어찌 불의한 것이 있으랴. 내 미각이 어찌 속임을 분간하지 못하랴(6:24-30).

> 내가 온전하다마는 내가 나를 돌아보지 아니하고 내 생명을 천히 여기는구나(9:21).

> 주께서는 내가 악하지 않은 줄을 아시나이다. 주의 손에서 나를 벗어나게 할 자도 없나이다(10:7).

> 그러나 내가 가는 길을 그가 아시나니 그가 나를 단련하신 후에는 내가 순금같이 되어 나오리라.〔필자주: 이 구절은 문맥적인 의미를 간과한 채 가르쳐지고 있다. 그래서 문맥에 근거하여 보다 합당하게 이해할 수 있도록 해주는 표준성경 새번역의 구절을 소개하고자 한다: "하나님은 내가 발 한 번 옮기는 것을 다 알고 계실 터이니, 나를 시험해 보시면

> 내게 흠이 없다는 것을 아실 수 있으련만!」(23:10).

> 내 발이 그의 걸음을 바로 따랐으며 내가 그의 길을 지켜 치우치지 아니하였고 내가 그의 입술의 명령을 어기지 아니하고 정한 음식보다 그의 입의 말씀을 귀히 여겼도다(23:11-12).

이러한 고백들에 이어 27장 2절부터 6절에서나 31장에서도 그는 일생동안 도덕적으로 깨끗하게 살고 사회적으로 가난한 자들에게 선을 베풀고 살았던 점을 구체적으로 언급한다. 그는 자신의 행위가 허탄에 빠지거나 궤휼에 빨랐던 적이 없고(31:5), 마음이 여인에게 유혹된 적도 없다고 말한다(9절). 그는 가난한 자의 소원을 막거나 과부의 눈을 실망하게 하거나 고아에게 먹이지 않은 적이 없다고 주장한다(16-17절). 그는 금으로 소망을 삼은 적도 없고 재물의 풍부함과 손으로 얻은 것이 많음으로 인하여 기뻐한 적도 없고(24-25절), 나그네와 행인들에게 도움을 주었다고 자부한다(32절).

나름대로 의롭게 살았던 자신에게 극심한 고난이 닥친 것을 이해할 수가 없었던 욥은 그 고난이 하나님께로부터 온 것이라면 그것이 정도를 지나쳤다고 보았다. 다시 말하여 하나님께서 욥 자신에게 너무나 가혹하게 대하신다고 간주한 것이다. 그래서 하나님께 자신이 당하는 고난의 이유를 물어보고, 또 나름대로 의롭게 살아왔던 자신의 삶을 하나님 앞에서 정당화하고 싶어 했다. 그런데 하나님께서 욥 자신의 궁금증에 대해 합당하게 해명해 주시지 않자, 욥은 하나님이 자신을 피하는 것으로 간주하고, 한 걸음 더 나아가서는 하나님이 자기에게 불의하게 대하신다고 판단했다.

나를 죄인 취급하지 마십시오. 무슨 일로 나 같은 자와 다투시는지 알려 주십시오. 주님께서 손수 만드신 이 몸은 학대하고 멸시하시면서도, 악인이 세운 계획은 잘만 되게 하시니 그것이 주님께 무슨 유익이라도 됩니까?(10:2-3; 표준성경 새번역).

내가 지은 죄가 무엇입니까? 내가 무슨 잘못을 저질렀습니까? 내가 어떤 범죄에 연루되어 있습니까? 어찌하여 주님께서 나를 피하십니까? 어찌하여 주님께서 나를 원수로 여기십니까? 주님께서는 줄곧 나를 위협하시렵니까? 나는 바람에 날리는 나뭇잎 같을 뿐입니다. 주님께서는 지금 마른 지푸라기 같은 나를 공격하고 계십니다(13:24-25; 표준성경 새번역).

아, 그분이 계신 곳을 알 수만 있다면, 그분의 보좌까지 내가 이를 수만 있다면, 그분 앞에서 내 사정을 아뢰련만, 내가 정당함을 입이 닳도록 변론하련만. 그러면 그분은 무슨 말로 내게 대답하실까? 내게 어떻게 대답하실까? … 내게 아무런 잘못이 없으니, 하나님께 떳떳하게 말씀드릴 수 있을 것이다. 내 말을 다 들으시고 나서는, 단호하게 무죄를 선언하실 것이다(23:3-7: 표준성경 새번역).

자신의 온전한 삶과 신앙적으로 순결한 모습을 근거로 하여 자신이 당하고 있는 고난이 가혹하다고 생각했던 욥은, 자신이 왜 극심한 고난을 당해야 하는지 하나님께 질문했다. 그러나 하나님은 침묵하고 계신다. 이에 욥은 하나님에 대해 "나의 정당함을 물리치신 하나님, 나의 영혼을 괴롭게 하신 전능자"라고 부르기에 이른다(27:2).

욥의 이러한 행동을 옆에서 보고 있던 세 친구들은 "욥이 자신을 의인으로 여기므로" 할 말을 잃고 그저 서 있기만 했다(32:1, 16). 그러자 욥의 세 친구들보다 나이가 젊은 엘리후가 나타나서 욥에게 자신의 견해를 피력한다. 그런데 그는 욥이 자기 스스로를 의롭게 여기면서 하나님의 의로움을 문제 삼는 것에 대해 화를 내며, 욥의 세 친구들이 욥을 설득할 수 있는 신학을 제시하지 못한데 대해서도 화를 내었다(32:2). 독자들은 32장부터 37장에 걸쳐 소개되는 엘리후의 연설을 읽으면서, 욥의 고난에 대해 세 친구들이 제시한 것과는 다르고 보다 신선한 신학적 해석을 소개할 것을 기대하게 된다. 그런데 엘리후도 역시 신앙적 인과응보 사상에 근거하여 고난의 이유를 접근하고 있다(34:11, 25-27, 37). 엘리후와 욥의 세 친구의 연설들의 차이가 있다면, 엘리후는 욥이 자신을 의롭게 여기면서 하나님께서 자신에게 불의하게 대했다고 주장하는 점을 참지 못하고, 그러한 영적인 교만이 더욱 심각한 반역이라고 지적하면서 하나님의 의로우심을 더욱 변호하고 있다는 점이다. 한 걸음 더 나아가서 창조주가 되시고 공의로 이 세상을 다스리시는 하나님께서 하시는 일을 인간이 다 이해할 수 없다는, 하나님의 신비로움을 더욱 부각시키고 있다는 점이다(36:26-33; 37:1-24).

> 욥이 무식하게 말하니 그의 말이 지혜롭지 못하도다 하리라. 나는 욥이 끝까지 시험 받기를 원하노니 이는 그 대답이 악인과 같음이라. 그가 그의 죄에 반역을 더하며 우리와 어울려 손뼉을 치며 하나님을 거역하는 말을 많이 하는구나(34:35-37).

> 욥이여 이것을 듣고 가만히 서서 하나님의 오묘한 일을 깨달으라. 하나님이 이런 것들에게 명령하셔서 그 구름의 번개로 번쩍거리게 하시는 것을 그대가 아느냐 … 전능자를 우리가 찾을 수 없나니 그는 권능이 지극히 크사 정의나 무한한 공의를 굽히지 아니하심이니라. 그러므로 사람들은 그를 경외하고 그는 스스로 지혜롭다 하는 모든 자를 무시하시느니라(37:14, 15, 23, 24).

창조주 하나님이 나타나셔서 욥에게 말씀하시는 내용을 소개하고 있는 38장부터 41장의 내용은 욥기의 절정(climax) 부분으로 간주해도 무난할 것이다. 자신을 의인으로 생각하는 자가 경험하는 극심한 고난의 문제와 관련하여 욥과 그의 세 친구들과 엘리후가 제시한 신학적 해답들이 합당한 것인지 아닌지를 판가름해주는 분이 바로 여호와 하나님이시기 때문이다. 창조주답게 폭풍우를 동반하여 욥에게 나타나신 하나님은, 자신의 도덕적 의와 신앙적 순결함에 근거하여 하나님께서 자기에게 부당하게 대하신다고 불평하던 욥을 꾸짖으신다. 그리고 자신이 창조하신 온 세상과 만물을 질서와 공의로 다스리기에 분주하신 모습을 보여주신다. 38장부터 41장에서 묘사되는 하나님은 하늘과 땅의 모든 만물들을 그의 말씀 한 마디로 창조하신 능력자이시다. 그리고 하나님은 자신이 인간들뿐 아니라 암사자와 산 염소와 들나귀와 들소와 타조와 말과 하마와 악어 등을 비롯한 모든 동물들을 부지런히 돌보고 계신 것을 욥에게 보여주셨다. 하나님이 창조하신 수많은 동물들 중에 하마(베헤못)가 "하나님이 만드신 것 중에 으뜸"으로 간주된다는 점은 인상적이다. 인간이 하나님의 최고의 피조물이라고 자만하지 못하게 만드는 말씀이다.

하나님께서는 이 세상의 창조주와 주관자로 욥 앞에 나타나셔서, 자신의 고난의 문제에 대해 해결해주려는 관심도 보이지 않으시고 또 그 이유도 알려주지 않는다고 불평하고 있는 욥을 꾸짖으신다. 한 걸음 더 나아가 하나님이 불의하시다고 지적하는 욥의 교만함을 꾸짖으신다. 하나님은 율법에 어긋나지 않고 평생 깨끗하게 살아온 자기를 귀하게 보살펴주시고, 의인에게 주시는 보상을 내려주실 때 비로소 하나님을 공의롭게 인정하려 했던 욥의 편협한 신학을 지적해주셨다.

> 트집 잡는 자가 전능자와 다투겠느냐. 하나님을 탓하는 자는 대답할지니라…. 네가 내 공의를 부인하려느냐 네 의를 세우려고 나를 악하다 하려느냐. 네가 하나님처럼 능력이 있느냐. 하나님처럼 천둥 소리를 내겠느냐(40:2, 8-9).

그래서 하나님은 욥뿐만 아니라 다른 만물들도 지켜주시고 그들에게도 공히 관심을 보이는 주권자이시라는 점과, 하나님이 우리에게 관심을 보이지 않는 것 같은 상황이라 할지라도 여전히 하나님은 공의로 이 세상을 다스리고 계시는 분이라는 점을 가르쳐주셨다. 뿐만 아니라 하나님이 이 세상을 창조하시고 공의롭게 다스리시는 신비로운 섭리에 대해 인간은 모두 이해할 수 없는 제한된 존재라는 점을 상기시켜주셨다. 아울러 하나님은 자신이 원하시는 때에, 원하시는 장소에서, 원하시는 피조물에게 자신의 뜻을 나타내시고 관심을 보여 주실 수 있는 자유로운 하나님이라는 점을 드러내셨다.

창조주로서 세상 만물을 공의와 사랑으로 이끌고 계시는 하나님의 현현과 말씀 앞에서 욥은 자신의 무지함과 영적인 교만함을 인정하게 된다. 그래서 하나님 앞에서 영적으로 교만했던 자신의 죄를 고백한다.

> 주께서는 못 하실 일이 없사오며 무슨 계획이든지 못 이루실 것이 없는 줄 아오니 무지한 말로 이치를 가리는 자가 누구니이까? 나는 깨닫지도 못한 일을 말하였고 스스로 알수도 없고 헤아리기도 어려운 일을 말하였나이다. 내가 말하겠사오니 주는 들으시고 내가 주께 묻겠사오니 주여 내게 알게 하옵소서. 내가 주께 대하여 귀로 듣기만 하였사오나

이제는 눈으로 주를 뵈옵나이다. 그러므로 내가 스스로 거두어들이고 티끌과 재 가운데에서 회개하나이다(42:2-5).

결문 부분은 이러한 영적인 깨달음을 회복하고 하나님 앞에서 겸손함을 회복한 욥에게 하나님께서 복을 허락하시는 '해피엔딩'을 보여준다(42:7-17).

5. 욥기의 다양한 교훈들

하틀리는 욥기에서 발견할 수 있는 신학적 교훈들을 다음 네 가지로 요약하고 있는데, 필자가 그의 견해를 풀어 설명한다면 다음과 같다.[17)]

(1) **하나님의 자유:** 욥기에 등장하는 인물들은 모두 하나님의 자유 사상을 깨달아야 할 필요가 있었다. 욥의 세 친구들은 하나님께서 의인은 복주시고 악인은 벌주시는 원리를 근거로 하여 이 세상을 다스리는 분이라는 점만을 붙잡고 살았다. 그래서 하나님을 인과응보의 원리 속에 가두어 버리는 실수를 범하였다. 그들은 결국 욥이 당한 고난을 이 잣대 속에서 해석하다가 하나님께 꾸중을 듣게 되었다. 욥은 자신이 당하는 고난이 지니고 있는 신적인 목적을 내다보지 못했다. 신명기에서 강조되며(신 28장, 30장) 잠언에서도 발견할 수 있는 전통적인 지혜 교훈을 고수하는 자들에게 욥기는 신비로운 방식으로 활동하시고, 인간들의 왜곡된 이해를 바로잡으시고, 자신에 대해 언급하고 있는 책들을 교정할 수 있는 하나님을 소개한다. 하나님은 사탄의 시험을 수락하시면서, 그것에 관해서 관련된 자들에게 전혀 말씀하지 않는 자유

를 지니셨다. 하나님은 자신이 개입해야 할 시점과 그 방식을 결정하시는 분이다. 하나님은 욥의 선동적인 질문들에 답하지 않을 자유를 지니셨고 욥의 친구들의 굉장한 교리들에 동의하지 않을 자유를 지니셨다. 하나님은 욥에게 관심을 보이시고 그로 하여금 친구들을 용서하도록 하실 자유도 지니셨다.[18)]

욥기의 저자는 하나님이 인간의 주장들에 얽매여 있거나, 자신에 대한 인간들의 이해에 사로잡혀 있는 분으로 묘사하지 않는다. 하나님이 하시는 일은 자신의 의지로 말미암아 자유롭게 파생된다. 하나님이 반드시 따라야 하는 지침들이 없다. 하나님은 우주를 창조하시고 유지하시며, 역사의 진행 과정을 다스리기로 결정하셨다. 하나님께서는 신명기나 잠언에서 언급되는 질서나 방식에 따라 활동하실 수 있지만 욥기의 한계들까지도 뛰어넘을 수 있다. 그러므로 인간은 자신들이 하나님의 자유를 인정할 때에야 비로소 자신들의 자유를 발견할 수 있다는 점을 배워야 한다. 인간이 하나님을 위해 법칙을 정해놓고 하나님이 그것들을 따르지 않는다고 의아하게 여기는 것보다 좌절하게 만들고, 제한된 생각은 없다.[19)] 욥기에서 강조된 하나님의 자유사상은 이사야서 55장 8절과 9절에서도 단정적으로 선포되고 있다.

> 이는 내 생각이 너희의 생각과 다르며 내 길은 너희의 길과 다름이니라 여호와의 말씀이니라 이는 하늘이 땅보다 높음 같이 내 길은 너희의 길보다 높으며 내 생각은 너희의 생각보다 높음이니라.

(2) 사탄의 시험: 욥기의 서문에 언급되는 사탄에 관한 기록은 구약성서에 언급되는 것들 중에서 초기의 것에 속한다(대상 21:1; 슥 3:1). 사탄

은 여호와의 임재 앞에 나아갈 수 있었고, 하나님의 주권 아래 다스려지고 있었다. 사탄의 의도는 해로운 것이고, 그는 갈등과 악의를 대표한다. 그의 목적은 하나님의 의도에 반하며 욥의 행복에 적대적이다. 욥기의 결문에 사탄이 등장하지 않는 것은 저자의 의도이다. 사탄이 아니라 하나님이 다스리신다는 점을 강조하기 위해서이고, 시험은 이미 지나갔고, 욥기의 이야기가 욥의 과거가 아니라 미래를 지향하고 있다는 점을 강조하기 위해서이다. 사탄은 하나님과 욥의 관계에 단지 간섭하는 자 정도이다.

욥기에서의 사탄의 역할은 성서의 다른 곳에서의 그의 역할을 예고한다. 그는 하나님의 피조물이지만 하나님의 뜻을 대적하는 자이다(마 4:1-11; 눅 4:1-13). 그는 하나님의 백성들을 육체적으로나(고후 12:7) 영적으로(11:14) 해하려 한다. 그는 그리스도의 순종으로 말미암아 패배했고 종말 이야기에서는 사라져버릴 존재이다(계 20:2, 7, 10). 사탄의 전략이 가진 위험은 욥으로 하여금 죄악된 행동들-부도덕, 부정직, 폭력 등-로 유인하는 것이 아니라 가장 중요한 죄-하나님에 대한 불충성-를 짓도록 유혹하는 것이다. 충성, 신뢰, 성실성 등은 성서적 경건의 본질이며, 모든 의로운 열매들의 뿌리이다. 사탄은 항상 그렇듯이 문제의 근본, 즉 욥과 하나님과의 관계를 해치려고 했다. 욥은 이러한 충성의 시험을 통과했으며, 과정 중에서의 그의 항변과 의심들과 도전들에도 불구하고 완전한 점수를 받았다.[20]

(3) **인과응보와 정의:** 욥기의 메시지는 신적인 보응의 교리에 관한 이해를 새롭게 해준다. 의인은 복을 받고 악인은 저주를 받는다는, 의로운 보응의 일반적인 형태는 통용된다. 그러나 이 원리가 절대적인

것은 아니다. 이 세상과 천상에 있는 힘과 권세들이 인과응보의 원리를 방해하기도 한다. 악한 자들이 번성하기도 하고 장수하기도 하는가 하면, 어떤 의로운 자는 만성적인 고통을 당하기도 한다(욥 21장, 24:1-17). 그러므로 하나님의 최종적인 심판만이 모두에게 정의를 나타낼 것이다.[21]

그러므로 욥의 이야기는 인과응보의 원리를 모든 개인적인 상황들에 적용하는 것에 대하여 경고한다. 의인이 고통을 당할 수 있고 악인이 번성할 수 있기에, 고난당하는 자는 모두 숨겨둔 죄 때문에 고통당한다고 생각하거나, 번성하는 자는 모두 의롭다고 간주하는 것은 위험하다. 이 세상에 존재하는 도덕적 원리들은 인과응보의 원리로만 풀어나가기에 너무나 복잡하다. 하나님을 성실하게 섬기면서 고통, 어려움, 비극 등을 경험하고 있는 자들에게 죄책감을 더하게 하거나 그들과 하나님과의 관계를 의심하게 만드는 것은 합당하지 않다.[22]

여호와 하나님께서는 악한 자의 행동을 제한하고, 보편적인 선함이 피조된 것들의 모든 영역에 나타나기를 원하신다. 하나님께서는 피조물들에게 인과응보의 원리를 엄격하게 적용하기를 원하지 않으시고 균형과 자유를 원하신다. 그분의 통치에는 은혜와 관용이 있다. 욥의 경험은 사람이 풍요할 때뿐만 아니라 역경 속에서도 하나님을 섬길 수 있고 또 섬길 수 있어야 한다는 점을 가르친다.

(4) 고난을 위한 힘: 욥이 겪은 것과 같은 시험을 모든 사람이 다 겪게 되는 것은 아니겠지만, 심각하고 장기적인 고난은 거의 모든 인간이 겪어야만 하는 운명이다. 욥기의 목적 중에 하나는 이러한 고난들을 견디는데 도움을 주는 것이다. 욥기는 독자로 하여금 하나님의 자유라는

개념을 받아들이도록 준비시킴으로써 이러한 목적을 달성한다. 욥기는 사람들의 마음속에 있는 우상들을 부서뜨리는 대신 하나님에 대한 사실적인 그림을 남겨 준다. 자유로우신 하나님이라는 개념은 하나님이 허락하시는 고난에 내포된 신비로운 목적들과 의로운 목표들을 사람들로 하여금 알게 해준다. 그는 하찮은 분이 아니라 능력이 많으신 분이요, 변명하기에 급급한 분이 아니라 압도하는 분이시다. 독자들은 비록 인간이 고통의 매 순간을 싫어할 수밖에 없는 것은 당연하지만 하나님께서는 그 고난을 통하여 선을 이루시는 하나님이시다.[23)]

욥기는 고난 중에서의 우정의 중요성도 가르치며, 단순한 충고와 순진한 조언, 혹은 거짓된 위로의 위험들을 교훈해 준다. 그것들은 고통 속에 있는 자의 신랄한 말들에 대해서 하나님을 옹호하려는 의도에서 비롯되었더라도 손상을 주게 된다. 욥의 친구들이 보여준 가장 큰 비극은 그럴듯한 신학을 잘못 적용함으로써 상황을 더욱 악화시킨 우정의 실패라고 볼 수 있다.

욥은 고난을 겪으면서 침묵으로 일관하지 않고 친구들과 논쟁하며, 하나님께 불평했다. 하나님은 이러한 불평을 막기는 하셨지만 이러한 불평 때문에 그를 벌하지는 않았다. 성서의 가장 고결한 사람들 중에 몇몇 사람들도－예레미야, 시편 기자들, 하박국 그리고 예수님까지도(막 14:36; 15:34)－자신들의 운명에 대해 불평함으로써 고난으로부터 한숨을 돌렸다.[24)]

이제 필자가 욥기에서 발견할 수 있는 신학적 교훈들을 설교자들이나 일반 성도들의 삶과 연관되는 목회적인 관점을 중심으로 소개하고자 한다.

1) 먼저 욥기는 "왜 의인이 고난을 받아야 하는가? 의롭게 살아가던 사람이 극한 고난을 당하게 될 때 그를 방문하는 목회자들은 어떤 설교를 하고 어떤 기도를 해야 하는가?"라는 질문을 핵심적으로 다루고 있다(6:24; 10:2; 23:3-5). 이러한 질문들에 대해 욥의 세 친구들은 신앙적 인과응보 사상에 근거하여 의인의 고난에 대한 해석을 제공했다. 인간은 누구나 다 죄인이고, 인간이 고난을 당하는 것은 자신의 죄에 대한 하나님의 정당한 심판의 결과라고 지적하면서 회개를 촉구하는 것이 욥의 친구들의 설교 메시지의 핵심이었다. 욥은 이들의 신앙적 논리를 어느 정도는 인정하면서도, 그것만이 고난에 대한 온전한 해답이 아니라고 주장했다. 왜냐하면 자기가 당하는 고난이 자신이 범한 죄에 비하여 너무나 무겁게 느껴졌기 때문이다. 의인의 고난에 대한 세 친구들의 견해를 욥이 거부할 뿐만 아니라, 결문에 가서 하나님께서 욥을 그의 세 친구들보다 더욱 칭찬하고 있는 점은 신명기에서 사제들이나 예언자들이 특히 강조했던 신앙적 인과응보 사상만이 고난에 대한 유일한 해석이 될 수 없음을 분명히 해준다.

신앙적 인과응보 사상이 하나님의 섭리와 활동을 이해하는 유일한 기준이 될 수 없다는 욥기의 핵심 교훈은 현대 목회자들의 신학의 폭을 넓혀주는 계기가 될 것이다. 그래서 목회자들은 하나님께서 사랑하는 백성들에게 "영혼이 잘됨 같이 범사가 잘되고 강건하게"(요삼 2) 하시는 분이라는 점을 가르쳐야 하지만, 그렇지 않은 경우도 만들 수 있는 분이라는 점도 가르쳐야 한다. 한 걸음 더 나아가 범사가 잘 되지 못하고 강건하지 못한 경우가 생겼다고 해서 그것이 하나님의 진노나 심판 가운데 있는 것이라고 단정 짓지 말아야 한다는 점도 가르쳐준다. 특히 욥기는 목회자들이 고난 속에 있는 성도들을 위한 사역을 감당할 때 지켜야 할 자세나 지침을 깨닫게 한다. 그것은 목회자들이 고난에 처한 자들을 방문하였을 때, 욥의 세 친구들이 그러했던 것처럼 인과응보의 원리에 근거하여 고난을 당하고 있는 자를 너무 쉽게 죄인으로 정죄하지 말라는 것이다. 고난에 처한 자들 중에 대부분은 누구의 권유가 있든 없든 고난 속에서 자신과 하나님과의 관계를 되돌아보게 된다. 그리고 자신의 죄와 부족했던 점들을 발견하고 회개하는 마음을 가지게 된다. 그러므로 그들에게 인과응보적인 원리를 거듭 제시하기보다는, 그들을 진정으로 위로해주고 힘을 얻도록 격려하는 긍휼의 자세를 유지해야 할 것이다. 욥기 2장 11절부터 13절에 언급되는 것처럼, 고난 중에 있는 욥을 보고 "일제히 소리 질러 울며 각각 자기의 겉옷을 찢고 하늘을 향하여 티끌을 날려 자기 머리에 뿌리고 밤낮 칠 일 동안 그와 함께 땅에 앉았으나 욥의 고통이 심함을 보므로 그에게 한 마디도 말하지 않았던" 욥의 세 친구들의 행동을 본으로 삼아야 할 것이다.

2) 신앙적 인과응보 사상만이 하나님이 자기 백성들을 다스리는 유일한 방식이라고 판단하고, 고난의 문제까지도 그 원리로만 해석하려 했던 욥의 세 친구들이 편협한 신학을 가지고 목회를 하는 어리석음을 보였다면, 욥의 어리석음도 만만치가 않다. 하나님의 율법에 따라 평생 의롭게 살아왔다고 자부하던 욥은 극한 고난을 당하자 처음에는 인내했다(1-2장). 그러나 시간이 지나가도 고난이 계속되자 그는 의롭게 살아온 자기에게 극심한 고난이 지속되고 있다는 점을 용납하지 못했다. 그래서 하나님께서 자신을 불의하게 대하신다고 불평하기 시작했

다. 이윽고 욥은 하나님이 자신의 의를 빼앗으셨다고 표현하거나(27:2), 고난을 주시는 이유를 묻는 자신을 하나님이 피하신다고 주장했다(23:3-10). 이러한 욥에 대해 엘리후는 그의 문제가 영적인 교만이라고 지적했다. 하나님보다 욥 자신을 더 의롭게 간주하는 영적인 교만을 엘리후는 참을 수가 없어서(32:2), 인간은 의롭지 못하고 하나님은 사람보다 크시다는 점을 깨닫도록 했다(33:12). 이어서 폭풍 가운데 나타나신 하나님도 욥의 영적 교만을 꾸짖으셨다: "네가 내 공의를 부인하려느냐 네 의를 세우려고 나를 악하다 하겠느냐?"(40:8). 결국 42장 2절부터 6절에 언급되는 욥의 회개의 핵심은 자신이 의롭게 살아온 삶에 근거해서 하나님이 자기를 부당하게 대한다고 불평하고, 자신의 의로움을 내세우려 했던 영적인 교만을 뉘우치는 것이었다.

욥기 전체에서 묘사되는 욥의 모습은 예수 그리스도의 복음을 처음으로 접하고 자신의 죄와 허물을 쉽게 인정하면서 겸손하게 신앙 생활을 시작하는 초신자들 보다는, 오랫동안 성서의 말씀을 연구하고 실천하려고 노력하며, 교회를 통해 섬김과 전도와 선교의 사명을 감당하기 위해 노력해 온 교회 내의 직분자들이나 사역자들과 더욱 관련이 깊게 여겨진다. 오랜 신앙 생활과 교회 생활 속에서 많은 업적도 남기고 영향력도 발휘하면서 하나님 앞에서나 사람들 앞에서 의롭게 살았다는 자부심을 가진 자들이 예기치 못한 고난을 당하게 될 때, 그들의 진정한 영성이 나타나기 시작할 것이다. 그래서 어떤 이는 욥과 같은 영적인 교만을 보일 것이고 또 다른 이들은 고난 속에서도 자신의 부족함을 인정하고 하나님의 공의와 선하심을 믿으며 인내하게 될 것이다.

욥기는 의인이 당하는 고난에 대해 논리적, 교리적, 도덕적 해명이 완전하지 못하다는 점을 가르쳐준다. 욥기는 그러한 종류의 답을 제공하지 않기 때문이다. 오히려 하나님과의 관계 속에서 신앙적인 관점으로 이 문제를 접근해야 합당한 대답을 찾을 수 있음을 암시해주기 때문이다. 창조주 하나님의 신비한 능력과, 만물을 자신의 자유로운 의지대로 이끄시는 모습을 보고 난 욥이 하나님 앞에서 회개하고 자신의 무지와 교만을 회개하는 모습을 통해 다른 종류의 해답을 제공한다. 그것은 하나님의 백성들은 자신들이 이해할 수 없는 고난을 경험하게 될 때, 고난에 대해 논리적인 해답을 찾아내지 못해도 여전히 하나님의 의로우심과 선하심을 믿고 그분의 능력과 사랑을 의지하며 인내하는 가운데 살아가야 한다는 점이다. 하나님의 신비로운 섭리와 활동을 인간의 제한된 지혜나 경험으로 모두 이해할 수 없기 때문이다. 그리고 온 세상 만물을 창조하시고 선하게 주관하고 계신 하나님께서는 결국 모든 것이 합력하여 선이 이루어지도록 하시는 분이시기 때문이다(롬 8:28).

3) 욥기를 읽으면서 또 다른 질문을 떠올리게 된다. "욥기는 누구를 참다운 의인으로 간주하는가?" 하는 것이다. 하나님 앞에서 순전하고 정직하여 하나님을 경외하고 악에서 떠난 행동을 하는 자가 참다운 의인인가? 이와 같은 자세와 행동으로 살아가다가 자신이 이해할 수 없고 용납할 수 없는 고난을 경험하게 될 때, 자신의 의를 강조하기 위해 하나님이 실수하셨다고 주장하거나 하나님이 공의롭지 못하다고 불평하는 자가 참다운 의인일까? 아니면 하나님에 관한 자신의 지식과 경험이 온전하지 못하고, 하나님의 뜻을 실행하는데 있어서 항상 부족한 죄인임을 인정하고, 시시때때로 회개하면서 하나님의 도우심을 구하는 자가 참다운 의인일까? 하나님께서는 자기 백성들이 아무리 하나님의

말씀에 따라 살며, 신앙적으로나 도덕적으로 온전하게 살아도 그 이면에 잠재되어 있는 영적인 교만에 대해 용납하지 않으신다. 자기 백성들이 하나님을 위해서나 공동체를 위해서 귀한 일을 이루어 놓고서도 항상 자신이 하나님의 피조물이라는 겸손한 마음을 가지고 살아가기를 원하신다. 그러면 욥은 과연 의인인가? 물론 욥은 의인이다. 그런데 욥기 1장 1절에서 언급하는 바, "온전하고 정직하여 하나님을 경외하며 악에서 떠난 자"였기 때문이 아니다. 42장 2절부터 6절에 언급되는 것처럼, 하나님께서 초월자요 창조주로서 누구의 간섭도 없이 자신의 뜻에 따라 이 세상과 만물을 질서 있게 다스리시며 보호하시는 정의로운 주관자이시라는 점을 깨닫고, 자신은 하나님의 신비로운 이끄심에 따라 살아가야 하는 피조물임을 인정하는 영적인 겸손을 회복했기 때문에 의인이다. 이것이야말로 행위로 말미암은 의가 아닌 믿음으로 말미암은 의를 강조하는 복음의 핵심과 일치하는 교훈이다(갈 2:16).

6. 욥기 설교를 위한 제안

(1) 단편적인 교훈이나 주제들이 모여져 한 권의 책을 이루고 있는 잠언이나 전도서와는 달리 욥기는 하나의 핵심 주제를 다루기 위해 책 전체를 엮어가고 있다. 그래서 책 전체에서 다루어지는 논제가 무엇인지를 바르게 파악하지 못하고 한 부분의 본문만 뽑아서 설교할 때에는 욥기의 중심 사상을 놓치게 된다. 특히 하나님에 관한 편협한 신학 지식을 가지고 욥의 고난에 대해 해석해주고 있는 엘리바스, 빌닷, 소발의 연설 부분을 본문으로 택하여 메시지를 뽑아내고 마치 그것이 욥기 전

체에서 강조하는 메시지인 것처럼 설교한다면 참으로 위험한 일이다. 그러므로 욥기를 설교하거나 가르치는 자들은 욥기를 나무를 보는 자세가 아닌, 숲을 보는 자세로 접근해야 한다. 욥기에서 심각하게 다루고 있는 신학적인 이슈들에 대해 전반적으로 이해하는 것이 필수적이다.

(2) 필자는 욥기의 문학적 양식을 다루는 부분에서 욥기가 연극이나 연극을 위한 극본의 성격을 띠고 있다는 점을 강조했다. 이런 관점을 수용할 수 있다면 설교자들은 욥기를 설교할 때 본문의 내용을 연극으로 공연해 볼 수도 있을 것이다. 특히 욥과 세 친구와의 삼 차에 걸친 대화들 중에 일부를 택하거나, 엘리후의 연설, 욥 앞에서 하나님께서 하시는 연설 등을 연극적인 형태로 전달한다면 욥기의 설교가 보다 인상 깊게 기억될 것이다. 그래서 설교자가 설교를 하기 이전에, 성도들 중에 연극에 재능이 있는 자들로 하여금 본문의 내용을 연극으로 공연하게 하거나 극적인 분위기를 살려서 낭송하게 한다면 말씀을 접하는 성도들이 본문의 내용을 보다 잘 이해하게 될 것이다. 욥기를 극적으로 전달할 때 한글로 된 성서들 중에서 이해하기 쉽게 번역된 것을 사용하는 것이 바람직할 것이다. 이 일을 위해서 필자는 표준성경 새번역을 적극적으로 추천한다.

(3) 필자는 자기 자신을 의인으로 간주하는 자가 고난을 당하게 되었을 때 그 고난 속에서 자신의 의로움을 주장하다가, 세상 만물을 공의롭게 다스리시는 하나님을 경험하고 자신의 영적인 교만이 깨어지는 내용을 다루는 것이 욥기의 핵심적인 주제라고 간주한다. 그러므로 욥기가 고난에 처한 사람들에게 위로의 말씀을 제공하고 있다고 소개하거나, 고난은 연단을 낳게 해서 그들을 더욱 강하게 만든다는 식의

가르침에 거리를 두고자 한다. 그래서 목회자가 고난 중에 있는 자를 위로하기 위해 찾아가서 그에게 욥기를 읽도록 권하는 것은 그리 바람직하지 않고, 시기적으로도 늦은 감이 있다고 생각한다. 오히려 고난 중에 있는 자를 위로하기 위해서는 성서의 다른 본문들을 본문으로 사용할 수 있을 것이다(시편의 탄원시를 비롯한 여러 시들, 예레미야서, 애가, 사 40-55장; 고후 1:3-4; 7:6; 빌 4:6-7). 욥기는 하나님의 백성들이 극한 고난에 닥쳐서 영적인 교만함을 토로하지 않도록 미리 미리 가르쳐 두어야 한다. 그래서 하나님의 백성들이 고난을 경험하게 될 때, 자신의 의로움을 내세우기 위해 하나님이 불의하다고 주장했던 욥의 전철을 밟지 않고, 무엇보다 먼저 하나님의 선하심과 공의로우심을 인정하는 가운데 인내하면서 신앙을 지키려는 마음가짐을 가질 수 있도록 해야 한다.

(4) 욥기를 설교하는 자들이 본문의 문맥을 고려하지 않고 본문의 기본적인 메시지와 전혀 상관이 없는 설교를 하는 구절들이 있다. 욥기 8장 7절에 언급되는 "네 시작은 미약하였으나 네 나중은 심히 창대하리라"는 구절은 욥의 친구 중에서 빌닷이 욥으로 하여금 자신의 죄를 회개하도록 권유하는 내용이다. 욥이 지금은 죄로 말미암아 고통을 받고 보잘 것 없는 처지가 되어있지만, 죄를 회개하고 나면 하나님께서 크게 해주신다는 신앙적 인과응보의 논리를 펴고 있는 것이다. 빌닷의 이 말은 부분적으로는 맞지만, 욥기 전체에서 강조하고자 하는 핵심 주제와는 상반되는 것이다. 더욱이 성도들이 사업처를 개업하게 되었을 때, 목회자들이 그곳에 심방을 가서 예배를 드릴 때 사용할 수 있는 설교 본문과는 거리가 멀다. 개업을 하게 되는 지금은 보잘 것이 없게 시작하였지만 하나님께서 나중에 번창하게 해 주실 것이라고 이

본문에 근거해서 설교하는 것은 죄인이 회개하고 나면 하나님이 복을 주신다는 것을 강조하는 문맥과 너무나 거리가 있다.

욥기 23장 10절도 일반적인 해석에 문제점이 발견된다. "그러나 내가 가는 길을 그가 아시나니 그가 나를 단련하신 후에는 내가 순금같이 되어 나오리라"라는 구절은, 고난 속에서도 인내하고 이겨내면 더욱 순금 같은 신앙인으로 변하게 된다고 가르쳐지고 있다. 그러나 히브리어적인 의미나 문맥적인 의미를 보면, 욥이 지금까지 살아온 길을 되돌아보면서 자신이 하나님 앞에서 얼마나 떳떳하고 의롭게 살아왔는지를 자부하는 내용이다. 앞에서도 인용한 바 있지만, 표준성경 새번역의 번역이 이 구절의 원어적, 문맥적 의미를 더욱 잘 표현해준다: "하나님은 내가 발 한 번 옮기는 것을 다 알고 계실 터이니, 나를 시험해 보시면 내게 흠이 없다는 것을 아실 수 있으련만!" 그러므로 설교자들은 이 구절로부터 고난이 제공하는 연단의 중요성이나 가치를 강조하는 것을 지양하고, 욥이 자기의 순전하고 정직한 행동들에 근거하여 자신을 의인화시키는 것의 어리석음을 지적할 수 있어야 할 것이다. 욥기 8장 7절과 23장 10절의 예는 설교자들이 성서 본문으로부터 설교를 할 때 본문의 메시지를 바르게 파악하여 전하기 위해 원어 연구, 문맥 연구, 문단 연구와 책 전체의 주제 연구 등을 종합적으로 시도해야 한다는 점을 다시 한 번 상기시켜 준다.

주(註)

1) Bernhard W. Anderson, *Understanding the Old Testament* (Englewood Cliffs: Prentice-Hall, Inc., 1975), 548.

2) West, 455.

3) Mark A. Copeland, "The Book of Job: Introduction," http://www.ccel.org/contrib/exec_outlines/job

4) John Hartley, "Job," *Old Testament Survey,* 472.

5) Ibid., 473.

6) Gottwald, 575.

7) Anderson, 552.

8) 욥기가 최종적으로 편집된 시기를 포로기 이후로 보는 학자들의 저서들은 해리슨(R. K. Harrison)의 *Introduction to the Old Testament* (Grand Rapids: Wm. E. Eerdmans Publishing Co., 1969), 1041에 소개되고 있다.

9) Hartley, 473-4.

10) Terence E. Fretheim, *Deuteronomic History* (Nashville: Abingdon Press, 1989), 46-7.

11) B. Gemser, "The 'Rib' or Controversy-Pattern in Hebrew Mentality," *VTSup,* vol. 3(1955), 135.

12) Hartley, 486-7.

13) Watts, vlx-i.

14) Ibid.

15) H. H. Rowley, "The Interpretation of the Song of Songs," *The Servant of the Lord,* 2nd ed. (Oxford: Blackwell, 1965), 212-14, 223-42).

16) 제3장의 각주 3번을 참고하라.

17) Hartley, 493-6.

18) Ibid., 494.

19) Ibid.

20) Ibid.

21) Ibid., 495.

22) Ibid.

23) Ibid.

24) Ibid., 496.

제7장 구약성서 지혜문학의 신학적 주제들과 특징들

구약성서 지혜문학에 관한 책들을 보면 일반적으로 지혜문학의 신학적 주제들을 다루는 부분이 잠언, 전도서, 욥기의 내용을 다루는 부분보다 앞선다. 그래서 독자들이 구약성서 지혜 문학에서 공통적으로 다루고 있는 신학적 주제들에 관한 선 이해(pre-understanding)를 가지고 잠언, 전도서, 욥기를 접근할 수 있도록 한다. 그러나 필자는 이 책에서 이와 같은 연역적 방법보다는 귀납적 방법을 사용하고자 했다. 다시 말하여 잠언, 전도서, 욥기에서 구체적으로 다루고 있는 신학적 주제들과 사상들을 소개한 이후에, 그것들을 근거로 해서 구약성서 지혜문학 전반에서 보편적으로 강조되고 있는 신학적 주제들과 특징들을 언급하고자 한 것이다. 그래서 이 장이 잠언, 전도서, 욥기를 소개하는 장보다 뒤에 위치하게 되었다.

구약성서 지혜문학의 신학적 주제들이나 특징들에 관한 논의는 지혜문학의 다양한 연구 관심 중에서 빠지지 않는 부분이 되고 있다. 그래서 여러 구약신학자들이 독특하고도 다양한 주장들을 제시하기도 한다. 그러므로 필자는 이 주제와 관련하여 깊이 있는 연구를 했던 구약학자들의 연구 결과들을 소개하고, 그것들을 토대로 하여 설교자들이 설교할 수 있는 신앙적 메시지들과 삶의 교훈들을 종합해 보고자 한다.

필자는 이 장에서 구약성서 지혜문학의 신학적 주제들이나 특징들을 다루면서 각 주제들이나 특징들의 의미나 성격에 관해 세부적으로 논의할 의도가 없다. 왜냐하면 잠언, 전도서, 욥기의 다양한 교훈들을 논의하는 과정에서 이미 구체적으로 언급된 것들이기 때문이다. 그러므로 이 장에서는 지혜문학에서 중요하게 간주되는 주제들과 그 중에서도 현대의 설교자들이 설교를 통해 선포할 수 있는 신앙적 메시지들을 종합하여 열거하는 형식을 취하게 될 것이다.

1. 게르하르트 폰라트(Gerhard von Rad)

폰라트는 오랜 세월동안 구약성서 신학 연구에 있어서 구속사(salvation history)적인 관점을 가지는 것이 중요하다고 가르쳤다. 하나님께서 이스라엘 백성들의 역사 속에서 그들을 구원했던 사건들을 통해 하나님의 성품과 활동을 연구해보려 했던 시도는 그의 『구약성서신학』에서 잘 나타나고 있다. 그런데 이러한 관점이 빚어낸 결과 중에 하나는 구약성서 지혜문학의 가치가 상대적으로 약화된 것이다. 지혜문학에서 구속사와 관련된 사건들이 발견되지 않기 때문에 지혜문학에서 얻어낼 수 있는 신학이 많지 않다고 본 것이다.

그러나 폰라트는 고대 이스라엘에 존재했던 다양한 신학적 전통들

(사제적, 예언자적, 현인적, 묵시적 전통 등)의 독특한 신학 사상들을 깊이 연구하면서, 현인적 전통의 산물인 지혜문학의 독특한 주제들과 교훈들에 관해 소개하게 되었다. 그 결과로 만들어진 책이 『이스라엘의 지혜』(1970년)이다. 그가 이 책에서 다루고 있는 지혜문학의 다양한 주제들은 그의 이후에 등장한 많은 구약학자들의 논의의 대상이 되고 있다.

폰라트는 고대 이스라엘의 왕정 시대 초기에, 삶의 실재를 이해하는데 있어서 전통적으로 내려온 신앙적 가르침들과 세속적이면서도 합리적인 가르침들이 충돌하게 되었을 때, 현인들은 두 가르침들의 독단적인 주장들을 피하면서 둘을 융화시켜 삶의 실재에 관해 새로운 이해를 제시했다고 보았다. 그래서 고대 이스라엘에서는 현인들로 말미암아 삶의 실재에 대해 지적으로 이해하려는 노력과 여호와를 경외하는 신앙적 노력이 공존할 수 있었다고 주장했다. 뿐만 아니라 그는 백성들로 하여금 사회에서 올바른 행동을 할 수 있도록 질서를 가르치는 것이 현인들의 주요 임무에 포함되었다는 점을 지적했다. 잠언을 중심으로 소개되는 다양한 윤리적 교훈들이 질서 있는 사회를 유지하기 위한 목적으로 제시되었고, 이러한 윤리적 삶을 위한 교훈들이 십계명과 같은 교훈들에 영향을 받지 않고 현인들에 의해 독자적으로 형성된 것이라고 폰라트는 이해했다. 한 걸음 더 나아가서 현인들은 자신들의 윤리적 교훈들이 보다 호소력을 지니게 하기 위해 윤리적 삶에 대한 하나님의 관심도 언급하고 있다고 보았다(잠 22:23; 23:11; 24:12, 18, 22; 25:22).

'지혜의 한계'라는 제목 하에 폰라트는 현인들이 지식을 추구하고, 행복한 삶을 영위하고, 합당한 윤리적 행동을 행하는데 있어서 자신들의 지혜와 경험에 한계가 있다는 점을 인식했다는 점을 언급했다. 그리고 이 점이 구약성서 지혜문학의 중요한 주제요 교훈 중에 하나가 된다고 보았다(잠 16:1, 2, 9; 19:14, 21; 20:24; 21:30; 욥 5:9; 11:7; 25:2-3; 36:26). 그는 지혜문학에서 인과응보의 원리를 강조하는 교훈과 하나님의 주권적인 간섭을 강조하는 교훈이 공존함으로써 논리적으로 이해하기 어려운 삶의 실재에 대해 보다 포괄적으로 이해하도록 돕고 있다고 간주했다. 그리고 이 주제는 단순히 인간 지혜의 한계를 지적하려는 목적보다는 삶의 실재에 대해 보다 잘 이해하도록 경고하기 위해서 강조되었다고 보았다.[1]

폰라트는 그의 책에서 지혜문학에서 강조하는 바, 이스라엘 백성들이 현실에 잘 적응하기 위해 필수적으로 깨달아야 할 교훈들을 몇 가지 소개했는데, 그 중에는 인간의 선하거나 악한 행동에 대해 합당한 결과가 따르게 되는 인과응보의 원리가 존재한다는 점이 포함된다(잠 11:14, 21, 28; 12:7; 15:6; 16:18; 19:1; 26:27; 욥 18:5-21). 또한 전도서나 잠언에서 강조하는 것처럼, 살아가면서 합당한 때가 있다는 교훈의 의미도 이해해야 한다고 보았다(전 3:1-8; 잠 15:23; 25:11). 그는 사람이 살아가면서 하나님께서 허락하신 합당한 때를 인식할 수 있는 능력이 있다고 보고 그것을 잘 붙잡을 수 있는 지혜를 가져야 한다고 권고한다(호 13:13; 엡 5:16). 폰라트는 하나님께서 창조하신 창조물들이 스스로를 드러내면서 하나님의 지혜를 계시하고, 인간들로 하여금 지혜를 사랑하고 추구하도록 초청하고 있다고 보았다(욥 28장; 잠 8장; 9:1-5). 그는 현인들이 종교적 의식에 관심을 가지지는 않았지만 그러나 지적, 윤리적인 관점과 결부시킨 가운데 종교적 의식을 교정하려 했다는 점을 발견했다(잠 15:8; 17:1; 21:3, 27). 그는 전통적인 여호와 신앙이 공격을 받게 될 때, 예를 들어 하나님의 신실성에 문제가 제기될 때, 하나님의 계시를 통해서도 답을 제공할 수 있지만 인간의 이성적 경험을 통해서 얻은 신앙적 통찰력이 해답이 될 수 있다고 보았다. 아울러 그는 인간이 고난을 경험하게 될 때, 죄의 보응으로 이해하거나 연단으로 이해하기도 하지만, 그 속에서도 소망을 붙들 수 있다고 보았다(잠 10:28; 11:23; 20:22).

폰라트에 의하면 욥기는 "하나님이 나를 위한 분이신가?"라는 질문을 다루고 있는데, 그 질문을 가지고 하나님께 나아가는 욥의 배후에는 여호와만을 신뢰하는 전통적인 신앙이 깔려있다고 보았다. 하나님은 하나님을 신뢰할 수 없다고 간주하여 하나님의 권리와 자유에 문제를 제기하는 욥의 불평들을 듣고 난 후에 그의 앞에 창조주로 나타나셔서 자신이 하고 계신 일을 보여주셨다. 그것을 본 욥은 하나님과 자신에 관계에 대해 새롭게 깨닫게 된 것이다.

폰라트는 전도서에서 주된 네 가지 사실을 발견했는데, 모든 것이 헛되다는 점과 하나님이 모든 사건들을 주관하신다는 점이요, 인간이 하나님의 섭리를 이해하지 못한다는 점이요, 죽음이 필연적이라는 점이다. 그러나 전도서의 교훈은 긍정적인 것인데, 할 수 있는 대로 인생을 즐기라는 것이다.

폰라트는 그의 책의 결론에서 몇 가지의 신학적인 발견들을 요약하고 있다. 첫째로, 고대 이스라엘 백성들 중에 삶을 잘 영위하기 위해 깨달아야 하는 합리적인 원리(rational rule)를 찾는데 관심을 가진 자들이 있었는데, 그들이 바로 현인들이다. 그들은 이스라엘의 역사 속에서 여호와께서 일으키신 놀라운 사건들을 소개하던 사제들이나 예언자들의 가르침에 관심을 기울이지 않았다. 그들은 다른 언어와 다른 개념들로 삶과 신앙에 대해 이해하려고 시도했다. 그래서 결과적으로, 한 면으로는 삶의 실재 속에서 적용할 수 있는 교훈들을 발견하였고, 또 다른 한 면으로는 인간이 이러한 교훈들을 모두 발견할 수 없을 뿐만 아니라 하나님의 신비로운 활동들을 모두 이해할 수 없는 제한된 존재라는 점을 인정하고 있다. 그래서 역사 속에 전해진 신적인 명령들이나 신적인 인도하심에 관한 사건들과 마찬가지로, 현인들의 이러한 지적인 깨달음도 백성들로 하여금 하나님을 경외하도록 이끌도록 도왔다고 이해했다.

둘째로, 그는 삶의 실재에 관해 합리적으로 이해하는데 있어서 하나님께서 창조하신 피조물들이 중요한 역할을 한다는 점을 지적했다. 현인들에 의하면 하나님에 의해 창조된 이 세상은 인간에게 중립적인 존재가 아니라 영향을 주고 있고, 인간이 신뢰할 수 있는 상대이다. 아울러 하나님의 뜻이 무제한적으로 펼쳐지고 있는 장이다. 하나님은 이 세상 속에서 인간을 축복하기도 하고 그것을 거부하기도 하며, 자신을 숨기기도 하고 계시하기도 하신다. 또한 이 세상은 인과응보의 법칙이 통하는 곳이요, 하나님의 뜻을 인간에게 전하는 곳이다(욥 20:27; 38장). 현인들은 이 세상에 악한 세력들이 존재한다는 생각까지 미치지는 않았다.

셋째로, 그는 지혜의 정의에 관해 언급하는데, 그것은 세상에서의 구체적인 경험들 속에서 여호와를 신뢰하는 입장에서 반응을 보이는 것이다. 다시 말해서 여호와를 예배하는 자들이 주위 세상으로부터 도전을 받고 삶의 심각한 국면을 직면하게 되었을 때 자신들을 위해 만들게 된 원리들이다. 그래서 삶에 혼돈스러운 사건들이 생길 때 스스로 결정할 수 있는 권리를 인정하면서도 궁극적으로는 여호와를 의지하라고 권고하고 있다. 왜냐하면 삶의 모든 실재들에 대해 인간들은 지적으로 이해할 수가 없고, 또한 인간은 지혜로나 명철로나 모략으로 여호와를 당하지 못하기 때문이다(잠 21:30). 뿐만 아니라 인간은 자신이 이해할 수 있는 질서들뿐만 아니라 '자유롭게 활동하시는 하나님'까지도 직면해야 하기 때문이다.

넷째로 현인들은 독특한 형태의 구원론을 지니고 있었는데, 그들은 역사에 나타난 신적인 행동들에 자극을 받지 않고, 오히려 창조의 질서 속에 내재되어 계시되고 있는 교훈들을 통해 하나님이 제공하는 구원을 발견할 수 있다고 보았다.

2. 롤란드 머피(Roland E. Murphy)

머피는 『지혜문학과 시편』(1983년)의 서론에서 지혜문학의 범주, 기원, 고대 근동의 지혜문학, 지혜문학의 특징들과 관련한 학자들의 선이해를 제시하고 있다. 지혜문학의 특징들을 다루고 있는 부분에서 그는 구약성서 지혜문학의 문학적 특징들과 아울러 신학적 특징들을 소개하고 있는데, 요약한다면 다음과 같다.[2)]

(1) **구속사에 관한 언급이 없다:** 이 점이 구약성서 지혜문학의 가장 놀라운 점이라고 언급한 그는 지혜문학에서 족장들을 위한 약속들, 출애굽 사건, 언약, 시내 산, 토라(율법), 그리고 구속사와 관련된 다른 양상들에 관해 언급되지 않는다는 점을 지적했다. 그리고 이러한 현상은 구약성서 지혜문학이 고대 근동의 지혜문학들과 연관이 있다는 점을 입증해준다고 보았다. 그는 고대 이스라엘 백성들이 고대 근동의 지혜

문헌들을 참고로 하여 이스라엘에 합당한 독자적 형태의 지혜문학을 만들었지만, 역사적인 전통들과 분리시켜 두었다고 보았다.

(2) **창조 신학:** 머피는 현인들이 고대 이스라엘 역사의 거룩한 사건들을 지혜문학에 첨가하지 않았던 이유를, 창조된 세상과 그 속에서의 경험을 중요시하는 국제적인 지혜의 관점을 고수했기 때문으로 간주했다. 그래서 그들이 삶 속에서 경험하게 되는 하나님은 유일하신 여호와 하나님이요, 근본적으로 언약의 동반자로서가 아니라 창조주로 간주되었다. 현인들은 하나님이 창조주가 되심을 선포하기도 하고(욥 38:4, 28), 하나님이 창조하신 자연들의 신비와 교훈들을 얻기 위해 끊임없이 조사하기도 했다(잠 30:18-19). 그래서 자연의 신비들이 인간 실존의 신비들의 본보기가 되기에, 인간은 개미, 사반(오소리), 메뚜기, 도마뱀 등과 같은 것들로부터 교훈을 얻는다고 보았다(잠 30:24-28). 그래서 그는 지혜문학에서 세속적인 것과 종교적인 것을 구분하지 않고 있다고 주장했다.

(3) **질서의 추구:** 머피는 구약성서에서 강조하는 지혜로운 삶이 자연에서나 인간 사회 속에서 존재하는 질서를 추구하는 것으로 특징지어 질 수 있다고 간주했다. 그에 의하면 이 질서는 경험을 통해 발견할 수 있는 것으로, 인간이 순응해야 하는 것이다. 이러한 점은 이스라엘의 기본적인 세계관이었는데, 이사야나 아모스 같은 예언자들도 자연현상 속에서 질서를 발견하고 그들이 속한 사회의 무질서를 지적하고 있다(사 1:3; 암 6:12). 그러므로 인간은 자연의 일관성을 신뢰할 수 있고 하나님도 신뢰할 수 있다. 현인들은 질서가 파괴되어버린 현상들에 대해 질서를 회복시키려고 노력했던 자들로 볼 수 있는데, 보다 엄밀히

말하자면 그들은 삶의 신비들을 인식하는 가운데 삶을 정복하기보다는 삶에 순응하는 것을 목표로 삼은 자들이다.[3)]

(4) 지혜의 케리그마가 되는 "생명": 머피는 신약성서에서 선포되는 복음의 핵심을 '케리그마' 라고 부른다면 지혜문학에도 케리그마가 있다고 간주하면서, 그것이 바로 '생명' 이라고 주장했다. 욥은 죽음의 위협 속에서 생명이 사라져 가는 것을 한탄했고, 전도자는 생명이 헛되게 지나가는 것을 애통해 했다. 그런가 하면 현인들은 "의인의 수고는 생명에 이르고"(잠 10:16a)라고 외치고, "공의를 굳게 지키는 자는 생명에 이른다"(잠 11:19a)라고 선포했다. "훈계를 지키는 것이 생명 길이고"(잠 10:17), "지혜 있는 자의 교훈은 생명의 샘이며,"(잠 13:14a) "지혜는 그 얻은 자에게 생명 나무이다"(잠 3:18a). 현인들이 강조한 생명이란 인생의 길이가 아니라 재물과 영예과 장수과 같은 인생의 질이다(잠 22:4). 생명은 그것과 대조되는 사망을 통해 더 잘 설명될 수 있는데, 사망은 어리석고 악한 자들이 당하는 파멸이다. 이것은 어리석고 악한 자들이 알지 못하는 가운데 그들을 잡아채고 그들이 신뢰하던 재물들로부터 그들을 분리시킨다. 머피는 전통적인 지혜의 가르침에서 통하는 공식을 소개하는데, 그것은 "**지혜**(정의) = **생명**(복된 삶)"이다.[4)] 이 공식이 욥기의 저자에 의해 도전을 받고, 전도자에 의해 거부되고 있다고 그는 평가하고 있다. 그러나 필자는 전도자가 이러한 공식을 거부했다기보다는 이 공식의 한계를 인정하고 다른 공식－"**여호와 경외 = 생명**(복된 삶)"－을 추가했다고 평가하는 것이 더욱 합당하다고 본다.

(5) 지혜의 한계: 잠언이나 욥기는 의인이 복을 받고 악인이 저주를 받게 되는 신앙적 인과응보의 원리가 이 세상에서 통하고 있다는 점을

강조하고 있다. 그리고 그 배후에는 그 원리로 이 세상을 다스리시는 하나님이 계시다는 점을 부각시키고 있다. 그러나 현인들은 이러한 원리로만 인생을 바라보지 않았다. 그들은 삶이 신앙적 인과응보의 원리로만 이해할 수 없을 정도로 복잡하다는 점을 알고 있었다. 그래서 의인이 고난을 당하게 되거나, 악인과 의인이 예외 없이 죽게 되는 것과 같이, 자신들이 논리적으로 이해할 수 없는 삶의 상황들을 경험하게 될 때, 신앙적인 관점 속에서 그것을 하나님의 신비로운 활동의 결과로 간주했다. 그리고 하나님은 측량할 수 없는 분이시기에 인간의 제한된 지혜와 경험들로 하나님이 하시는 일을 다 이해할 수 없다고 고백하고 있다(잠 3:11-12; 20:24; 21:2, 30; 26:12). 인간은 하나님이 하시는 일을 다 알 수도 없고(전 3:11; 7:13; 8:17; 11:5), 하나님은 인간들이 생각하는 정의 사상이나 사제들이 강조하는 관점들을 넘어서서 전적으로 자유롭게 활동하시는 분이다.

(6) **다양한 면모를 지닌 지혜:** 지혜(hokmah)는 원래 장인들의 실용적인 기술을 의미하는데 사용된 용어이다. 성막을 짓는 기술을 지닌 브살렐(출 35:30-36:1)이 지혜로운 자로 묘사되었고, 무역에 뛰어난 자나, 다윗의 조언자로서 행정 관료였던 아히도벨 같은 자도 지혜자로 간주되었다(삼하 16-17장). 그런가 하면 지혜는 상황에 잘 순응하는 능력도 의미한다(잠 30:24-28). 한 걸음 더 나아가서 구약성서 지혜문학은 하나님의 선물이면서도 인간적인 노력으로 말미암아 얻어질 수 있는 지혜를 소개한다. 다시 말해서 신적인 기원을 가지고 있으면서도 인간적인 면모를 보이는 지혜를 제시한다. 특히 잠언 1장부터 9장에서 이러한 야누스적인 면모의 지혜가 소개되는데, 그 속에서 지혜는 여성으로 의

인화되어 이스라엘 백성들이 그녀의 교훈에 순종함으로 말미암아 통찰력과 능력과 생명을 얻을 수 있도록 채찍과 당근을 제시하고 있다. 지혜의 또 다른 면모 중에 하나는 그것이 하나님에 의해 창조되고(잠 8:22-31), 하나님의 선물이며(잠 2:6), 하나님과 함께 있기 때문에 산 자의 땅에서 쉽게 발견되지 않는다는 점이다(욥 28:13). 그래서 구약성서 지혜문학에서 소개되는 지혜는 인간적인 면모와 신적인 면모를 둘 다 지니고 있다고 볼 수 있다. 신적인 기원을 지닌 지혜의 관점에서 볼 때 지혜는 하나님을 대변하면서 인간들을 생명으로 초청하고, 인간적인 지혜의 관점에서 볼 때 지혜는 하나님의 명령에 대한 인간의 반응을 요구한다.

3. 월터 찜멀리(Walther Zimmerli)

찜멀리는 1964년에 "구약성서 신학의 구성에 있어서 지혜의 위치와 한계"라는 논문을 발표했는데, 그는 그 속에서 지혜문학에서 발견되는 신학적 특징들을 사제적 전통과 예언자적 전통의 그것들과 비교하여 소개했다. 그가 소개한 지혜 문학의 특징들에는 아래와 같은 것들이 있다.[5)]

(1) 지혜문학은 하나님과 이스라엘 간의 역사에 연관이 없다. 다윗의 아들 솔로몬이 왕이 되어 기브온에서 하나님께 기도를 드리는 내용(왕상 3:4-15)에서도 이스라엘을 향한 하나님의 언약의 내용이 제시되지 않고, 오히려 하나님이 솔로몬에게 백성들을 공의로 다스릴 수 있는 지혜를 주셨다. 잠언과 전도서에서도 언약 사상을 소개하는 내용이 없

다. 그러므로 현인적 가르침들은 이스라엘 백성들의 사고에 융화되었을 때에도 변경되지 않은 독자적인 형태를 유지했음이 분명하다. 잠언에 언급되는 사람들과 왕은 사회적 요소들로 부각되고, 백성(‘am)이란 용어도 여호와께서 택한 백성을 의미하지 않는다. 잠언과 전도서에서 언급되는 왕도 하나님의 특별한 약속을 받은 다윗의 후손으로 하나님의 백성 된 이스라엘의 기름부음 받은 왕을 의미하지 않는다. 신명기적 역사서들이나 예언자들의 말씀들과 지혜서들을 비교해보면 신학적 관점에 많은 차이가 있음을 발견하게 된다.[6)]

(2) 현인들의 신학적 자세를 특징짓는다면, 현인들은 단호하게 창조 신학의 체제 속에서 사고했다. 이 점은 지혜서들이 하나님을 결코 ‘이스라엘의 하나님’이나 ‘선조들의 하나님’이나 ‘만군의 여호와’로 소개하지 않고 창조주 하나님으로 부각시키고 있기 때문이다(잠 14:31; 17:5; 전 12:1).

(3) 하나님의 피조물인 인간은 수동적인 피조물이기도 하지만, 능동적으로 행하기도 하는 존재들이다. 그는 하나님께서 창조하신 세상 속에서 자신의 위치를 추구할 수 있고, 자신의 지식으로 이해할 수 있고, 자신의 세계를 세우고 질서를 잡아나갈 수 있는 자이다. 그는 또한 지혜가 이끄는대로, 질서 있는 환경과 신적인 세계의 질서를 존중하며 살아가면서 생명을 추구할 수 있다. 아울러 그는 하나님을 경외하며 살아가야 하는 존재이다. 그는 아브라함과 야곱의 자손으로서가 아니라 순전히 한 인간으로 살아가는 존재이다.

(4) 지혜서들에는 행복론을 가르치는 교훈들이 있다(eudaemonism of wisdom). 지혜서들에는 지혜의 가르침들을 따라서 살면 복을 얻게 되고

그것들을 무시하면 해를 입게 된다고 경고하는 내용들이 많이 있다. 그리고 공의롭고 선하게 살면 복을 얻고 악하게 살면 해를 얻게 된다고 가르친다. 애굽의 지혜 문학들에 소개되는 행복론들은 '마앗'(maat)이라는 신적인 원리에 기초하지만, 구약성서 지혜문학들에서는 하나님의 명령과 직결되고 있다. 잠언에서 반복적으로 언급되는 악인과 의인 개념은 원래부터 율법과 연관되어 있었다.

(5) 지혜서들은 신학적으로 긴장 관계를 이루는 내용들을 포함하고 있다. 한 면으로는 인과응보의 원리에 따라 행복론을 소개하는 내용이 있는가 하면, 다른 한 면으로는 하나님께서 인간을 대하시는 방식에 대해 인간이 다 이해할 수 없다는 점도 가르친다. 지혜서가 강조하는 창조 신학은 지혜로 나아갈 수 있는 현실이 하나님의 뜻에 항상 종속된다는 점을 분명히 알고 있다. "사람이 마음으로 자기의 길을 계획할지라도 그의 걸음을 인도하시는 이는 여호와이시다"(잠 16:9). "사람의 행위가 자기 보기에는 모두 깨끗하여도 여호와는 심령을 감찰하신다"(잠 16:2). "왕의 마음이 여호와의 손에 있다"(잠 21:1). 하나님은 자신의 일을 숨기신다(잠 25:2). 인간은 지혜로도, 명철로도, 모략으로도 여호와를 당하지 못한다(잠 21:30).

(6) 신정론에 관한 질문과 하나님의 자유자 사상: 지혜서들은 하나님께서 이 세상과 그의 백성들을 공의롭게 다스리고 계신지에 관해 질문하고 있는데, 이러한 신정론(theodicy)의 질문은 전도서나 욥기에서 심도 깊게 다루어지고 있다. 특히 인과응보적 교훈들이 통하지 않고 하나님의 행위들이 이해가 가지 않을 때, 전도자는 신정론의 문제를 제기했다가 결국에 가서는 창조주 하나님의 자유로운 주권 사상 앞에

굴복하게 된다. 하나님은 자신의 자유 의지에 따라 인간에게 은혜의 선물들을 주신다. 지혜를 통해 이 세상에 실재하는 것들을 경험한 결과, 전도자는 '하나님의 자유'를 깨닫게 되었다. 전도자는 하나님의 자유에 대한 깨달음이 지혜를 가지고 세상에 나아가 그것을 정복하려 하는 자신의 충동을 제한하게 만드는 것으로 느꼈다. 그러나 그는 흔들리지 않고 창조주 하나님을 의지하고 그분만을 경외하게 되는데, 그분만이 때를 정하실 수 있는 권세를 지니신 분이기 때문이다.[7] 결과적으로 전도자는 하나님을 경외하고 그의 명령을 지키는 것을 인간의 본분으로 강조했다.

(7) 전도서의 지혜로운 삶을 위한 교훈들은 지혜의 한계도 상기시켜 준다. 현인들의 창조 신학은 창조주께서 선한 뜻을 가지고 자기 백성들에게 자신을 약속해주신 하나님이라고 믿을 때 가장 성숙해질 수 있다. 이스라엘 백성들은 역사 속에서 하나님을 만나게 되었을 때 이러한 하나님을 인식하게 되었는데, 그분은 심판과 진노를 통해서도 자기 백성들에게 신실하신 분이시다. 구약신학의 체계 속에서 현인들의 창조 신학은 역사 속에서 자기 백성들을 만나주심으로써 자신을 자기 백성들과 결속시킨 하나님을 상기시켜주게 된다.[8] 이 점은 고대 이스라엘의 역사 속에서 현인들이 강조했던 창조 신학과 사제들이 강조했던 구속사 신학이 함께 어우러지게 된 때가 있었다는 점을 암시한다.

4. 찰스 스코비(Charles H. Scobie)

스코비는 1984년에 "성서 신학에 있어서 지혜의 위치"라는 논문을

썼는데, 그 속에서 그는 구약성서 지혜문학에서 발견할 수 있는 몇 가지 주제들을 소개하고 있다.[9)]

(1) **종교와 문화:** 지혜라는 용어는 '세속적'이라고 규정할 수 있는 다양한 기술들과 활동들을 포괄하고 있다. 대표적인 예가 성막을 짓는데 참여했던 브살렐을 중심으로 한 기술자들(조각가, 세공인, 수를 놓는 사람, 설계사 등)을 들 수 있는데, 이들은 지혜가 예술과 연관된다는 점을 암시해준다. 뿐만 아니라 열왕기상 4장 33절에 의하면 솔로몬의 지혜는 과학과도 연관되고 있다: "그가 또 초목에 대하여 말하되 레바논의 백향목으로부터 담에 나는 우슬초까지 하고 그가 또 짐승과 새와 기어다니는 것과 물고기에 대하여 말한지라." 스코비는 외경에 포함되는 지혜서 중에 하나인 '솔로몬의 지혜서'(7:17-22)에서 지혜가 천문학, 동물학, 심리학, 생물학 그리고 약학 등의 스승으로 묘사된 점과 집회서 38장 1절부터 15절에서 의사직에 대해 호의적인 평가를 내리고 있는 점을 추가로 예를 들면서, 과학적인 진리가 하나님께서 주신 것이지만 인간의 경험과 노력을 통해 얻어지게 된다는 점을 강조했다. 그는 또한 "과학의 자유는 창조주의 뜻에 근거하고 있다"는 베스터만(C. Westermann)의 말과 "지혜는 과학 문명에 대해 감사할 수 있는 길을 열어주고 있다…. 그것은 세상에 대해 심미적이고, 과학적이고, 철학적으로 관조할 수 있는 장을 소개해주고 있다"는 테리엔(S. Terrien)의 말을 인용하면서, 지혜가 세상의 예술들과 문명들에 영향을 끼칠 수 있다고 주장했다.[10)]

(2) **창조와 역사:** 이 점은 위에서도 여러 번 언급한 바 있는데, 지혜는 역사 신학이 아니라 창조 신학에 근거하고 있다. 지혜문학에 의하

면 하나님은 이스라엘에 주어진 특별한 계시를 통해 알려지지 않고, 백성들의 매일의 삶과 그들이 살고 있는 세상에서의 경험을 통해 알려진다. 지혜로운 자가 질서와 진리를 추구할 수 있다면 그것은 하나님께서 피조물들에게 이러한 것들을 위임하셨기 때문이다. 우리가 하나님께서 창조하신 질서들 속에서 지혜를 발견할 수 있기 때문에, 지혜를 하나님의 은혜의 선물로 간주할 수 있을 것이다.

(3) **믿음과 의심:** 하나님께서 인간을 다루시는 방식들에 대한 질문들이 구약성서에 많이 발견되는데, 예언서들과 시편의 탄원시들과 특히 지혜서 중에서 욥기와 전도서에서 두드러지게 나타난다. 욥과 세 친구의 대화는 참을 수 없는 고난 속에서 하나님을 믿는 믿음의 문제로 씨름하는 한 인간의 모습을 잘 묘사해주고 있다. 그런가 하면 전도서는 고난의 의미가 아니라 삶의 의미에 관심을 기울이고 있다. 구약성서 어디에도 마지막 말이 의심으로 끝나지 않는다. 욥기와 전도서는 믿음과 의심의 긴장 관계를 보여준다. 전통적인 믿음에 대해 회의와 의심을 표현하고 질문하는 내용들이 정경에 포함되고 있다는 사실은 그것들도 신앙적으로 중요하다는 점을 입증해준다. 스코비의 주장에서 한 걸음 더 나아간다면, 하나님은 하나님의 성품과 뜻을 더욱 더 바로 알기 위해 표출하는 의심이나 질문들을 수용하시면서 하나님 나름대로의 답을 제공하시는, 열린 사고를 지니신 하나님이시다.

(4) **신학과 윤리학:** 전통적으로 지혜서들의 윤리적 교훈들은 사소한 것, 실용적인 것, 쾌락적인 것, 보수적인 것, 지나치게 낙관적인 것으로 간주되어 왔다. 개신교인들은 이러한 가르침들이 '행위로 말미암은 의로움' 을 보여주는 하나의 형태로 간주하여 거부하는 경향을 보

였다. 그러나 브루그만은 그의 책, 『지혜전승연구(*In Man We Trust: The Neglected Side of Biblical Faith*)』에서 지혜서의 윤리적 교훈들의 가치를 회복시키려는 시도를 했다. 그는 인간이 자신의 운명에 우선적으로 책임을 져야하는 존재로서, 지혜롭게 선택하고 책임 있게 결정할 수 있는 존재임을 강조했다.[11] 스코비는 지혜서들에서 소개되는 윤리적 교훈들이 오경이나 예언서들에서 강조하는 윤리적 교훈들과 다른 형태이지만, 보다 깊은 연구를 기울일 필요가 있다고 보았다.

(5) **구약성서와 신약성서:** 이전에는 성서적인 지혜를 연구할 때, 구약성서에 한정하는 경향이 있었지만 앞으로는 신약성서의 지혜 교훈들도 함께 연구할 수 있어야 한다. 이 일을 위해 야고보서나 Q 자료가 연구되고 있고,[12] 예수님이 지혜의 교사로 이해되며, 공관복음서들 중에서 일상적인 경험들을 통해 새로운 통찰력을 제시하는 지혜문학적인 형태의 교훈들도 연구 대상이 되고 있다. 뿐만 아니라 윤리적 교훈들을 내포하고 있는 서신서들도 지혜 전통과 긴밀한 유대 관계가 있는 것으로 이해되고 있다. 한 걸음 더 나아가서 신약성서의 그리스도론에 구약성서의 지혜서들이 영향을 끼쳤다고 보는 학자들이 있는데, 창조와 구원을 위해 중재하는 여인으로 의인화된 지혜가 그리스도론의 중요한 하나의 범주가 되고 있다. 또한 의인화된 지혜가 신약에서는 육체로 나타났다고 간주하는 자도 있다(P. E. Bonnard). 아울러 히브리서 1장 2절과 3절이나 요한복음 1장 1절부터 14절은 구약성서 지혜서의 영향을 많이 받고 있다. 이 외에도 구약성서 지혜서들의 형태나 사상들과 신약성서의 그것들을 비교하는 시도는 성서신학의 중요한 한 분야가 될 수 있다고 본다.

(6) 남자와 여자: 지혜(hokmah)가 히브리어로 여성적인 의미를 지니고 있어서 하나님의 여성적인 국면을 소개하고 있다. 이 단어가 여성명사인 배경에 대해 다양한 견해가 있지만, 하나님과 관련하여 중요한 사실은 하나님이 성적인 구분을 초월하는 분이라는 점이다. 스코비는 지혜서에서 여성들의 활동이나 여성들의 중요성이 부각되고 있다는 점을 소개하는데(잠 31:10-31), 이러한 점을 근거로 하여 여성들의 인권이나 사회적인 책임들에 관해 긍정적인 메시지들을 제공하려는 노력이 더욱 활발해져야 한다고 본다.

5. 로날드 클레멘츠(R. E. Clements)

클레멘츠는 1992년에 『신학 속의 지혜』를 발간했는데, 그 속에서 그는 구약성서 지혜서들이 중요하게 다루고 있는 몇 가지의 신학적 주제들을 소개하고 있다. 그런데 그가 소개한 주제들은 특히 기독교 목회자들의 실제적인 사역들에 구체적으로 도움을 줄 수 있는 것들을 많이 포함하고 있다.[13]

(1) 그는 서론의 한 부분에서 "신학의 기초가 되는 지혜"에 관해 논의했다. 현인들의 가르침이 사제적, 예언자적 전통과는 달리 세상의 이치와 의미에 관해 왕정제도나 종교적 의식들에서 벗어난 관점을 제시하고 있다는 점을 지적했다. 아울러 그는 바벨론 포로기 이전부터 오랜 세월에 걸쳐 수집된 지혜의 교훈들이 고대 이스라엘의 국가적 위기의 때에 신학적으로 크게 기여하게 되었다고 보았다. 그는 기원전 587년에 있었던 바벨론의 침략으로 말미암아 유다 백성들이 바벨론

을 비롯한 주변 국가들로 흩어지게 되었을 때, 그들이나 유다에 남아 있던 자들로 하여금 세계보편적인 윤리관과 영성을 발전시키도록 하는데 중요한 역할을 한 것이 지혜의 가르침이라고 주장했다.[14] 현인적 전통의 가르침들은 신명기적 역사서들처럼 민족적인 색채가 강하거나, 사제적인 전통의 가르침처럼 제의를 강조하지 않는다. 또한 전도서의 경우를 보면, 저자는 인간의 행복에 관한 질문을 심각하게 다루고 있는데, 삶의 목적, 행복과 선행의 관계 등의 논의는 국가적인 위기 속에 살아가는 유다 백성들에게 새로운 깨달음을 주기에 충분했다. 지혜의 가르침들이 기원전 587년에 있었던 국가적 재난 이후에 유다 백성들의 삶을 형성하는데 영향을 주었던 여러 가지 신앙적 전통들 중에 하나로 역할을 감당했다.

(2) 지혜와 예배: 클레멘츠는 "지혜와 세상"이라는 장의 한 부분에서 지혜와 예배의 관계를 언급했다. 그는 지혜에 관한 가르침들 중에 예배와 관련한 구절들이 있다고 해서 이것들이 사제들의 무리에 의해 기록된 것으로 볼 이유가 없다고 간주했다. 현인들은 성전 중심의 예배가 그들의 삶의 중요한 부분인 것을 인정하고 있었다. 그리고 그들은 신앙적인 의식들에 대해 반대적인 입장도 아니고 그렇다고 의도적으로 지지하는 입장도 아니었다. 예배와 관련하여 사제들이 전통적으로 강조한 바들은, 정해진 때에 거룩한 장소에서 상징적인 이미지들을 사용하며 예배를 드려야 한다는 점이다. 그러나 현인들은 예배에 임하는 자세를 더욱 강조했다. 특히 기원전 587년에 성전이 파괴되고 난 이후에는 성전 예배가 제공하는 거룩한 이미지를 소개하는 대신, 하나님을 경외하는 마음으로(잠 1:7, 29-31; 3:7; 9:10; 14:27; 15:16, 33; 16:6; 19:23;

22:4), 거룩하게 예배를 드리는 것이 강조되었는데(잠 20:25), 이러한 교훈들이 지혜서들에서 많이 언급되고 있다.

(3) 지혜와 건강: 고대 근동 국가들에서 백성들의 건강에 관한 관심이 주로 사제들에 의해 표현되었지만, 현인들도 예외가 아니었다. 현인들은 이 세상이 선하게 창조되었다고 믿었고, 그 속에 있는 사람들이 장수할 권리가 있다고 믿었다. 그런가 하면 고대 근동 국가들을 비롯하여 이스라엘에서도 질병이 죄와 허물과 관련이 있다고 이해되어 왔고, 하나님이 질병과 재앙을 만들 수 있는 하나님이요(합 3:4-5), 치유와 용서의 하나님으로 믿어져 왔다(출 15:25-26; 시 53:4; 왕하 20:1-11; 사 38:1-22; 왕하 5:1-19). 이러한 상황 속에서 고대 근동 국가들에서 질병의 치료를 위해 마술을 택하는 현상에 대항하여, 이스라엘의 현인들은 삶의 모든 영역에서 책임 있는 윤리적 행동을 하는 것이 건강을 위해 중요하다는 점을 강조했다. 아울러 올바른 치료법들을 비롯하여 건강과 장수의 비결도 제시했다(잠 3:1-3, 8, 16, 18; 4:20-22; 9:10-12; 11:30; 12:28; 13:14; 14:27, 30; 17:22; 18:14).

(4) 지혜와 정치학: 지혜서들은 왕이 정의로 백성들을 다스려야 할 책임을 강조한다(잠 20:8, 26; 25:2). 또한 왕의 권위(잠 16:14-15; 19:12), 왕권의 한계도 지적하며(전 8:2-4; 10:5, 16-17). 아울러 나쁜 왕들이나 통치자들의 행위를 언급하고 있다(잠 16:12; 28:15, 16; 29:2). 뿐만 아니라 왕도 하나님의 주권을 인정하고 살아야 할 대상이라는 점을 강조한다(잠 16:10).

(5) 지혜와 가정: 현인들은 가정이 하나님의 복을 얻는 처음 장소이고(잠 14:11; 15:5), 경건 생활의 구심점이라고 확신했다(잠 14:1). 또한 그들은 하나님의 백성들이 선한 이웃으로 살아야 한다는 점을 가르쳤다

(잠 17:17). 그리고 부모가 자녀를 지혜로 교훈하고 훈계하는 것이 중요하다는 점(잠 1:8-9; 4:1-5; 6:20-21; 13:24; 19:18; 20:30;)과 자녀가 부모의 교훈에 순종하는 것이 중요하다는 점(잠 15:20; 17:23, 25)을 강조했다. 현인들은 배우자와 화목한 관계를 유지하는 것이 행복한 삶의 한 요소라는 점도 언급했다(잠 11:29; 21:9, 19). 그리고 개인이나 가정의 행복을 위해 노동이 중요하다는 점도 지적했다(잠 12:11, 24; 24:27, 30-34; 전 4:4).

(6) 지혜와 신적인 영역: 구약성서 지혜서에서는 지혜의 신적인 기원을 언급하는 본문도 있고(잠 8장), 인간들의 도덕적인 행위에 대해 하나님께서 정당하게 심판하신다는 점을 알게 하는 본문들도 있다(잠 10:29; 15:3, 9, 11, 16; 16:8; 19:1). 또한 하나님의 임재가 부각되기도 하고(잠 16:2; 21:2), 하나님의 주권과 인간의 책임을 가르치기도 한다(잠 16:1, 9, 33; 19:21; 20:24; 21:31). 특히 지혜서는 인간의 내면적인 자세가 하나님 앞에서 중요하게 다루어진다는 점을 강조하는데, 인간의 생각과 계획까지도 하나님께서 다스리시는 분이기 때문이다. 그러므로 인간은 무엇인가를 이루기 위해 하나님을 만나야 하는데, 최고의 지름길은 기도이다. 기도는 모든 신앙적 활동들 중에서 최고인데, 왜냐하면 그것은 개인과 온 우주의 주권자와의 만남이기 때문이다(잠 16:3; 15:26; 20:9, 27). 클레멘츠는 지혜서들의 가르침들 중에 율법을 지키도록 강조하는 내용이 있다는 점을 지적했다(전 12:13-14). 유대 백성들의 삶에 있어서 기록된 율법들을 중심으로 한 계시의 개념이 중요하게 간주되었을 때에, 지혜의 가르침들도 불가피하게 율법에서 기본적으로 강조된 가르침들에 종속되게 되었다고 보았다.[15]

6. 월터 브루그만(Walter Brueggemann)

브루그만은 1972년에 『사람 안에서 우리는 신뢰한다: 성서 신앙의 무시된 면』(*In Man We Trust: The Neglected Side of Biblical Faith*)을 기록했다. 이 책은 한국어로 번역될 때, 『지혜전승연구』라는 제목으로 번역되었는데, 그 내용은 개신교의 정통적인 가르침에서 흔히 접해보지 못했던 것들로 평가되었다.[16] 그의 책 제목은 미국 화폐에 표기되고 있는, "하나님 안에서 우리는 신뢰한다"(In God We Trust)라는 구절을 의도적으로 변형시킨 것이다. 저자는 하나님께서 창조하신 이 세상에서 인간이 최고로 긍정적인 가치를 지닌 존재로 인정받고 있다는 점과, 인간이 자율적인 존재임과 아울러 자신의 행동에 대해 책임을 져야 하는 존재이라는 점을 강조하고 있다. 인간의 죄성을 바탕으로 하여 죄인 된 인간의 면모를 강조하고 있는 성서의 다른 부분들과는 달리, 지혜서에서는 인간이 하나님에 의해 창조된 최고의 피조물이요, 하나님께서 이 세상을 질서 있게 통치하도록 맡겨주시고 신뢰하는 존재이라는 점을 저자는 강조하고 있다. 그래서 지혜서에서 발견할 수 있는 독자적인 인간론을 제시하고 있다.

브루그만은 일반적으로 신앙인들이 이 세상의 문화에 대해 경시하고 있다는 점을 지적하면서, 지혜서 안에서 그러한 잘못된 풍조를 바로 잡게 만드는 다섯 가지의 독특한 사상들을 발견하고 있다: 첫째로, 인간 존재의 목적과 의미가 인간의 "삶"이라는 점을 지혜서가 강조한다; 둘째로, 지혜서는 생의 권위를 우리의 일상생활의 체험 속에서 찾아낼 수 있다고 주장한다; 셋째로, 지혜서는 인간이 자신의 운명에 대해 최종적인 책임을 져야 한다는 점을 강조한다; 넷째로, 지혜서는 질서 있는 우주 세계 속에서 인간의 역할이 질서를 유지하는 것이라는 점을 지적한다; 다섯째로, 지혜서는 인간이 피조물 중에서 왕이라는 점을 경축한다.[17)]

브루그만이 발견한 요점들은 전통적으로 개신교에서 가르쳐 온 인간론과는 색다른 점이 있다. 왜냐하면 개신교에서는 인간이 죄인이라는 점을 부각시키고, 그리스도도 인간의 죄를 대속하기 위해 돌아가셨다는 점을 주로 선포하기 때문이다. 그러나 브루그만은 그리스도에 대해 "창세기에 나타난 대로 아담의 부르심을 완성시킨 이"로 볼 수 있고, 인간은 그리스도를 통해 "성숙한 아들"을 원하시는 하나님의 목적에 이를 수 있게 되었다는 점을 강조한다.[18)]

브루그만은 하나님의 신뢰를 받으면서 자신에게 주어진 은사와 책임에 따라 하나님과 백성들을 섬기며 사회의 질서를 유지하는 일에 기여했던 대표적인 인물을 다윗으로 간주했고, 그렇지 못했던 대표적인 인물을 솔로몬으로 간주했다. 한 걸음 더 나아가 그는 지혜서에서 발견할 수 있는 인간론과 세속 신학, 상황 신학 그리고 사신 신학(theology of the death of God)과의 연관성에 관해 논의하고 있다.

브루그만이 제시한 지혜서의 인간론에 기초가 되었던 성경 구절들을 보면 대부분이 신앙적 인과응보 사상과 관련되거나, 왕정 지혜와 연관이 된 것이다. 그래서 인간의 삶의 배후에서 활동하시며 그들의 삶을 주관하시는 하나님의 주권이나 신비적인 개입에 관해 함께 논의하는 일이 결여되어 있다는 점을 지적할 수밖에 없다. 그럼에도 불구하고, 브루그만이 제시하고 있는 지혜서의 인간론은 성경적인 근거를 충분히 확보하고 있는 것들로써, 성경 전체에서 소개되는 인간론을 균형 있게 이해하게 하는데 중요한 역할을 감당한다. 그러므로 설교자들은 인간의 죄성을 강조하는 구절들과 그리스도의 대속의 필요성을 언급하는 구절들을 설교함과 아울러, 가끔 하나님의 형상으로서의 인간상(창 1장; 시 8편)과 아울러 하나님이 창조하신 세계 속에서 자유 의지를 가지고 활동하는 가운데, 이 세계를 질서 있게 유지할 수 있는 권리와 책임을 지닌 존재로서의 인간에 관해서도 지혜서를 통해 가르쳐야 할 것이다. 그래서 균형 잡힌 인간론을 가르쳐야 할 것이다.

브루그만은 1997년에 구약성서의 연구 결과를 집대성한 『구약신학』을 발간했는데, 그 속에서 지혜자(현인)를 여호와의 중재자 중에 한 사람으로 간주하면서, 구약성서 지혜문학의 독자적인 신학을 언급했다. 그는 그의 구약신학 책 속에서 지혜문학과 관련하여 아주 짧은 분량을 할애하고 있지만, 지혜문학에서 발견할 수 있는 독자적인 신학 사상들을 언급하는 데는 부족함이 없었다.[19]

먼저 그는 지혜문학에 관해 연구한 학자들이 공통적으로 이해하고 있는 바들을 여섯 가지로 소개했는데, 쉽게 풀어 설명한다면 다름과 같다.

(1) 지혜 신학은 창조, 창조가 요구하는 바들, 창조의 질서, 창조의 선물들에 관해 성찰하는 것이다.

(2) 창조신학에 관한 자료는 살아 있는 실질적인 경험이며, 이 경험은 대개의 경우 강요된 해석적 범주들이나 구성들에 의해 압도되지 않는다. 필자가 덧붙여 설명한다면, 창조 신학의 가치가 반드시 구속사 신학이나 예언자들의 신학적 범주에 근거하여

평가될 필요가 없다는 점이다.

(3) 인간의 경험은 신뢰성, 규칙성, 일관성 등의 속성이 있어서 삶의 교훈으로서의 설득력이 있다.

(4) 살아 있는 경험들이 지닌 신뢰성, 규칙성, 일관성이란 속성에 근거하여 볼 때 인과응보의 원리를 인정할 수밖에 없게 된다.

(5) 살아 있는 경험들을 통해 윤리적 교훈들을 얻게 되는 점은 일종의 "자연 신학"으로 간주할 수 있다. 자연과 삶의 경험을 통해 신학적 교훈을 얻을 수 있다는 말이다.

(6) 자연신학도 독자적인 계시의 성격을 지닌다. 자연신학도 신뢰할 수 있고, 의존할 수 있다.[20]

이어서 브루그만은 지혜문학에서 발견할 수 있는 현인들의 사회적 역할과 그에 합당한 교훈들을 찾는 사회학적인 관심을 기울였다. 그 결과로 그는 현인들이 가정에서 자녀들로 하여금 여호와를 신뢰하는 자로서 지혜롭게 자라도록 하기 위해 양육하고 훈육한 자들이라는 점을 언급했다. 또한 그는 고대 이스라엘의 왕궁이나 큰 도시들에 특권층의 자녀들을 교육하기 위한 학교가 존재했을 가능성을 인정하면서, 현인들이 이러한 학교에서 궁정 예절, 대화술, 사려 있는 행동 등을 가르친 자들이라고 보았다. 그런데 이러한 가르침은 결코 세속적이지 않았고, 야웨주의라는 중요한 요소를 담고 있었다고 간주했다.[21] 그는 현인들이 궁정에서 왕의 정책을 조언하는 역할들도 감당했던 자들이었다는 점을 인정하면서, 그 일을 위해 필요했던 가르침들이 구약성서의 지혜문학에서 발견되고 있다고 보았다. 브루그만은 현인들의 가르침이 특수한 상황을 고려하지 않은 채 전달될 때, 본래의 교훈으로부터 왜곡되어 전통주의나 율법주의, 혹은 지나친 낙관주의에 빠지게 될 가능성이 있다는 점을 지적했다. 그러면서도 그는 구약성서의 현인들이 단순히 탁상공론에 빠진 신학자들이 아니라, 뛰어 돌아다니며 삶을 대면하는 가운데 경험과 상식을 존중하는 교훈을 제공하며, 또 구체적인 상황 속에 실제적으로 실행할 수 있는 교훈들을 제공했던 실천 신학자들(practical theologians)이었다고 평가하고 있다.[22]

7. 데니스 브래쳐(Dennis Bratcher)

필자는 구약성서 지혜문학과 관련하여 인터넷을 통해 소개되고 있는 자료들을 참고하다가 브래쳐의 글을 접하게 되었다. "지혜의 특징: 구약성서 지혜 문학의 서론"이라는 글에서 그는 지혜 문학의 신학적 특징들을 아주 쉽게 그리고 일목요연하게 언급하고 있다. 필자는 이 글이 설교자이나 일반 목회자들에게 유익을 주리라고 판단하여 핵심적인 내용들을 소개하고자 한다.[23]

(1) 지혜는 일상생활 속에서 잘 살 수 있는 방법들에 관심을 기울이고 있다.

1) 지혜는 일반적으로 인간이 매일 직면하는 전형적이고도 반복되는 이슈들에 관심을 기울인다. 성서의 다른 부분들은 역사 속에서 하나님께서 자신을 계시하시는 독특한 사건들과 연관되고 있다.

2) 역사, 정치, 행동하시는 하나님, 기적, 죄, 죄책감의 용서 등에

관심이 거의 없다. 이러한 것들이 무시되었다기보다는 자녀들을 양육하고, 경제적인 안정을 제공하고, 적합한 아내를 찾는 일과 같은, 삶의 일상에 관심이 기울어져 있다는 말이다.

3) 지혜서의 세계관은 신비적이거나 전설적인 것이 아니라, 안정과 질서, 특히 사회적 영역에 있어서의 체제 유지에 관심을 기울이고 있다. 목적은 하나님과 다른 사람들과 그리고 세상과 조화로운 관계 속에 사는 것이다.

4) 지혜의 관점들은 이스라엘에만 독특하게 있는 것이 아니다. 이스라엘의 지혜에서는 하나님께 헌신하는 것이 당연한 것으로 간주되고 있다(잠 1:7).

5) 삶의 의미와 방식에 관해 숙고하는 질문들과 아울러 인간의 상호 관계성에 초점을 맞추고 있다.

(2) 지혜는 계시된 진리에 호소하지 않는다.

1) 지혜는 인간의 상황을 신적인 관점에서 다루기보다는 인간의 필요들과 사안들을 중심으로 다루고 있다. 다시 말하여 그러한 사안들을 다루기 위해 인간이 할 수 있고 또 해야 하는 일들이 무엇인지를 찾는다.

2) 지혜는 사물들이 존재하는 그대로 표현하려고 시도한다. 그래서 서술적이지만 규범적이지 않다. 세상과 현존하는 사회질서를 묘사하고 규명하는 것을 그 속에서 생산적으로 살 수 있는 방편으로 간주한다.

3) 현인적 사고는 세상을 이해하려고 고심하는데, 특히 그들이 살고 있는 물질적, 사회적 환경을 이해하려 한다. 그래서 사

려 깊고, 합리적이며, 지식과 관련이 있다.

4) 지혜는 삶의 행복을 위해 합당한 행동들을 선택할 수 있도록 배우는 일에 관심이 있는데, 종종 "두 길"과 같이 비유적으로 표현된다.

(3) 지혜의 권위에 관한 주장은 전통과 관찰에 근거한다.

1) 현인적 사고에는 "주께서 말씀하시기를"과 같은 권위의 토대가 없다. 삶의 진리가 발견되기를 기다리고 있는 하나님의 창조물들 속에 이미 권위가 존재하고 있다.

2) 전통은 개인들이나 공동체들을 통해 경험된 지혜를 대표한다. 그래서 오래된 것이나, 어떤 일을 행하는 데 있어서 이미 구축되거나 입증된 방식들을 선호하게 된다.

3) 지혜는 가정이나 현인들의 학교들, 혹은 왕과 왕실 등과 같은 사회적인 체제들에 기초하고 있다.

4) 지혜적인 관점들은 급격한 변화를 요구하지 않는데, 예를 들어 사회적인 문제들을 다룰 때에 급격한 변화를 요구하지 않는다.

(4) 이스라엘의 지혜는 하나님을 경외하고 하나님께 헌신하는데 뿌리를 두고 있다.

1) 이스라엘 지혜의 기본이 되는 세계관은 하나님이 자기 백성들과 물리적 세계의 창조주이시라는 점이다. 지혜서의 모든 다른 가르침들은 이 확신으로부터 파생된 것이다.

2) 창조주로서, 하나님께서는 모든 피조물 속에 진리를 새겨두셨다. 다르게 표현한다면, 모든 피조물들이 하나님의 지혜와 성품과 특징들을 반영하고 있어서, 모든 피조물들은 하나님

과 이 세상 안에서 그의 뜻이 무엇인지를 알 수 있는 길이 된다. 피조물 이야말로 진정한 "우주"이다.

3) 지혜서는 이 세상이 선하게 창조되었다는 창세기의 고백을 진지하게 받아들인다. 훗날에 헬라식 사고에서 나타나게 되는 바, 물질 세계가 악하다는 사상은 보이지 않는다.
4) 하나님께 대한 인간의 책임은 이 세상이 어떻게 창조주와의 조화 속에 움직이고 있는지를 숙고하는 가운데 하나님의 진리를 찾는 것과, 하나님의 질서의 조화 안에서 살아가야 하는 것을 포함한다.
5) 지혜롭게 산다는 것은 하나님께서 인간에게 원하신 것처럼 행복하게 살기 위해 이 세상에서 하나님의 질서를 추구하고 유지하는 것을 뜻한다. "어리석은 자"는 하나님을 창조주로 인식하지 못하고, 하나님이 창조하신 것들과 조화롭게 살기를 추구하지 않는 자이다.
6) "지혜의 길"은 인간이 하나님이 만드신 세상 안에서 행복하게 살기 위해 필수적인 일들을 추구하고, 찾고, 행할 책임을 감당하는 가운데 지켜야 할 윤리적인 제도이다.

필자가 잠언, 전도서, 욥기의 다양한 교훈들을 논할 때 언급했던 바들과 위에 소개한 여러 학자들의 견해들을 종합하면서 필자 나름대로 구약성서 지혜문학에서 부각되는 신학적 주제들과 특징들을 소개한다면 아래와 같은 것들이 포함될 수 있을 것이다.

(1) 신앙적 행복론(처세술): 구약성서 지혜문학은 하나님의 백성들이 이 땅에 살아가면서 하나님과 주위 사람들로부터 인격이나 말과 행동에 있어서 존경받을 수 있고, 자신이 성취하고자 하는 행복한 삶을 누리기 위해 지켜야 하는 여러 가지 윤리적, 관계적 도리들을 제시하고 있다. 이러한 교훈들은 주로 잠언과 전도서에서 많이 소개되고 있다. 그 교훈들의 다양한 범주들이나 구체적인 내용들에 관해서는 잠언의 다양한 교훈들을 소개하는 도표에서 제시하고 있기 때문에 여기서 다시 언급할 필요는 없다고 본다. 고대 이스라엘 백성들과 특히 젊은이들로 하여금 세상살이에서 성공할 수 있도록 신앙적이면서도 실용적인 행복론(처세술)을 제공하고 있는 지혜서들의 여러 본문들은, 현대를 살아가고 있는 독자들에게도 동등한 권위로 적용될 수 있다. 그래서 현대의 독자들이 복잡하고 험난한 사회생활 속에서 주위 사람들(부모와 자녀, 배우자, 친구, 이웃, 상사 등)과 좋은 인간관계를 유지하고, 근면하고 성실한 모습으로 직장에서 살아남고, 물질과 관련하여 선한 청지기가 되고, 성적으로 정결하게 살아가고, 모든 면에서 말과 행동에 책임 있는 존재로 살아가는데 필요한 구체적인 교훈들을 제시하고 있다.

(2) 신앙적 인과응보 사상: 잠언, 전도서, 욥기에서 공통적으로 언급되고 있는 신앙적 원리 가운데 하나는 신앙적 인과응보 사상이다. 이것은 의인은 하나님 앞에서 물질과 명예와 생명의 복을 얻고, 악인은 망하게 된다는 원리이다. 현인들을 통해 전해지는

신앙과 삶의 교훈들에 순종하면 복된 결과가 따르고, 불순종하고 방종하면 불행을 자초하게 된다는 원리이다. 이러한 원리가 하나님의 백성들의 매일의 삶에 관련되고 있다는 것을 전제로 하고 현인들은 신앙적 행복론을 가르친 것이다. 그래서 현인들도 하나님의 율법에 순종하면 복을 받고 불순종하면 저주를 받게 된다고 가르쳤던 사제들이나 예언자들의 메시지와 같은 생각을 가지고 있었다. 그러므로 지혜서의 여러 부분에서 신앙적 인과응보 사상의 한계를 언급함으로써 하나님의 자유자 사상과 인간 지혜의 한계를 부각시킨다고 할지라도, 그것이 하나님의 백성들의 일상생활의 윤리적 배경이 되고 있는 인과응보 사상의 존재나 가치를 무시하는 것으로 이해되지 말아야 한다. 신앙적 인과응보 사상과 그것의 한계를 뛰어넘는 하나님의 주권 사상은 서로 대립되는 개념이 아니다. 오히려 후자는 하나님의 백성들이 경험하게 되는 위기 상황들에 대해 목회적 차원에서 그들을 격려하고 교훈할 수 있도록 만들어 주는 보완적 개념이다.

인과응보 사상의 한계는 가끔 목회적인 상황에서 두드러지게 나타나게 된다. 오랜 세월 동안 주님을 잘 섬기던 성도가 심한 질병에 걸리거나 사업에 실패하여 힘들어 할 때, 인과응보 사상만을 중요한 신앙적 원리로 믿어오던 목회자들이나 지도자들이 심방을 가게 되면, 그들은 고통에 빠져 힘들어 하고 있는 자로 하여금 자신이 죄인 됨을 깨닫게 하고, 이어서 숨겨둔 죄들을 하나님 앞에 회개하라는 메시지만 전하게 된다. 왜냐하면 그 목회자들이나 지도자들은 그 사람이 당하는 고통을 하나님의 말씀에 불순종한 죄의 결과로 생겨난 것으로만 믿기 때문이다. 그래서 몇 번에 걸친 심방 속에서도 여전히 인과응보의 원리만 내세우며 고통을 당하는 자로 하여금 더 깊은 죄책감과 자책감에 빠지게 만들기도 한다. 욥의 세 친구가 그러했던 것처럼 말이다.

그러나 지혜서의 저자들은 이러한 인과응보의 원리만으로 하나님의 섭리를 단정 짓거나 인간의 악과 고난의 문제를 해석하는 것이 한계가 있다는 점을 가르치고 있다. 욥기가 이 점을 가장 깊이 다루어주고, 잠언과 전도서도 여러 부분에서 이 점을 지적해주고 있다. 그러므로 살아가면서 예기치 못했던 악과 고난의 문제로 힘들어 하는 자들을 향해 설교자들이나 목회자들은 신앙적 인과응보의 원리로 그들을 접근할 때도 있어야 하지만, 다른 관점으로 그들을 접근하기도 해야 한다. 다시 말해서, 우리는 우리가 당하는 고난에 대해 합리적으로나 논리적으로 모두 이해할 수 없는 제한된 존재인 것을 인정하게 만들어야 한다. 한 걸음 더 나아가서 우리가 당하고 있는 고난 속에서도 하나님은 여전히 선을 행하시며 선을 이루어 나가시며 공의를 이루어 나가시는 분이라는 확신을 심어줄 수 있어야 한다.

신약성서에서 악과 고난의 문제와 관련하여 신앙적 인과응보 사상의 원리를 뛰어 넘는 해석을 제공한 자들이 있다면 사도 바울이요 예수님이다. 바울은 자신이 선교 사역 속에서 경험한 수많은 고난들을 되돌아보며, 그것들을 죄와 불순종에 대한 하나님의 저주와 심판으로 간주하지 않았다. 오히려 그는 자신이 당한 모든 고난과 관련하여, 모든 것을 합력하여 선을 이루게 하시는 하나님의 역사를 기대하는 신앙고백을 하고 있다(롬 8:28). 그런가 하면, 예수님의 가르침도 이 점에 있어서 분명하다.

> 예수께서 길을 가실 때에 날 때부터 맹인 된 사람을 보신지라 제자들이 물어 이르되 랍비여 이 사람이 맹인으로 난 것이 누구의 죄로 인함이니이까 자기니이까 그의 부모니이까 예수께서 대답하시되 이 사람이나 그 부모의 죄로 인한 것이 아니라 그에게서 하나님이 하시는 일을 나타내고자 하심이라(요 9:1-3).

태어날 때부터 온전하지 못한 육체를 가지고 태어나 고난의 삶이 예견되는 사람 앞에서 제자들은 신앙적 인과응보의 원리라는 잣대로 그를 평가하려 했지만, 예수님은 그를 통해 하나님께서 이루실 일들이 있다고 선포하고 계신다. 이 점이야말로 현대의 설교자들이나 목회자들이 수많은 고난의 문제들로 힘들어하는 자들 앞에서 궁극적으로 선포해야 할 메시지이다.

(3) 인간 지혜의 한계: 잠언은 사람이 마음으로 경영해도 나중의 결과가 여호와의 뜻에 따라 달라질 수 있다고 가르친다(잠 16:1). 또한 사람이 자신의 행동을 정당하다고 해도 하나님은 다른 관점으로 보시고 판단할 수 있다는 점을 지적한다(잠 16:2). 인간이 전쟁에서 승리하려고 열심히 준비하지만 그 결과는 알 수 없고, 오직 하나님만이 승패를 결정하실 수 있다고 가르치기도 한다(잠 21:31). 전도자는 살아가면서 다양한 일들을 행하기도 하고, 놀라게 만드는 사건들을 경험하기도 하지만 이러한 때를 자신이 조

정하거나 결정할 수 없다는 사실을 인정한다(전 3:11). 한 걸음 더 나아가 인간은 무역에 투자하면서도 어떤 것이 이윤을 남기게 될 지를 온전히 분간할 수 없고, 씨를 뿌리는 농부들도 "어떤 것이 잘 될지, 이것이 잘 될지 저것이 잘 될지, 아니면 둘 다 잘 될지를 알 수 없다"(전 11:1, 6: 표준성경 새번역). 무엇보다도 가장 심각한 것은 인간이 자신에게 닥칠 죽음의 때나 상황을 예상할 수가 없는 존재라는 점이다(9:3). 욥기의 저자도 인간 지혜의 한계를 지적했다. 그는 자신을 가장 의로운 존재로 생각하며 살아가는 자가 극심한 고난을 당하게 되었을 때, 자신이 당하는 고난의 이유를 논리적으로 이해할 수조차 없는 제한된 존재임을 욥을 통해 보여주고 있다. 욥의 세 친구들의 경우도 마찬가지이다. 가장 친한 친구가 고난을 당하고 있을 때, 신앙적 인과응보 사상만을 가지고 한 편으로는 그를 정죄하고 다른 한 편으로는 그를 회복시키려 했던 세 친구들의 인생관과 신학은 너무나 한정된 것이었다. 그래서 결국 고난에 대해 하나님께서 최종적으로 설명해 주시는 말씀을 듣고 영적인 지혜를 깨닫게 되었다. 그러므로 지혜서에서 강조하고 있는 바, 하나님과 세상과 지혜로운 삶에 관한 인간의 지혜가 제한되어 있다는 가르침은 하나님의 백성들로 하여금 영적인 교만을 벗어나 더욱 겸손하게 살아가게 만들고, 인생과 신앙에 관해 더욱 배우려는 자세를 유지하게 만든다. 어쩌면 이 사상은 교회의 지도자들과 신앙적 연륜이 오래된 자들이 더욱 깊이 묵상해야 할 교훈으로 간주된다.

(4) 지혜서의 하나님: 잠언, 전도서, 욥기에서 하나님에 관해 묘사하는 바들은 오경이나 예언서들에서 소개하는 그것들에 비해 독특한 점들이 있다. 예를 들어, 오경이나 예언서들에서는 하나님께서 이스라엘 백성들의 역사에 시시때때로 관여하신 점이 언급된다. 하나님은 아브라함과 이삭과 야곱 등과 같은 족장들에게 약속을 주시고, 이스라엘 백성들을 애굽에서 건져내어 주시고, 시내 산에서 율법을 주시고, 광야에서 인도해주시고, 예루살렘 성전에서 제사를 받으시고, 다윗 왕조를 통해 그들의 미래를 약속해주시고, 그들이 불순종 할 때에는 국가적인 어려움을 경험하게 하셨다가 나중에는 그들을 다시 회복시키시고도 하신 것이다. 그러나 지혜서에서는 이러한 사건들에 관한 언급이 전혀 없다. 그리고 이스라엘 백성들을 택한 백성으로 간주하는 내용도 없다. 그래서 여러 학자들의 표현처럼 구속사적인 관점이 희박하다.

그러나 다른 면으로 볼 때, 지혜서는 하나님이 창조주요, 공의로 세상을 다스리시고 심판하시는 분이요, 자기 백성들의 삶을 행복의 길로 인도하기 위해 힘쓰시는 분이요, 자신이 뜻하신 것은 자신이 정하신 때에 자신이 정하신 방법에 따라 행하시는 초월자이시요 자유자이신 하나님이라는 점을 강조한다. 그리하여 궁극적으로는 온 만민들이 경외할 대상이 되신다. 그러므로 설교자들이 하나님을 이스라엘의 구원주로만 인식하여 가르치는 경향을 보였다면 이제는 지혜서에서 강조하는 하나님의 다른 면모들도 인식하여 가르쳐야 할 것이다.

1) 창조주 하나님: 잠 3:19-20; 16:4; 30:18-32; 전 3:11; 욥 9:6-10; 38-41장

2) 공의로 심판하시는 하나님: 잠 2:7-8; 3:32-34; 6:16-19; 10:3; 11:1, 30, 31; 15:3; 16:5; 20:9, 23; 21:12; 22:12, 23; 24:12, 18; 욥 8:3-7; 34:10-12; 36:6-16; 40:8; 전 2:26; 12:14

3) 자기 백성들을 보호하시고 인도하시는 하나님: 잠 3:5-6, 25-26; 10:22; 14:26, 27; 15:25; 16:3, 9; 18:10; 21:1; 30:5; 욥 38-41장; 전 5:18

4) 초월자요 자유자가 되시는 하나님: 잠 5:21; 15:11; 16:1-2, 4, 9; 17:3; 19:4; 20:22, 27; 21:2, 31; 29:26; 전 3:11, 14-15; 9:1; 12:14; 욥 42:1

(5) 하나님 경외 사상: 이것은 지혜서에서 강조하는 하나님의 성품과 활동을 경험한 자들이 하나님 앞에서 자연스럽게 보여야 할 신앙적 반응이자, 영적인 복을 누릴 수 있는 비결이 되고 있다. 그래서 고대 이스라엘의 현인들은 제자들에게 "스스로 지혜롭게 여기지 말지어다 여호와를 경외하며 악을 떠날지어다 이것이 네 몸에 양약이 되어 네 골수를 윤택하게 하리라"라고 약속하고 있고(잠 3:7-8), 전도자는 삶의 허무주의에서 벗어나 의미

와 보람을 찾기 위해 지켜야 할 인간의 본문으로 제시하고 있다: "일의 결국을 다 들었으니 하나님을 경외하고 그의 명령들을 지킬지어다 이것이 모든 사람의 본분이니라"(전 12:13). 욥이 고난 속에서 자신의 의로움을 항변하다가 창조주 하나님의 활동을 보고 난 다음에 자신의 영적인 교만을 뉘우치고 티끌과 재 가운데서 회개하는 모습도 하나님을 경외하는 자세와 무관하지 않을 것이다(욥 42:3-6).

지혜서에서 강조된 하나님 경외 사상은 현대 교회에서 만연되고 있는 '값싼 은혜의 복음'(the gospel of cheap grace)을 전하는 풍토를 변화시킬 수 있는 계기를 마련해준다. 설교자들이 예수님을 구세주와 주님으로 고백한 자들로 하여금, 그 이후에 이어지는 매일의 삶에서 하나님을 사랑하고 경외하며(존중하며) 그분의 뜻에 순종하고 살아갈 수 있도록 도전하지 않는다면, 그것은 십자가의 도를 온전히 전하는 것이 아니요, 예수님의 십자가에서 보여주신 은혜를 값싸게 취급해 버리는 것이다. 이 땅에 육신을 입고 오신 성자 예수님을 마치 함부로 대할 수 있는 친구처럼 간주하게 만들거나, 우리의 긴박한 기도에 응답하셔야만 하는 해결사 정도로 간주하게 만드는 것 역시 값싼 은혜의 복음을 전하는 것이다.

현대 한국교회에서 선포되는 설교자들의 메시지나 집회 중에 들려지는 복음성가 가사들을 보면 하나님의 내재성이 지나치게 강조되고 있는 것 같다. 우리에게 친근하게 다가오셔서 친구가 되어 주시고, 우리의 필요에 즉각적으로 응답해 주시기 위해 대기하고 계시는 하나님을 부각시키는 것 같다. 그런데 한 걸음 더 나아가면, 우리의 숨겨진 죄악들에 대해 감히 지적하지 못하시고, 세상의 유혹으로 나아가고자 하는 우리의 세상적인 뜻을 존중하여 우리를 당신의 종들로 함부로 굴복시킬 배짱이 없으신 하나님의 이미지가 느껴질 정도로 설교자들의 메시지가 영적으로 나약한 것 같다. 열린 예배를 통해 드려지는 수많은 찬양과 설교 뒤에는 감상주의가 남기는 공허함만이 가득한 것 같다. 그래서 욥처럼 재 가운데서 이루어지는 참다운 회개나 십자가를 지려는 헌신의 결단이 사라져버린 것 같다. 이것이 우리가 속한 교회들의 현실이라면 이제 시시때때로 하나님의 초월성과 주권성이 선포되어야 한다. 하나님은 만만하게 대할 수 있는 분이 아니요, 하나님만이 우리 인생의 과거와 현재와 미래를 주관하고 계신 분이요, 우리의 선악간의 행동에 공의롭게 심판하시는 분이요, 우리의 생각과 하나님의 생각이 다를 때에는 하나님의 생각이 존중되어 하나님의 뜻이 실천되어야 한다는 점이 더욱 가르쳐져야 한다. 그리하여 이 시대의 하나님의 백성들로 하여금 하나님을 경외하는 삶이야말로 행복에 이르는 길이 되고, 허무주의를 극복하게 만드는 길이 되며, 영적으로 교만한 자들이 겸손함을 회복할 수 있는 길이 된다는 점을 깨닫게 해야 할 것이다.

주(註)

1) Gerhard von Rad, *Wisdom in Israel*(London: SCM Press, 1972), 105.

2) Murphy, *Wisdom Literature and Psalm*, 25-36.

3) Ibid., 29.

4) Ibid., 30.

5) Walther Zimmerli, "The Place And Limit of the Wisdom in the Framework of the Old Testament Theology," *Scottish Journal of Theology*, vol. 17(June 1964), 146-58.

6) Ibid., 146.

7) Ibid., 157.

8) Ibid., 158.

9) Charles H. H. Scobie, "The Place of Wisdom in Biblical Theology," *Biblical Theology Bulletin,* vol. 14 (April 1984), 43-48.

10) Ibid., 44.

11) Walter Brueggemann, *In Man We Trust* (Richmond: John Knox Press, 1972), 20.

12) Q 자료란 독일의 학자들(C. H. Weisse, H. J. Holtzmann)이 만든 하나의 자료비평적 가설인데, 마태복음과 누가복음에서 공통적으로 발견되는 기본 자료로써 200여절에 이르는 예수님의 말씀들을 모은 것을 의미한다.

13) Ronald E. Clements, *Wisdom in Theology* (Grand Rapids: William B. Eerdmans Publishing Co., 1992),

14) Ibid., 38.

15) Ibid., 178.

16) Brueggemann, *In Man We Trust:* W. 브루지만, 『지혜전승연구』 (서울: 대한기독교출판사, 1980),

17) 브루지만, 12-27.

18) Ibid., 28.

19) Walter Brueggemann, *Theology of the Old Testament* (Minneapolis: Fortress Press, 1997) ; 월터 브루그만, 『구약신학』(서울: 기독교문서선교회, 2003)

20) 브루그만, 『구약신학』, 1067-8.

21) Ibid., 1072.

22) Ibid., 1074.

23) Dennis Bratcher, "The Character of Wisdom: An Introduction to Old Testament Wisdom Literature," http://www.cresourcei.org/wisdom,html. 브래쳐는 유니온 신학교에서 성서학으로 Ph.D.를 획득하고 Christian Resource Institute 책임자요 나사렛신학교 교수로 활동하고 있다.

제8장 구약성서의 다른 책들에 나타나는 지혜의 교훈들

1953년에 폰라트는 "요셉 이야기와 고대의 지혜"라는 논문을 발표했는데, 이것은 지혜문학의 문학적 기법들이나 신앙적 교훈들이 구약성서의 오경이나 역사서, 예언서, 시편 등과 같은 다른 책들 속에서도 발견되는지를 연구하는데 있어서 시발점을 제공한 것으로 간주되고 있다.[1] 이 논문에서 폰라트는 요셉 이야기가 문체적인 면과 신학적인 면에 있어서 구약성서 지혜문학뿐만 아니라 고대 애굽의 지혜문학과도 깊은 관련이 있다는 점을 입증하려 했다. 그러자 이 논문의 요지에 동의하거나 반대하는 다양한 글들이 구약학자들에 의해 나오게 되었고, 그러한 학적인 논의들이 지혜문학과 구약성서의 다른 책들과의 관계를 연구하는 일을 활성화시키게 되었던 것이다.

그런데 이 분야에 관해 논의해 온 많은 학자들은 구약성서 지혜서들과 다른 책들과의 연관성을 규명하는데 근거가 될 수 있는 기준을 제시하는데 있어서 공통적인 의견을 제시하지 못했다. 예를 들어, 와이브레이(R. N. Whybray)는 지혜서와 다른 책들과의 관계 연구에 있어서 핵심적인 용어를 범주로 세웠는데, 그는 잠언, 전도서, 욥기를 제외한 다른 책들 중에서 '지혜'(hokmah)나 '지혜롭다'(hakam)라는 용어를 사용하고 있는 본문들을 중심으로 하여 지혜문학과의 연관성을 논의해야 한다고 주장했다. 물론 그는 지혜와 연관된 여러 용어들이 현인적 전통을 반영하고 있기에 그러한 용어들이 사용되는 본문들을 현인적 전통과 연관되고 있다는 점을 인정할 수 있다고 보지만 신중을 기하고 있다. 그래서 지혜와 유사한 용어로 자주 사용되고 있는 '조언'(esa)이라는 단어가 너무나 보편적으로 사용되고 있기에, 그것이 사용되는 본문을 지혜서와 연관이 있는 것으로 간주할 수 없다고 보았다.[2] 허비츠(Avi Hurvitz)도 시편 중에서 현인적 전통과 연관된 것들을 찾으면서 그 주된 근거를 용어나 구문의 유사성에 두고 있다. 다시 말해서, 지혜서에서 자주 사용되는 용어나 구문들이 발견되는 시편들을 지혜서와 연관이 있는 것들로 간주한 것이다.[3]

그런가 하면 지혜서와 다른 책들의 연관성을 찾는 데 있어서 보다 다양한 기준들을 제시한 자들도 있다. 가장 대표적인 학자가 크렌쇼인데, 그는 "지혜서가 역사서에 끼친 영향을 결정하는 방법"이라는 글에서 다섯 가지의 구체적인 기준들을 제시하고 있다.[4] 그 첫째는 본문이 지혜문학의 내용을 중심으로 한 정의에 부합할 수 있어야 한다는 것이다. 다시 말해서, 생존이나 풍성한 삶을 위해 사물들을 다스릴 수 있도록 하는 자연 지혜나, 인간 관계를 위한 법적 지혜나 실용적 지혜, 그리고 신앙적 지혜 등의 교훈을 본문이 내포하고 있어야 한다. 그래서 본문의 교훈이 사물과 사람 그리고 창조주와의 관계 속에서 자신을 바르게 이해하려는 노력을 기울이게 하는 것이 되어야 한다. 둘째는 본문이 지혜서의 문체나 사상의 독특성을 내포하고 있어야 한다는 점이다. 셋째는 지혜서에 사용된 구문이나 모티브라고 할지라도 다른 책들에서 의미가 달라져서 사용되고 있다면 지혜서의 영향에 관해 재고해야 한다는 점이다. 넷째로, 지혜의 교훈이 부정적인 의미를 지닌 것으로 간주되고 있는 본문들이 있다는 점을 유념해야 한다는 점이다. 그러한 본문들을 접하면서도 지혜문학의 영향을 받았다고 주장하는 것은 합당하지 않다는 것이다. 다섯째로 지혜의 교훈이 발전되어 온 역사를 고려해야 한다는 점이다. 예를 들어, 시골을 중심으로 한 씨족 지혜나 부족 지혜는 왕궁에서 가르쳐졌던 지혜와 시대적으로 차이가 있다는 점을 인정해야 한다. 크렌쇼는 외경에 속하는 지혜서들에 사제적 관심이나 구속사적 사건이 언급되고 있는 점도 또 다른 예로 들고 있다. 그래서 고대의 현인적 전통이 시대가 지남에 따라 사제적 전통과 결합되는 모습을 보이고 있다는 점을 지적하고 있다.

머피도 지혜문학과 다른 책들과의 연관성을 논의할 때 고려해야 할 바들을 소개했는데, 그 중에 첫째는 어떤 특정한 문학 양식과 지혜적 교훈 사이의 차이를 인정해야 한다는 점이다. 그는 한 법률가가 법적인 배경을 반영하는 짧은 이야기를 쓸 때, 그것은 법전이 아니라 짧은 이야기로 남는다는 예를 들면서, 요셉 이야기를 교훈을 위한 지혜 전통의 이야기로 간주하는 것은 지나친 주장이라고 보았다. 둘째로 지혜 전통의 영향을 논할 때 협의적으로 다루어야 한다는 점이다. 그는 고대 이스라엘에서 공통적인 문화나 사고의 세계가 그 사회의 모든 계층들에 의해 공유되었고, 실존에 대한 지혜를 얻는 것이 단지 한 부류에 의해 독자적으로 형성되지 않는다는 점을 인정해야 한다고 주장했다. 예를 들어, 예언자의 심판 예언 속에 연설이나 비교 구문이 포함된다고 해서 그것이 지혜문학의 영향을 받았다고 단정하기 어렵다는 말이다. 그러한 문학 형태는 지식층에 있는 자들이 일반적으로 사용할 수 있는 것이기 때문이다. 그러므로 그는 단순히 지혜문학과 관련된 용어나 모티브를 사용하고 있다고 해서 지혜문학의 영향을 받았다고 간주할 수 없다고 보았다. 셋째로, 어떤 글이 교훈적인 목적으로 기록되었거나 지혜 전통의 주제를 내포하고 있다고 해서 그 작품을 지혜문학이라고 간주할 수 없다고 그는 주장했다. 그래서 그는 호세아서에 지혜문학에서 사용되는 구문이나 주제가 다루어진다고 해도 여전히 그것은 예언서이고, 아가서는 "사랑은 죽음같이 강하고"(아 8:6)라는 구절 하나 때문에 지혜문학으로 간주할 수는 없는 것이라고 보았다.[5] 구약성서 지혜문학과 다른 책들과의 연관성에 관해 논할 수 있는 분명한 기준을 제시하는 것은 쉬운 일이 아니다. 그럼에도 불구하고 와이브레이나 허비츠가 제시한 용어적인 범주나 크렌쇼나 머피가 제공한 보다 다양한 범주들을 고려하는 가운데, 적어도 지혜문학에서 사용되고 있는 주된 용어들이나 구문들, 문체들이 언급되고, 또한 지혜문학에서 강조되고 있는 모티브나 주제들과 유사한 내용이나 교훈들이 다루어지는 본문들을 집중적으로 연구하다보면 그것들과 지혜문학과의 연관성을 파악할 수 있을 것이다.

구약성서의 오경이나 역사서, 시편이나 예언서 등에서 지혜서의 영향을 받았다고 추정되거나 지혜서와 연관성이 있는 것으로 간주되어 온 본문들을 소개한다면 다음과 같다. 그런데 이러한 본문들과 지혜문학과의 연관성에 대한 학자들의 견해가 다양하기 때문에, 필자 자신의 견해도 아울러 소개하게 될 것이다.

1. 요셉 이야기(창 37-50장)와 지혜문학

폰라트는 "요셉 이야기와 고대의 지혜"(1953)라는 논문에서, 창세기 37장과 39장부터 50장에 언급되는 요셉 이야기를 고대 이스라엘의 계몽주의 시대로 이해되던 솔로몬 때에 왕궁에 있는 미래의 행정가들을 능력 있게 기르기 위한 목적으로 기록된 왕궁 지혜문헌으로 간주했다.[6] 요셉 이야기에서 요셉은 행정가로서, 자신이 진솔함과 선한 조언을 할 수 있는 자임을 바로에게 보여주었는데, 이러한 덕목이야 말로 현인들이 지속적으로 강조하던 바였다고 폰라트는 이해했다. 뿐만 아니라 현인들은 가정교육을 잘 받고, 겸손하며, 예의가 바르며, 절제심이 뛰어난 자로 고상한 성품을 가진 자로 간주했는데, 요셉이 바로 그런 자로 비쳐지고 있다고 보았다. 한 걸음 더 나아가서 보디발의 아내가 성적으로 유혹하는 상황에서 요셉이 보여준 신앙적 정절은 요셉의 지혜로운 삶의 근저에 신적인 율법을 절대적인 표준으로 삼는 자세가 깔려 있었다는 점을 지적하고 있다고 간주했다.

자기에게 어려움을 주었던 형들과의 관계에 있어서 침묵을 지킬 줄 알았던 요셉은 "슬기로운 자는 지식을 감추어도"(잠 12:23)라는 교훈이나 "입술을 제어하는 자는 지혜가 있다"(잠 10:19)는 교훈을 실천한 자요, 그들에게 보복하지 않는 그의 모습은 감정을 절제할 줄 아는 지혜로운 자의 본으로 이해되었다(잠 14:30; 15:18). 요셉의 이러한 모습 이면에는 지혜로운 자의 또 다른 덕목인 겸손함이 바탕이 되어 있었다.

폰라트는 요셉 이야기에서 부각되는 요셉의 신앙고백들은 현인들이 강조하던 신학적 교훈들과 맥을 같이한다고 보았다. 자기를 해치려고 했던 형들 앞에서 "당신들은 나를 해하려 하였으나 하나님은 그것을 선으로 바꾸사"(창 50:20)라고 말하거나 "나를 이리로 보낸 이는 당신들이 아니요 하나님이시라 하나님이 나를 바로에게 아버지로 삼으시고 그 온 집의 주로 삼으시며 애굽 온 땅의 통치자로 삼으셨나이다"(창 45:8)라고 말한 요셉의 신앙고백은 "사람이 마음으로 자기의 길을 계획할지라도 그의 걸음을 인도하시는 이는 여호와시니라"(잠 16:9)라는 현인의 가르침이나 "사람의 마음에는 많은 계획이 있어도 오직 여호와의 뜻만이 완전히 서리라"(잠 19:21)라는 교훈과 같은 맥락이라고 폰라트는 이해했다. 그래서 지혜문학의 가장 중요한 신학적 교훈 중에 하나인 하나님의 자유자 사상을 요셉 이야기에서도 강조되고 있다고 보았다.

뿐만 아니라 폰라트는 요셉 이야기가 당대에 접할 수 있었던 애굽의 지혜문학과 긴밀하게 관계를 맺고 있었다고 간주했는데, 아메네모프의 교훈에서 강조되는 바, 신이 이 세상의 사건들을 주관하고 있고, 인간은 그의 다스림을 모두 이해할 수 없다는 사상이 요셉 이야기의 그것과 유사하다는 점을 예로 들었다. 또한 요셉 이야기에 사용된 이야기의 기교들을 보면 애굽의 소작농의 애가와 유사하다는 점을 지적했다. 그는 애굽에서 존재했던 하나의 이야기를 애굽인이 아닌 사람들을 위해 다시 기록한 결과로 요셉 이야기가 나왔을 가능성이 있다고 주장했다.[7]

폰라트의 이와 같은 주장에 대해 동의하지 못한 학자들이 자신들의 의견들을 피력했다. 먼저 크렌쇼는 폰라트가 요셉 이야기에 대해 문체적, 사상적 독특성 연구를 시도하지 않고 오히려 요셉의 삶에 관해 심리적 연구를 시도한 것이 지혜서와 다른 책들의 관계 연구를 위한 기본적인 방법론에서 벗어난 것이라고 지적했다. 또한 크렌쇼는 요셉 이야기에서 다루어지고 있는 주제들의 의미가 지혜서에서 다루어지는 그것과 다른 의미를 지니고 있다는 점을 폰라트가 인지하지 못했다고 평가했다. 다시 말해서, 요셉 이야기에서 강조되는 하나님의 섭리 사상과 인간의 의지를 뛰어 넘는 하나님의 숨은 활동을 부각시키는 사상은 전도서에서 강조하는 지혜에 대한 회의론과는 차이가 있다는 것이다. 즉, 요셉 이야기에서는 하나님의 뜻이 악한 자들에게는 숨겨져 있지만 하나님의 은혜를 입고 있는 요셉에게는 드러나고 있다. 반면에 지혜서에서는 선한 자라 할지라도 하나님의 계획을 알 수 없다는 점을 강조하고 있기 때문이다.[8] 크렌쇼는 하나님의 섭리에 대한 강조가 지혜서에서 두드러지지 않고 구약성서의 다른 책들에서 보편화되고 있다는 점도 지적하고 있다.

크렌쇼는 요셉 이야기에 나타나는 많은 주제들이 지혜문학의 주제적 특징에 속하지 않는 것들이라는 점을 지적함으로써 요셉 이야기가 지혜문학과 연관이 있다는 주장에 거리를 두고 있다. 그는 요셉 이야기의 시작에서 보여주는 가족 관계의 갈등이나 이야기의 끝 부분에서 보여주는 바, 야곱이 요셉의 아들들에게 축복하는 장면에서 요셉이 드러내는 마음의 욕구(창 48:17-20)는 왕궁 내의 현인들을 위해서 좋은 본이 되지 못한다고 평가했다. 또한 그는 요셉이 학교에서 교육을 받지 못한 자라는 점이 좋은 모델이 되지는 못한다고 보았고, 왕이 "영적인" 자질을 근거로 하여 그를 조언자로 삼았다고 이해하는 것도 왕궁 지혜에서는 특이한 점이라고 지적했다. 뿐만 아니라 그는 요셉이 자기가 꾼 꿈을 형제들에게 말할 때 재치가 없었던 점이나, 훗날에 형들을 처음 만났을 때에 그들에게 차갑게 대했던 점이나, 창세기 45장 2절과 14절, 그리고 50장 1절과 17절에서 언급되는 것처럼 요셉이 자신의 감정을 절제하지 못했던 것도 간과해서는 안 된다고 보았다.

크렌쇼는 요셉 이야기에서 발견되는 바, 특별 계시와 신의 현현에 관련된 환상들이나, 신의 의도를 중재하는 수단으로서 꿈이나 점치는 잔을 강조하는 것, 제사, 족보(창 46:8ff), 정결한 음식(43:31-34), 토지세 이야기(47:20ff), 그리고 구속사적인 의미를 지니는 용어 등은 지혜문학의 주제와 관련이 없는 것들이기에 이런 것들이 사용되고 있는 본문을 지혜문학으로 간주하기가 어렵다고 간주했다.

레드포드(Donald Redford)도 요셉 이야기에서 묘사되는 요셉의 성품은 지혜서에서 강조하는 이상적인 모습에서 벗어나는 것들이라고 평가했는데, 왜냐하면 그는 요셉을 변덕스러웠고, 말할 때에 감정을 자제하지 못했고, 겸손하지 못했으며, 그의 형들을 처음 만났을 때 원한을 가지고 대했던 자로 이해했기 때문이다. 그래서 레드포드는 도덕적으로 뛰어난 모습을 부각시키는 창세기 39장과 신앙적 경건함을 보여주는 45장 5절부터 8절과 50장 15절부터 21절만이 지혜문학의 영향을 받았다고 간주했는데, 이 본문들도 후대의 편집자가 삽입한 부분이라고 보았다.[9] 그런가 하면 코트(George Coats)는 요셉 이야기를 "정치적인 설화"로 간주하며 그 목적은 이미 행정하는 자리에 있는 자들로 하여금 권력을 합당하게 사용하는 예를 보여주기 위한 것이라고 간주했다.[10] 그는 이 이야기에 지혜문학의 요소들이 언급되지만 이야기의 주된 줄거리에 중요한 영향을 끼치지는 못한다고 평가했다. 또한 요셉은 지혜의 가르침에 부합하는 모델이 되지도 못했고, 45장 4절부터 13절과 50장 20절의 신앙적 고백들도 부차적인 것들로 간주되었다.[11]

마인홀트(A. Meinhold)는 요셉 이야기를 '이주민 이야기'(diaspora novella)로 간주하면서, 이러한 이야기의 기록 목적이, 흩어져 사는 유대인 이주민들의 실존을 합리화하고 하나의 모델을 제시하기 위한 것이라고 보았다.[12] 그는 이 이야기에서 다루어지는 지적-신학적 토론이 이루어진 장소는 지식층과 현인들의 세계라고 주장했다. 아울러 그는 이 이야기에서 다루어지는 지혜를 박식함이란 의미로 이해하고 있으며, 이 이야기를 특별히 지혜문학에 연결시키지 않는다.[13]

베스터만(C. Westermann)은 요셉 이야기 전체가 교훈적 이야기나 지혜 이야기가 아니고, 단지 39장부터 41장까지만 지혜문학과 연관이 있다고 주장했다. 그리고 그는 이 부분이 왕궁이라는 문맥적 상황이 만들어낸 결과라고 간주했다.[14] 특히 그는 지혜문학의 주제들과 대립되는 것들이 이 이야기에서 발견된다고 보았는데, 예를 들어, 요셉의 지혜는 획득한 것이거나 학교에서 배운 지혜가 아니다.[15]

폭스(Michael V. Fox)는 요셉 이야기에 언급되는 지혜 개념, 윤리적 교훈, 성공의 비결, 꿈의 해석, 요셉이 왕궁에 들어가게 된 비결, 선견력과 신중함, 요셉 이야기의 신학 등을 전통적인 지혜문학의 가르침들과 비교해 본 후에, 요셉 이야기에서 강조하는 지혜의 교훈이 지혜문학의 그것과 다르다고 결론지었다. 특히 그는 요셉 이야기의 지혜 개념이 지혜문학에서 가르치는 윤리적이면서도 실용적인 지혜의 가르침보다는 다니엘서에서 강조되는 경건하고 영감이 넘치는 지혜 개념의 가르침에 더 가깝다고 평가했다.[16)]

필자는 요셉 이야기와 전통적인 지혜문학의 연관성에 관해 논의할 때, 크렌쇼가 제안했던 바와 같은 다양한 범주에 근거한다면 서로의 연관성에 대해 부정적인 결과가 나올 수밖에 없다고 간주하면서, 크렌쇼가 제안한 범주들을 모든 본문에 다 적용할 필요는 없다고 본다. 오히려 와이브레이나 허비츠가 제안했던 바처럼 용어나 구문적인 범주에 준하여 볼 때, 요셉 이야기는 하나님의 인도하심 가운데 애굽의 점술가들이나 현인들보다 뛰어난 명철과 지혜를 가진 요셉이 애굽을 다스리고 자기 가족을 구원하게 되는 이야기로서, 지혜문학에서 가장 중요하게 간주하는 용어들을 포함하고 있는 지혜 이야기이다. 한 걸음 더 나아가서 크렌쇼의 범주를 통해 볼 때에도 요셉 이야기가 제시하는 인격적 덕목에 관한 교훈이나, 특히 하나님의 신비로운 주권 사상에 관한 교훈들은 지혜문학의 주제와 무관하지 않다. 또한 요셉의 신앙고백 속에서 드러나는 하나님 경외 사상은 지혜문학의 주된 주제이기도 하다(창 39:9; 42:18; 잠 1:7; 전 12:13).

크렌쇼는 요셉 이야기에서 강조되는 하나님의 주권 사상은 요셉에게 하나님의 뜻이 전달되어, 하나님의 주권에 대해 인간이 제한된 지혜로 알 수 없다고 가르치는 지혜문학의 신학과 차이가 있다고 지적했지만, 이러한 차이 때문에 요셉 이야기와 지혜문학의 관계성을 완전히 부인할 필요는 없다고 본다. 만약 모세가 전했던 기본적인 율법들을 중심으로 하여 다양한 신학적 전통을 형성시켜갔던 신앙적 후손들이 성령의 감동아래 오랜 세월에 걸쳐 오경을 현재의 형태로 완성시켰다고 추정한다면, 그 중에 한 부분을 차지하는 요셉 이야기의 최종적인 편집자가 지혜문학에서 가르치는 신학적 주제들을 인지한 가운데 자신의 작품을 독자적으로 완성시켰다고 볼 수 있을 것이다. 그 결과로 요셉 이야기 속에 지혜문학의 특징적인 신학과 아울러 다른 신학적 전통들의 신학들이 같이 복합되게 되었다고 볼 수 있다. 그러므로 필자는 요셉 이야기와 지혜문학과의 관계성에 관하여 논의할 때, 폰라트의 주장처럼 전자가 행정을 맡게 될 미래의 행정가들을 바르게 교육하기 위해 솔로몬 시대에 왕궁에서 기록된 지혜문학이라고 단정할 수는 없지만, 요셉 이야기의 최종적인 편집자가 당대에 쉽게 접할 수 있었던 현인들의 지적, 신앙적 가르침들을 수용하면서 본문을 완성시켰던 것으로 추정하는 것이 무리가 아니라고 본다.

2. 성막 건축 이야기(출 25-40장)와 지혜문학

출애굽한 이스라엘 백성들이 광야 생활을 하는 동안, 그리고 가나안 땅에 들어가서 생활하는 동안 하나님의 임재를 경험하는 가운데 질서 있게 제사를 드리는 공동체가 되게 하기 위해, 하나님께서 모세에게 주신 명령 중에 하나는 이스라엘 백성들로 하여금 성막을 짓게 하는 것이었다. 출애굽기 25장부터 40장까지의 핵심 내용은 성막을 건축하도록 하나님께서 모세에게 명령을 내리신 것(25-31장)과 백성들이 모세의 명령에 따라 성막을 건축하는 과정을 소개하는 것(35-40장)이다. 그런데 이 본문들을 보면 성막을 건축하게 되었을 때 그곳에서 백성들을 위해 제사를 드려주고 하나님의 뜻을 전해주는 역할을 감당해야 할 자들이 아론의 후손들인 제사장들이라고 명시하고 있다(28-29장). 그래서 성막을 건축하고 성막을 통해 제사를 드리는 활동들이 고대 이스라엘의 사제적 전통들에 의해 주도되고, 유지되고, 활성화되게 될 것을 암시하고 있다. 이러한 점에 근거해서 오경에 대해 자료비평적 관점이나 편집비평적 관점을 가지고 연구하는 학자들은 이 본문이 바벨론 포로기 시대의 전후에, 패망해가거나 패망해버린 나라를 제사제도의 회복을 통해 다시 세워보려고 시도했던 사제적 전통의 저자에 의해 기록된 것으로 추정하기도 한다.[17]

그런데 이러한 성격을 지닌 본문 속에 지혜문학에서 친숙한 구문들이 사용되고 있다. 특히 성막을 건축하는데 있어서 주역을 담당했던 자들에게 지혜와 관련된 수식어들이 언급되고 있는 것이다.

> 너는 무릇 마음에 지혜 있는 모든 자 곧 내가 지혜로운 영으로 채운 자들에게 말하여 아론의 옷을 지어 그를 거룩하게 하여 내게 제사장 직분을 행하게 하라(출 28:3).

> 내가 유다 지파 훌의 손자요 우리의 아들인 브살렐을 지명하여 부르고 하나님의 영을 그에게 충만하게 하여 지혜와 총명과 지식과 여러 가지 재주로 정교한 일을 연구하여 금과 은과 놋으로 만들게 하며(출 31:2-4; 35:30-32).

> 무릇 너희 중 마음이 지혜로운 자는 와서 여호와께서 명령하신 것을 다 만들지니 곧 성막과…(출 35:10-11).

> 또 그와 단 지파 아히사막의 아들 오홀리압을 감동시키사 가르치게 하

시며 지혜로운 마음을 그들에게 충만하게 하사 여러 가지 일을 하게 하시되 조각하는 일과 세공하는 일…(출 35:34-35).

브살렐과 오홀리압과 및 마음이 지혜로운 사람 곧 여호와께서 지혜와 총명을 부으사 성소에 쓸 모든 일을 할 줄 알게 하신 자들은 모두 여호와께서 명령하신 대로 할 것이니라. 모세가 브살렐과 오홀리압과 및 마음이 지혜로운 사람 곧 그 마음에 여호와께로부터 지혜를 얻고 와서 그 일을 하려고 마음에 원하는 모든 자를 부르매… 성소의 모든 일을 하는 지혜로운 자들이 각기 하는 일을 중지하고 와서…(출 36:1-4).

이 본문들은 무엇보다도 먼저 '지혜롭다'(hakam)는 동사의 기본적인 의미가 다양한 종류의 손재주를 지니고 있는 것이라는 점을 상기시켜 준다. 한 걸음 더 나아가서 이 본문들은 성막을 건축하기 위해 필요한 지혜와 총명과 지식과 여러 가지 재주를 얻는 것이 인간의 단순한 경험이나 노력, 혹은 훈련을 통해 얻어지는 것을 뛰어 넘어, 여호와께서 감동을 주심으로 말미암아 가능하게 될 수 있다는 점도 일깨워준다. 이러한 이해는 전통적인 지혜서들에서 강조하고 있는 점과는 차이가 있는, 새로운 강조점으로 평가된다. 특히 잠언에서는 게으르지 않고 성실하게 일한 자들만이 자기 일에 좋은 결과가 있게 된다는 인과응보의 가르침을 강조하고 있는데(잠 22:29; 21:5), 이 본문에서는 하나님께서 지혜로운 영을 채워주시면 그들이 손재주도 있게 되고 성막을 잘 지을 수 있는 능력들을 획득하게 된다고 가르치는 것이다. 그러므로 하나님께서 지혜로운 영을 주실 수 있는 분이요, 하나님께서 감동을 주시면 지혜와 총명과 지식과 재능을 얻을 수 있다는 주장은 요셉 이야기에서 지혜가 하나님의 선물로 주어진다고 가르쳐진 것과 마찬가지로 전통적인 현인들의 주장을 넘어서는 것이다. 그런데 본문이 사제들의 활동을 부각시키고 있는 부분임을 고려할 때, 여호와의 감동으로 지혜와 총명과 지식과 기술을 얻을 수 있다는 가르침이 사제적 전통에 의해 새롭게 부각된 것이라고 간주할 수 있을 것이다. 아울러 사제들의 활동을 부각시키는 성막 건축 사건 속에서, 건축에 가담했던 자들이 하나님의 감동으로 말미암아 지혜로운 자들이었다는 점을 거듭 언급하고 있는 것을 볼 때, 고대 이스라엘 사회에서 사제적 전통과 현인적 전통이 그 사회의 신앙적 회복과 발전을 위해 함께 기여할 수 있다는 점을 본문의 최종 편집자가 강조하려 했던 것으로 추정할 수 있을 것이다.

3. 신명기와 지혜문학

신명기에서도 지혜문학에서 강조하는 용어나 구문들이 사용되고 있다. 가장 대표적인 것으로는 신명기의 기록 목적을 내포하고 있는 구절로 이해될 수 있는 4장 5절과 6절을 들 수 있다.

> 내가 나의 하나님 여호와께서 명령하신 대로 규례와 법도를 너희에게 가르쳤나니 이는 너희가 들어가서 기업으로 차지할 땅에서 그대로 행하게 하려 함인즉 너희는 지켜 행하라. 이것이 여러 민족 앞에서 너희의 지혜요 너희의 지식이라 그들이 이 모든 규례를 듣고 이르기를 이 큰 나라 사람은 과연 지혜와 지식이 있는 백성이로다 하리라.

이 구절은 하나님께서 이스라엘 백성들에게 규례와 법도를 주시고 그대로 행하게 하신 목적이 그들로 하여금 많은 민족들 앞에서 지혜와 지식이 넘치는 백성으로 인정되고, 그로 말미암아 그들이 하나님의 존재를 인정할 수 있게 만들기 위해서라고 밝히고 있다. 그러므로 만약 신명기와 관련하여 모세의 저작권을 인정한다면, 모세가 꿈꾸고 있었던 이스라엘 사회의 청사진 속에는 온 백성들이 하나님의 율법대로 살아감으로 말미암아 지혜와 지식이 충만하여 이방 백성들로부터도 존경을 받는 공동체를 형성하는 것이 포함되어 있었다. 그러나 여러 구약학자들이 주장하는 것처럼 신명기가 모세의 기본적인 율법들을 중심으로 하여 오랜 세월에 걸쳐 편집이 완성된 작품이라고 간주한다면, 신명기 4장 6절은 편집자가 자신이 살고 있던 시대의 현인적 전통에서 강조하는 바들을 잘 알고 있었을 뿐만 아니라 그들의 가르침을 존중하여 자신의 신학적 가르침 속에 수용했다는 점을 유추하게 만든다.

신명기의 핵심 주제 중에 하나는 신앙적 인과응보 사상이다. 하나님께서 모세를 통해 주신 율법과 규례와 계명들에 따라 순종하고 살면 복을 얻고 그렇지 않으면 저주를 당하게 된다는 가르침이 신명기의 서론과 결론 부분에서 반복하여 언급되고 있다(신 4, 28, 30장). 그런데 이러한 신앙적 원리가 잠언과 욥기에서도 삶과 신앙의 보편적인 원리 중에 하나로 가르쳐지고 있다(잠 3, 4, 7장). 비록 이러한 책들에서 신앙적 인과응보의 원리가 하나님이 자기 백성들을 다루는데 있어서 유일한 원리가 될 수 없다는 점을 지적하고 있다고 할지라도 이 원리 자체의 가치를 부인하지는 않는다.

신명기의 주된 신학적 원리가 지혜문학의 그것과 일치하고 있을 뿐만 아니라, 그 원리를 전달하는데 사용되고 있는 문체도 유사하다. 그래서 신명기와 지혜문학의 연관성에 관해 긍정적으로 평가할 수 있게 만든다. 단적인 예를 들면, 신명기 11장 8절부터 이어지는 구절들의 형태와 잠언 2장 20절부터 22절의 형태가 아주 흡사하다.

> 그러므로 너희는 내가 오늘 너희에게 명하는 모든 명령을 지키라 그리하면 너희가 강성할 것이요 너희가 건너가 차지할 땅에 들어가서 그것을 차지할 것이며 또 여호와께서 너희의 조상들에게 맹세하여 그들과 그들의 후손에게 주리라고 하신 땅 곧 젖과 꿀이 흐르는 땅에서 너희의 날이 장구하리라…. 너희는 스스로 삼가라 두렵건대 마음에 미혹하여 돌이켜 다른 신들을 섬기며 그것에게 절하므로 여호와께서 너희에게 진노하사 하늘을 닫아 비를 내리지 아니하여 땅의 소산을 내지 않게 하시므로 너희가 여호와께서 주신 아름다운 땅에서 속히 멸망할까 하노라(신 11:8-17).

> 지혜가 너를 선한 자의 길로 행하게 하며 또 의인의 길을 지키게 하리니 대저 정직한 자는 땅에 거하며 완전한 자는 땅에 남아 있으리라 그러나 악인은 땅에서 끊어지겠고 간사한 자는 땅에서 뽑히리라(잠 2:20-22).

4. 계승 이야기(삼하 9-20장, 왕상 1-2장)와 지혜문학

다윗의 왕궁 속에서 벌어진 다양한 사건들을 적나라하게 소개함과 아울러, 그의 왕권이 아들 솔로몬에게 넘어가게 되는 과정을 언급하는 사무엘하 9장부터 열왕기상 2장까지의 내용을 구약학자들은 '계승 이야기'라는 장르로 구분하고 있다. 이 부분에 소개되는 인물들 중에 아히도벨과 후새(삼하 17장) 등이 지혜로운 자로 불리고 있다. 그래서 계승 이야기와 지혜문학과의 연관성을 논의할 수 있는 여지를 만들어주고 있다. 와이브레이는 1968년과 1974년에 계승 이야기와 지혜문학과의 연관성에 관해 연구한 글들을 남겼는데, 그 글들에서 그는 계승 이야기가 역사도 아니고, 국가적인 사건들을 다루는 소설도 아니고, 윤리적이거나 종교적인 이야기도 아니며, 오히려 "솔로몬의 정권을 지지하기 위한 정치적 선전을 위한 작품"으로 여러 면에 있어서 지혜문학의 영향을 받고 있다고 주장했다.[18] 그가 계승 이야기에서 지혜문학의 영향을 발견한 근거로는, 잠언에서처럼 조언의 중요성이 강조되고, 보복의 원리와 창조주에 의해 인간의 운명이 신비롭게 다스려진다는 점이 부각되고 있고, 제의에 대한 견해가 같고, 은유나 비교나 이야기를 통해 교훈이 주어지고 있고, 대중의 힘이 강조되고 있고, 지혜와 어리석음이 대조되고 있고, 성적인 욕구를 자제하도록 가르치고, 겸손함과 경험을 통해 교훈을 얻는 것이 강조되고, 사악한 친구의 위험, 합당한 말, 자녀 교육, 이상적인 왕, 야망, 좌절과 성취, 우정, 충성과 배반 그리고 복수 등과 같은 주제들이 지혜문학에서처럼 계승 이야기에서도 다루어지고 있기 때문이다.[19] 그는 계승 이야기가 왕궁 내의 학교에서 교육을 받고 있는 자들이나 졸업생들에게 구체적인 잠언적 교훈들로 제공되었다고 간주했다. 한 걸음 더 나아가서 그는 이와 유사한 정치적인 소설들이 애굽에서도 존재했다는 점과(네페티의 예언, 케밋의 예언, 무역상들의 이야기, 아메넷의 교훈, 그리고 시누히의 이야기 등), 이러한 것들이 지혜문학의 주제들을 내포하고 있다는 점도 지적했다. 그리고 계승 이야기의 기록자가 애굽의 이와 같은 문헌들을 모델로 삼았을 가능성이 있다고 주장했다.

와이브레이의 주장에 대해 크렌쇼는 몇 가지 문제를 제기했다. 첫째는, 와이브레이가 계승 이야기를 신앙적이거나 윤리적인 이야기로 간주하지 않은 것에 문제가 있다고 보았는데, 본문이 간음, 가족 간의 다툼, 성 문제 등과 같은 가족 관계에 관해 다루고 있고, 신분의 책임과 우정에 관해서도 다루고 있기 때문에 윤리적인 교훈을 내포하고 있다고 크렌쇼는 주장했다. 뿐만 아니라 이 부분에 소개되는 다윗과 솔로몬도 좋은 인물들로 소개되고 있지 않기 때문에 계승 이야기가 솔로몬의 왕권을 세우기 위한 정치적인 의도에서 기록되었다는 해석도 합당하지 않다고 이해했다. 크렌쇼는 자신이 제시했던 다섯 가지 기준에 근거하여 계승 이야기와 지혜문학과의 연관성을 점검해보고 난 후에 계승 이야기가 다섯 가지 기준에 미치지 못한다고 결론을 내렸다. 좀더 자세하게 설명한다면, 크렌쇼는 첫째로, 지혜문학에서 발견할 수 있는 문체나 사상의 독특성들을 계승 이야기에서 발견할 수 없고, 비록 몇 가지의 비슷한 구문들이나(은유, 비교법) 사상들은(보복, 제의, 겸손, 사적인 기도 등) 지혜문학 뿐 아니라 법적인 자료들에서도 발견되는 보편적인 것이라는 점을 지적했다. 둘째로, 계승 이야기에 나타나는, 지혜문학과 상관없는 주제들의 존재에 대해서 와이브레이는 설명하지 못하고 있다고 크렌쇼는 지적했다. 특히 그는 계승 이야기에 등장하는 지혜자들이 합당한 기능을 하지 못하는 자들로 묘사되고 있는 점은 계승 이야기와 지혜문학의 연관성을 긍정적으로 이해하는데 걸림돌이 될 수밖에 없다고 간주했다. 셋째로, 그는 와이브레이가 계승 이야기에서 발견할 수 있었던 것으로 추정한 지혜의 교훈들은 지혜 교훈의 발전사를 이해하지 못한 것이라고 평가했는데, 솔로몬의 통치 초기 때에 이미 지혜 전통이 온전히 발전되어 있었다고 추정한 와이브레이의 주장은 합당하지 않은 것이라고 판단했다. 넷째로, 그는 계승 이야기에서 사용되고 있는 용어와 지혜문학에 사용되고 있는 용어가 다른 의미로 이해되고 있다는 점을 와이브레이가 인식하지 못했다는 점을 지적했다.[20)]

계승 이야기와 지혜문학과의 연관성을 논할 때 부정적인 결론을 내리게 만드는 경우가 있다. 가장 단정적인 근거를 든다면, 다윗의 왕궁에서 간교한 자(hakam)로 간주되었던 요나답이 다말에게 음욕을 품었던 암논에게 그녀를 추행할 수 있는 꾀를 제공했고(삼하 13장), 계략(ya'ts)에 뛰어난 조언가로 간주되었던 아히도벨이나 후새 등은 다윗 왕을 배반한 다윗의 아들 압살롬으로 하여금 아버지를 죽이도록 조언하는 자들로써, 아이러니하게도 여호와께서 압살롬에게 화를 내리게 하기 위해 사용하신 자들밖에 되지 않는다(삼하 17장).

반면에 긍정적인 결론을 내리게 하는 본문들도 있다. 계승 이야기 속에는 지혜로운 두 여인의 활동이 언급되고 있는데, 한 명은 드고아의 한 여인으로 다윗과 그의 아들 압살롬의 관계가 멀어져 있을 때 다윗에게 선하게 조언하여 화해하게 만든 여인이다(삼하 14장). 그녀는 다윗이 가진 지혜에 대하여 "하나님의 사자의 지혜와 같아서 땅에 있는 일을 다 아시나이다"(삼하 14:20)라고 표현하면서 그로 하여금 지혜로운 자로 처신하도록 제안했는데, 이것은 왕에게 요구되는 덕목 중에 하나가 지혜로운 판단력임을 지적해준다. 또 다른 한 명의 여인은 아벨에 살았던 여인인데, 그 성읍에 살던 불량배 세바가 다윗을 모욕해서 성읍이 파멸에 이르게 될 지경에 이르렀을 때, 그녀는 도성의 백성들을 지혜롭게 설득하여 세바의 머리를 베어서 요압에게 던지게 했고 그 결과로 도성이 보존되게 했다(삼하 20장). 그러므로 이 지혜로운 여인들에 관한 기록들은 계승 이야기를 통해서도 지혜로운 삶의 가치를 배우게 하려는 저자의 의도를 엿보게 해준다. 그런데 이러한 두 여인들의 지혜로운 행동에 관한 사건들이 계승 이야기에 포함되고 있다는 것은 특이하다. 먼저 여인들의 지혜로움이 부각되었다는 점이 특이하고, 예루살렘의 전통적인 현인들이 아니라는 점이 특이하다.

필자는 잠언, 전도서, 욥기에서 발견할 수 있는 것과 같은 다양한 지혜 교훈의 주제들이 계승 이야기에서 다루어지지는 않지만, 그렇다고 완전히 배제되었다고 볼 수도 없다고 판단한다. 와이브레이의 글은 이러한 점을 자세하게 언급해주고 있다. 계승 이야기 속에는 지혜나 계략이란 용어가 빈번하게 언급되고, 지혜로운 자나 계략이 있는 자들의 활동이 긍정적으로든 부정적으로든 소개되고 있고, 또 지혜문학에서처럼 가정이나 공동체 속에서의 윤리적인 생활이나 대인 관계가 어떠해야 하는지를 다루고 있으며, 인간의 계략을 뛰어 넘는 하나님의 주권 사상까지도 소개되고 있다. 그러므로 계승 이야기를 기록한 자가 지혜 전통의 가르침들에 대해 잘 이해하고 있었던 자요, 그들로부터 직접, 간접으로 영향을 받았던 자였던 것으로 추정할 수 있다. 다르게 표현한다면, 현인적 전통에서 강조해 온 독특한 삶의 원리들이 각계 각층의 사람들에게 보편화되어, 왕궁 내의 사건들을 신앙적, 윤리적 목적과 아울러 정치적인 목적을 가지고 다루게 된 계승 이야기 속에서도 삶의 중요한 교훈들 중의 일부로 포함되게 되었다고 볼 수 있을 것이다.

5. 솔로몬 왕(왕상 3-4장)과 지혜문학

통일 왕국 시대의 이스라엘이나 분열 왕국 시대의 이스라엘과 유다를 망라해서 수많은 왕들이 존재했지만, 그들 중에서 솔로몬처럼 지혜로운 자로 부각된 왕은 없다. 잠언이나 전도서를 중심으로 하여 볼 때, 현인적 전통에서 솔로몬 왕을 지혜 전통의 수호자로 부각시키는 것은 당연하지만, 신명기적 역사서 중에 한 권으로 간주되는 열왕기상에서 솔로몬 왕이 최고의 지혜를 지닌 자로 묘사되고 있다는 점은 특이하다. 그러므로 신명기적 역사서들이 바벨론 포로기라는 국가적인 재난 속에서 과거의 역사들을 예언자적인 관점에서 다시 조명하는 책들로 간주되고 있다는 점을 감안한다면, 이 저자들은 그 시대의 또 다른 신학적 전통의 한 부류였던 현인적 전통에서 가르쳤던 교훈들 중에서 가치 있는 것들을 수용하여 자신들의 작품 속에 반영했던 것으로 추정할 수 있다. 그래서 신명기적 역사가는 과거의 통일 왕국 시대에 왕이 되어 백성들을 다스리기 시작한 솔로몬에 대해 신앙적인 면을 중심으로 하여 긍정적인 면들과 부정적인 면들을 평가하면서, 그의 지혜가 뛰어났다는 점을 강조함과 아울러 그것이 바로 하나님께서 제공하신 것이라는 점을 부각시키고 있다. 특히 솔로몬의 지혜가 하나님께서 제공하신 것이라는 점은 열왕기상 10장에 언급되는 바, 스바의 여왕이 솔로몬을 방문하여 고백한 내용 속에서 다시 한 번 강조된다. 아울러 신명기적 역사가는 이상적인 지도자에게 필요한 덕목 중에 하나가 하나님이 주신 지혜를 얻어 실천하는 것이라는 점도 강조하고 있다. 열왕기상 3장과 4장에서 솔로몬의 지혜에 관하여 언급하는 구절들을 살펴보면 다음과 같다.

> 이에 하나님이 그에게 이르시되 네가 이것을 구하도다 자기를 위하여 장수하기를 구하지 아니하며 부도 구하지 아니하며 자기 원수의 생명을 멸하기도 구하지 아니하고 오직 송사를 듣고 분별하는 지혜를 구하였으니 내가 네 말대로 하여 네게 지혜롭고 총명한 마음을 주노니 네 앞에도 너와 같은 자가 없었거니와 네 뒤에도 너와 같은 자가 일어남이 없으리라(왕상 3:11-12).

> 하나님이 솔로몬에게 지혜와 총명을 심히 많이 주시고 또 넓은 마음을 주시되 바닷가의 모래 같이 하시니 솔로몬의 지혜가 동쪽 모든 사람의 지혜와 애굽의 모든 지혜보다 뛰어난지라 그는 모든 사람보다 지혜로워서 예스라 사람 에단과…보다 나으므로 그의 이름이 사방 모든 나라에 들렸더라 그가 잠언 삼천 가지를 말하였고 그의 노래는 천다섯 편이며 그가 초목에 대하여 말하되 레바논의 백향목으로부터 담에 나는 우슬초까지 하고 그가 또 짐승과 새와 기어다니는 것과 물고기에 대하여 말한지라 사람들이 솔로몬의 지혜를 들으러 왔으니 이는 그의 지혜의 소문을 들은 천하 모든 왕들이 보낸 자들이더라(왕상 4:29-34)

6. 솔로몬의 성전 건축(왕상 5-7장)과 지혜문학

솔로몬 왕이 여호와를 위한 성전을 건축하는 과정을 기록하는 본문 속에도 지혜라는 용어가 사용되고 있다. 그런데 지혜라는 용어가 처음 언급되는 경우는 솔로몬 왕이 성전을 건축하는 일에 도움을 얻기 위해 두로의 히람 왕에게 신하를 보냈을 때이다. 이 때에 히람 왕은 솔로몬 왕을 지혜로운 자로 인정했고(왕상 5:7), 그와 좋은 관계 속에서 합당한 조건을 내세우며 성전 건축을 돕겠다는 마음을 전했다. 그런데 솔로몬과 히람이 좋은 관계를 유지할 수 있었던 것이 바로 하나님께서 솔로몬에게 주신 지혜 때문이라고 본문은 지적하고 있다(왕상 5:12). 그리하여 솔로몬이 성전을 건축하는 과정 속에 하나님의 주권과 인도하심이 있었다는 점을 강조한다.

그런가 하면 열왕기상 7장 14절은 두로의 히람 왕이 예루살렘 성전을 건축하는데 필요한 기술을 겸비한 자라는 점을, "이 히람은 모든 놋일에 지혜와 총명과 재능을 구비한 자이더니"라는 말로 명시하고 있다. 여기에서 히람의 건축 능력을 묘사하는데 사용된 용어들은 모두 지혜문학에서 자주 사용되는 것들이다.

고든은 출애굽기에 언급되는 성막 건축 이야기와 열왕기상에 언급되는 성전 건축 이야기를 비교한 후에, 후자에서는 전자와는 달리 이방인의 재능을 빌려서 건축을 한 경우를 소개하기에 전자보다는 제한되게 지혜문학의 주제를 다루고 있다고 평가했다.[21] 그러나 보다 폭넓은 관점에서 본다면, 하나님께서 성전을 건축하는 일을 위해 솔로몬에게만 지혜를 주신 것이 아니라 이방인 지도자의 지혜까지도 사용하고 있다는 점을 발견할 수 있다. 이러한 이해는 솔로몬의 성전 건축 이야기가 지혜문학에서 전통적으로 가르쳐 온 주제보다 진일보한 가운데 지혜의 국제적인 면과 아울러 사제적인 전통을 위한 지혜 전통의 효용성도 강조하고 있는 것으로 평가할 수도 있을 것이다. 고시(Gosse)는 성전 건축을 위해 이방인들의 노역을 사용했던 것이야말로 솔로몬의 지혜를 입증하는 또 다른 증거라고 주장했는데, 나름대로 합당한 평가로 보여진다.[22]

솔로몬의 성전 건축 이야기 속에 하나님께서 솔로몬에게 지혜를 주셨다는 점과 두로 왕 히람의 지혜가 사용되었다는 점이 언급되고 있다는 사실은 다른 어떤 본문들보다도 더 사제적 전통과 현인적 전통의 관계가 긴밀하게 유지되고 있었고, 두 전통이 백성들로 하여금 신앙적으로 바로 서게 하는 일에 협조하고 있었다는 점을 암시해준다. 다시 말해서, 하나님께 제사를 드리고 예배를 드리는 공동체를 형성하기 위해 성전 건축이 중요한 사안이라는 점을 강조한 사제들은, 그 일이 하나님께서 세우신 지혜로운 자들로 말미암아 이루어져야 한다는 점을 인정했다. 아울러 살아가는데 있어서 지혜와 총명이 중요한 덕목이라는 점을 강조한 현인들은 백성들의 예배 생활과 그것을 위한 터전을 건축하는 일에도 자신들이 나름대로 기여할 수 있다는 점을 확신한 것이다.

7. 에스더서와 지혜문학

탈몬은 "에스더서에 나타나는 지혜"(1963년)라는 논문에서 에스더서를 역사화 된 지혜 이야기로 간주하면서, 여러 성서 이야기들에서도 나타나고 있는 전형적인 지혜 모티브를 규정화한 것으로 보았다.[23] 그는 에스더서에서 전형적인 잠언의 언어를 발견할 수는 없지만, 소원, 요구(5:3), 소청(5:7; 7:2)이라는 단어가 잠언의 성격을 띠고 있다고 주장했다. 또한 "능히 그를 이기지 못하고 분명히 그 앞에 엎드러지리이다"(6:13)라는 구절도 잠언의 구문과 유사하다고 평가했다. 그는 에스더서의 이야기가 응용된 지혜(applied wisdom)로써, 그 줄거리와 중심 인물들에 대한 묘사를 보면 현인이 지혜의 핵심 교훈들을 실행하는데 있어서 은밀하게 그리고 성공적으로 활동하고 있는 것을 보여주고 있다고 이해했다.[24] 그는 대표적인 예로, 모르드개와 하만을 들었는데, 특히 전자는 바사 왕 아하수에로의 최고 조언자의 위치에서 활동했던 자로, 왕궁 내의 현인 중에 한 명으로 간주될 수 있다고 이해했다. 비록 모르드개가 왕 앞에서 재치 있게 말을 할 줄 아는 자가 되지는 못했지만, 에스더가 그 일을 대신해주게 되었다고 본 것이다. 탈몬은 에스더가 왕과 하만을 다루는 모습 속에서 잠언이 조언하는 내용들을 따르고 있는 것들을 볼 수 있다고 이해했는데, 왕을 설득하기 위해 인내할 줄 알고, 부드러운 말을 하며, 행동의 정교함을 드러낸 것을 예로 들었다. 그래서 그는 에스더서의 주된 인물인 에스더가 지혜로운 자의 모형이 된다고 주장했다. 뿐만 아니라, 그는 에스더서에서 유대인들의 신앙적 색채가 드러나지 않는 면이나, 특정적이지 않고 개인적인 색채가 드러나지 않는 동떨어진 신 개념이 소개되고, 개인적이거나 인본적인 관점들, 그리고 왕궁 생활이 언급되는 점 등이 지혜문학의 성격과 흡사하다고 간주했다.

탈몬은 에스더서의 줄거리나 인물 묘사, 그리고 다루는 주제들이 고대 메소포타미아의 지혜문헌의 글들과 유사한 면이 있다는 점을 지적하고, 그것들로부터 줄거리나 인물 묘사에 있어서 어떤 예표(typology)를 찾을 수 있다고 보았다. 아울러 요셉 이야기와 비교할 때에도 유사성이 많다고 주장하면서 구체적인 예들을 제시하고 있다. 그래서 요셉 이야기와 에스더서를 공히 역사화 된 지혜 이야기로 간주했다.

크렌쇼는 탈몬의 글에 대해 비판적인 입장을 표했다. 그 이유로는 탈몬이 에스더서 5장 14절에 언급되는 "다른 데로 말미암아 놓임과 구원을 얻으려니와"라는 내용을 동떨어진 신의 도움으로 쉽사리 해석한 점과, 고대 근동의 지혜문헌과의 예표론적 관련성에 대해 근거가 희박하다는 점, 또한 에스더서에 나타나는 민족주의적인 색채가 지혜

문학의 성격과 너무나 벗어난다는 점 등을 들고 있다.[25)]

필자는 구약성서의 다른 책들과 지혜문학과의 연관성을 논하는데 있어서 기본적인 기준이 그 책들에서 지혜문학의 특징적인 용어들을 사용하고 있는가 하는 점이라고 했던 와이브레이나 허비츠의 주장에 동의한다. 이러한 관점으로 에스더서를 읽어 보면 "사례를 아는 현자들에게 묻되"(1:13), "그 중 지혜로운 자"(6:13)라는 구절이 언급되기는 하지만, 에스더서 전체의 맥락 속에서 그렇게 중요한 의미를 지니는 구절들이 아니다. 또한 바사(페르샤)시대에 유다 민족이 멸절하게 된 상황에서 용기 있는 한 여인의 행동으로 말미암아 백성들이 구원된 사건을 소개하는 에스더서의 기록 목적을 놓고 볼 때, 이 책이 강조하는 바는 지혜문학이 다루고 있는 주제들과 거리가 있다. 뿐만 아니라 에스더서는 바사 시대에 있었던 것으로 전해져 온, 유다 민족이 수난에 처할 뻔 했던, 역사적 사건을 정교하게 기획된 줄거리와 등장인물들을 통해 엮어감으로써 독자들로 하여금 교훈과 아울러 독서하는 즐거움을 제공하기에 충분한 역사 이야기이다. 그러므로 에스더서를 역사화된 지혜 이야기로 간주하는 탈몬의 주장은, '역사화 되었다'는 문학적인 이해와 지혜문학의 주제를 다루고 있는 이야기라는 신학적 이해에 있어서 둘 다 무리가 있다고 판단된다.

8. 시편과 지혜문학

시편에는 현인적 전통에서 자주 사용한 용어들과 신학 사상들을 내포하는 내용들이 많이 있다. 무엇보다도 먼저 시편은 지혜로운 삶과 율법의 관계성을 강조한다(시 19:7-14; 119편). 또한 잠언처럼 의인과 악인의 길을 구분하는 시편들도 있는가 하면(시 1편),[26] 악인에게 임하는 공의로운 멸망을 노래하는 시편도 있다(시 36편; 49편). 그런데 특히 시편 49편은 시편에서 다루는 주제뿐만 아니라 용어와 문체들도 잠언과 전도서와 같은 지혜문학에서 사용하는 것들과 동일하다.

> 뭇 백성들아 이를 들으라 세상의 거민들아 모두 귀를 기울이라… 내 입은 지혜를 말하겠고 내 마음은 명철을 작은 소리로 읊조리리로다…. 죄악이 나를 따라다니며 나를 에워싸는 환난의 날을 내가 어찌 두려워하랴 자기의 재물을 의지하고 부요함을 자랑하는 자는 아무도 자기의 형제를 구원하지 못하며 그를 위한 속전을 하나님께 바치지도 못할 것은 그들의 생명을 속량하는 값이 너무 엄청나서 영원히 마련하지 못할 것임이니라… 그러나 지혜 있는 자도 죽고 어리석고 무지한 자도 함께 망하며 그들의 재물은 남에게 남겨 두고 떠나는 것을 보게 되리로다…. 사람은 존귀하나 장구하지 못함이여 멸망하는 짐승 같도다 이것이 바로 어리석은 자들의 길이며 그들의 말을 기뻐하는 자들의 종말이로다…(시 49:1-13).

그런가 하면, 악인들의 행동에 아랑곳하지 않고 인내하며 의롭게 살아가는 자들을 향한 하나님의 보상을 언급하는 시편들도 있다(시 37편, 73편). 이러한 시편들은 잠언 24장과 매우 흡사하다.

> 악을 행하는 자들 때문에 불평하지 말며 불의를 행하는 자들을 시기하지 말지어다 그들은 풀과 같이 속히 베임을 당할 것이며 푸른 채소 같이 쇠잔할 것임이로다 여호와를 의뢰하고 선을 행하라 땅에 머무는 동안 그의 성실을 먹을거리로 삼을지어다 또 여호와를 기뻐하라 그가 네 마음의 소원을 네게 이루어 주시리로다 네 길을 여호와께 맡기라 그를

의지하면 그가 이루시고 네 의를 빛 같이 나타내시며 네 공의를 정오의 빛 같이 하시리로다(시 37:1-6).

너는 악인의 형통을 부러워하지 말며 그와 함께 있으려고 하지도 말지어다 그들의 마음은 강포를 품고 그들의 입술은 재앙을 말함이니라… 너는 행악자들로 말미암아 분을 품지 말며 악인의 형통함을 부러워하지 말라 대저 행악자는 장래가 없겠고 악인의 등불은 꺼지리라 내 아들아 여호와와 왕을 경외하고 반역자와 더불어 사귀지 말라 대저 그들의 재앙은 속히 임하리니 그 둘의 멸망을 누가 알랴(잠 24:1-20).

또한 시편 중에는 지혜문학에서처럼 하나님 경외 사상을 강조하는 시편들도 있는데(112편, 128편), 공통적인 특징은 하나님을 경외하는 자들이 누리게 되는 복을 언급하는 점이다.

할렐루야, 여호와를 경외하며 그의 계명을 크게 즐거워하는 자는 복이 있도다 그의 후손이 땅에서 강성함이여 정직한 자들의 후손에게 복이 있으리로다 부와 재물이 그의 집에 있음이여 그의 공의가 영구히 서 있으리로다….악인은 이를 보고 한탄하여 이를 갈면서 소멸되리니 악인들의 욕망은 사라지리로다(시 112편).

여호와를 경외하며 그의 길을 걷는 자마다 복이 있도다 네가 네 손이 수고한 대로 먹을 것이라 네가 복되고 형통하리로다 네 집 안방에 있는 네 아내는 결실한 포도나무 같으며 네 식탁에 둘러앉은 자식들은 어린 감람나무 같으리로다 여호와를 경외하는 자는 이같이 복을 얻으리로다 여호와께서 시온에서 네게 복을 주실지어다 너는 평생에 예루살렘의 번영을 보며 네 자식의 자식을 볼지어다 이스라엘에게 평강이 있을지로다(시 128편).

위에서 소개한 지혜시들은 모두 지혜문학의 주제들을 다루고 있고 지혜문학의 용어들을 사용하고 있지만, 이 시들이 노래 불리거나 기도로 드려진 삶의 상황은 주로 대중 예배 때였다. 그래서 이 시들 속에는 사제적인 전통의 영향이 드러나고 있다. 이렇게 볼 때, 대중 예배의 상황 속에서 지혜시를 읊게 된 제사장들이나 레위인들은 자신들의 신학적 가르침과 같은 맥락에 있는 현인적 전통의 가르침과 용어들을 수용하는데 주저하지 않았던 것으로 평가된다.

허비츠(A. Hurvitz)는 "히브리 시에 나타나는 지혜 용어: '지혜시들'의 연구를 위한 하나의 기여"(1988년)라는 논문을 썼다.[27] 그 글에서 그는 지혜문학에서 자주 사용되는 용어나 구문들 중에 몇 개를 택하여 그것들이 시편에서 사용되고 있는지를 조사했다. 예를 들어, 그는 부자의 돈이나 소유에 관한 용어들이 많이 있지만, 특히 재산(hon)이라는 단어가 구약성서 전체에서 26번 언급되는 중에 잠언에서만 18번이나 사용되어 지혜문학의 특징적인 용어가 된다고 보았다.

> 중한 변리로 자기 재산을 늘이는 것은 가난한 사람을 불쌍히 여기는 자를 위해 그 재산을 저축하는 것이니라(잠 28:8).

그런데 이 단어가 시편에서 세 번 언급되고 있는데(시 44:12; 112:3; 119:14), 그 상황들이 부를 축적하는 것과 연관이 되고 있어서 지혜문학의 주제 중에 하나를 다루는 것으로 인정할 수 있기 때문에, 시편 44편, 112편, 그리고 119편을 지혜시로 간주할 수 있다고 허비츠는 이해했다.

다음으로 허비츠는 "악에서 떠나다"(sur+mera)라는 구문이 구약성서에서 13번 언급되는데, 그 중에서 10번이나 잠언과 욥기에서 사용되고 있기에 지혜서의 특징적인 구문으로 간주할 수 있다고 보았다. 그래서 그는 시편에서 이 구문이 사용되고 있는 구절들을 찾아 그것들의 문맥적인 상황을 고려한 후에, 그것들이 포함되고 있는 두 편의 시들을 지혜시로 간주했다(시 34:14; 37:27).[28]

지혜문학에서 주로 사용되고 있는 용어들이나 구문들을 시편에서 찾아보고 그것들이 사용되고 있는 시편들을 지혜시로 간주하려 했던 허비츠의 시도는 나름대로 가치가 있다. 그러나 지혜문학과 시편의 관계 연구는 단순히 단어 연구에 그쳐서는 안 되고, 본문 전체가 내포하고 있는 신학적 주제들과 기록 목적 등이 함께 고려되어야 한다고 본다.

9. 예언서와 지혜문학

예언서와 지혜서와의 관계에 관해 연구하는데 있어서 선구자적인 역할을 한 학자 중에 한 사람은 피터너(J. Fichtner)이다. 그는 "현인 중에 있는 이사야"(1949년)라는 글에서, 기원전 8세기의 예언서인 이사야서에 지혜서의 흔적들이 상당히 발견된다는 점을 근거로 하여 이스라엘의 지혜서들을 모두 바벨론 포로기 이후의 작품들로 간주할 수 없다고 주장했다. 그의 주장은 지혜서를 포로기 이후 시대의 작품들로 간주해 온 이전 학자들의 견해를 반대한 것이다. 그는 호세아서, 아모스서, 미가서에서도 지혜서의 자취들이 발견되고 있지만 그것들은 후대에 추가된 부분들로 간주했다. 피터너는 이사야가 현인들에 대해 강하게 반대하는 입장을 취하고 있다는 점도 언급했다.[29)]

(1) 아모스서와 지혜문학

피터너의 글 이후에 테리엔(S. Terrien), 크렌쇼(J. Crenshaw), 그리고 볼프(H. Wolff), 메이스(J. L. Mays), 루돌프(W. Rudolph), 반 류엔(C. van Leeuwen), 폴(S. M. Paul), 소진(J. A. Soggin), 린드블롬(J. Lindblom), 슈미트(H. H. Schmid), 메케인(W. McKane) 등이 아모스와 지혜서와의 관계에 관해 연구하여 글을 발표하였다.[30)] 볼프는 아모스서에 언급되는 훈계의 연설들과 화 예언에 언급되는 "화 있을진저"(hoy)라는 표현이 지혜서로부터 온 것이라고 보았는데, 이 주장에 대해 루돌프와 반 류엔은 동의하지 않는다. 그런가 하면 린드블롬(J. Lindblom)은 현인들의 작품과 예언서들 사이에 문체의 유사성이 있음을 인정했다. 슈미트(H. H. Schmid)는 '고대의 부족 지혜'나 '고대의 언약법'이라는 독특한 형식이 존재하지 않았기에, 아모스와 당대의 예언자들은 그 시대의 문화 속에서 통용되던 언어를 사용한 것 뿐이라고 보았다. 매케인은 예언자들이 현인들의 관점에 반대하는 모습을 유지하고 있는 것으로 이해했다. 피터너 이후의 학자들은 일반적으로 지혜서가 포로기 이전 시대부터 기록되었고, 지혜서의 문체나 사상이 고대 이스라엘의 다른 전통들에 어떤 면으로든 영향을 끼쳤다는 점을 인정하는 추세이다.

소진, 테리엔, 볼프 등은 아모스서에 사용되는 몇 가지 구문과 지혜문학의 그것들을 비교하고 있다. 예를 들어, 테리엔과 볼프는 1장 3절부터 2장 6절에 거듭 언급되는 "서너 가지 죄로 말미암아 내가 그 벌을 돌이키지 아니하리니"라는 구절이 지혜문학의 구문들을 사용한 것이라고 이해했다. 그러나 소진은 그러한 구문이 지혜문학에서 인용한 것이 아니라 이미 보편화되어 있던, 수사적 의문문을 동반한 저주의 구문을 사용하고 있는 것 뿐이라고 보았다. 테리엔은 아모스서 9장 1절부터 6절에 언급되는 환상과 스올에 관한 언급도 지혜문학이나 지혜시(139편)의 영향을 받은 것이라고 간주했다. 그러나 소진은 스올에 관한 설명이 아모스서와 지혜시에서 차이가 있다는 점을 근거로 하여 둘의 연관성에 부정적인 견해를 피력했다.

테리엔은 아모스서 3장 3절부터 8절에 언급되는 바, 아모스가 의문문들을 사용하면서 상식에 호소하는 교훈 방법들은 구약성서에서 너무나 일반화되어져서 현인들과 아모스의 접촉점을 찾기가 어렵지만, 이러한 방법은 현인들의 교훈 방법을 회고하게 만들어주는 것이라는 점을 인정했다.[31] 이러한 점에 볼프와 메이스, 그리고 루돌프, 소진 등이 동의하지만, 그럼에도 불구하고 소진은 아모스서와 지혜문학이 사상적 내용보다는 논쟁의 문체에 있어서 더 연관성이 있다는 점을 지적했다.[32] 그는 예언자들도 현인들처럼 고대 이스라엘의 신앙적 교사들이었기에 그들이 사용한 예언의 문체들의 많은 부분들이 현인들로부터 영향을 받은 것으로 단정할 필요가 없다고 주장했다. 테리엔과 소진은 아모스서 3장 10절의 "바른 일을 행할 줄 모르느니라"라는 구절이나, 9절과 10절에 언급되는 "요란함과 학대함," "지식과 바른 일" 등의 용어들이 함께 사용되는 경우는 지혜서의 특징이라고 이해했지만, 소진은 본문의 문맥적 상황을 고려할 때 이것은 지혜서의 교훈이라기보다는 법정의 이미지나 용어를 사용하고 있는 예언적 저주 형태라고 주장했다.[33] 뿐만 아니라, 소진은 아모스서 1장 11절에 언급되는 "항상 맹렬히 화를 내며"(원어적으로는 '화를 찢었다')라는 구문이 욥기 16장 9절과 18장 4절에서도 유사하게 사용되고 있다는 점을 지적하면서, 지혜서와 다른 책들에서 유사하게 사용되는 구문이 있다고 해서 반드시 다른 책들이 지혜서의 영향을 받았다고 간주할 수 있는지에 대해 질문하고 있다.[34] 소진은 아모스서 5장 13절에서 사용되는 '지혜자'(maskil: 신중한 사람)라는 용어에 대해서는, 지혜서와 묵시서에서 사용되는 것이지만 이 구절을 후대에 첨가된 것으로 간주하여, 지혜서로부터 영향을 받은 것인지에 관해 논의하는 것을 배제했다. 크렌쇼는 아모스서의 송영으로 간주되는 4장 13절, 5장 8절과 9절, 9장 5절과 6절 등이 욥기 5장 9절부터 16절, 9장 5절부터 10절, 그리고 욥기의 끝 부분과 같은 문학적 장르를 사용하고 있다는 점을 지적했지만, 아모스서의 이 구절들이 아모스 자신의 것인지, 아모스서와 욥기의 내용이 다른 자료로부터 인용된 것인지, 아니면 후대에 첨가된 것인지를 알 수 없다고 언급했다.

이상의 논의들을 볼 때, 지혜서에서 사용되고 있는 용어들이나 문체들이 아모스서에 포함되고 있다는 것은 입증할 수 있는 사실이다. 이것은 예언자들과 현인들이 문학적으로나 신학적으로 서로의 전통을 공유할 수 있는 장이 형성되어 있었다는 점을 암시해준다. 그러나 이 사실은 아모스서에 사용되고 있는 지혜문학적인 내용들이 포로기 이전 시대의 것인지 이후 시대의 것인지에 관해 논의하는데 결정적인 단서를 제공하지 않는다. 다시 말해서, 현인들이 예언자들의 문학 활동과 신학 활동에 영향을 끼쳤는지, 아니면 그 반대의 경우인지에 관해서도 명확하게 답을 제시하지 않는다. 그래서 이러한 역사비평적 관점의 논의가 아모스서와 지혜문학과의 관계를 논의하는데 있어서 우선적이거나 당연한 것이 될 필요가 없다는 점을 암시해준다.

뿐만 아니라 지혜서의 용어나 문체가 아모스서에 사용되고 있다고 해서 아모스가 현인들의 신학적 사상들이나 독특한 교훈들을 무비판적으로 동의하거나 그것들을 대변하고 있다고 볼 수는 없다. 오히려 아모스는 당대에 존재했던 현인들의 사상과 삶의 모습들을 보면서 하나님께서 주신 예언의 말씀을 전하는데 필요한 부분들을 참고했지만, 바람직하지 못한 점들에 대해서는 비판도 가할 줄 아는 자였다. 좀더 자세하게 설명한다면, 아모스는 기원전 8세기에 이스라엘에서 사회적으로 불의가 난무하고 경제적으로나 사법적으로도 가난한 자들의 인권이 유린되어가는 시점에서, 사회를 정의롭게 구축하는 일에 앞장서야 하는 지식층의 사람들 중에서 지혜자(현인)들이 잠잠하고 있는 것을 신랄하게 비판하고 있기 때문이다.

> 너희의 허물이 많고 죄악이 무거움을 내가 아노라 너희는 의인을 학대하며 뇌물을 받고 성문에서 가난한 자를 억울하게 하는 자로다 그러므로 이런 때에 지혜자가 잠잠하나니 이는 악한 때임이니라(암 5:12-13).

(2) 호세아서와 지혜문학

> 누가 지혜가 있어 이런 일을 깨달으며 누가 총명이 있어 이런 일을 알겠느냐 여호와의 도는 정직하니 의인은 그 길로 다니거니와 그러나 죄인은 그 길에 걸려 넘어지리라(호 14:9).

호세아서의 마지막 구절들은 호세아서와 지혜서의 연관성을 논의할 수 있는 근거를 제시해준다. 이 구절에 사용되고 있는 지혜와 총명, 여호와의 도, 정직, 의인의 길, 죄인의 길 등의 용어들이나, 의인의 길과 죄인의 길을 대조시키고 있는 용법 등은 지혜서나 지혜시에서 주로 언급되는 것들이기 때문이다. 그래서 매킨토시를 비롯한 여러 구약학자들은 지혜서의 용어들로 가득 찬 이 구절을, 호세아서의 독자들로 하여금 예언적 교훈들을 이해하고 실천할 수 있도록 하기 위해 후대에 첨가된 부분으로 간주한다.[35] 그런데 특이한 점은, 이 구절 속에 지혜서의 특징적인 용어들이 있을 뿐만 아니라 법적인 표현들도 사용되고 ("여호와의 도는 정직하니 의인은 그 길로 다니거니와"), 호세아 자신의 예언 내용 속에 자주 사용되는 용어인 "걸려 넘어지다"(4:5; 5:5; 14:2)나 "깨닫다"(4:14)라는 단어들이 포함되고 있다는 점이다. 그래서 호세아서의 저자가 단순히 지혜서로부터 어떤 구절을 인용하는 형식을 취하기보다는 그것을 기초로 하여 자신의 독창적인 구절을 형성하는 노력을 기울였다는 점을 발견할 수 있다.

여러 구약학자들은 호세아서에서 지혜서와 연관될 수 있는 구절들을 찾으려고 시도했다. 볼프는 "그들이 바람을 심고 광풍을 거둘 것이라"(호 8:7)라는 구절이나, 2장 21절과 22절에서 언급되는 자연의 섭리에 대한 언급이나, 호세아서에서 자주 사용되고 있는 직유법들과 은유법들은 지혜문학이 호세아서의 용어에 영향을 준 증거가 된다고 주장했다.[36]

호세아서에서 지혜서의 용어들이나 구문들이 많이 사용되고 있고, 또 사상들이 서로 대립되기보다는 호세아의 예언적 교훈들을 더욱 명확하게 해주고 있다는 점을 파악한 학자들은 이 둘의 관계에 대해 긍정적인 평가를 하고 있다. 예를 들어, 하퍼(W. R. Harper)는 "호세아서가 지혜문학의 사상으로 가득찼다"고 함축적으로 표현했는가 하면, 포오러(G. Fohrer)는 호세아를, 왕궁의 관료들을 주로 교육하기 위해 설립된 지혜 학교에서 교육을 받았던 자로 간주하기도 했다.[37] 피터너, 린드블롬, 그리고 크렌쇼 등은 지혜서가 포로기 이전 시대의 예언서들에 어떤 영향을 끼쳤는지에 관해 동일한 견해를 보이지는 않지만, 포로기 이전 시대의 예언자들이 현인들의 대중적인 가르침들에 익숙했다는 점에 대해서는 의심할 여지가 없다고 보았다.[38]

매킨토시도 호세아서에서 발견할 수 있는 지혜서의 용어들, 구문들, 그리고 사상들을 찾으려고 시도했다. 그는 북왕국 이스라엘 백성들이 예배 생활에 무질서했던 점을 지적하는데 있어서 호세아가 사용한 용어들과 사상들을 보면 예언적 비유뿐만 아니라 현인적 전통의 것들도 포함되고 있다고 주장했다. 예를 들어, 4장 14절에 언급되는 바, "깨닫지 못하는 백성은 망하리라"라는 표현에서 "깨달음"이 잠언에서 자주 언급되는 것이요, "망한다"는 표현도 마찬가지라고 지적했다(잠 10:8, 10). 또한, "그는 지혜 없는 자식이로다 해산할 때가 되어도 그가 나오지 못하느니라"(13:13)라는 구절에서 에브라임을 지혜 없는 자식으로 표현한 것은 지혜서의 용어를 반영하고 있는 것으로 본다(잠 10:1; 13:1; 15:20). 그런데 "해산할 때가 되어도 나오지 못하는 자식"이라는 비유적 표현은 "해산하지 못하는 여인"(미 4:9-10; 사 26:17-18)이라는 전통적인 표현과 함께 지혜서가 아닌 예언서에서 발견되는 것인데, 특히 전자는 호세아서와 예레미야서(30:6)에서만 언급된다. 그래서 호세아가 전통적인 비유적 표현을 변형시킴으로 말미암아, 이스라엘 백성들의 영적인 무지함에 대한 하나님의 심판을 그들이 보다 확실하게 깨닫도록 하기 위해 독창적인 노력을 기울인 것으로 추정하게 만든다.

호세아서는 지혜서의 주된 동사 중에 하나인 "징계하다"(호 10:9)라는 동사를 사용하고 있고, 또 "밭을 갈다"라는 동사를 사용하면서 그와 관련된 비유적 표현들을 언급하고 있는데, 이 표현은 잠언 3장 29절, 6장 14절, 12장 20절, 14장 22절 등에서 자주 사용되고 있다. 호세아는 지혜서에서 윤리적인 교훈을 함축하고 있는 것으로 자주 사용되던 이 표현을, 하나님과 이스라엘 백성 간의 신앙적 관계를 지적하려는 새로운 상황 속에서도 사용하고 있다.

호세아는 당대에 접할 수 있었던 다양한 신앙적 전통의 교훈들과 기록들에 대해 익숙했으며, 하나님께서 자신에게 주신 예언적인 감동을 백성들에 전하는데 있어서 필요하다면 그것들을 수용하고 변형시킨 가운데 독자적인 예언을 이루어내었던 것으로 추정된다. 그래서 호세아의 예언은 현인적 전통과 관련하여 의존성(dependence)과 독자성(independence)을 함께 지니고 있는 것으로 평가할 수 있다. 호세아의 이러한 창조적이면서도 현학적인 예언 활동에 대한 매킨토시의 평가는 합당한 것이다.

> 이 모든 것을 볼 때 호세아는 독자적인 사람이었다. 만약 그가 현인적 전통의 모티프들을 알았다면 그는 다른 전통의 것들과 마찬가지로 그것들을 사용하고 그것들을 통해 자신의 새로운 주제를 만들어 내었다. 그의 예언적 활동은 폭넓은 지식과 극도의 예술성을 지닌 저자만이 드러낼 수 었는 사상의 통일성을 반영해주고 있다…. 호세아가 지혜 전통

> 으로부터 용어들과 주제들을 사용하고 있는 것을 보면 사상의 독자성을 드러낸다. 그것들은 그의 예언을 형성하는데 있어서 하나의 요소에 지나지 않는다. 그것들은 단순히 인용되어 반복되는 것이 아니라 조정되고 변형되어 기원전 8세기의 독특한 계시에 있어서 독자적인 권위를 지닌 채 중요한 위치를 차지하게 되었다.[39]

(3) 이사야서와 지혜문학

예언서와 지혜문학과의 연관성을 다루는 부분의 서론 부분에서 언급한 바 있는 피터너의 글, "현인 중에 있는 이사야"의 내용을 보다 자세하게 소개할 필요가 있다. 그는 이사야의 예언들 중에서 잠언의 내용을 상기시키는 것들을 발견했는데, 예를 들어, 이사야서 5장 21절이 잠언 26장 5절, 12절, 16절과 유사하고, 이사야서 28장 11절과 29장 13절이 잠언 26장 23절과 흡사한 것으로 이해했다. 또한 9장 5절과 6절, 그리고 11장 2절에서 미래의 이상적인 통치자에 관해 묘사하는 내용이 지혜문학에서 높이는 지도자상과 유사하다는 점도 지적했다. 이러한 이해에 근거하여 피터너는 이사야가 유다의 정치가들 집단인 현인들의 단체에 속해 있었다고 추정했다. 그러나 그는 현인들이 신적인 교훈들에서 벗어난 것들을 가르치게 되자 이사야가 그들과 결별하고 그들에 대해 비판적인 입장을 보였다고 주장했다.[40]

웨드비(J. W. Whedbee)는 이사야서 1장 2절과 3절, 5장 1절부터 7절, 그리고 28장 23절부터 28절에 소개되는 비유들과 10장 15절과 29장 15절과 16절에서 발견되는 격언적인 예언, 그리고 14장 26절과 28장 29절에 언급되는 요약 구절 등이 지혜문학에서 주로 사용되는 문학적 형태와 내용들과 부합한다고 주장했다.[41] 그는 이사야가 격언적인 용어뿐만 아니라 지혜문학에서 사용되는 논쟁의 형태도 사용하고 있다고 보았다. 또한 "화 예언"의 내용들도 현인들의 관심과 종종 일치하며, 이사야서에서 사용되는 "조언"('esa)이라는 용어도 지혜서로부터 인용되었지만, 이사야가 현인들의 전통적인 교훈들에 반대하기 위해 새로운 의미를 함축하여 사용했다고 주장했다.

젠슨(J. Jensen)은 이사야서 1장 10절, 2장 3절, 5장 24절, 8장 16절, 그리고 30장 9절 등에서 사용되는 "법"(torah)이 문맥상으로 볼 때, 사제들이 강조한 율법이나 사법적인 법률이나 예언적인 말씀이 아니라 '지혜로운 교훈'으로 이해될 수 있다고 보았다. 그는 이사야가 이 단어를 사용한 이유는, 이 단어가 현인들의 전통의 것이기에 그들과 지속적으로 토론을 하기에 적합했기 때문이라고 주장했다.[42]

윌리암슨(H. G. M. Williamson)은 인식론적인 관점에서 이사야서와 지혜문학과의 연관성을 논했다. 특히 그는 이사야서에서 강조하는 주제 중에 하나인, 이스라엘 백성들을 향한 하나님의 심판의 뜻을 아는 방법에 대해 논할 때, 이사야가 하나님으로부터 받은 말씀과, 모세의 율법과, 자연의 기준과, 고대 근동 사회의 예들과, 지혜문학 등을 모두 고려하여 소개하고 있다고 이해했다. 그래서 하나님의 심판의 뜻을 아는 것이 현인적 전통만의 관심사가 아니었다고 보았다. 이런 맥락에서 볼 때, 윌리암슨은 젠슨이 언급한 바 있는 "법"이 모세의 율법만을 의미하거나 현인들의 교훈으로 국한되는 것이 아니라 백성들이 보다 폭넓은 개념으로 이해하고 있었던 단어라고 간주했다.[43] 윌리암슨은 이사야서 29장 14절에서 언급하는 것처럼, 이사야가 당대의 현인들을 비판하는 경우들이 있는데, 그것은 왕의 정치적 조언자들로 활동하던 현인들의 정치적 관점이 너무나 세속적이어서가 아니라 예언자로서 당대에 통용되던 여러 정보들을 종합한 결과로 나온 것이라고 보았다. 그는 이사야가 신앙적인 면에 있어서 현인들과 완전히 결별하지는 않았다고 이해하면서, 단적인 예로 잠언이나 전도서에서 강조된 '하나님 경외 사상'이 이사야서에서도 나타나는 점을 들었다(사 11:2; 29:13, 23; 33:6; 63:17).

위의 여러 학자들의 견해들을 살펴볼 때, 일반적으로 학자들이 이사야서에서 지혜서의 용어나 구문, 그리고 신학적 사상들을 발견할 수 있었다는 점을 파악할 수 있다. 이러한 점에 근거해서 어떤 학자들은 이사야를 현인들의 무리 속에서 교육을 받은 자로 주장하기도 한다. 그런가 하면 다른 학자들은 이러한 유사점이 이사야가 예언 활동을 하는데 있어서 영향을 받았던 보편화된 신앙적 교훈들 중에 일부에 지나지 않고, 또 그가 지혜서로부터 문체와 사상들을 수용했다고 해도 그것들을 그대로 인용하지 않고 다른 전통의 것들도 함께 참고하면서 독자적인 것들로 승화시켰다고 이해한다. 그러므로 이사야가 지혜서로부터만 영향을 받았다고 단정하는 것은 무리라고 보는 것이다. 후자의 견해에 힘을 실어주게 만드는 또 다른 요소는 이사야가 당대의 국제적인 정세 속에서 왕에게 바른 조언을 해주지 못했던 현인들을 비판하고 사상적으로 충돌했다는 점이다. 그럼에도 불구하고, 전반적으로 볼 때 이사야는 당대에 중요한 신앙적, 정치적 지도자들로 활동했던 현인들의 문학적인 업적들과 신앙적인 가르침들을 이해하는 가운데, 자신의 예언 활동에 필요한 부분들을 참고하여 자신의 독자적인 예언이 완성될 수 있도록 힘썼던 것으로 판단된다.

(4) 예레미야서와 지혜문학

예레미야서와 지혜문학과의 관계에 관해 가장 깊이 연구한 학자 중에 한 사람은 매케인(W. McKane)이다. 그는 "예레미야와 현인"(1995년)이라는 글에서 예레미야 선지자와 당대의 정치적, 신앙적 지도자들로 활동했던 현인들의 관계를 연구했다. 그런데 위에서 소개한 여러 학자들이 아모스서, 호세아서, 이사야서과 지혜서 사이의 단어나 문체를 비교하는 일에 관심을 기울였다면, 매케인은 바벨론 포로기가 시작되기 직전이나 포로기 시대 동안 사회적, 신앙적 지도자들로 활동했던 예레미야와 현인들의 정치관과 신학을 비교하는 일과 그들의 사회적 기능의 차이를 연구하는 일에 관심을 기울였다.

그는 예레미야서 18장 18절에 언급되는 세 부류의 전문가들과 그들의 전문성을 구분했다: 제사장/ 율법; 지혜로운 자/ 책략('esa); 선지자/ 말씀. 여기서 책략이란 현인들이 유다 나라의 번영을 위해 지니고 실천할 수 있었던 지적인 분별력과 판단력을 의미하는 것이다. 보편적으로 포로기 이전 시대의 현인들의 신학적, 정치적 사상이나 관점이 유다 선지자들의 그것들과 다른 것으로 이해되었다. 그래서 현인들의 가르침이 예언자에 의해 비판의 대상이 되기도 했다.

> 너희가 어찌 우리는 지혜가 있고 우리에게는 여호와의 율법이 있다 말하겠느냐 참으로 서기관의 거짓의 붓이 거짓되게 하였나니 지혜롭다 하는 자들은 부끄러움을 당하며 두려워 떨다가 잡히리라 보라 그들이 여호와의 말을 버렸으니 그들에게 무슨 지혜가 있으랴(렘 8:8-9).

그러나 26장에 의하면, 유다의 어두운 미래에 관해 예언했던 예레미야를 어떻게 다룰 것인지에 관해 제사장들, 선지자들, 고관들(현인들), 그리고 모든 백성들이 심각하게 토론을 하는 상황에서, 제사장들과 선지자들이 예레미야를 죽여야 한다고 제안했을 때, 고관들(현인들)과 모든 백성들이 예레미야를 죽일 이유가 없다고 하며 그를 변호해주고 있다. 또한 24절에 의하면 요시야 왕의 측근이었던 서기관 사반의 아들 아히감이 예레미야를 도와서 예레미야가 백성들에 의해 죽지 않게 해주었다. 또한 36장에 의하면 예레미야가 두루마리 책에 예언을 기록하여 서기관 바룩을 통해 여호야김 왕에게 그 내용을 전하게 했을 때, 왕궁의 "모든 고관 곧 서기관"들이 그 내용을 읽고 그것에 동의하게 되었다. 그래서 왕이 두루마리 책을 불에 태우게 했을 때 그들은 그것을 태우지 말도록 건의하였다. 이러한 점들은 그의 신학적 이해와 아울러 유다가 당면하고 있는 심각한 국제 정세에 대한 예레미야의 대안에 대해 당대의 고관들(서기관들, 현인들)이 동의하고 있었던 것으로 추정하게 만든다.[44)]

매케인은 예언자의 말씀과 지혜로운 자의 책략이라는 두 개념을 명확하게 구분하는 것에 대해 문제를 제기하고 있다. 물론 그는 예언자의 말씀의 기초가 신적인 권위를 지닌 하나님의 계시의 말씀이라는 것을 인정한다. 그러나 예언이 온전하게 구성되는 데는 유다가 직면하고 있던 중대한 사안들에 대한 분석과 예언자 자신의 헌신의 노고가 어우러지게 된다는 점도 인정해야 한다고 보았다. 그는 그러한 예언이 왕이나 정치가들이 실행하게 되는 '책략'과는 현격하게 다르다는 것을 인정했다. 이러한 점들을 고려하면서, 매케인은 예언자들의 예언 속에 지혜나 조언의 요소가 없다거나, 나라의 위태로운 상황에 대한 인식이나 깨달음도 없다거나, 왕과 그의 고관들의 견해가 고려되지 않는다거나, 정치적인 판단이 가미되지 않았다고 결론지을 수 없다고 주장했다.[45] 예레미야서를 보면 나라의 어려움에 직면하여 그 해결책을 제시하는데 있어서 예언자들의 예언과 고관들의 견해가 대립 되고 있는 경우들을 보여주기도 하지만(29장), 그렇다고 해서 지혜로운 자들의 책략(조언)이 윤리적인 교훈들이나 예언자들의 예언과 필연적으로 적대적인 관계에 있다고 볼 필요는 없다는 것이 매케인의 이해이다. 그는 현인들의 조언과 예언자들의 말씀이 공존하지 못할 이유가 없지만, 종종 대립된 것이 사실이요, 둘의 근원들이 너무 달라서 합류하지 못할 것 같지만 그럼에도 둘이 일치할 수 있다는 점을 지적했다.[46]

예레미야와 현인들과의 관계를 중심으로 연구한 매케인의 글은 현인들이 고대 유다의 사회적, 신앙적 지도자들 중에 한 부류로서 독자적인 기능을 담당하고 있었던 점을 입증해준다. 특히 예레미야가 살던 시대의 현인들 중에는 국제 정세를 바르게 분간할 수 있는 통찰력이 없어서 예레미야와 갈등을 빚을 수밖에 없었던 자들도 있었고, 또 한편의 현인들은 예레미야와 같은 뜻을 품고 그를 보호하는 역할도 했다는 점을 깨달을 수 있었다. 그런데 예레미야서에 사용되고 있는 다양한 용어들이나 문체들을 살펴보면 지혜서의 그것들과 유사한 것들이 많이 발견된다. 그래서 예레미야가 죄악에 빠진 백성들에게 하나님의 말씀을 전하는 데 있어서 현인들의 용어들이나 문체들을 자연스럽게 수용하고 있음을 인정하게 된다. 이와 관련하여 가장 대표적인 예가 될 수 있는 구절들을 소개한다면 다음과 같은데, 지혜서에서 자주 발견되는 간단한 격언체의 명령이나, 피조물들을 통한 비유적 교훈, 직유법을 비롯한 비유법들과 수사적인 의문문의 사용 등이 눈에 띈다. 뿐만 아니라 지혜서의 중심 주제에 포함되는 창조 신학이나 하나님의 공의 사상 등도 자주 언급되고 있다.

> 지혜로운 자는 그의 지혜를 자랑하지 말라 용사는 그의 용맹을 자랑하지 말라 부자는 그의 부함을 자랑하지 말라 자랑하는 자는 이것으로 자랑할지니 곧 명철하여 나를 아는 것과 나 여호와는 사랑과 정의와 공의를 땅에 행하는 자인 줄 깨닫는 것이라 나는 이 일을 기뻐하노라(9:23).

> 공중의 학은 그 정한 시기를 알고 산비둘기와 제비와 두루미는 그들이 올 때를 지키거늘 내 백성은 여호와의 규례를 알지 못하도다(8:7).

> 지혜가 있어서 이 일을 깨달을 만한 자가 누구며 여호와의 입의 말씀을 받아서 선포할 자가 누구인고 이 땅이 어찌하여 멸망하여 광야 같이 불타서 지나가는 자가 없게 되었느냐(9:12).

> 여호와께서 그의 권능으로 땅을 지으셨고 그의 지혜로 세계를 세우셨고 그의 명철로 하늘을 펴셨으며 그가 목소리를 내신즉 하늘에 많은 물이 생기나니 그는 땅 끝에서 구름이 오르게 하시며 비를 위하여 번개치게 하시며 그 곳간에서 바람을 내시거늘(10:12-13; 51:15-16).

10. 그 외의 예언서들과 지혜문학

에스겔도 예레미야처럼 당대의 신앙적 지도자들의 무리들 중에 현인들이 하나의 독특한 전통을 유지하고 있었다는 점을 지적한다.

> 환난에 환난이 더하고 소문에 소문이 더할 때에 그들이 선지자에게서 묵시를 구하나 헛될 것이며 제사장에게는 율법이 없어질 것이요 장로에게는 책략이 없어질 것이며(겔 7:26).

뿐만 아니라 에스겔은 신적인 예언을 전달할 때에 현인들의 다양한 문체들과 기교들을 수용하고 있다. 예를 들어, 16장 44절과 18장 2절은 속담(격언)을 사용하면서 예언을 시작하고 있는가 하면, 28장 3절부터 5절은 지혜서에서 반복되는 주제 중에 하나인 교만의 결과를 다루고 있다.

> 속담을 말하는 자마다 네게 대하여 속담을 말하기를 어머니가 그러하면 딸도 그러하다 하리라(겔 16:44).

> 너희가 이스라엘 땅에 관한 속담에 이르기를 아버지가 신 포도를 먹었으므로 그의 아들의 이가 시다고 함은 어찌 됨이냐(겔 18:2).

> 네가 다니엘보다 지혜로워서 은밀한 것을 깨닫지 못할 것이 없다 하고 네 지혜와 총명으로 재물을 얻었으며 금과 은을 곳간에 저축하였으며 네 큰 지혜와 네 무역으로 재물을 더하고 그 재물로 말미암아 네 마음이 교만하였도다(겔 28:3-5).

하박국서는 신정론에 관해 문제를 제기하고 있는 예언서이다. 다시 말하여 하나님이 통치하시는 이 세상에 불의가 팽배하고 있는 현상에 대해 문제를 제기하고 신학적인 해답을 얻고 있는 책이다. 그러므로 전도서나 욥기에서 다루고 있는 신정론이 지혜문학의 중요한 주제 중에 하나이기 때문에 하박국서와 지혜서와의 연관성을 추정해 볼 수 있다. 아울러 하박국서 속에 지혜서의 주된 용어들(패역, 강포, 악인과 의인, 속담, 조롱, 영광과 수치, 즐거움과 기쁨 등)과 구문들, 그리고 문체들(화 예언)과 수사법(직유법, 수사적 의문문) 등이 사용되고 있기에 그 연관성에 대해 더욱 긍정적인 평가를 내리게 된다. 또한 하박국서 3장에서 언급되는 하나님의 현현 속에서 온 땅과 만물과 만국을 주관하시는 창조주 하나님의 모습이 묘사되고 있다는 점도 지혜서의 주제와 연관되는 것으로 평가할 수 있다.

11. 다니엘서와 지혜문학

마스틴(B. A. Mastin)은 "지혜와 다니엘"(1995년)이라는 글에서, 다니엘서가 기록되는 데 지혜문학이 영향을 끼쳤다고 주장했다. 보다 자세하게 표현한다면, 그는 다니엘서의 저자가 고대 근동 국가들에서 팽배했던 예언적 지혜나 점술적 지혜(mantic wisdom)의 영향을 받았다고 보았다.[47] 그가 이렇게 주장하는 근거를 보면, 다니엘의 활동 배경이 되었던 바벨론의 왕궁에 왕의 꿈을 해석해주는 바벨론의 지혜자들과 술객들과 박수들과 점쟁이들 등이 존재하고 있었다는 점(단 2:27; 4:7)을 언급한다. 아울러 다니엘서 7장과 8장에 언급되는 네 가지 짐승의 환상이 고대 아카드의 예언서들에 언급되는 표현과 유사하다는 점도 지적하고 있다.[48] 그는 다니엘서를 기록한 지식 많은 서기관들이 고대 바벨론을 비롯한 근동 국가들에서 존재하고 있었던 예언적(점술적) 지혜 전통과 그 자료들에서 강조되는 전제들을 공유했고, 또 그것들의 특징들이 그들의 사상에 영향을 끼쳤다고 보았다. 그래서 다니엘서의 저자들이 유대인들의 신앙적 전통에 중심을 차지하고 있는 주제들을 새롭게 제시하기 위해 고대 근동의 예언적 지혜 전통을 언급하고 있다고 보았다.[49)]

그러나 필자는 다니엘서에서 고대 바벨론의 지혜자들이나 술객, 박수와 점쟁이들이 언급된다고 해서, 저자가 그들의 존재 가치를 인정하거나 그들의 점술적 예언 활동을 합리화하여 그것을 배우고 그들로부터 영향을 받았다고 이해하는 것은 합당한 해석이 아니라고 판단한다. 왜냐하면, 다니엘서 전체에서 강조되는 바는 하나님께서 다니엘에게 주신 신적인 지혜가 바벨론의 왕궁에 있는 다양한 점술가들의 지혜보다 월등하며, 그들의 지혜가 무의미한 것이라는 점을 부각시키고 있기 때문이다. 뿐만 아니라, 다니엘서와 고대 아카드 문헌들의 문체들이 유사하다고 해서 전자가 후자의 문체나 내용을 인용했다고 단정을 짓는 것은 무리가 있다고 판단된다. 왜냐하면 마스틴 자신이 지적하고 있듯이 다니엘서와 고대 아카드 문헌 사이에 유사한 점들과 아울러 차이점들도 많이 존재하고 있기 때문이다.

다니엘서는 바벨론의 왕궁에서 왕을 섬기게 된 다니엘과 세 친구들이 하나님이 주신 지혜와 총명으로 바벨론에서 하나님의 임재와 능력을 드러내는 일을 성공적으로 수행했고, 목숨의 위협을 당하면서도 여호와 하나님만을 섬기는 모습을 유지했다는 점을 알려줌으로써, 독자들도 그들과 같은 신앙적 정절을 지키며 하나님 앞에서 지혜롭게 살도록 결단하게 만든다. 그리고 7장부터 소개되는 환상들을 통해서는 하나님만이 온 세상 만국을 다스리는 주관자이시라는 점을 선포한다. 또한 구약성서에서 가장 발전된 묵시서로 이해되고 있는 다니엘서에는 지혜문학에서 사용되고 있는 용어들과 구문들이 많이 언급되고(단

1:20; 20:20, 30; 5:11), 또 지혜문학에서 다루어지는 신학적 주제들이 다루어지고 있다. 그러므로 다니엘서의 저자가 지혜적 전통의 가르침을 잘 이해함과 아울러 자신이 다루고자 하는 중요한 신학적 주제들(신앙적 핍박 속에서 신앙적 정절을 지키는 비결, 만국을 다스리는 하나님의 주권, 순교를 각오한 믿음 등)을 다룸에 있어서 지혜문학의 문체들과 사상들을 사용하고 있다고 평가할 수 있을 것이다. 바벨론의 신앙적 핍박 가운데서 여호와 신앙을 포기하는 유다 백성들이 속출할 때, 그들로 하여금 순교까지 각오하면서 믿음 안에 머무르도록 권고하게 만드는 다니엘서 12장 1절부터 3절의 내용은 구약성서의 묵시가들과 현인들이 자기 백성들로 하여금 여호와 신앙을 지키는 자들로 살아가게 하기 위해 공동의 노력을 기울였다는 점을 가장 단적으로 보여주는 구절로 간주된다.

> 그 때에 네 민족을 호위하는 큰 군주 미가엘이 일어날 것이요 또 환난이 있으리니 이는 개국 이래로 그 때까지 없던 환난일 것이며 그 때에 네 백성 중 책에 기록된 모든 자가 구원을 받을 것이라 땅의 티끌 가운데에서 자는 자 중에서 많은 사람이 깨어나 영생을 받는 자도 있겠고 수치를 당하여서 영원히 부끄러움을 당할 자도 있을 것이며 지혜 있는 자는 궁창의 빛과 같이 빛날 것이요 많은 사람을 옳은 데로 돌아오게 한 자는 별과 같이 영원토록 빛나리라.

12. 아가서와 지혜문학

아가서는 일반적으로 성문서 중에서 시가서에 속하는 책으로 간주되어 왔다. 그러나 아가서를 지혜서에 속하는 책 중에 하나로 이해하는 학자들이 나타나게 되었는데, 그 중에 가장 선구자 역할을 한 학자는 뷔르트바인(E. Wurthwein)이다. 그는 아가서가 신랑과 신부 사이의 사랑이라는 주제로 엮어진 서른 편의 독자적인 노래들로 구성되어 있는데, 바벨론 포로기 이후 시대에 현인 학교에서 함께 모아진 것으로 추정했다. 그 이유는 아가서에서 다루는 내용이 잠언 5장 15절부터 18절에서 강조하는 부부간의 사랑에 관한 교훈과 유사하기 때문이다: "너는 네 우물에서 물을 마시며 네 샘에서 흐르는 물을 마시라 어찌하여 네 샘물을 집 밖으로 넘치게 하며 네 도랑물을 거리로 흘러가게 하겠느냐…." 그는 아가서를 우화적으로나 세속적으로나 신화적으로 해석하는 것을 거부했다. 그는 아가서가 원래 신앙적인 의미를 내포하여 기록되었다가 후대에 세속적으로 타락하게 된 것이 아니라, 우화적 해석이 본문을 신앙적인 의미를 지닌 것으로 만들었다고 풀이했다. 그는 참된 결혼은 신랑과 신부의 가족 간의 결합이라기보다, 신랑과 신부 간의 서로의 동의와 아울러 성적인 호감으로부터 사랑이 자라가게 된 결과로 이루어져야 한다는 점을 아가서가 강조하고 있다고 이해했다.[50]

리스(James M. Reese)는 아가서가 포로기 이후 시대인 기원전 5세기경에 현인들에 의해 최종적으로 편집되었다고 주장했다. 그에 의하면 아가서의 편집자들은 원래 개별적인 서정시들이 모아진 것을 "찾기"라는 모티프를 거듭하여 사용하는 것과 같은 수사적인 기법들을 사용하여 통일시켰다. 그리고 아가서를 편집한 목적이 사랑을 하나님의 창조에 있어서 가장 강한 힘으로 내세우기 위한 것이라고 추정했다.[51]

버건트(Dianne Bergant)도 아가서를 지혜서에 포함시킬 수 있다고 전제하면서 인간적인 사랑의 한 형태가 현인적 교훈의 관심사가 되고 있다고 보았다. 그녀는 아가서가 로맨스의 묘사를 승인함으로써 연정의 고귀함과 상호 의존성을 확증해준다고 평가했다. 아가서에서 사랑이 묘사되고 있는 점을 미루어 볼 때, 그것은 창조 된 세상처럼 자연스럽고 눈부신 것으로 결론지을 수 있다고 버건트는 평가했다. 지혜서에서 인생의 경험은 위대한 교사로 이해되는데, 아가서에서 두려움 없고 나누어지지 않는 사랑은 삶의 가장 위대한 경험이다.[52] 머피는 아가서와 지혜서와의 연관성에 관해 논할 때, 아가서 8장 6절에 언급되는, "사랑은 죽음 같이 강하고 질투는 스올 같이 잔인하며 불길 같이 일어나니 그 기세가 여호와의 불과 같으니라"라는 격언 형태의 구절이 둘의 연관성을 가장 긍정적으로 이해하게 만드는 것이라고 주장했다. 그는 아가서의 장르가 전통적인 지혜서의 그것과 차이가 있음을 인정하면서도, 현인들이 부부 생활에 있어서 정절의 중요성을 강조했던 점(잠 5:15ff)에 근거하여, 그들이 아가서를 전수하고 편집하는 데 기여하였을 것으로 추정했다.[53]

주(註)

1) Gerhard von Rad, "Josephgeschichte unt altere Chokma," *Vetus Testamentum Supplementary Volume* 1 (1953) : 121-127; *The Problem of the Hexateuch and Other Essays,* trans. E. W. T. Dicken (London: Oliver & Boyd, 1966), 292-300.

2) Whybray, *The Intellectual Tradition in the Old Testament,*, 132-3.

3) Avi Hurvitz, "Wisdom Vocabulary in the Hebrew Psalter: A Contribution to the Study of 'Wisdom Psalms,'" *Vetus Testamentum,* vol. 38, no. 1 (1988) : 41-51.

4) James L. Crenshaw, *Urgent Advice and Probing Questions: Collected Writings on Old Testament Wisdom* (Macon: Mercer University Press, 1995), 312-25.

5) Roland E, Murphy, "Wisdom in the OT," *The Anchor Bible Dictionary*, vol. 6 (New York: Doubleday, 1992), 928.

6) Gerhard von Rad, *The Problem of the Hexateuch and Other Essays* (London: Oliver & Boyd, 1966), 293-4.

7) Ibid., 299.

8) Crenshaw, *Urgent Advice And Probing Questions*, 319.

9) Donald B. Redford, *A Study of the Biblical Story of Joseph, VTSup,* vol. 20 (1970), 100-5.

10) George Coats, "The Joseph Story and Ancient Wisdom: A Reappraisal," *CBQ*, vol. 35 (1973), 290.

11) Ibid., 295.

12) Arndt Meinhold, "Die Gattung der Josephgeschichte und des Estherbuches: Diaporanovelle I," *ZAW*, vol. 87 (1975), 306-24.

13) Michael V. Fox, "Wisdom in the Joseph Story," *Vetus Testamentum*, vol. 51, no. 1 (2001), 27.

14) Claus Westermann, *Genesis 37-50*, trans. J. J. Scullion (Minneapolis: Augsburg Publishing House, 1986), 26-7, 247-8.

15) Ibid., 248.

16) Fox, 29-40.

17) West, 566.

18) R. N. Whybray, *The Succession Narrative: A Study of II Samuel 9-20 and 1 Kings 1 and 2* (London, SCM, 1968), 55.

19) Ibid., 95; Crenshaw, *Urgent Advice*, 320.

20) Crenshaw, Ibid., 321-2.

21) Gordon, 101.

22) Ibid.; B. Gosse, "La Gagesse et intelligence de Salomon en 1 Rois 5,9," *BN,* vol. 65 (1992), 12-14.

23) S. Talmon, "'Wisdom' in the Book of Esther," *Vetus Testamentum*, vol. 13, no. 4 (1963), 426.

24) Ibid., 427.

25) Crenshaw, *Urgent Advice*, 323-5.

26) 머피는 시편 1편을 지혜시의 가장 성공적인 본보기로 간주했다.

27) Hurvitz, 47.

28) Ibid., 47-9.

29) J. Fichtner, "Isaiah among the Wise," *Studies in Ancient Israelite Wisdom*, ed. J. L. Crenshaw (New York, 1976), 429-38.

30) S. Terrien, "Amos and Wisdom," *Israel's Prophetic Heritage*, eds. B. W. Anderson and W. Harrelson (New York: Harper, 1962), 108-15; J. L. Crenshaw, "The Influence of the Wise upon Amos," *ZAW*, vol. 79 (1967), 42-52; H. W. Wolff, *Dodekapropheton 2: Joel und Amos* (Neukirchen-Vluyn, 1969) ; James. L. Mays, *Amos: A Commentary* (Philadelphia: Westminster Press, 1969) ; W. Rudolph, *Joel, Amos, Obadja, Jona* (Gutersloh, 1971) ; S. M. Paul, *Amos* (Minneapolis: Fortress Press, 1991) ; J. A. Soggin, *The Prophet Amos* (Philadelphia: SCM Press, 1987) ; J. Lindblom, "Wisdom in the Old Testament Prophets," *Wisdom in Israel and in the Ancient Near East, SVT 3* (Leiden: E J Brill, 1955), 192-204; H. H,. Schmid, "Amos. Zur Frage nach der 'Geistigen Heimat' des Propheten," *WuD NF*, vol. 10 (1969), 85-103; W. McKane, *Prophets and Wise Men,* 113ff.

31) Terrien, 109.

32) Soggin, 122.

33) Ibid.

34) Ibid.

35) A. A. Macintosh, "Hosea and the wisdom tradition: dependence and independence," *Wisdom in Ancient Israel*, 124.

36) H. W. Wolff. *Hosea, Hermeneia* (Philadelphia, Fortress Press, 1974), xxiv.

37) W. R. Harper, *A Critical and Exegetical Commentary on Amos and Hoses* (Edinburgh,

Scribner, 1905), 378; E. Sellin and G. Fohrer, *Introduction to the Old Testament* (London, 1970), 419.

38) Macintosh, 125.

39) Ibid., 131-2.

40) H. G. M. Williamson, "Isaiah and the wise," *Wisdom in Ancient Israel*, 133.

41) J. W. Whedbee, *Isaiah and Wisdom* (Nashville, 1971),

42) J. J. Jensen, *The Use of tora by Isaiah: His Debate with the Wisdom Tradition* (Washington, 1973), 120.

43) Williamson, 138.

44) W. McKane, "Jeremiah and the wise," *Wisdom in Ancient Israel*, 146.

45) Ibid., 149.

46) Ibid., 151.

47) B. A. Mastin, "Wisdom and Daniel," *Wisdom in Ancient Israel*, 162.

48) Ibid.,167-8.

49) Ibid., 169.

50) Ernst Wurthwein, *Die funf Megilloth* (Tubingen: J. C. B. Mohr, 1969).

51) James M. Reese, *The Book of Wisdom, Song of Songs, Old Testament Message* 20 (Wilmington: Glazier, 1983).

52) Bergant, *Israel's Wisdom Literature: A Liberation-Critical Reading,* 140.

53) Roland E. Murphy, "Wisdom in the OT," *The Anchor Bible Dictionary,* vol. 6, 928.

제9장 구약성서 지혜문학 설교의 예들

필자는 이 책의 제목을 『설교자를 위한 구약 지혜문학』으로 정했다. 그 이유는 설교자들이 잠언, 전도서, 욥기를 설교할 때에, 어떤 주제를 어떤 전달 방식들을 통해 전해야 할 것인지를 이 책을 통해 이해할 수 있도록 도우려는 마음이 있었기 때문이다. 그래서 구약성서 지혜문학과 관련한 다양한 논의들을 소개하면서도 설교자들이 반드시 이해하고 있어야 할 것들을 지적하려고 노력했다. 어떤 주제들은 학적인 논의에 치우칠 수밖에 없는 것도 있었지만, 그러한 경우에도 설교자들의 관점을 고려하는 가운데 설명하려고 했다. 그런데 이러한 논의들도 설교자들에게 도움이 되겠지만, 잠언, 전도서, 욥기 등으로부터 직접 설교를 작성하여 소개하는 것도 나름대로 도움이 될 것이라고 간주하여 이 장에서는 몇 편의 설교를 제시하고자 한다.

필자는 설교할 때 한 대지에 두 개 이상의 예화를 사용하는 것은 바람직하지 않다고 생각한다. 그럼에도 불구하고 이 장의 설교들에서 한 대지에 두 개 이상의 예화를 소개하는 이유는 설교자들이 이 본문을 가지고 수 차례에 걸쳐 설교를 하게 될 때에 이 예화들을 선택적으로 사용할 수 있도록 하기 위해서이다.

1. 잠언 3:1-10절(어린이 주일 설교)

제목: 자녀들에게 줄 인생 유산

동서고금을 막론하고 부모들이 가장 바라는 바는 자녀들이 행복하게 사는 것입니다. 자녀들이 인격적으로나 지적으로 잘 자라나서 많은 사람들에게 존경을 받고, 또 건강한 몸과 마음을 가지고 오랜 동안 보람된 인생을 살아가는 것이 부모의 기대이자 염원입니다. 그런데 부모들이 단순히 이러한 염원을 가지고 있는 것과, 자녀들이 그러한 염원을 이룰 수 있도록 어릴 때부터 교훈하는 것은 차이가 큽니다. 고대 이스라엘의 부모들은 자녀들의 인생이 행복해지기를 바라는 가운데, 그것을 위해서 꼭 필요한 행동 지침들을 하나님의 말씀에 근거해서 자녀들에게 가르쳤습니다. 그래서 이스라엘의 자녀들이 하나님 앞에서 복을 받고, 세계 만민들 중에서 존경을 받고 인정을 받는 자들이 되게 만들었습니다. 오늘은 이스라엘 백성들이 자녀들의 행복을 위해 남겨주기 원했던 신앙적 유산들이 무엇인지를 살펴보기 원합니다. 그래서 현재를 살아가는 우리의 자녀들도 이러한 교훈들을 실천함으로 말미암아 행복한 삶을 누릴 수 있게 되기를 바랍니다.

(1) 인자와 진리가 네게서 떠나지 말게 하라(3절).

고대 이스라엘의 경건한 부모들은 자녀들이 더불어 살아가는 사람들에게 두 가지 덕목을 꼭 실천하라고 강조했습니다. 그 중에 하나는 인자(hesed)요 또 하나는 진리(emeth)입니다. 인자는 다르게 표현한다면 사랑에서 우러나오는 친절함, 끝없는 사랑, 긍휼함, 배려, 자비 등을 의미합니다. 그래서 주위 사람들에게 친절을 베풀고, 특히 그들 중에서 우리보다 어려운 처지에 있는 자들에게 긍휼과 자비를 베풀 줄 아는 자세를 말합니다. 그리고 우리에게 해를 끼치는 자들에 대해서도 자비롭게 용서할 줄 아는 너그러운 행동을 포함합니다.

그런가 하면 진리는 다른 말로 견고함, 성실함, 진실함을 말합니다. 우리가 어떤 일을 맡았을 때에 항상 성실하게 임하고, 우리가 하는 말과 행동에 대해서는 주위 사람들이 신뢰할 수 있게 살아가는 것을 말합니다. 또한 더불어 살아가는 사람들의 말과 행동에 대해 옳은 것은 옳고 틀린 것은 틀렸다고 평가할 줄 아는 것을 말하며, 가장 중요하게는 자신의 실수에 대해 솔직하게 인정할 줄 아는 것을 말합니다. 이렇게 볼 때, 다른 사람들이 우리에게 해를 끼칠 때에는 우리가 그들에게 인자를 베풀고, 우리가 다른 사람들에게 실수를 했을 때에는 솔직하게 자백하고 용서를 비는 것이 중요한 자세일 것입니다.

하나님의 말씀은 하나님의 백성들이 어려서부터 인자와 진리라는 이 두 가지 덕목을 늘 실천하며 살기를 원하십니다. 그러면 하나님께서 그들에게 은총을 베풀어 주시고 주위의 사람들도 그들을 귀중히 여기며 존경하게 된다고 약속하십니다. 요즘 우리 부모님들은 자녀들에게 무슨 덕목을 가장 중요하게 가르치고 있는지 궁금합니다.

예화) 박성효 대전 시장의 자서전을 읽는 중에 "워싱턴과 리빙스턴"이라는 제목이 붙은 장을 읽게 되었습니다. 박 시장이 어렸을 때부터 가장 영향을 받은 두 인물들이 워싱턴 대통령과 리빙스턴 선교사였다는 내용입니다. 워싱턴은 어린 시절에 자기 아버지가 가장 아끼는 나무 한 그루를 도끼로 찍어버리는 실수를 범했다고 합니다. 그래서 그는 아버지의 꾸지람을 두려워하는 가운데 그것을 피할 수 있는 많은 변명들을 생각할 수 있었지만, 솔직하게 아버지에게 사실대로 말했다고 합니다. 그리고 어릴 때부터 진실하게 사는 것의 중요성을 배워서, 어른이 되어서도 진실한 정치인으로서 많은 백성들에게 존경과 인정을 받게 되었다고 합니다.

그런가 하면 리빙스턴은 부유한 가정에서 태어났습니다. 어린 시절에 친구와 싸우게 된 일이 있습니다. 그런데 그가 친구와 싸워 이기게 되었을 때, 친구가 한 말이 그에게 오래 남게 되었습니다. "너는 부유하게 태어나서 나를 이겼고 나는 가난해서 진거야." 그 말에 리빙스턴은 어릴 때부터 자기보다 어려운 처지에 있는 자들에 대한 배려와 친절과 긍휼의 마음을 키워갔습니다. 그래서 자라난 후에도 자신의 유복한 환경을 떠나, 모든 것이 열악한 상태에 있는 아프리카 백성들에게 의료 선교사로 일생을 헌신하게 된 것입니다.

박시장이 가장 존경한 두 인물이 보여준 덕목이 바로 인자와 진리의 덕목이 아닌가 생각합니다. '인자와 진리'는 성경의 많은 곳들에서 거듭 거듭 강조되는 중요한 덕목입니다. 이것들은 하나님께서 우리들에게 베풀어주신 것들이요, 우리가 이웃들에게 베풀어야 할 핵심적인 덕목들입니다(시 40:11; 45:4; 57:3; 61:7; 잠 14:22; 16:6; 20:28; 요 1:17). 특히 인간 관계 속에서 우리와 우리 자녀들이 주위 사람들로부터 존경과 인정을 받게 만드는 지름길이요 하나님의 은총을 받게 되는 길입니다. 이것을 늘 실천하는 우리가 되고, 우리 자녀들에게도 이것을 실천하며 살도록 세뇌시키다시피 가르치기 바랍니다.

(2) 여호와를 신뢰하고 범사에 그를 인정하라(5-8절).

고대 이스라엘의 경건한 부모들은 자녀들로 하여금 매일의 삶 속에서 하나님을 신뢰하고 그분의 뜻을 인정하며 살도록 가르쳤습니다. 그리하면 하나님께서 그들의 삶의 길을 인도하시기 때문입니다. 뿐만 아니라 자녀들이 자신들의 명철과 지혜와 계획에 따라 인생을 살지 말고, 매일의 삶을 하나님의 인도하심에 맡기라고 가르쳤습니다. 한 걸음 더 나아가서 "스스로 지혜롭게 여기지 말고 여호와를 경외하며 악을 떠나라"고 명령했습니다(7절). 그리하면 그들의 삶이 악한 길에 빠지지 않고, 허무한 데에 이르지 않고, 하나님께서 원하시는 복된 길로 나아갈 수 있기 때문입니다. 뿐만 아니라 이러한 삶이 하나님의 백성들로 하여금 마음의 평안을 유지하게 만들고, 여러 가지 스트레스에서 벗어나게 만들며, 그 결과로 정신과 육체에 있어서 건강을 유지시켜주기까지 한다는 것을 알았기 때문입니다. 매일의 삶 속에서 하나님을 의지하며 그분의 인도하심에 따라가는 삶이 하나님의 백성들의 몸에 양약이 되고, 골수까지도 윤택하게 한다는 8절의 약속은 의미가 큽니다. 왜냐하면 현재에 수많은 사람들이 자신들이 원하는 세상적인 길, 유혹의 길, 향락의 길로 달리다가 죄책감, 후회감으로 말미암은 정신적, 육체적인 질병들을 경험하고 있기 때문입니다. 그 이후에 건강을 회복하려고 치료

약과 보약(양약)들을 지어먹지만 건강의 회복이 쉽지 않음을 고백하곤 합니다. 그러나 이러한 생활보다 더욱 우리를 건강하게 만드는 것은 매일 하나님의 뜻에 따라 살아가며, 그분이 하라고 하시는 일을 하고 하지 말라는 것은 하지 않는 믿음의 겸손함이라는 것을 알아야 합니다. 성경은 우리가 매일 어떤 마음가짐과 신앙적 자세로 살아가느냐에 따라 우리의 건강도 차이가 난다는 점을 가르치고 있습니다: "사람의 심령은 그의 병을 능히 이기려니와 심령이 상하면 그것을 누가 일으키겠느냐"(잠 18:14). 그리고 이러한 점이 진리라는 것을 현대 의학계에서도 점점 인정하고 강조하고 있기도 합니다.

그러므로 우리는 우리 자신들뿐만 아니라 우리의 자녀들이 건강하고 행복한 나날을 보내게 하기 위해, 매일의 삶 속에서 짊어져야 하는 모든 짐들을 우리 주 예수 그리스도께 맡기고 주님께서 주시는 지혜와 인도하심에 따르는 길을 택하도록 교훈해야 합니다. "수고하고 무거운 짐진 자들아 다 내게로 오라 내가 너희를 쉬게 하리라 나는 마음이 온유하고 겸손하니 나의 멍에를 메고 내게 배우라 그리하면 너희 마음이 쉼을 얻으리니 이는 내 멍에는 쉽고 내 짐은 가벼움이라"라는 예수님의 약속을 기억해야 합니다(마 11:28-30). 그래서 하루의 일을 시작하기 전에 하루 동안 걸어가야 하는 길들에 대해 하나님께 먼저 기도로 묻고, 여러 가지 모임들에 임할 때에도 먼저 기도로 하나님의 뜻을 물을 수 있도록 해야 합니다. 그래서 자신의 삶이 매순간 하나님의 인도하심과 동행하심 가운데 이루어지고 있다는 신앙적 확신을 가지고 마음의 평안을 유지할 수 있도록 해야 합니다. 아울러 삶을 되돌아 볼 때에는 자기의 삶의 여정을 하나님께서 인도하셨다는 아름다운 고백을 할 수 있게 만들어야 합니다. 그러한 삶이 진정한 신앙인의 삶이요, 하나님이 주시는 전인적인 건강을 맛볼 수 있는 삶이기 때문입니다.

예화) 어느 교회의 예배에 참석했다가 중고등학생 몇 명이 특별 찬송을 부르는 모습에 감동을 받았습니다. 특히 그들이 부르는 복음성가 가사가 제 마음에 깊이 자리 잡게 되었습니다. 이 찬송의 내용이 우리 모두의 매일의 신앙고백이 되기 바랍니다.

주님 말씀하시면 내가 나아가리다
주님 뜻이 아니면 내가 멈춰서리다
나의 가고 서는 것 주님 뜻에 있으니
오 주님 나를 이끄소서(2번)

뜻하신 그 곳에 나 있기 원합니다
이끄시는 대로 순종하며 살리니
연약한 내 영혼 통하여 일하소서
주님 나라와 그 뜻을 위하여(2번)
오 주님 나를 이끄소서

(3) 재물로 여호와를 공경하라(9절).

고대 이스라엘의 경건한 부모들이 자녀들에게 가르친 또 하나의 신앙적 교훈은 물질과 관련이 있습니다. 그들은 자녀들이 건강한 물질관을 가지고 자라기를 원했고, 하나님 앞에서 물질과 관련하여 선한 청지기로 살기를 기대한 것입니다. 왜냐하면 그들은 그들의 평생의 삶 속에서 물질로 하나님을 공경하였을 때 하나님께서 창고를 가득히 채워주시고 포도즙 틀에 새 포도즙이 넘치게 해주시는 복을 경험할 수 있었기 때문입니다.

현대의 그리스도인 부모들이 자녀들의 행복을 위해 가르치는 요소들 중에 대인 관계를 위한 교훈이 빠지지 않습니다. 하나님께 자기의 길을 맡기고 하나님을 의지하라는 신앙적 교훈도 중요하게 자리를 잡고 있습니다. 그러나 자녀들이 물질을 가지고 하나님을 공경하는 일에 관한 교훈은 필수과목이 아니라 선택과목으로 간주하는 것 같습니다. 그러나 우리가 기억해야 하는 것은, 우리 자녀들이 물질을 가지고 어떻게 행동하는가에 따라 그들의 인생의 풍요로움이 판가름이 나게된다는 점입니다. 그들이 열심히 일하여 벌게 된 물질을 가지고 하나님 앞에 십일조를 드리고, 감사를 표시하고, 또 선교와 전도를 위해 헌물을 드리고, 사회의 가난한 자들을 위해 구제할 줄 알 때, 하나님께서 그들의 청지기 생활을 인정하시고 더욱 많은 물질로 채워주실 것입니다. 그러나 하나님께서 주신 물질을 가지고 여러 가지 향락에 빠지거나 사치에 빠져서 낭비하게 될 때, 하나님께서는 그러한 자들에게 더 많은 물질을 맡기지 않을 것입니다. 이러한 영적인 진리를 깨달은 자들이라면 우리는 자녀들의 삶이 물질적인 면에 있어서도 하나님을 공경할 수 있도록 어릴 때부터 가르쳐야 합니다.

예화) 이러한 교훈을 가장 잘 가르친 자로서, 존 록펠러의 어머니를 예로 들 수 있을 것입니다. 존 록펠러(1839-1937)는 주로 석유 사업을 통해 부를 축적하게 되었는데, 지금까지도 세계에서 가장 부자 중에 한 사람으로 기억되고 있을 정도로 부유한 사람입니다. 아울러 그는 미국 사회의 교육, 의학, 과학, 종교 등, 많은 분야에 기여한 자로 기억되고 있습니다. 특히 그는 미국의 명문 대학 중에 하나인 시카고 대학을 비롯하여 12개 대학을 설립했고, 4,928개의 예배당을 설립하기도 했습니다. 그가 88살 때 시카고 트리뷴(Chicago Tribune)지의 기자가 그의 부유함의 비결에 관해 물어보았습니다. 그때 그는 자기의 어머니의 신앙적 교훈 때문에 자기가 부자가 되었다고 말했습니다. 그리고는 어머니가 어렸을 때부터 자기에게 가르쳤던 네 가지를 설명했습니다.

1) 첫째는 수고하여 얻은 재물의 십일조를 하나님께 반드시 드리라는 것입니다. 그래서 그는 어릴 때에 20센트의 용돈을 받았을 때부터도 십일조를 하기 시작했다고 하는데, 그가 평생 하나님께 드린 십일조의 총액이 오억 이천 백 만불(오천 이백 억원)이나 된다는 통계를 본 적이 있습니다. 그리고 자기 회사에 십일조를 계산하는 전담 직원이 사십 명이나 되었다고 합니다.
2) 둘째는 성전 건축의 축복을 잊지 말라는 것입니다. 어머니의 이 교훈에 순종한 그는 4,928개의 예배당을 건축하게 된 것입니다.
3) 셋째는 주일 예배에 빠지지 말고, 예배를 드릴 때에는 맨 앞자리에서 드리라는 것입니 다.
4) 넷째는 무슨 일이 있어도 목사님과 다투지 말라는 것입니다.

자신이 부요하게 된 비결에 대해 이와 같이 설명을 한 록펠러는 자기가 이러한 어머니의 가르침들을 중요하게 생각하고 물질적으로 하나님을 공경했을 때, 하나님께서 그에게 다른 사람들이 볼 수 없는 통찰력을 주셨다고 고백했습니다. 다른 사람들은 사업을 하면서 삼년 후를 내다보지 못했지만 하나님께서 자기에게 이십년, 삼십년 이후까지 내다보면서 사업을 하게 해주셨다고 고백했습니다.

부모 된 우리 모두의 염원은 우리의 자녀들이 건강하게 자라고, 사람들에게 존경받고 영향력을 끼치며, 하나님을 잘 섬기는 가운데 장수와 평안의 복을 누리고 사는 것이라고 믿습니다. 그러한 우리의 염원이 자녀들의 삶에 현실로 이루어지게 하기 위해 우리는 시시때때로 자녀들에게 오늘 본문의 교훈들을 가르쳐야 합니다. 그래서 그들이 이 말씀들을 삶에 적용하게 해야 합니다. 더불어 살아가는 자들을 항상 인자와 진리로 대하고, 매일의 삶의 길을 우리 주님 예수님께 맡기고, 주님께서 주신 물질들을 가지고 하나님의 영광을 위해 선하게 사용하도록 우리 자녀들을 가르칩시다. 그리하면 이러한 가르침들이 우리 자녀들에게 최고의 신앙적 유산으로 남게 될 것입니다.

2. 잠언 16:1-9절(신년 주일 설교)

제목: 여호와의 주권을 인정하는 삶

2006년 12월 초에 미국 오레곤 주의 시스키유 국립공원 내의 강가에서 한인 교포 제임스 김씨가 숨진 채로 발견되었습니다. 김씨 가족은 추수감사절 휴가 후에 샌프란시스코에 있는 집으로 돌아오던 도중에 눈보라가 몰아치는 길을 운전하다가, 도로를 놓치고 산악도로에서 갇혀 버렸습니다. 그들은 구조를 기다리다가 구조가 늦어지자, 차 안의 온도가 영하로 내려가지 않게 차의 시동을 주기적으로 켰고, 추울 때에는 서로 몸을 꼭 껴안고 체온을 유지했습니다. 차의 휘발유가 떨어지자 제임스 김씨는 타이어를 태웠고, 눈이 그칠 때에는 잡지와 목재를 태웠습니다. 일주일 동안 구조의 손길이 없자 그는 가족을 구하겠다는 희망을 가지고 길을 떠났다가 얼어 죽게 된 것입니다.

김씨는 가족들을 차에 남기고 구조를 요청하러 떠난 후에 눈보라가 몰아치는 길을 오랜 동안 다녔지만, 그의 시체가 발견된 곳은 출발지로부터 0.8킬로미터밖에 떨어지지 않은 곳이었습니다. 그가 남긴 흔적을 보면 원모양으로 돌아 그 지점에 도달했던 것입니다. 그의 죽음이 더욱 안타까운 것은, 만약 그가 다른 방향으로 출발해서 비포장 길을 따라 갔으면 얼마 멀지 않은 곳에 블랙 바 로지라는 리조트에 도착해서 구조를 받을 수 있었을 것이라는 점 때문입니다. 그곳은 낚시와 래프팅을 즐기는 유명한 휴양 시설로, 겨울에는 비어 있지만 구조대가 그곳을 여러 번 점검했다고 말합니다.

저는 이 사고에 관한 기사를 읽으면서 가족을 아끼고 사랑했던 한 사람의 희생적인 죽음에 머리가 숙여지면서도, 또 다른 한 면으로는 우리 인간이 얼마나 자신의 미래나 앞길에 대해 알 수 없는 연약하고 제한된 존재인지를 새삼 깨닫게 되었습니다.

오늘 본문은 한 해를 새로운 자세로 시작하는 우리가 깊이 묵상해야 할 중요한 말씀이라고 믿습니다. 이 말씀은 고대 이스라엘의 현인들이 평생 여호와 하나님을 섬겨 오면서 깨닫게 되었던 신앙적 진리들 중에 가장 성숙한 것 중에 하나라고 믿어집니다. 그것은 바로 우리의 삶이 하나님의 주권 아래 있다는 깨달음입니다. 본문 중에서 그것을 강조하는 몇 구절들을 보고, 또 다른 곳들에서 소개되는 유사한 구절들을 읽어봅시다.

> 잠 16:1: 마음의 경영은 사람에게 있어도 말의 응답은 여호와께로부터 나오느니라.
>
> 잠 16:9: 사람이 마음으로 자기의 길을 계획할지라도 그의 걸음을 인도하시는 이는 여호와시니라.
>
> 잠 19:21: 사람의 마음에는 많은 계획이 있어도 오직 여호와의 뜻만이 완전히 서리라.
>
> 잠 20:24: 사람의 걸음은 여호와로 말미암나니 사람이 어찌 자기의 길을 알 수 있으랴.
>
> 잠 21:30: 지혜로도 못하고, 명철로도 못하고 모략으로도 여호와를 당하지 못하느니라.
>
> 잠 21:31: 싸울 날을 위하여 마병을 예비하거니와 이김은 여호와께 있느니라.

(1) 본문의 해설

잠언 16장 1절부터 9절은 인간의 삶에 대한 하나님의 주권을 거듭 강조합니다. 1절은 사람이 마음으로 계획하는 일과 여호와께서 실제로 응답하시는 점을 대조시키고 있습니다. 그래서 제한된 존재인 인간이 어떤 일에 대해 아무리 훌륭하게 구상하고 결정하여 실행에 옮기려 해도 그것이 한계가 있다는 점을 지적합니다. 그리고 그 일의 시행여부는 인간의 생사화복을 주관하시는 하나님께 달려 있다는 점을 강조합니다.

2절은 인간의 행위와 하나님의 의로운 심판을 대조시키고 있습니다. 인간은 자신의 행위가 정당한 것으로 믿고 살지만, 하나님께서는 그 이면에 숨겨져 있는 동기까지도 고려한 채 그 행위의 정당성을 판단하십니다. 그러므로 인간은 하나님 앞에서 섣불리 자신의 모든 행위를 합리화시키려는 어리석음을 범하지 말아야 합니다. 오히려 자신의 행동 내면에 잠재되어 있는 의도가 하나님 앞에서 의롭게 인정될 수 있도록 해야 합니다.

3절에 이어지는 "너의 행사를 여호와께 맡기라"는 명령에서 '맡기다'는 동사가 원어로 '굴리다'라는 의미를 지니고 있습니다. 그리하여 자신이 행하고자 하는 일을 여호와 앞에 굴려 넘겨버릴 때 이것이 하나님의 주권 앞에 한정된 자신의 뜻을 완전히 포기하는 신앙적 결단이 됨을 밝히고 있습니다.

4절은 인간의 모든 행위를 선하게 주관하시는 여호와께서 만물을 그분의 선한 뜻에 합당하게 창조하시고, 그것들을 자신의 뜻에 합당하게 주관하고 계신다는 점을 강조합니다. 그런데 이러한 신정론적 명제에 대해 "이 세상의 악의 문제에 대해서 무엇이라고 말할 것입니까?"라고 문제를 제기하는 자들이 있을 것을 저자는 파악했습니다. 그래서 "악인도 악한 날에 적당하게 하셨느니라"라고 언급함으로써 악의 문제와 악인의 존재에 관해 설명을 덧붙였습니다. 살다보면, 하나님의 백성들이 신실하게 살아가는 가운데 어려움을 당하게 되는 일이 있는가 하면, 주위의 악한 자들이 더욱 번성하는 경우들이 빈번합니다. 그때마다 하나님의 백성들은 "왜?"라고 질문하곤 합니다. 이러한 상황을 경험한 자들에게 하나님께서는 "악인도 악한 날에 적당하게 하셨느니라"라고 대답하십니다. 그래서 악인들의 번성함이 오래 가지 못한다는 점을 일깨워주면서 그들을 부러워하거나 시기하지 않고 자신들의 신앙적인 삶에 충실하도록 교훈합니다. 시편 37편, 잠언 24편 19절부터 20절이 이와 같은 교훈을 제시하고 있습니다.[1]

5절의 "마음이 교만한 자"는 문맥상으로 볼 때, 매사에 하나님의 주권을 인정하지 않고 자신의 생각과 뜻을 앞세우는 자입니다. 그는 자신의 악한 생각과 행위를 정당화하고 대중화하기 위해 이웃과 손을 잡고 악한 말과 행동을 퍼뜨립니다. 그 결과 공의로우신 하나님이 심판할 때 벌을 받을 수밖에 없게 됩니다.

6절은 고대 이스라엘의 현인들이 도덕적인 정결함의 주제에 관해 지녔던 최고의 사상 중에 하나를 소개합니다. 이스라엘의 제사장들은 인간이 하나님께 제사를 드림으로써 속죄함을 받을 수 있다고 가르쳤습니다. 그러나 현인들은 인간이 인자와 진리로 하나님과 이웃을 대하는 윤리적 삶 자체가 대속의 효력이 있다고 강조한 것입니다. 여기에서 '속하게 된다'는 것은 원어로 볼 때, '죄가 가려지는 것'을 의미합니다. 이러한 현인들의 속죄 사상이 예언자들의 글에서도 강조되고 있습니다(겔 18:27, 28; 미 6:6-8; 호 6:6). 신약성서의 야고보서 2장 24절도 이 사상과 연관이 있습니다.

그러나 신약성서의 다른 여러 곳에서 예수님을 그리스도와 주님으로 믿는 것이 속죄함을 받을 수 있는 유일한 조건이 된다고 가르치고 있기에(롬 3:22-28; 엡 2:8), 본문을 해석할 때 신중해야 합니다. 이 시점에서 가장 중요한 사실은 잠언이 이미 하나님의 백성이 된 자들로 하여금 그분의 뜻을 더욱 잘 따르도록 가르치려는 의도에서 기록되었다는 사실입니다. 그렇기 때문에 이 구절은 하나님의 백성들이 매일의 생활 속에서 하나님과 이웃에게 인자(친절, 사랑, 긍휼, 용서)와 진리(진실함과 성실함)로 행하는 것이 하나님의 대속의 은혜를 꾸준히 유지할 수 있는 방법이 됨을 깨우치고 있다고 볼 수 있습니다. 그러므로 이 구절은 이신득의(justification by faith) 사상을 반대하는 구절로 해석해서는 안 됩니다. 오히려 하나님의 백성 된 자들이 형식적인 예배나 제사 의식에 치중한 가운데 인자와 진리를 거스르는 이율배반적인 삶을 사는 것을 바로잡아 성화된 삶을 살도록 권유하는 구절로 이해 해야 합니다.

6절은 악을 멀리하는 비결이 하나님을 경외하는 삶에 있다고 교훈합니다. 즉, 하나님의 임재를 확신하여 그를 존중하고, 높이고, 두려워하는 자세로 살아갈 때 악을 멀리하게 된다는 것입니다.

7절의 "원수라도 그와 더불어 화목하게 하시느니라"는 구절은 원어로 볼 때, 하나님이 아니라 그 사람 자신이 주어입니다. 사람이 하나님을 기쁘시게 하는 삶을 살 때, 대인 관계에도 관심을 기울이게 되어야 합니다. 그래서 원수 관계에 있는 자들까지도 인자와 진리로 대하고 서로 화목한 관계를 회복하도록 해야 합니다.

8절은 하나님을 기쁘시게 하는 자들의 올바른 물질관을 소개합니다. 하나님을 기쁘시게 하는 자들은 그의 의를 따라 살면서 청렴하게 살아야 한다고 본문은 가르칩니다(잠 15:16; 16:19).

9절은 본문의 교훈들을 종합하며 하나님의 주권 사상으로 다시 결론을 맺는 부분입니다. 이 격언은 여러 민족들에 의해 비슷한 형태로 가르쳐지고 있습니다. 예를 들면, 미국인들은 "사람은 제안하고 하나님은 처리하신다"(Man proposes, God disposes)라는 격언을 가지고 있고, 독일인들은 "사람은 생각하고 하나님은 조종하신다"라는 격언을 지니고 있습니다.

(2) 본문의 교훈들

본문의 다양한 교훈들을 몇 가지로 조정해본다면, 본문은 먼저 하나님의 백성들이 하나님의 주권을 인정하는 자세로 살아야 한다는 대명제를 소개합니다. 그리고 하나님의 주권을 인정하는 자세가 다름이 아니라 자신의 행사를 여호와께 맡기는 것이요, 그분 앞에서 교만하지 않고 겸손하게 사는 것이요, 또한 하나님을 경외하며 더불어 살아가는 자들에게는 인자와 진리, 그리고 공의를 베푸는 것이라는 점을 분명히 밝히고 있습니다. 이제 이러한 가르침들을 우리의 현실 속에 적용시켜 봅시다.

1) 하나님의 주권을 인정하며 삽시다.

이것은 그리스도인들의 신앙생활의 가장 기본적인 자세임과 아울러 가장 성숙한 자세입니다. 우리의 매일의 생활이 내 뜻과 계획대로 이루어지는 것이 아니라 하나님의 인도하심과 주권 아래 있다는 깨달음이야말로 우리를 가장 겸손하게 만들며, 가장 평안하게 만듭니다. 욥에게 나타나신 하나님께서 보여주신 것처럼 하나님께서는 지금도 이 세상의 모든 만물들과 생물들을 선하게 다스리시고 이끄시며 그들의 삶이 풍요롭도록 인도하고 계십니다. 그러한 하나님께서 우리의 삶도 성령님의 인도하심 가운데 가장 선하게 이끌고 계시다는 사실이 진리이기에, 우리는 이것을 신앙의 기본적인 확신 중에 하나로 믿어야 하는 것입니다. 이 진리는 다니엘서에서도 강조되었습니다. 다니엘이라는 이름 자체에서도 “하나님께서 다스리신다”라는 메시지를 함축하고 있는데, 다니엘서 전체와 특히 7장부터 12장에 소개되는 미래의 환상들에서 강조된 바는 하나님께서 온 만국들의 미래까지 주관하고 계시다는 점입니다.

이러한 진리는 구약성경에서 그치지 않습니다. 예수님이 이 땅에 오셔서 선포하신 말씀들의 핵심이 바로 하나님의 나라와 주권이 이 땅에서부터 천국에까지 이루어진다는 점이었습니다. 그런가 하면 사도 바울은 로마서 8장 28절에서 "우리가 알거니와 하나님을 사랑하는 자 곧 그의 뜻대로 부르심을 입은 자들에게는 모든 것이 합력하여 선을 이루느니라"라고 고백함으로써, 하나님의 백성들의 삶에 하나님의 선하신 주권이 나타나고 있다는 점을 선포하고 있습니다. 그리고 궁극적으로 요한계시록에서 다시 선포되는 내용도 하나님께서 세상의 종말까지도 주관하셔서 신앙적 고난 속에서도 믿음을 지킨 자들은 천국으로 이끄시고, 배교한 자들은 영원한 고통의 장소로 보내신다고 결론을 내리고 있는 것입니다.

그러므로 한 해를 마감하고 새로운 한 해를 시작하면서, 우리 모두는 올 한 해 동안 우리의 삶 속에 하나님께서 선하게 역사하시고 주관해 주실 것이라고 믿고, 하나님의 주권을 인정하며 그분의 뜻을 존중하며 살겠다고 다짐할 수 있기 바랍니다. 올 한 해의 우리의 인생길에 우리 주님 예수 그리스도께서 직접 운전해주시고 가장 선한 길로 인도해주실 것이라고 믿을 수 있기 바랍니다. 그리고 절대로 우리의 생각을 앞세우지 않고 우리 마음대로 운전하지 않겠다고 결단할 수 있기 바랍니다. 또한 우리가 아니면 아무 것도 이루어지지 않는다는 영적인 교만을 버리고, 우리의 인간적인 노력에 상관없이 하나님의 선하신 주권이 이루어지게 된다는 점을 인정하며 살 수 있기 바랍니다.

예화) 콜럼비아 신학교에 매퀼킨(R. McQuilkin)이란 총장님이 계셨습니다. 주님을 사랑하고 신학교를 이십년 가까이나 잘 이끌어서 많은 학생들과 주위 사람들에게 존경을 받았던 분입니다. 그런데 아내가 풍으로 쓰러지시고 나자 신학교 총장직을 그만두시고 아내를 돌보는 일에 전념하셨습니다. 그러자 주위 사람들이 학교는 어떻게 하며, 수 천 명의 신학생들은 어떻게 하느냐고 하며 총장직을 그만두시지 말도록 권유했습니다. 그 때에 매퀼킨 총장님은 말씀하셨습니다. "나는 하나님의 주권을 믿습니다. 하나님께서 다른 훌륭한 사람들을 사용하셔서 학교를 잘 이끌 수 있지만, 나의 아내는 나를 전적으로 필요로 합니다." 우리의 삶 속에서 이와 같은 깨달음이 있기를 바랍니다. 내가 아니라도 하나님께서 주권적으로 뜻을 이루어 가실 수 있는 일과 하나님의 주권 가운데 내가 반드시 해야 할 일을 분별할 수 있는 지혜가 우리에게 있기를 바랍니다.

2) 하나님 앞에서 교만하지 말고 겸손합시다(2, 5절).

하나님의 주권을 인정하는 사람은 겸손해야 합니다. 그는 자신의 언행과 마음가짐이 모두 깨끗하고 의롭다고 내세우지 않고, 언제나 자신의 연약함과 부족함을 인정하며 하나님 앞에 부족함과 실수를 자백하고, 그분이 주시는 용서와 새 힘을 경험하게 됩니다. 그리고 하나님의 임재와 말씀 앞에서 항상 두렵고 떨리는 마음으로 자신의 언행과 마음가짐을 겸손하게 추스르게 됩니다.

예화) 민영규의 『예루살렘 입성기』에는 다음과 같은 구절이 있습니다.

"북극을 가리키는 (나침반의) 지남철(자침)은 무엇이 두려운지 항상 그 바늘 끝을 떨고 있다. 여윈 바늘 끝이 떨고 있는 한, 그 지남철은 자기에게 지니워진 사명을 완수하려는 의사를 잊지 않고 있음이 분명하며, 바늘이 가리키는 방향을 믿어서 좋다. 만일 그 바늘 끝이 불안스러워 보이는 전율을 멈추고 어느 한쪽에 고정될 때 우리는 그것을 버려야 한다. 이미 지남철이 아니기 때문이다."

우리도 하나님의 임재 앞에서 항상 북국을 향하고 있는 자침처럼 두렵고 떨림으로 주님 앞에서 겸손함을 유지해야 합니다. 그래서 매일의 삶이 주 예수 그리스도 앞에서 거룩하게 구별될 수 있도록 힘써야 할 것입니다.

3) 인자와 진리로 행합시다(6절).

*위에 소개된 잠언 3장 설교의 1번 대지를 참고하십시오.

4) 하나님을 경외합시다(6절).

하나님의 주권을 인정하는 자들은 궁극적으로 하나님을 경외하게 됩니다. 하나님을 경외한다는 것은 무슨 뜻입니까? 단순히 두려움에 떨면서 아무 것도 하지 않는 것을 뜻하지 않습니다. 경외란 보다 적극적인 의미를 지니고 있는데, 그것은 하나님을 무겁게 간주한다, 존중한다는 뜻을 내포하고 있습니다. 그래서 우리의 생각으로 이해할 수 없는 상황이 벌어져도 그 속에서 하나님의 뜻이 있다고 깨달아지면 인내하며 참는 것이요, 묵묵히 하나님의 뜻을 이루어 가는 것을 말합니다. 또한 우리의 생각과 하나님의 생각이 대립될 때에는 하나님의 생각을 더욱 무겁게 간주하여 하나님의 뜻을 존중하고 그 뜻을 따르는 것을 말합니다. 올 한 해 동안 우리는 수많은 일들을 행하며 수많은 결정들을 내려야 할 것입니다. 그 때마다 하나님을 경외하는 결정과 행동이 이루어지기 바랍니다. 그 일을 위해 영적인 분별력을 간구하는 기도를 드리고, 하나님의 뜻을 내 뜻보다 무겁게 생각하고 존중하는 결단을 내릴 수 있도록 용기를 달라고 기도해야 할 것입니다.

예화) 우리 주님 예수 그리스도께서 이 땅에 오셨을 때 삼 년간의 공생애 활동을 마치시고 온 인류의 죄악을 대신 지시고 십자가를 져야 하는 시점에 이르게 되었을 때, 예수님의 마음이 참 무거웠습니다. 십자가에서 이루어지는 형벌이 얼마나 고통스럽고 비참한 것인지를 잘 아시기 때문이었습니다. 그래서 겟세마네 동산에서 홀로 기도하실 때, 연약한 한 인간으로서의 기도가 나오기도 했습니다. "내 아버지여 만일 할 만하시거든 이 잔을 내게서 지나가게 하옵소서." 그러나 우리 주님 예수님의 위대함은 그 다음에 이어지는 기도에서 나타납니다. "그러나 나의 원대로 마시옵고 아버지의 원대로 하옵소서"(마 26:39). "나의 원대로 마시옵고 아버지의 원대로 하옵소서"라는 우리 주님의 기도야말로, 우리 모든 하나님의 백성들이 기도의 결론에서 항상 덧붙여야 할 것이며, 우리 모든 그리스도인들의 삶의 좌우명이 되어야 할 것입니다. 왜냐하면 이렇게 살아가는 것이 하나님을 경외하고 주님을 진정으로 사랑하는 것이기 때문입니다.

예화) 미국 남침례교단의 국외선교회(IMB, SBC) 총재로 활동하시는 재리 랭킨(Jerry Rankin) 박사가 한국에 와서 신학생들 앞에서 간증하는 내용 중에 감동적인 것이 있었습니다. 국외선교회에서 파송한 선교사들 중에 사역이 아주 힘든 곳으로 파송된 젊은 선교사가 있었습니다. 한 번은 선교사들의 재충전을 위해 미국에서 세미나가 열렸는데, 이 선교사도 참석하게 되었습니다. 하루의 세미나가 끝나고 나서 랭킨 박사는 선교사들을 개인적으로 면담하는 시간을 가졌습니다. 그 때에 이 선교사는 자기의 사역이 너무 힘들다고 고백하고, 열심히 노력한 대가가 나타나지 않아서 속상하다고 하며 눈물 섞인 하소연을 했습니다. 그래서 랭킨 박사는 이 선교사가 그 지역의 사역에 탈진하여 다른 곳으로 옮겨달라는 뜻으로 하소연하는 것이라고 짐작했습니다. 그래서 적합한 다른 곳을 추천하면서 그곳으로 옮겨보는 것이 어떻겠냐고 물었습니다. 그때 그 젊은 선교사는 놀라는 표정으로 말했습니다. "아뇨. 그런 뜻이 아닙니다. 다른 곳으로 보내달라는 뜻이 절대 아닙니다. 나는 하나님께서 옮기라고 하기 전까지는 절대로 움직이지 않을 것입니다. 하나님의 뜻이 아니면 저는 다른 곳으로 못갑니다." 주님의 뜻을 이루며 살아가는 가운데 아무리 힘들고 어려운 상황 속에서도 하나님의 뜻이 아니면 옮기지 않고 오직 하나님의 뜻만을 존중하며 살겠다는 이 선교사의 멋있는 고백이 우리의 고백이 될 수 있기를 바랍니다.

한 해를 새롭게 시작하며 신앙적인 결단을 새롭게 하는 시간에, 우리는 올 한 해의 개인적, 교회적, 국가적 삶 속에서 하나님이 선하게 다스려주실 것이라는 믿음을 가지고 시작합시다. 우리 주 예수 그리스도께서 올 한 해에 우리를 통해, 우리 교회를 통해, 우리 국가를 통해 이루어지는 모든 일들을 합력하여 선을 이루어주실 것이라는 믿음을 가지고 한 해를 시작합시다. 그리고 우리의 삶을 통해 하나님의 주권이 이루어지게 하기 위해 늘 하나님 앞에서 겸손하게 삽시다. 주위 사람들에게는 인자와 진리와 공의를 행합시다. 그리고 우리 주님 예수님이 그러하셨던 것처럼, "나의 원대로 마옵시고 아버지의 원대로 하옵소서"라고 외치며 하나님을 경외하며 살아가는 모두가 될 수 있기를 바랍니다.

3. 잠언 23:15-26절(어버이 주일 설교)

제목: 성서적인 "효"란?

오늘은 어버이 주일입니다. 그래서 본문 말씀을 통해서 하나님께서 우리에게 주시는 효에 관한 교훈들을 생각해보기를 원합니다.

예화) 자녀를 향한 부모의 애타는 사랑을 잘 표현하는 비유적인 이야기 중에 하나가 있습니다. 중국 진나라에 환온이란 사람이 있었습니다. 그가 상협이란 곳을 지나갈 때 같이 가던 머슴이 길에 놀고 있던 새끼 원숭이를 낚아챘습니다. 그래서 그 새끼 원숭이를 데리고 배를 타서 강을 따라 백리 길을 내려갔습니다. 그런데 자기 새끼가 사람들에 의해 끌려가는 것을 보게 된 어미 원숭이는 강가로 따라 내려가면서 계속 울부짖으며 그 새끼를 구하려고 시도했습니다. 결국 강에 가까운 한 절벽에 이르게 되자 어미 원숭이는 배로 뛰어내려 새끼를 구하려

하다가 죽게 됩니다. 사람들이 어미 원숭이의 배를 갈라보았더니 창자가 마디마다 끊어져 있었다고 합니다. 자기의 품을 떠난 자녀를 걱정하는 부모의 심정을 단적으로 느끼게 해주는 이야기라고 봅니다.

예화) 일차 대전 당시에 영국의 한 여인이 사랑하는 남편과 외아들을 전쟁으로 잃게 되었습니다. 커다란 슬픔과 허전함에 빠져 울고 있던 그녀에게 하루는 천사가 꿈에 나타나서 말했습니다. “당신이 외아들을 잃은 슬픔으로 힘들어 하니 내가 십 분만 그 아들을 떠올리게 해주겠오. 어떤 때의 모습으로 만나고 싶소? 갓 태어난 어린 아이의 모습? 유초년 시절을 발랄한 모습? 아니면 장성한 청년의 모습?” 그러자 그 여인은 말했습니다. “한 번은 내 아들이 무엇을 사달라고 했을 때 사주지를 못했습니다. 그 때 그 아들은 실망하여 등을 돌리고 나가버렸습니다. 나는 그 때의 아들의 모습을 보고 싶습니다. 그리고 그에게 미안하다고 말하고, 지금이라도 할 수만 있다면 좋은 것으로 주고 싶은 마음이라고 말하고 싶습니다.” 이 이야기도 자녀들에게 가장 좋은 것으로 주기를 원하는 부모의 사랑을 대변해준다고 봅니다.

부모님의 일생은 자식의 행복을 위해 모든 것을 헌신하는 일생입니다. 하나님의 끝없고 희생적인 사랑을 대신 보여주는 일생입니다. 부모님은 자신의 삶의 모습을 통해 자녀들이 바른 길로 행하며 하나님 앞에서나 사람들 앞에서 존경받는 자들로 자라도록 교훈합니다. 그래서 율곡의 배후에는 신사임당이 있었고, 사무엘 선지자 배후에는 기도의 사람 한나가 있었고, 침례 요한의 배후에는 비전의 사람, 찬양의 사람이었던 엘리사벳이 있었습니다. 젊은 시절을 허랑방탕했던 어거스틴 배후에는 기도의 어머니 모니카가 있었고, 존 웨슬러의 배후에는 열여덟 자녀들을 믿음으로 키웠던 수산나가 있었습니다.

자녀의 행복을 위해 희생하고 헌신하며, 올바른 길을 걷도록 교훈하는 일생을 살아오신 부모님 앞에 우리 자녀들이 보여드려야 할 삶의 모습들이 있습니다. 우리가 지켜야 할 효의 도리들이 있는 것입니다. 이것들을 오늘 본문을 중심으로 살펴보기 원합니다.

(1) 네 늙은 어미를 경히 여기지 말라(22절).

먼저 생각해 볼 성서적인 효의 모습은 부모님을 가볍게 간주하지 않는 것입니다. 출애굽기 20장 12절에 "네 부모를 공경하라 그리하면 네 하나님 여호와가 네게 준 땅에서 네 생명이 길리라"라고 말씀하는데, 여기서 "공경하다"는 단어는 "무겁게 여기다, 귀하게 간주하다"라는 의미입니다. 나의 존재와 어머니의 존재를 저울에 달아 보았을 때 어머니의 존재를 더욱 무겁게 간주하라는 것입니다. 그러므로 "늙은 어미를 경히 여기지 말라"는 말씀이나 "부모를 공경하라"는 말씀은 우리의 생각과 인격과 경험과 가치관보다 부모님의 생각과 삶의 경험, 그리고 가치관을 더 귀한 것으로 간주하여 그들의 훈계와 뜻에 순종하며 살라는 말씀입니다. 결국 22절의 전반부에 언급되는 "너를 낳은 아비에게 청종하고"라는 명령이 바로 이 점을 집약하고 있습니다. 그러므로 우리는 살아가면서 경험하게 되는 크고 작은 일들 속에서 우리의 생각만 앞세우지 말고, 더불어 살고 있는 부모님들께 그들의 지혜와 경험들을 여쭙고 조언을 얻을 수 있어야 합니다. 이러한 행동이 부모님들의 존재 가치를 인정해주는 것으로써 그들의 마음을 기쁘게 하는 효가 되기 때문입니다. 그런 의미에서 26절의 말씀은 아주 인상 깊은 구절입니다: "내 아들아 네 마음을 내게 주며 네 눈으로 내 길을 즐거워할지어다." 우리의 마음으로 부모님의 가르침에 순종하고 부모님이 이끄시는 곳으로 우리의 눈을 향하여 즐겁게 나아갈 때, 부모님이 가장 흐뭇해하시고 자신을 공경하는 모습으로 간주하여 기뻐하실 것입니다.

(2) 네 부모를 즐겁게 하며 너를 낳은 어미를 기쁘게 하라(25절).

이 명령이 효의 구체적인 행동 중에 중요한 하나가 된다는 점은 본문에서 "즐겁게 하다, 기쁘게 하다"라는 동사가 거듭 반복되고 있다는 사실을 통해 깨달을 수 있습니다.

> 내 아들아 만일 네 마음이 지혜로우면 나 곧 내 마음이 즐겁겠고 만일 네 입술이 정직을 말하면 내 속이 유쾌하리라(15, 16절).
>
> 의인의 아비는 크게 즐거울 것이요 지혜로운 자식을 낳은 자는 그로 말미암아 즐거울 것이니라(24절).

사실 효는 추상적인 행동이 아닙니다. 거창한 행동도 아니요, 일생에 한 번 크게 이루어야 하는 것도 아닙니다. 매일의 삶 속에서 더불어 살고 계신 부모님들이 웃을 수 있고 즐거워하실 수 있도록 따뜻한 표정과 말로 대하고, 그들의 노년에 조금이라도 더 자주 웃을 수 있도록 분위기를 만드는 노력이 바로 효인 것입니다.

저는 우리가 살아가면서 부모님을 기쁘게 하는 일이 우리 삶의 우선순위에 들어 있는지 궁금합니다. 자녀들이나 다른 사람들을 기쁘게 하는 일에는 관심을 기울이고 많은 노력을 기울이지만, 상대적으로 부모님들을 즐겁게, 유쾌하게 하기 위해 재롱도 부리고, 담소도 나누고, 함께 여행도 하는 그런 시간들을 보내는 일은 무관심한 것 같습니다. 부모님들을 향한 우리의 관심이 멀어져가는 것을 풍자한 시가 있습니다. 우리가 이런 모습이 아닌지 돌아보기 바랍니다.

예화) 권효가

사랑하는 형제자매 이네말씀 들어보소 하나님께 영혼받고 부정모혈 육신되어
천금일신 귀한몸이 이세상에 태어나서 금지옥엽 사랑받아 자란것이 아니던가
부모생육 그은혜는 하늘보다 높건마는 청년남녀 많은중에 효자효부 귀할세라
제자식이 꾸짖으면 싱글벙글 웃으면서 부모님이 책망하면 듣기싫어 성을내며
시끄러운 아이소리 듣기좋아 즐기면서 부모님의 교훈일세 잔소리라 빈정대네
열아들을 기른부모 하나같이 길렀건만 열형제가 한부모를 어이하여 못섬기나
그대몸이 귀하거든 부모은공 생각하고 서방님이 생각거든 시부모를 중히하소
안먹어도 상관없는 술담배는 낭비하나 부모위해 쓰는용돈 다방레지 팁만못해
과자봉지 쥐고와서 아이손에 쥐어주나 부모위해 고기한근 사올줄을 모른다네
한국민족 부모효도 자손만대 자랑일세

이제 우리는 하나님의 말씀에서 명령하는 대로 어떻게 하든지 부모님이 우리로 말미암아 즐거워하고 기뻐할 수 있도록 나날이 힘쓸 수 있어야 하겠습니다.

(3) 지혜롭고 정직하게 살라(15, 16절).

이 교훈은 자녀들이 부모님들을 공경하며 살아갈 때 가장 순종해야 하는 삶의 도리이기도 하면서, 부모님들을 기쁘게 하는 결과를 초래하는 삶의 모습이기도 합니다. 자녀들이 매사를 지혜와 총명과 분별력을 가지고 처리하며, 여러 사람들과의 관계 속에서 항상 정직하게 행하여 주위 사람들에게 꼭 필요한 사람이요 인격자로 인정받게 될 때, 결과적으로 부모님들까지도 훌륭한 분들로 인정받게 되어 부모님들을 기쁘게 할 수 있습니다. 그러므로 우리는 우리 자신들의 삶을 행복하게 만들뿐만 아니라 부모님들의 삶에 기쁨을 제공할 수 있도록 성령을 통해, 또 하나님의 말씀을 통해 주시는 지혜를 가지고 살아야 합니다. 아울러 항상 정직하고 진실하게 살아야 합니다.

(4) 여호와를 경외하라(17절).

하나님을 믿고 있는 부모님들의 삶에 기쁨을 제공하는 자녀들의 또 하나의 모습은 자녀들이 여호와를 경외하며 살아가는 것입니다. 예수님의 십자가와 부활 사건을 통해 나타난 하나님의 끝없는 사랑과 은총을 늘 기억하며, 감사하는 마음으로 주님을 섬겨가는 자녀들의 모습을 볼 때 부모님들은 하나님께 감사하며 한없이 기뻐하게 됩니다. 주위의 사람들이 악하게 행하며 형통하게 살아가는 것에 대해 자녀들이 부러워하지 않고, 오로지 하나님을 경외하며 살아가게 될 때 부모님들은 든든하게 생각하며 그들의 밝은 미래를 위해 기도하게 됩니다. 그리고 하나님께서 정하신 때에 자녀들을 형통하게 해주시는 것을 보면서 감사하게 되는 것입니다. 그러므로 여호와를 경외하는 삶이 부모님을 기뻐게 하며 효를 행하는 삶과 분리되지 않는다는 점을 깨닫고 최선을 다해 주님을 섬기며 존중하는 삶을 살아가는 자들이 되기 바랍니다.

(5) 절제하라(20, 21절). 자녀들이 부모님을 기쁘시게 하기 위해 기억해야 할 또 하나의 삶의 도리는 절제입니다. 본문 20절과 21절은 술을 즐겨하거나 음식을 무절제하게 먹은 후에 잠에 빠져 있는 자녀의 모습을 소개합니다. 또한 인생을 그렇게 산 자들이 결과적으로 가난해지고 해어진 옷을 입게 되는 비참한 모습도 떠올리게 합니다. 비록 본문에서 언급되지는 않았지만 아마도 이어지는 또 하나의 모습은 자녀들의 이러한 모습에 대해 부모님들이 안타까워하며 눈물짓는 모습일 것입니다. 그러므로 본문에서 강조되는 교훈은 자녀들이 살아가면서 술, 음식, 나태함을 비롯하여 여러 가지 유혹으로부터 벗어나 절제하며 살아갈 때 그것이 자신들을 풍요하게 할 뿐만 아니라 부모님들까지도 기뻐하게 만들며 안심하게 만든다는 점입니다.

저는 오늘 본문에서 소개하는 효에 관한 교훈들을 함께 살펴보았습니다. 그런데 성경에는 이러한 교훈들만 있는 것이 아닙니다. 여러 구절들에서 자녀들이 부모님들에 대해 어떻게 대해야 하는지를 구체적으로 언급합니다.

예화) 가장 인상적인 하나의 예를 든다면, 우리 주님 예수님의 예를 들 수 있을 것입니다. 온 인류의 죄 값을 대신 치르기 위해 십자가에 달리게 된 예수님은 온 인류와 관련된 중대한 구속 사역을 행하시기에 바쁘다고 해서 자신에게 주어져 있는 기본적인 책임인 부모님에 대한 관심과 효의 도리를 등한히 하지 않으셨습니다. 그래서 자신의 아들이 무고하게 십자가에서 처형되는 모습을 보고 애통해 하시는 어머니를 보시며, 자기를 따르던 제자 요한을 아들처럼 의지하고 살도록 권유하셨습니다. 아울러 요한으로 하여금 예수님의 어머니를 자신의 어머니로 간주하고 모시고 살도록 부탁하셨습니다(요 19:26-27).

오늘 예배는 어버이 주일 예배입니다. 오늘 설교의 주제도 효에 관한 것이었습니다. 저는 이 설교를 마치면서 우리 모두가 적어도 구약성경에서 소개되는 열 가지의 효의 교훈들을 늘 기억하고 살았으면 하는 마음으로 "효에 관한 십계명"을 소개해드리고 설교를 마치고자 합니다. 기회가 된다면 이 구절들을 직접 기록하셔서 자신들이 생활하는 방의 벽에, 또 자녀들의 공부방 벽에 붙여놓고 외우고 실천할 수 있기를 바랍니다.

– 효에 관한 십계명 –

(1) 출 20:12(엡 6:1-3) : 네 부모를 공경하라.

(2) 신 21:18-21: 부모를 순종하라.

(3) 잠 1:8-9: 부모의 훈계를 들으라.

(4) 잠 10:4-5: 부지런하라, 자신의 일에 최선을 다하라.

(5) 잠 23:15-16: 지혜롭고 정직하게 살라.

(6) 잠 23:25: 부모를 즐겁게 해드리라.

(7) 출 21:17: 아비나 어미를 저주하지 말라.

(8) 신 27:16: 부모를 경홀히 여기지 말라.

(9) 잠 19:26: 부모를 구박하거나 쫓아내지 말라.

(10) 잠 28:24: 부모의 재산을 탐하지 말라.

4. 잠언 31:10-31절(여선교회 헌신 예배 설교)

제목: 지혜로운 여인의 가치

현대의 여러 교회에서 일어나는 안타까운 현상 중에 하나가 있습니다. 그것은 교회의 어려운 일, 궂은 일, 섬기는 일 등은 교회 내의 여성들이 다하는 데도 그들의 존재 가치가 교회 내에서 인정되지 않는 것입니다. 교회의 중요한 결정들은 남성들이 다하는 것 같고, 여성들의 관점이 고려되는 경우가 드문 것 같습니다. 그 이유를 들자면 여러 가지가 있겠지만, 그 중에서도 남존여비 사상을 오랫 동안 가르쳐왔던 유교의 영향이 지배적인 것이라고 볼 수 있습니다. 또한 "여자들은 교회에서 잠잠하라"(고전 14:3)는 성경 구절이나 그와 유사한 구절들이 중요하게 작용한 것 같기도 합니다.

그런데 성경을 보면 이러한 구절과 반대로 하나님께서 시대마다 중요한 여성 지도자들을 쓰신 경우들도 발견할 수 있습니다. 고대 이스라엘의 출애굽과 광야 시대에는 모세와 아론이라는 지도자와 아울러 여성 지도자 미리암이 있어서 온 백성들로 하여금 출애굽의 구원 사건에 대해 감격하여 춤추고 노래하도록 이끌었습니다. 사사 시대에는 가나안 족속들로부터 이스라엘 백성들을 구한 사사들 중에 여사사 드보라가 있습니다. 또한 요시야 왕 때에 성전을 청소하다가 율법 책을 발견했을 때 그것의 내용을 온전히 이해하고 가르칠 수 있었던 자는 여선지자 훌다였습니다. 예수님의 제자들과 예수님을 따르던 여인들을 비교해보면 제자들은 주로 영적인 무지함 때문에 꾸지람을 당했던 반면에, 여인들은 그들의 믿음과 헌신 때문에 칭찬을 받았습니다. 그러므로 하나님의 나라를 위해, 주님의 교회를 위해 여성들이 얼마나 중요한 역할을 해왔고 또 가치 있는 존재들인지를 우리는 깨달아야 합니다. 그리고 그들이 가정과 교회를 중심으로 위대한 일들을 행할 수 있도록 격려하고 물심양면으로 후원해주는 것이 우리 모두의 책임일 것입니다.

오늘 저는 잠언 31장 10절부터 언급되는 현숙한 여인에 관해 살펴보면서 하나님 앞에 쓰임 받을 수 있는 여성상이 무엇인지를 살펴보기 원합니다. 그래서 우리 교회의 여성들도 이러한 삶을 살아감으로 말미암아 주님 앞에 칭찬을 받고, 많은 성도들과 가족들에게도 존경을 받는 자들이 될 수 있기를 바라는 것입니다.

우선 본문에서 언급되는 "현숙하다"라는 단어의 뜻을 살펴봅시다. 우리나라 말의 의미를 본다면 어질고 정숙한 것을 말합니다. 누가 성가시게 해도 참고, 분내지 않으며, 마음을 온유하게 가지며, 몸가짐을 단정히 하는 것을 강조합니다. 그래서 어떤 사안이 생겼을 때 적극적으로 나서기보다는 뒤에 말없이 머물러 있는 모습을 연상하게 만듭니다. 그러나 성서적인 의미의 현숙함(chayil)은 "강함, 능력, 부귀" 등의 의미를 내포하고 있습니다. 그러므로 성서적인 의미의 현숙한 여인은 하나님이 주신 은사를 가지고 적극적으로 살아가면서, 가정을 든든하게 세우며 물질적으로도 풍요하게 만들 수 있는 여인을 암시합니다. 그러면 현숙한 여인의 보다 구체적인 모습들은 어떠한지 본문을 통해 살펴봅시다.

(1) 현숙한 여인은 매사에 성실합니다(13-19절, 27절).

본문이 묘사하고 있는 현숙한 여인의 첫째 특징은 성실함이요 부지런함입니다. 그녀는 하나님께서 주신 재능을 최대한으로 살리면서 성실하게 일합니다. 그래서 양털과 삼을 구하여 부지런히 손으로 일하고, 한 손으로는 물레질을 하고, 다른 손으로는 실을 탑니다. 그녀는 상인의 배와 같이, 먼 곳에서 먹을거리를 구하여 오기도 합니다. 날이 밝기도 전에 일어나서 식구들에게 음식을 만들어 주고, 여종들에게 일을 정하여 맡깁니다. 한 걸음 더 나아가서 밭과 포도원을 사는 등의 거래에도 주저하지 않고 지혜롭게 임합니다. 그녀는 허리를 단단히 동여매고, 억센 팔로 일을 합니다. 사업이 잘 되어갈 때에는 밤늦게까지 일을 하기도 합니다. 뿐만 아니라 그녀는 하나의 좌우명을 가지고 사는데, "게을리 얻는 양식은 먹지 않겠다"는 것입니다(27절). 이러한 성실함과 부지런함의 결과로 가정 형편이 풍족해져서 온 가족이 풍요로운 삶을 누리게 되는 것입니다.

(2) 현숙한 여인은 손과 마음이 큽니다(20절).

현숙한 여인의 둘째 특징은 손과 마음이 크다는 점입니다. 현숙한 여인은 '큰 손'의 여인이요, '큰 가슴'의 여인입니다. 다시 말하여, 주위의 어려운 처지에 있는 자들에게 베푸는 일에 인색하지 않는 자입니다. 20절에 의하면, 그녀는 한 손은 펴서 가난한 사람을 돕고, 다른 손은 펴서 궁핍한 사람을 돕습니다. 26절에 의하면 그녀는 입만 열면 지혜가 저절로 나오고, 혀만 움직이면 상냥한 교훈이 쏟아져 나와서 주위의 빈궁한 자들에게 힘과 용기를 불어넣어 줍니다. 그녀는 성실하게 일하여 얻는 물질을 가지고 자신의 개인적인 안위나 가족의 유익을 위해서만 사용하지 않습니다. 그녀는 더불어 살아가는 자들 중에 어려움에 처한 자들을 보면 긍휼의 마음과 큰 손을 가지고 나아가 그들을 마음껏 돕고 그들의 삶을 윤택하게 만들어주는 자들입니다.

(3) 현숙한 여인은 진취적인 생각을 가지고 삽니다(14, 16, 24, 25절).

본문에서 암시되는 현숙한 여인의 또 다른 특징은 그녀의 진취성입니다. 그녀는 살아가면서 현재에 만족하지 않습니다. 경제적으로나 사회적으로 나아질 수 있는 기회들이 있다면 적극적으로, 진취적으로 행동하고 투자하여 더욱 좋은 결과들을 얻어낼 줄 아는 모험 정신이 있는 여인입니다. 그래서 그녀는 먼 곳까지 가서 양식을 구해올 줄 알고(14절), 자기가 직접 번 돈으로 좋은 포도원을 사서 가꾸어보기도 합니다(16절). 또한 사업을 더욱 번창시키기 위해 밤늦게까지 계획을 세우며(18절), 자신감과 위엄을 가지고, 미래에 대해 두려워하는 마음이 없이 적극적으로 삶에 임하는 자입니다. 이러한 진취적인 생각이 그녀로 하여금 사역에 있어서나 사업에 있어서 더욱 많은 열매를 얻게 만듭니다.

(4) 현숙한 여인은 여호와를 경외합니다(30절).

현숙한 여인의 또 하나의 특징은 하나님을 경외할 줄 안다는 것입니다. 어떤 다른 일들보다도 하나님을 존경하고 예수님을 사랑하고 감사하는 일을 우선순위에 두고 사는 자입니다. 그래서 자신이 가정과 교회와 사회에서 하는 다양한 일들을 통해, 궁극적으로 하나님을 기쁘시게 하고, 교회를 보다 성숙하고 발전하도록 힘씁니다.

그러므로 현숙한 여인의 이러한 특징들을 마음에 새기고 우리의 삶에서 실천할 때 우리들도 이 시대에 현숙한 자들로, 현숙한 여성들과 남성들로 하나님 앞에 인정받고 칭찬을 얻게 될 것입니다. 이제 교회사를 통해 기억되고 있는 위대한 신앙의 여인들을 소개하고자 합니다.

예화) 미국 남침례교단(Southern Baptist Convention)이 1888년에 총회를 할 때에 소수의 침례교 여성도들이 모여서 여성도들이 중심이 되는 선교 단체를 형성하기 시작했습니다. 그것이 미국 남침례교 여선교회(Women's Missionary Union)입니다. 그들이 이 단체를 시작하면서 밝혔던 신앙고백들이 참 의미가 큽니다.

1) 우리는 주님의 지상명령을 수행함에 있어서 우리가 속한 개교회의 독자성과 독특성을 인정하며, 각자가 제사장적 사명을 감당해야 한다고 믿는다.
2) 우리는 선교사들을 위해 기도하고 물질로 후원하는 것을 우리의 책임으로 간주합니다.
3) 우리는 제자 훈련과 선교 사역을 위해 가족이 무엇인가 할 수 있다는 믿음을 가지고 살 것입니다.
4) 우리는 그리스도를 섬기는 데 있어서 여성들이 많은 재능을 가지고 있음을 인정합니다.

5) 우리는 선교를 위해 어린아이로부터 어른에 이르기까지 선교 교육을 시키는 일에 앞장 설 것입니다.
6) 우리는 선교를 위해 지도자들을 훈련시키고 준비시키는 일에 후원할 것입니다.
7) 우리는 인간들의 필요에 실제적인 도움을 주는 것이 성경적인 명령임을 알고 실천할 것 입니다.

이와 같은 취지에서 시작된 미국 남침례교 여선교회는 백여 년이 지나는 동안 주님의 나라와 선교 사역을 위해 놀라운 일들을 계속하고 있습니다. 수많은 침례교 여성도들이 자신들의 시간과 물질을 들여 선교 사역을 돕고 있습니다. 어떤 이는 침례교 책방에서 몇 시간씩 봉사하고, 또 다른 이들은 자신들의 재능으로 어떤 물건들을 만들어 팔아서 그 수익금들을 가지고 선교사들을 후원합니다. 선교지에 우물을 파는 일도 후원합니다. 또 다른 이들은 시간을 내어서 병원에서 자원 봉사를 하면서 환자들을 도와주는가 하면, 교회를 중심으로 이민자들을 위해 영어를 가르쳐줍니다. 어떤 간호사들은 일 년에 몇 차례씩 선교지로 가서 봉사를 하고 오기도 합니다. 그래서 교단적으로 이루어지고 있는 수많은 선교와 구제 사역에 적극적으로 부지런하게 참여하여 아름다운 열매를 얻고 있습니다. 우리 교회에서도 이와 같은 선한 역사들이 현숙한 여성들을 통해 많이 이루어지기를 기대합니다.

마지막으로 미국 남침례교단 여선교회의 역사 속에서 위대한 여인들로 이해되고 있는 두 여인을 소개하고자 합니다. 그 첫째는 로티 문(Lotti Moon)이라는 여인이요, 둘째는 애니 암스트롱(Anni Armstrong)이라는 여인입니다. 둘 다 미국 남침례교단의 역사에 길이 남고 있는 자들입니다.

예화) 로티 문은 1840년에 출생했습니다. 서른 살에 목사님의 설교를 듣다가 선교사로 나가겠다는 결단을 하고 서른 세 살의 나이에 홀로 중국 청화라는 곳으로 가서 평생 그곳에서 사역을 했습니다. 그녀의 일생의 말년에, 그녀가 사역하는 지역에 극심한 기근이 들었습니다. 그래서 수많은 사람들이 굶어죽게 되었습니다. 로티 문은 미국에서 온 물자들이 많아서 풍요하게 지낼 수 있었지만, 그것들을 선교지의 가난한 사람들에게 다 나눠줬습니다. 자신이 먹을 것도 없이 다 나눠줘서 결국 굶주림과 질병을 경험하게 된 그녀는 본국으로 돌아와 치료를 받고 다시 나가라는 제안을 받게 됩니다. 그래서 미국으로 돌아가던 중 일본의 고베에서 죽게 됩니다. 그 때 나이가 일흔 두 살입니다. 그러므로 로티 문은 한 평생 주님을 경외하고, 부지런히 선교 사역을 감당하며, 선교지의 영혼들을 향한 큰 손과 큰 마음을 가지고 적극적으로 일했던 현숙한 여인의 대표입니다. 지금도 미국의 남침례교단에서는 이 여인을 기념하여 매 성탄 주일에 "로티 문 성탄절 헌금"을 합니다. 그래서 온 교회에서 모여진 성탄절 헌금을 모두 선교사들에게 보내는 일을 하고 있습니다. 우리 교회에서도 로티 문과 같이 주님을 사랑하고, 선교지의 영혼들을 사랑하여, 온 몸과 마음을 다해 섬기는 믿음의 여인들이 많이 나올 수 있기 바랍니다.

예화) 애니 암스트롱은 1850년에 출생했습니다. 어릴 때부터 침례교인으로 자라난 그녀는 결국 미국 남침례교단 여선교회의 초대 총무가 되었습니다. 그래서 미국 내의 국내 선교에 앞장서는 여성 지도자로 활동하게 되었습니다. 인디언들, 이민자들, 핍박받는 흑인들, 도시의 빈민들에게 복음을 전하는 일을 위해 사명을 가지고 많은 프로그램들을 만들고 실행시킨 자입니다. 이 여인의 업적을 기억하면서 미국 남침례교단에서는 부활절 예배 때에 "애니 암스트롱 부활절 헌금"을 모읍니다. 그래서 그 헌금을 가지고 교단 차원에서 미국 내의 여러 선교 사역을 위해 사용하고 있습니다. 저의 간절한 바람이 있다면 우리 교회에서도 암스트롱과 같이 주님의 나라와 잃어버려진 영혼들을 위해 헌신하여, 성실하게 일함으로써 하나님을 기쁘게 하며 수많은 사람들의 영혼과 육체를 온전하게 만드는 믿음의 여인들이 많이 배출될 수 있기 바랍니다.

우리 교회를 통해 예수님을 섬기고 하나님께 영광을 돌리고 있는 모든 여성도님들이 오늘 본문에 언급되는 현숙한 여인처럼, 로티 문처럼, 애니 암스트롱처럼 주님 앞에서 쓰임 받게 되기 바랍니다. 매사에 성실하며, 큰 손의 여인으로 주위의 어려운 자들을 돕고, 진취적인 정신을 가지고 주님을 섬기며, 주님을 경외하며 살아가는 자들이 되어서 우리 주님 예수님 앞에서 착하고 충성된 종으로 칭찬받는 자들이 될 수 있기를 축원합니다.

5. 전도서 5:18-20

제목: 현재를 행복하게 사는 비결

인간은 누구나 예외 없이 행복을 누리기 원합니다. 또한 그 행복이 매일 지속되기를 기대합니다. 그러나 안타깝게도 우리 중에는 자신의 삶이 행복하다거나, 현재의 삶이 즐겁고 보람이 넘친다고 생각하는 사람들이 너무나 적은 것 같습니다. 대신에, 사는 것이 힘들다거나, 재미가 없다거나, 답답하다거나, 허무하다고 외치는 자들을 많이 보게 됩니다. 여러분은 어떻습니까? 여러분은 매일 행복을 느끼며 살고 계십니까? 아니면 살아가는 것이 힘들고 괴롭고 눈물겹고 허무하게 여겨지십니까?

저는 오늘 본문의 말씀을 중심으로 하여, 우리가 매일의 삶에서 행복을 누리고, 보람과 즐거움을 맛보며 살 수 있는 비결을 찾아보고자 합니다. 그래서 우리 자신뿐만 아니라 우리의 가족, 성도들, 그리고 우리 사회의 모든 구성원들이 우리로 말미암아 행복을 나누어 가질 수 있게 되기를 바랍니다. 이 일을 위해 저는 전도서가 소개하는 삶의 문제들을 먼저 살펴보고, 그것들을 이겨낼 수 있는 비결들을 찾아 소개하고자 합니다.

전도서는 우리 모두가 살아가면서 시시때때로 경험하게 되는 삶의 심각한 요소 중에 하나를 다루고 있습니다. 그것은 허무주의입니다. 이것은 매일 하는 일이 즐겁고 보람 있어서 인생이란 살아볼 가치가 있는 것이라고 느끼는 것이 아니라, 마치 다람쥐 쳇바퀴 돌아가는 것처럼 단조로운 일상이 재미가 없고, 힘들고, 괴롭고, 답답하여 어디론가 훌쩍 떠나고 싶어 하고, 하던 일을 그만두고 싶어 하는 마음을 말합니다. 이러한 마음 상태가 보다 심각해지면, 우리는 멍하니 먼 산만 바라보며 한숨만 쉬고, 사람들을 만나는 것도 싫어하고, 주위의 사람들의 행동에 대해 냉소와 잦은 분노로 반응하며, 한 걸음 더 나아가서는 모든 것이 헛되어 살아갈 이유가 없다고 고백하며 극단적인 행동을 저지르기까지 합니다. 이와 같은 허무감이 우리를 지배하게 되면 우리는 보람과 즐거움과는 거리가 먼 삶을 살게 됩니다. 그리고 자신뿐만 아니라 가정의 식구들과 주위 사람들에게까지 피해를 입히는 생활을 하게 됩니다. 그러므로 우리는 전도서에서 다루는 허무주의의 문제가 현재를 살아가는 우리의 문제이기도 하다는 점을 깨달아야 합니다. 그리고 전도서에서 제시하는 바, 허무주의를 이길 수 있는 비결을 깨달아 삶에 적용할 수 있어야 합니다.

(1) 그러면 우리로 하여금 살아가면서 허무감에 빠지게 만드는 요소들을 어떤 것들이 있습니까?

전도서는 이 세상에 살면서 누려보고자 하는 것은 다 누려볼 수 있는 위치에 있었던 솔로몬 왕의 고백을 통해, 우리를 허무감에 빠지게 만드는 대표적인 요소들을 몇 가지로 언급합니다. 그 첫째는, 쾌락주의의 한계인데, 술을 마시며 노래하는 남녀들과 처첩들을 많이 두고 살면서 육신의 쾌락을 추구하는 것이 우리의 영혼을 즐겁게 하지 못한다는 점입니다(2:1-3, 8). 둘째는, 물질주의의 한계인데, 여러 동산과 과원을 만들고 각종 과목을 심는 것처럼 크고 작은 사업을 통해 물질을 모으는 것이 우리의 영혼에 지속되는 만족감을 주지 못한다는 점입니다(2:4-8). 셋째는 운명론의 한계인데, 아무리 지혜롭게 살려고 노력해도 결국에는 어리석은 사람이나 지혜로운 사람이나 같은 일을 겪게 된다는 깨달음이요(2:12-17), 넷째는 사회에 팽배해 있는 불의와 무질서, 가난한 자들에 대한 억압과 착취 등이요(3:16; 4:1-3), 다섯째는 인간이 빨리 늙어가고 결국에는 죽음을 경험해야 한다는 인생무상과 죽음의 필연성 때문입니다(3:19-22).

(2) 그러면 이러한 요소들이 우리의 삶을 허무감에 빠지게 만들고 있는 현실 속에서 하나님의 말씀인 전도서가 제안하는 해결책은 무엇입니까?

1) 첫째로, 가장 근원적인 해결책은 하나님을 경외하는 것을 인생의 목적으로 삼고 사는 것입니다. 전도서의 최종 결론을 맺고 있는 12장 13절과 14절에서 이 점이 분명히 소개됩니다.

> 일의 결국을 다 들었으니 하나님을 경외하고 그의 명령들을 지킬지어다 이것이 모든 사람의 본분이니라 하나님은 모든 행위와 모든 은밀한 일을 선악 간에 심판하시리라.

전도서는 하나님의 백성 된 우리가 지금도 성령으로 함께하시는 하나님의 임재 앞에서, 하나님의 말씀에 순종하며 하나님을 경외하는 것을 삶의 목적으로 간주하고 살아가면, 우리는 허무주의를 이기고 나날이 행복을 누릴 수 있게 된다고 약속하고 있습니다.

2) 둘째로, 전도서는 하나님께서 맡겨주신 사역을 매일 감당하는 가운데 보람과 즐거움을 찾아야 한다고 제안합니다. 아울러 열심히 일한 결과로 얻게 된 물질을 가지고 사랑하는 가족들과 더불어 사는 이웃들과 함께 먹고 마시며 거룩한 교제를 나누는 것이 삶의 행복이라는 점을 강조합니다. 그래서 인생의 행복은 멀리 있는 것도 아니요 바로 우리가 찾으면 쉽게 찾을 수 있는 그러한 지경에 있다는 점을 가르쳐 줍니다. 이 점은 오늘 본문에서도 강조한 것이요(5:18), 여러 다른 곳에서 동일하게 교훈하고 있는 것입니다.

> 사람이 먹고 마시며 수고하는 것보다 그의 마음을 더 기쁘게 하는 것은 없나니 내가 이것도 본즉 하나님의 손에서 나오는 것이로다(2:24).

> 사람들이 사는 동안에 기뻐하며 선을 행하는 것보다 더 나은 것이 없는 줄을 내가 알았고 사람마다 먹고 마시는 것과 수고함으로 낙을 누리는 그것이 하나님의 선물인 줄도 또한 알았도다(3:12-13).

> 너는 가서 기쁨으로 네 음식물을 먹고 즐거운 마음으로 네 포도주를 마실지어다 이는 하나님이 네가 하는 일들을 벌써 기쁘게 받으셨음이니라… 네 헛된 평생의 모든 날 곧 하나님이 해 아래에서 네게 주신 모든 헛된 날에 네가 사랑하는 아내와 함께 즐겁게 살지어다 그것이 네가 평생에 해 아래에서 수고하고 얻은 네 몫이니라(9:7-9).

그런데 5장 18절의 문맥적인 상황을 봅시다. 10절부터 보면, 매일 맡겨진 일을 하는 자체에 보람을 누리고 그 결과 얻은 물질을 나누면서 즐거움을 누리는 소박한 행복을 빼앗아가는 요소가 다시 부각됩니다. 그것은 물질을 사랑하여 그것을 많이 모으는 것에만 삶의 목표를 두는 것입니다. 그러한 자는 아무리 재물을 많이 모아도 결코 만족함이 없습니다. 그래서 물질을 모아놓고 재앙으로 순식간에 물질을 날려버리는가 하면(13-14절), 물질을 모아가면서 근심과 질병과 분노도 함께 모아가게 됩니다(17절). 아니면 자신은 열심히 물질을 모으지만 그것을 쓰는 사람을 다른 사람이 되어버리기도 합니다(4:7-8). 전도서의 저자는 이와 같이 물질주의의 노예가 되어, 자신의 재물을 선한 일에 쓰는 보람을 누리지 못하고 버는 일에만 집착하다가 결국에는 죽음에 이르게 되는 자들을 향하여 5장 15절에서 이렇게 경고하고 있습니다.

> 그가 모태에서 벌거벗고 나왔은즉 그가 나온 대로 돌아가고 수고하여 얻은 것을 아무 것도 자기 손에 가지고 가지 못하리니 이것도 큰 불행이라 어떻게 왔든지 그대로 가리니 바람을 잡는 수고가 그에게 무엇이 유익하랴.

예화) 공수래 공수거의 원리는 동서고금을 막론하고 인생의 진리입니다. 헬라의 알렉산더 대왕은 고대 근동 국가들의 지도자들 중에서 가장 권세 있는 군사 지도자로 이해되고 있습니다. 그는 서른 살이 되기도 전에 그리스로부터 인도에 이르는, 4,800 킬로미터에 이르는 제국을 정복했습니다. 그가 병들어 침상에 누워 있는 마지막 순간에 그는 그의 장군들에게 명령했습니다. “내가 죽고 나면 내 몸을 관에 넣을 때, 내 두 손은 손바닥을 활짝 편 채로 관의 귀퉁이에 나오게 해서 온 백성들이 볼 수 있도록 하라.” 그가 죽고 난 후에 관의 귀퉁이에 튀어나와 있는 알렉산더 대왕의 편 손을 본 백성들이 왜 그렇게 했느냐고 물었을 때, 한 지혜로운 사람이 말했습니다. “백성들이여, 알렉산더 대왕은 자신이 세상을 다스렸을 때 금, 은을 비롯한 많은 재물들을 가지고 있었지만, 그가 이 세상을 떠날 때에는 빈 손으로 떠난다는 것을 우리에게 알려주려 한 것입니다."[5)]

그러므로 우리가 이 진리를 인정한다면 우리는 물질을 모으는 것에만 목적을 삼는 물질주의의 어리석음을 벗어나야 합니다. 그리고 매일 하나님께서 맡겨주신 사역을 감당하면서 일하는 자체에서 보람과 즐거움을 찾고, 그 결과로 얻게 된 재물을 가지고 가족들과 이웃들을 위해 선하게 베풀며 살아야 할 것입니다. 왜냐하면 19절에 의하면 이러한 삶이 하나님의 뜻이요, 이러한 삶을 통해 누리는 즐거움이 바로 하나님이 우리에게 주시는 선물이기 때문입니다.

예화) 돈 미겔 루이스라는 사람이 있습니다. 멕시코 태생의 외과의사로서 나름대로의 명예와 부귀를 누리며 살아갔습니다. 그러다가 교통사고를 당하여 죽음의 문턱을 넘나들게 되었습니다. 졸음운전을 하다가 담벼락에 차를 들이 받아 버렸던 것입니다. 그는 그 사고 이후에 인디언들의 전통적인 지혜에 관심을 갖게 되었고 그 이후에 그는 몇 권의 베스트셀러 책들을 펴냈습니다. 그런데 그는 『내가 말을 배우기 전 세상은 아름다웠다』라는 책에서 이렇게 말하고 있습니다. "인생은 짧고, 당신의 아이들이나 친구들 그리고 사랑하는 사람들이 내일도 당신 곁에 남아줄 지는 아무도 모른다…. 인생은 너무나 짧다. 그래서 나는 아이들을 볼 때마다 최대한 그들의 모습을 즐기고, 시간 있을 때마다 사랑하는 사람, 나의 가족, 친구들의 존재를 즐긴다. 어느 무엇보다 나는 나 자신을 즐긴다. 왜냐하면 나는 언제나 내 곁에 있기 때문이다. 왜 나의 소중한 시간을 스스로 비난하고, 거부하고, 죄의식과 수치심을 만들며 낭비해야 하는가? 왜 화를 내고 질투심에 불타도록 나 자신을 부추겨야 하는가?"[6)]

우리 모두가 생각해봐야 할 인생의 지혜가 아닌가 생각합니다. 우리는 오늘이라는 현재 속에서 주님께서 맡겨주신 사역을 감당하는 즐거움과, 사랑하는 가족, 이웃, 성도들과 더불어 사는 즐거움을 누리며 살 수 있어야 합니다. 그리고 무엇보다도 하나님의 사랑의 관점에서 우리 자신의 모습을 그대로 인정하며 현재의 삶을 최선으로 즐길 수 있어야 합니다. 이것이 하나님께서 우리에게 주신 평범하면서도 필수적인 행복이기 때문입니다.

(3) 허무주의를 벗어나 매일의 삶을 행복하게 만들려면 우리는 생명의 날을 깊이 생각하지 말아야 합니다(20절)

본문의 20절은 하나님의 백성들로 하여금 현재의 행복을 놓치게 만드는 구체적인 사안 중에 하나로 "자기의 생명의 날을 깊이 생각하는 것"이라고 분석했습니다. 이 구문에 관해 많은 구약학자들은 '자기의 남은 생이 얼마 남지 않았다는 염려와 걱정'을 암시하는 것으로 해석했습니다. 그래서 자신의 삶이 빨리 마감될 수 있다는 두려움이나 인생무상의 깨달음이 현재의 삶을 무기력하게 만들 수 있다는 것을 지적합니다. 그러므로 우리의 삶이 언제 끝이 나며, 우리의 미래가 어떻게 펼쳐지게 될 것인지에 관해 염려하다가, 현재 우리에게 주어져 있는 사역의 즐거움과 가족들과 이웃들과 교제하며 살아가는 기쁨을 망각해 버린다면 그것처럼 어리석은 모습은 없을 것입니다. 그러므로 우리의 미래나 죽음에 대해 너무 깊이 생각하지 마십시오. 하루 하루 주님과 동행하며 주님께서 주신 현재 속에서 보람과 즐거움을 누릴 수 있기 바랍니다.

예화) 오래 전에 로빈 윌러암스가 주연한 잭(Jack)이란 영화를 본 적이 있습니다. 태어날 때부터 정상인보다 네 배나 빨리 늙어가는 조로증에 걸린 아이의 이야기입니다. 이 아이는 초등학교에 가게 되는 나이가 되었을 때 이미 육체적으로는 어른이 되어버렸습니다. 그래서 학교에 입학을 했다가 같은 또래의 아이들에게 왕따를 당하게 됩니다. 아울러 너무 빨리 조숙하다보니, 초등학교 학생이면서도 선생님께 이성으로서의 호감을 느끼게 됩니다. 그런데 선생님이 자신의 마음을 받아주지 않고 친구들도 자기를 놀리자, 그것이 싫어서 학교에 다니는 것을 포기합니다. 그리고 자기의 집에서 어머니와 노는 것을 자기의 삶의 유일한 낙으로 간주하게 되었습니다.

한 번은 잭의 교육을 걱정한 부모님이 가정교사를 모시고 와서 집에서 가르치게 합니다. 그 지혜로운 교사는 잭이 비록 조로증이라는 병을 앓고 있지만 귀한 존재이고, 비록 죽음이 빨리 다가오지만 그가 살아 있는 동안은 최선의 삶을 누릴 수 있도록 해야 한다고 생각했습니다. 그래서 잭으로 하여금 자기의 방에서 틀어박혀 인생의 행복을 허비하지 말고, 다시 학교도 가고, 보다 넓은 세상에서 나날을 보람 있게 지내도록 권유합니다. 잭은 과거에 친구들에게 받은 상처와 자신의 현재의 처지에 대한 한탄으로 쉽게 결정을 내리지 못하다가 결국 가정 교사의 제안을 귀하게 간주하여 다시 학교로 갑니다. 넓은 세상에서 하루하루를 즐기는 것입니다. 비록 다른 친구들보다 네 배나 빠른 속도로 죽음으로 향하고 있지만 더 이상 '자기의 생명의 날을 깊이 생각하지 아니한 것입니다.'

잭이란 영화의 마지막 장면은 참으로 감동적입니다. 그가 중학교를 졸업하는 날, 잭은 졸업식에 참석하여 학생들을 대표해서 연설을 합니다. 나이는 열다섯 살 정도이지만, 이미 연로한 자의 모습으로 백발이 되어 연설을 하는 그는 인생의 나날이 얼마나 귀중한 것인지를 언급합니다. 그리고 살아 있는 나날을 최선으로 살아야 한다는 점을 강조합니다. 그리고 졸업식이 끝난 후에 친구들과 같이 자신들이 늘 함께 놀던 곳으로 달려갑니다.

우리가 현재의 삶을 무의미하게 보내거나, 허비하는 이유는 위에서 언급한 것처럼 우리의 미래가 얼마 남지 않았을지도 모른다는 두려움과 허무감 때문일 수 있습니다. 그런데 다른 한 면으로 보면, 우리가 지나온 과거의 경험들에만 집착하여 과거의 회상에만 빠져 있을 때 우리는 현재를 허비할 수도 있습니다. 어떤 이들은 과거의 허물과 실수를 되새기며 자신이 얼마나 쓸모없는 자인지를 확인하면서, 현재의 자신이 하나님과 사람들 앞에서 얼마나 가치가 있는 존재인지를 보여주지 못하게 됩니다. 또 다른 이들은 수십 년 혹은 수년 전에 자신이 이룬 위대한 업적들을 주위 사람들에게 자랑하기에 바빠서, 현재 자신에게 주어진 새로운 사역을 등한히 하는 교만을 보이고 있습니다. 그러므로 우리는 우리의 과거의 날을 깊이 생각하지 말아야 합니다. 예수 그리스도 안에서 새로운 피조물이 된 우리가 현재의 나날 속에서 날로 새롭게 변화되어 가고, 하나님 앞에서나 사람들 앞에서 쓰임 받고 살아가는 감격을 누리며 살아야 하는 것입니다. 그러므로 "누구든지 그리스도 안에 있으면 새로운 피조물이라 이전 것은 지나갔으니 보라 새것이 되었도다"(고후 5:17)라는 바울의 확신이 우리 모두의 확신이 될 수 있기 바랍니다.

예화) 찰스 슐츠(Charles Schultz)라는 만화가가 있습니다. 미국의 여러 유명 일간지에 만화 코너를 담당하는 자입니다. 그 중에서도 "땅콩"(peanut)이라는 코너와 그 속의 주인공인 찰리 브라운(Chalie Brown)은 미국인에게 아주 유명합니다. 한 번은 그가 그의 만화 코너에서 인생에 대해 아주 멋있게 비유한 적이 있습니다. 그는 인생이 마치 배를 타고 항해하는 것과 같다고 했습니다. 그런데 어떤 이는 배의 꼬리에 서서 배가 바다를 가르고 지나가면서 만들어 놓은 물거품만 보고 가는 사람이 있는가 하면, 다른 어떤 이는 배의 맨 앞쪽에 서서 배 앞에 펼쳐지는 망망대해의 장관을 보면서 가는 사람이 있다고 했습니다. 전자는 과거 지향적인 사람의 예가 될 것이고, 후자는 자신에게 펼쳐지고 있는 현재와 미래를 즐길 줄 아는 사람일 것입니다. 여러분은 어느 부류입니까? 혹시 전자처럼 배의 꼬리에 서서 여러분이 인생의 항해를 해오면서 만들어 낸 수많은 가치 없는 물거품이나 죄와 허물의 물거품들만 바라보고 후회하며 한탄하며 항해하고 있지는 않습니까? 이제는 여러분 인생의 배 맨 앞에 서서 하나님께서 매일 여러분들에게 펼쳐주시는 보람차고 감격이 넘치는 삶들을 만끽하며 살아가실 수 있기 바랍니다.

우리가 살아가는 동안 우리로 하여금 허무주의에 빠지게 만드는 일들이 많이 찾아 올 수 있습니다. 삶의 기쁨을 송두리째 빼앗아 가버릴 수 있는 극단적인 사건들이 다가올 수도 있습니다. 그럼에도 불구하고 우리가 이 땅에 존재하는 이유는 다름이 아니라 어떤 경우에도 하나님을 경외하기 위해서라는 점을 깨닫고 산다면 우리는 값진 인생을 살 수 있습니다. 또한 행복이 멀리 있는 것이 아니고 아주 훗날 다가오는 것이 아니라, 바로 현재 우리가 우리 주님 예수님께서 맡겨주신 사명을 행할 수 있는 자체가 행복이라는 점을 깨달아야 합니다. 또 열심히 일한 결과로 얻게 되는 물질을 가지고 가족들과 이웃들과 사랑의 관계를 유지할 때 그것이 바로 행복이라는 점을 기억하시기 바랍니다. 한걸음 더 나아가 현재의 참된 행복은 과거에 대한 후회나 자랑, 미래에 대한 두려움이나 염려를 통해서는 결코 얻을 수 없다는 점도 기억해야 할 것입니다. 이러한 교훈을 가장 잘 함축해주는 말씀이 우리 주 예수님의 교훈 중에 있습니다.

> 그런즉 너희는 먼저 그의 나라와 그의 의를 구하라 그리하면 이 모든 것을 너희에게 더 하시리라 그러므로 내일 일을 위하여 염려하지 말라 내일 일은 내일이 염려할 것이요 한 날의 괴로움은 그 날로 족하니라 (마 6:33-34).

우리 주님의 말씀과 오늘 본문의 말씀을 늘 기억하면서 하루 하루를 최선으로 살아가는 모든 성도들이 되기를 축원합니다.

6. 욥기 14:1-6절

제목: 욥의 인생관

저는 구약성서의 여러 책들 중에서 가장 잘못 이해되고 있는 책 중에 하나가 욥기라고 봅니다. 또한 욥에 대해서도 가장 오해가 많다고 생각합니다. 하나의 질문을 던져보겠습니다. 여러분은 욥기에 나오는 욥이 의인이라고 생각하십니까? 아니면 욥을 죄인으로 간주하십니까? 어떤 이들은 욥과 관련하여 "온전하고 정직하여 하나님을 경외하며 악에서 떠난 자더라"(욥 1:1; 2:3)라고 묘사한 것에 근거하여 욥을 의인으로 간주합니다. 그런가 하면 또 다른 이들은 "인생이 어찌 하나님 앞에 의로우랴"(9:2), "내가 스스로 거두어들이고 티끌과 재 가운데서 회개하나이다"(42:6)라는 욥의 고백에 근거하여 그를 죄인으로 이해합니다. 그런데 욥기의 몇 구절들에서 욥에 관해 언급하는 내용들만 보지 않고, 욥기 전체의 줄거리와 문맥 속에서 욥의 모습을 살펴본다면 색다른 답이 나올 수 있습니다.

욥은 하나님을 경외하는 신앙적인 행동과 온전하고 정직하고 악에서 떠난 윤리적인 행동을 근거하여 볼 때, 행위로 말미암은 의를 보였던 자로 평가할 수 있을 것입니다. 그러나 그러한 의로운 행동들로 말미암아 욥의 마음속에 자리 잡게 된 영적인 교만은 그의 의로운 행동들보다 더욱 더 하나님 앞에서 심각한 죄악으로 간주되었습니다. 다시 말하여, 그는 평생 하나님의 율법에 순종하며 살았던 자입니다. 그래서 하나님이 주시는 복을 누리며 살았습니다. 그런데 자신이 꿈에도 생각하지 못했던 극심한 재난들이 자기에게 닥치게 되자 처음에는 하나님의 뜻으로 받아들이다가, 고난의 시간이 길어지자 하나님 앞에 문제를 제기하게 됩니다. 왜 자기에게 그렇게 극심한 재난이 닥치게 되었는지 이해를 못한다고 고백합니다. 그리고 하나님께서 자기 앞에 나타나셔서 고난의 이유에 대해 자초지종을 말씀해주시도록 요청합니다. 그럼에도 불구하고 하나님께서 자신에게 고난에 대한 합당한 이유를 설명해주지 않자, 그는 하나님의 공의로우심에 문제를 제기하게 됩니다.

그러자 드디어 하나님께서 창조주로서 폭풍우를 동반하신 가운데 욥에게 나타나셨습니다(38장). 또한 하나님이 온 세상의 자연과 만물을 선하게 다스리시고 이끌어주시는 것을 보여주십니다. 그리고는 자기 자신을 의롭게 간주하고 하나님을 불의하다고 지적했던 욥을 꾸짖으십니다. 욥기 40장 2절에 의하면 하나님께서는 욥을 "트집 잡는 자," "하나님을 탓하는 자"라고 지적하시며, 8절에서는 하나님께서 "네가 내 공의를 부인하려느냐 네 의를 세우려고 나를 악하다 하겠느냐"라고 하시면서 욥을 꾸짖기까지 하십니다.

욥은 창조주로 자기 앞에 나타나셔서 온 세상의 만물들을 이끄시고 동물들을 돌보아주시는 하나님의 활동을 보고난 후에, 하나님에 대한 자신의 깨달음이 너무나 부족했다는 점을 고백합니다. 그리고 하나님이 공의롭지 못하다고 불평했던 것에 대해서도 회개하게 됩니다. 그러자 하나님께서 욥의 회개를 받으시고 그를 용서해주시며 그에게 복을 내려주십니다. 아울러 하나님의 섭리를 잘 이해하지도 못하면서 인과응보의 원리만을 가지고 욥을 죄인으로만 몰아갔던 욥의 세 친구들에 대해서도 꾸짖으십니다. 그러므로 욥은 의인이라고 말할 수 있지만, 그것은 욥기 1장 1절에 언급하는 내용 때문이 아니라, 자신의 의로운 행위들에 근거하여 영적으로 교만했던 마음을 회개하고 용서를 빌었을 때, 그래서 하나님이 온 세상의 만물과 인간들을 창조하신 분이요 그것들을 의롭게 주관하고 계신 분이라는 점을 인정하게 되었을 때 드디어 믿음으로 말미암은 의인이 되었다고 말할 수 있을 것입니다.

오늘 설교의 서론이 길어졌습니다. 그러나 욥기의 어느 부분을 읽게 되더라도 우리는 욥기에서 다루어지고 있는 전체적인 주제와 핵심적인 교훈을 파악하는 것이 필수적입니다. 그 다음에야 각 본문이 제공하는 독특한 메시지들을 바로 찾을 수 있기 때문입니다.

이제 욥기 14장 1절부터 6절의 내용에서 발견할 수 있는 삶의 교훈들을 함께 살펴보기 원합니다. 욥기의 줄거리를 볼 때, 욥기 12장부터 14장은 욥과 세 친구의 세 번에 걸친 신앙적 토론에 있어서 첫 번 대화의 마지막 부분이 됩니다. 그래서 욥이 소발에게 말하고 있지만 사실은 세 친구 모두에게 자신이 당하고 있는 고난의 심각성과 그 고난에 대해 용납할 수 없는 이유를 지적하고 있습니다. 비록 14장 1절부터 6절의 내용이 욥기 전체에서 다루고 있는 고난의 문제에 대해 직접적으로 연관되고 있지는 않지만, 나름대로 우리 인생에 대해 다시 한 번 생각해보게 만드는 교훈들을 담고 있습니다. 그래서 오늘 본문에서 다루는 주제들을 기초로 하여 설교의 제목을 정한다면 "욥의 인생관"이라고 정할 수 있을 것입니다. 오늘 이 설교를 통해, 깊은 고난 속에서 욥이 고백한 인생관이 무엇이며, 우리의 삶에 적용할 수 있는 진리들이 무엇인지를 살펴본다면 가치 있는 시간이 될 것이라고 믿습니다.

(1) 인생무상

무엇보다도 먼저 1, 2, 5절은 욥이 극심한 고난 속에서 인간의 생명이 유한하고 한 평생이 쏜살같이 지나간다는 점을 깨달았다는 점을 밝혀줍니다. 자기의 인생에 대해, 생애가 짧고, 꽃과 같이 자라서 시들어 버리며, 그림자 같이 지나가며, 머물지 못한다고 표현한 것은 인생의 무상함에 대해 비유적으로 표현하고 있는 것입니다. 모세의 기도를 소개하는 시편 90편을 보면, 그는 욥기의 본문과 유사한 표현들을 통해 인생무상을 고백하며, 남은 생애를 가치 있게 보내려는 결단을 하고 있습니다.

> 주의 목전에는 천 년이 지나간 어제 같으며 밤의 한 순간 같을 뿐임이니이다 주께서 그들을 홍수처럼 쓸어가시나이다 그들은 잠깐 자는 것 같으며 아침에 돋는 풀 같으니이다 풀은 아침에 꽃이 피어 자라다가 저녁에는 시들어 마르나이다…. 우리의 모든 날이 주의 분노 중에 지나가며 우리의 평생이 순식간에 다하였나이다 우리의 연수가 칠십이요 강건하면 팔십이라도 그 연수의 자랑은 수고와 슬픔뿐이요 신속히 가니 우리가 날아가나이다(시 90:4-10).

예화) 미국에서 목회를 하는 동안, 인생이 살같이 빨리 지나간다는 점을 미국사람들이 인상 깊게 표현하는 것을 접하게 되었습니다. 그들은 사십대 사람들에게 인생은 사십 마일의 속도로 지나가고, 오십대 사람들에게는 오십 마일로, 육십대 사람들에게는 육십 마일로 달리는 것처럼 느껴지게 된다는 것입니다. 어떤 면으로 맞는 말 같습니다. 나이가 들어가면 갈수록 남은 세월이 짧아져 가는 것이 안타깝고, 그것도 너무나 빨리 지나가버리는 것 같아 아쉬워하게 됩니다.

인생무상을 고백하는 본문은 우리들로 하여금 꽃과 같이 삽시간에 져버리는 인생, 그림자같이 빨리 사라져 버리는 인생을 허비하지 않도록 우리에게 도전해 줍니다. 오히려 매일의 삶을 보다 의미 있고 즐겁게 살아가고, 하나님께는 영광을 돌리며 더불어 살아가는 사람들에게는 선을 베푸는 삶을 살아가야 한다는 점을 일깨워줍니다.

(2) 인간의 생사를 주관하시는 하나님

5절은 인간의 생명의 길이를 오직 하나님께서 주관하고 계시다는 점을 밝히고 있습니다. 하나님께서 인간의 생사화복을 주관하고 계신 분이라는 가르침은 이 본문에서만 언급되는 것이 아닙니다. 성서 전체에서 강조되는 주제 중에 하나요, 신명기 30장 15절과 16절, 그리고 시편 90편에서도 언급되는 것입니다. 그래서 이러한 신앙고백은, 고대 근동에서 팽배했던 여러 신들이나 우상들이 그들의 삶을 주관한다고 믿었던 헛된 신앙에 빠진 자들에게 경종을 울려주었습니다. 뿐만 아니라 하나님의 존재를 부정하는 가운데 자신의 지혜와 능력으로 자기의 삶을 주관할 수 있다고 생각하는 무신론자들이나 인본주의자들의 생각에 대해서도 도전하고 있습니다.

예화와 찬송) 저는 살아가면 갈수록 하나님께서 우리 인간의 생사화복을 주관하신다는 점을 고백하게 됩니다. 제 자신이 지금까지 살아온 길들을 되돌아보면 제 자신의 지혜와 노력으로 지금까지 지내온 것으로 말할 수가 없습니다. 제 삶의 중요한 순간마다 하나님께서 성령님을 통해 신적으로 개입하셔서 제 삶의 진로를 바로 잡아주시고, 또 삶과 죽음의 갈림길에 처했을 때에 하나님의 은혜를 베풀어주신 것을 고백하게 됩니다. 특히 십여 년 전에 악성종양으로 수술을 하게 되었을 때를 되돌아보면, 제가 질병을 발견한 때나 수술을 하게 된 때, 그리고 그 이후에 치료 기간을 보내는 모든 과정 속에서 제 삶의 생사화복을 주관하신 분이 하나님뿐임을 고백할 수밖에 없었습니다. 그리고 사망의 음침한 골짜기까지 걸어 갔던 자로서 "덤으로 사는 인생"을 허락해주신 하나님께 매일 감사를 드리게 되는 것입니다. 그리고 오래 전부터 즐겨 부르던 찬양을 떠올리게 됩니다.

> 조용히 예수님 보라 그는 참 하나님이라
> 내 모든 생사화복을 손 안에 쥐고 계시네
> 조용히 예수님 보라 그는 참 하나님이라
> 내 맘에 깊은 근심도 아시는 분 하나님
>
> 내일 일 알지 못하고 가는 길 늘 험하여도
> 주께서 항상 보살펴 내 갈길 인도하시네
> 조용히 예수님 보라 그는 참 하나님이라
> 내 맘에 깊은 근심도 아시는 분 하나님
>
> 이 세상 풍랑 만날 때 주 안에 피난처 있네
> 그 크신 주의 한 몸에 모든 것 물리치시네
> 조용히 예수님 보라 그는 참 하나님이라
> 내 맘에 깊은 근심도 아시는 분 하나님

(3) 죄인된 인간

4절은 모든 인간이 하나님 앞에서 죄인 됨을 고백하고 있습니다. 이것은 예레미야서 17장 9절이나 로마서 3장 10절과 상통합니다. 더러운 것 가운데서 깨끗한 것을 낼 수 없는 것처럼 죄인의 성품을 가지고 있는 인간이 하나님 앞에서 의로울 수가 없다는 점을 본문은 명백히 밝혀줍니다. 그러므로 우리는 시시때때로 우리가 하나님 앞에서나 사람들 앞에서 범하게 되는 실수와 죄악들에 대해 예수 그리스도의 이름으로 용서를 빌고, 하나님께서 주시는 죄사함을 경험하고 살아야 합니다. 그렇지 않고 죄악을 거듭하여 쌓아가게 되면 죄악들과, 그로 말미암은 죄책감과 후회감이 우리의 영혼과 육체를 망가뜨리는 것을 경험하게 될 것입니다.

그런데 욥기 전체를 통해 볼 때 본문의 고백은 아이러니 합니다. 인간의 죄인 됨을 고백한 욥이 자신의 죄에 대한 하나님의 형벌이 너무나 크다고 불평하면서 자신의 고난을 멀리 떠나보내게 해달라고 간구하고 있다는 점입니다. 한 면으로는 죄인 됨을 인정하면서도, 다른 한 면으로는 자신이 하나님 앞에서 크게 고난을 당할 죄는 짓지 않았다고 주장하는 욥의 이중성이 우리의 삶에 재현되지 않아야 할 것입니다. 오히려 우리는 크고 작은 허물과 실수들에 대해 민감하게 반응하며 예수님의 십자가에 나아와 그것들을 자백함으로써, 예수님의 보혈의 능력으로 깨끗함을 받는 참된 회개를 경험해야 할 것입니다.

(4) 기도해야 하는 인간

뜻하지 않는 고난 속에서 당황했던 욥은 자신이 당하고 있는 고난의 이유에 관해 논리적으로 이해를 하지 못했습니다. 세 친구들이 욥의 고난에 대해 신학적으로 제시하는 해답들에 대해서도 용납하지 못했습니다. 그래서 자신의 실존에 있어서 가장 심각한 상황에 접한 욥이 논리적으로나 신앙적으로 해답을 얻지 못하게 되었을 때, 모든 것을 포기해 버리거나, 신앙생활의 무의미함을 내세우며 하나님을 떠나는 결정을 할 수도 있었습니다. 그럼에도 불구하고 욥은 여전히 하나님 앞에 자신을 드러냅니다. 그리고 자신의 실존의 문제, 고난의 문제를 가지고 하나님과 담판을 짓기 원하고 있습니다. 비록 자기의 의로운 행위들로 말미암은 영적인 교만들이 고난의 이유에 대해 바르게 이해하는데 있어서 걸림돌이 되기는 했지만, 그럼에도 불구하고 하나님 앞에서 자신의 문제를 해결받기를 원했던 욥은 여전히 기도의 사람이요, 믿음의 사람입니다. 하나님께서는 이러한 욥의 끈질긴 기도와 항변에 대해, 정하신 때에 하나님의 방법에 따라 응답해주시고 욥을 새롭게 변화시켜 주셨습니다. 또한 그가 신학적으로 미숙한 가운데서 기도했다 할지라도 하나님께서는 그의 기도를 들어주시고, 인내해주시고, 드디어 하나님의 방식으로 응답해주신 것입니다. 그러므로 우리는 욥의 끈기 있는 기도의 삶을 배워야 합니다. 그리고 어떤 문제에 직면했든지 하나님 앞에 기도로 나아가면, 하나님께서도 우리의 기도를 들으시는데 끈기를 보이시고 결국 하나님의 방식대로 응답해주신다는 점도 깨달아야 합니다. 이 설교를 마치면서 우리 주님 예수님이 가르쳐주신 기도의 위력에 관한 이야기를 기억하는 것도 가치가 있을 것입니다.

> **예화)** 예수께서 그들에게 항상 기도하고 낙심하지 말아야 할 것을 비유로 말씀하여 이르시되 어떤 도시에 하나님을 두려워하지 않고 사람을 무시하는 한 재판장이 있는데 그 도시에 한 과부가 있어 자주 그에게 가서 내 원수에 대한 나의 원한을 풀어 주소서 하되 그가 얼마 동안 듣지 아니하다가 후에 속으로 생각하되 내가 하나님을 두려워하지 않고

사람을 무시하나 이 과부가 나를 번거롭게 하니 내가 그 원한을 풀어 주리라 그렇지 않으면 늘 와서 나를 괴롭게 하리라 하였느니라 주께서 또 이르시되 불의한 재판장이 말한 것을 들으라 하물며 하나님께서 그 밤낮 부르짖는 택하신 자들의 원한을 풀어 주지 아니하시겠느냐 그들에게 오래 참으시겠느냐 내가 너희에게 이르노니 속히 그 원한을 풀어 주시리라 그러나 인자가 올 때에 세상에서 믿음을 보겠느냐 하시니라 (눅 18:1-8).

오늘 말씀을 통해 우리는 욥이 고난 속에서 인생을 되돌아보며 깨달았던 바들을 몇 가지로 살펴보았습니다. 욥의 깨달음이 가치가 있는 것들이라면 우리들도 이러한 깨달음을 가지고 살아가야 할 것입니다. 우리의 인생은 참으로 짧지만, 그 속에서도 하나님께서, 우리 주님께서 우리의 생을 주관하고 계십니다. 그러므로 매일 주님과 동행하며 그분의 뜻을 이루며 살아갈 수 있기 바랍니다. 그리고 죄인 된 인간이기에 시시때때로 죄와 허물을 범하게 되겠지만, 그때마다 즉시 예수님의 십자가 앞에 그것들을 내려놓고 용서의 기쁨을 누려야 합니다. 뿐만 아니라 삶의 수많은 상황들 속에서 주님 앞에 끈질기게 기도함으로 말미암아 삶의 문제들을 해결 받을 수 있기를 바랍니다.

7. 욥기 40:1-14/ 42:1-6(드라마 설교/일인칭 설교)

제목: 욥의 신앙 간증

*필자는 이 설교의 본문을 전통적으로 읽기보다는, 욥기의 연극적인 성격을 고려하여 본문에 언급되는 여호와 하나님과 욥의 짧은 대화

를 극적으로 전달하고자 한다. 또한 설교의 전달 방식도 욥이 자신의 경험과 심정의 변화들을 직접 소개하는 일인칭 설교 형식을 취해보고자 한다. 그래서 욥기의 절정 부분을 소개하고 있는 욥기 40장 1절부터 14절과 42장 1절부터 6절을 본문으로 삼고 있지만, 욥기 전체에서 다루어지고 있는 신학적인 주제를 바로 이해할 수 있는 기회를 제공하게 될 것이다.

(1) 본문 소개하기-극적으로 전달하기

* 연극 배경: 38장과 39장에서 암시되는 것처럼 사자와 산 염소와 들나귀와 타조 등을 연상할 수 있게 만드는 초원 지대에서 폭풍우가 내리치고 있는 장면(40:5)을 준비한다. 아울러 하나님의 현현을 상징적으로 나타내는 바람 소리와 천둥소리(40:9)를 들려준다.

* 연극에 등장하는 여호와와 욥의 대화 내용은 청중들이 보다 쉬운 내용으로 이해하게 하기 위해 표준새번역 개정판의 내용을 사용한다.

여호와: 전능한 하나님과 다투는 욥아, 네가 나를 꾸짖을 셈이냐?
네가 나를 비난하니, 어디, 나에게 대답해 보아라.

욥: 저는 비천한 사람입니다. 제가 무엇이라고 감히 주님께 대답할 수 있겠습니까? 다만 손으로 입을 막을 뿐입니다. 이미 말을 너무 많이 했습니다. 더 할 말이 없습니다.

* 폭풍소리가 다시 웅장하게 들리게 한다.

여호와: 이제 허리를 동이고 대장부답게 일어서서, 내가 묻는 말에 대답하여라. 아직도 너는 내 판결을 비난하려느냐? 네가 자신을 옳다고 하려고, 내게 잘못을 덮어씌우려느냐? 네 팔이 하나님의 팔만큼 힘이 있느냐? 네가 하나님처럼 천둥 소리 같은 우렁찬 소리를 낼 수 있느냐? 어디 한 번 위엄과 존귀를 갖추고, 영광과 영화를 갖추고, 교만한 자들을 노려보며, 네 끓어오르는 분노를 그들에게 쏟아 내고, 그들의 기백을 꺾어보아라. 모든 교만한 자를 살펴서 그들을 비천하게 하고, 악한 자들을 그 서 있는 자리에서 짓밟아서 모두 땅에 묻어 보아라. 모두 얼굴을 천으로 감아서 무덤에 뉘어 보아라. 그렇게만 할 수 있다면 나는 너를 찬양하겠고, 네가 승리하였다는 것을 내가 인정하겠다.

* 다시 폭풍과 천둥치는 소리가 잠시 더욱 강하게 들리게 만든다. 그리고는 잠시 후에 아주 고요한 선율 속에 조금은 슬픈 느낌을 주는 음악이 흐르게 한다.

욥: 주님께서는 못하시는 일이 없으시다는 것을, 이제 저는 알았습니다. 주님의 계획은 어김없이 이루어진다는 것도, 저는 깨달았습니다. 잘 알지도 못하면서, 감히 주님의 뜻을 흐려 놓으려 한 자가 바로 저입니다. 깨닫지도 못하면서, 함부로 말을 하였습니다. 제가 알기에는, 너무나 신기한 일들이었습니다.

여호와: 들어라, 내가 말하겠다. 내가 물을 터이니, 내게 대답하여라.

욥: 주님이 어떤 분이시라는 것을, 지금까지는 제가 귀로만 들었습니다.

그러나 이제는 제가 제 눈으로 주님을 뵙습니다. 그러므로 저는 제 주장을 거두어들이고, 티끌과 잿더미 위에 앉아서 회개합니다.

* 잔잔하고도 슬프게 느껴지는 배경 음악이 좀더 흐르게 한 후에 마친다.

(2) 본문 설교하기: 욥의 일인칭 설교

제 이름은 욥입니다. 특이하게도 "적"(enemy)이라는 뜻을 가진 이름이죠. 평생 살아오면서 반듯하게 살려고 힘썼고, 하나님의 율법에 따라 순종하며 살아왔다고 자부할 수 있습니다. 그래서 가끔 사람들이 "온전하고 정직하여 하나님을 경외하며 악에서 떠난 자"라고 평가해 주기도 하는 것 같은데, 듣기 싫지는 않습니다. 아마 하나님도 저를 그렇게 보아주셨는지, 제게 복을 많이 주셨습니다. 그래서 아내와 아들 일곱과 딸 셋을 주셨고, 소유물도 많이 주셨죠. 양이 칠천 마리, 낙타가 삼천 마리, 겨릿소가 오백 쌍, 암나귀가 오백 마리나 되었고, 종도 아주 많았습니다. 그래서 주위 사람들이 저를 동방에서 가장 으뜸가는 부자라고 생각할 정도였습니다.

그런데 하루는 제게 기가 막힌 일이 생겼습니다. 스바 사람들이 쳐들어와서 가축들을 빼앗아 가고, 종들을 칼로 죽여 버렸습니다. 또한 하늘에서 하나님의 불이 떨어져서 양 떼와 목동들을 살라버렸습니다. 그런가 하면 갈대아 사람들이 나타나서 낙타 떼를 끌고 가고 종들을 죽여 버렸습니다. 이런 일들보다 더욱 가슴이 미어지는 것은 저의 아들들과 딸들이 식사를 하는 도중에 광야에서 광풍이 불어와서 집이 무너지게 만들어버렸고, 그들이 모두 깔려 죽게 된 것입니다.

저는 이런 참담한 일들을 경험하고 나서 이런 생각이 들었습니다.

"모태에서 빈 손으로 태어났으니 죽을 때도 빈 손으로 돌아갈 것입니다. 주신 분도 주님이시요, 가져 가신 분도 주님이시니, 주님의 이름을 찬양할 뿐입니다."

설상가상으로 며칠이 지나 제게 또 다른 심각한 사건이 생겼습니다. 이유도 모르게 저의 발바닥에서부터 정수리에까지 악성 종기가 나서 고생을 하게 되었습니다. 얼마나 가려웠으면 제가 잿더미에 앉아서 옹기 조각으로 제 몸을 긁을 수밖에 없었습니다. 그러한 저의 모습을 보고 제 아내가 속상해 하며, 하나님을 저주하고 죽는 게 낫겠다고 말할 정도이었습니다. 그 때에도 저는 "우리가 누리는 복도 하나님께로부터 받았는데, 어찌 재앙이라고 해서 못 받는다 하겠소?"라고 말하며 말로 죄를 짓지 않았습니다.

그런데 금방이라도 죽을 것만 같은 육체적인 고통과 마음의 쓰라림 속에서, '왜 이러한 재앙에 내게 임하게 되었을까' 하고 생각해보면 도무지 이해가 가지 않았습니다. 나름대로 하나님의 율법을 실천하며 살려고 노력했고, 누구보다도 온전하고 정직하게 살았다고 자부해왔는데, 나에게 이런 재앙이 닥쳤다니 믿을 수가 없었습니다. 그래서 재앙이 닥친 이유를 분명히 알고 싶었습니다.

그러던 차에 제 친구 엘리바스, 빌닷, 소발이 제게 찾아왔습니다. 위로하려고 왔겠지만 사실 그들은 육체적으로나 심적으로 극심한 고통을 받고 있는 나에게 위로보다는 영적인 죄책감만 더 심어주었습니다. 그들은 제가 하나님 앞에서 죄를 지었기 때문에 이런 재앙을 당하게 되었다고 말하며 즉시 회개하라고 강조했습니다. 그들이 그런 말을 하는 것은 이해가 갑니다. 저도 그들의 말이 나름대로 일리가 있다는 것을 알기 때문입니다. 어릴 때부터 여호와 하나님을 신뢰해오면서 가장 자주 접했던 것이 바로 이런 가르침이었기 때문입니다. 하나님의 말씀에 따라 순종하고 살면 복을 받고 불순종하면 저주를 받게 된다는 신앙적 인과응보의 원리를 저도 인정하기 때문입니다.

그러나 저의 경우는 조금 다릅니다. 비록 제가 하나님 앞에서 죄인인 것도 알고, 죄인에게는 저주가 임한다는 것도 알고, 죄를 회개하면 지금은 미약한 상태이지만 나중에는 하나님께서 창대하게 해주신다는 빌닷의 말도 인정하지만, 제가 당하고 있는 재앙은 너무나 도를 지나친 것이었습니다. 하나님이 저에 대해 공의롭게 판단하고 계신다면 이와 같이 심한 재앙을 주실 수가 없다고 생각했습니다. 저보다 훨씬 악하고 하나님을 무시하는 자들은 편안하게 살고 있는데, 왜 제게 더 큰 고통을 주시는지 이해가 안 된 것입니다.

저는 제 삶을 되돌아 볼 때 정말 의롭게, 하나님의 율법을 실천하면서 살았다고 자부합니다. 몇 가지 예만 든다면, 저는 젊은 여인을 음탕한 눈으로 바라본 적이 없습니다. 다른 사람을 속이려고 하지도 않았습니다. 남의 아내를 탐내어서 그 집 문 근처에 숨어 있으면서 그 여인을 범할 기회를 노리지도 않았습니다. 가난한 사람들이 도와 달라고 했을 때, 나는 거절한 일이 없었고, 고아를 속이지도 않았습니다. 나는 황금을 믿지도 않았고, 정금을 의지하지도 않았습니다. 내 원수가 고통 받는 것을 보고 기뻐한 적도 없습니다. 그래서 저는 "하나님은 내가 발 한 번 옮기시는 것을 다 알고 계실 터이니, 나를 시험해 보시면 내게 흠이 없다는 것을 아실 수 있으련만!"하는 마음으로 가득 차 있습니다. 그런데 이렇게 반듯하게 살아온 나의 의로운 생활의 결과가 모든 재물을 날려버리고 모든 자녀들을 잃어버리며 심각한 피부병에 걸려 고생해야 하는 것이란 말입니까?

저는 제가 당하고 있는 재앙에 대해 도무지 논리적으로 이해가 가지 않았습니다. 그것이 하나님께서 허락하신 것이라고 생각하면 더욱 미칠 것만 같았습니다. 그래서 하나님 앞에 나아가 왜 제게 이런 재앙을 주셨는지 기도로 거듭 물어보았습니다(10:2). 그런데도 하나님은 한 번도 대답을 해주시지 않았습니다. 오히려 하나님이 저를 피하시는 것 같았습니다. 그래서 저는 시간이 지나면 지날수록 "하나님이 내게 불의를 행하시는구나, 나의 의를 빼앗으시는구나"라고 생각하게 되었습니다(27:2).

그래서 저는 제 주위의 친구들에게, 하나님이 저를 정당하게 대해주시지 않는다고 말하곤 했습니다. 그랬더니 한 번은 옆에 있던 한 젊은이인 엘리후가 제게 흥분하여 말하더군요. 제가 하나님보다 제 자신을 더 의롭게 여기고 있다구요(32:2). 그리고는 제가 하나님에 대해 잘 알지도 못하면서 하나님의 공의에 대해 문제를 제기했다고 하면서, 하나님 앞에 반역을 행하고 하나님을 모독했다고 꾸짖더군요(34:36, 37). 그래도 저는 제 자신에게 닥친 재앙의 이유를 이해할 수가 없었고, 또 용납할 수도 없었습니다. 시간이 지날수록 하나님에 대한 원망과 불평만 쌓여가게 되었습니다.

그런데 제게 중요한 일이 벌어졌습니다. 하루는 기도하는 중에 갑자기 폭풍이 몰아치는 소리가 들리더니 여호와 하나님께서 제 앞에서 저를 부르고 질문하는 소리가 들렸습니다. 저는 두려움에 휩싸여 꼼짝도 못하고 있었고, 하나님께서 연속적으로 질문하시는 내용들을 주의 깊게 들어보게 되었습니다.

> 내가 땅의 기초를 놓을 때에, 네가 거기에 있기라도 하였느냐?
> 누가 이 땅을 설계하였는지, 너는 아느냐?
> 누가 그 위에 측량줄을 띄웠는지, 너는 아느냐?
> 무엇이 땅을 버티는 기둥을 잡고 있느냐?
> 누가 땅의 주춧돌을 놓았느냐?
> 바닷물이 땅 속 모태에서 터져 나올 때에, 누가 문을 닫아 바다를 가두었느냐? …
> 바다 속 깊은 곳에 있는 물 근원에까지 들어가 보았느냐? …
> 빛이 어디에서 오는지 아느냐? 어둠의 근원이 어디에 있는지 아느냐? …
> 눈을 쌓아 둔 창고에 들어간 일이 있느냐? …
> 네가 북두칠성의 별 떼를 한데 묶을 수 있으며, 오리온 성좌를 묶은 띠를 풀 수 있느냐? …
> 네가 사자의 먹이를 계속하여 댈 수 있느냐? …
> 너는 산에 사는 염소가 언제 새끼를 치는지 아느냐? …
> 누가 들나귀를 놓아 주어서 자유롭게 해주었느냐? …
> 들소가 네 일을 거들어 주겠느냐? 들소가 네 외양간에서 잠을 자겠느냐? …
> 말에게 강한 힘을 준 것이 너냐? 그 목에 흩날리는 갈기를 달아 준 것이 너냐? …

매가 높이 솟아올라서 남쪽으로 날개를 펴고 날아가는 것이 네게서 배운 것이냐? …

네 팔이 하나님의 팔만큼 힘이 있느냐? 네가 하나님처럼 천둥 소리 같은 우렁찬 소리를 낼 수 있느냐? …

네가 낚시로 리워야단을 낚을 수 있으며, 끈으로 그 허리를 맬 수 있느냐? …

여호와 하나님께서는 제게 이와 같이 수많은 질문들을 하시면서, 만물의 창조주가 되시며 주관자가 되시는 여호와 하나님 자신이 이 모든 것을 다 할 수 있고 또 하고 계신다고 말씀하셨습니다. 그리고 저는 이러한 일 중에 어떤 것도 할 수 없는 하나의 피조물에 지나지 않는다는 점을 깨닫게 해주셨습니다. 뿐만 아니라 제 자신의 삶에 다가온 재앙의 이유에 대해 하나님이 빨리 답해주지 않는다고 원망하며, 하나님의 섭리를 공의롭지 못하게 간주해 온 저의 태도에 대해 꾸지람하셨습니다.

온 세상과 그 속의 많은 동물들을 인도하시고 그들의 생명을 지켜주시는 창조주 하나님의 활동을 보고 나니, 하나님께서 고난 중에 있는 제게 빨리 응답하지 않으신다고 해서, 하나님이 의롭지 못하다고 원망했던 나 자신이 얼마나 영적으로 교만했는지를 깨닫게 되었습니다. 그리고 한 걸음 더 나아가서 하나님께서는 저의 좁은 생각을 넘어서 하나님 자신이 뜻하고 계신 계획을 다 이루실 수 있고, 또 이루어 가시는 주권자 하나님이시요 자유자 하나님이시라는 점을 깨닫게 되었습니다.

그래서 저는 하나님 앞에서 전에 원망하고 불평하던 제 모습에 대해 회개할 수밖에 없었습니다. 그래서 이렇게 고백하게 되었습니다.

> 저는 비천한 사람입니다. 제가 무엇이라고 감히 주님께 대답할 수 있겠습니까? 다만 손으로 입을 막을 뿐입니다. 이미 말을 너무 많이 했습니다. 더 할 말이 없습니다(40:4-5).

> 주님께서는 못하시는 일이 없으시다는 것을, 이제 저는 알았습니다. 주님의 계획은 어김 없이 이루어진다는 것도, 저는 깨달았습니다. 잘 알지도 못하면서, 감히 주님의 뜻을 흐려 놓으려 한 자가 바로 저입니다. 깨닫지도 못하면서, 함부로 말을 하였습니다. 제가 알기에는, 너무나 신기한 일들이었습니다(42:2-3).

> 주님이 어떤 분이시라는 것을, 지금까지는 제가 귀로만 들었습니다. 그러나 이제는 제가 제 눈으로 주님을 뵙습니다. 그러므로 저는 제 주장을 거두어들이고, 티끌과 잿더미 위에 앉아서 회개합니다(42:5-6).

그랬더니 감사하게도 하나님께서 회개하는 기도를 들어주시고, 영적으로 교만했던 저의 죄를 용서해 주셨습니다. 그리고는 이 사건 이후에 이전보다 더 많은 복을 주셨습니다. 그래서 양이 만 사천 마리, 낙타가 육천 마리, 소가 천 겨리, 나귀가 천 마리나 되었습니다. 또한 아들 일곱과 딸 셋을 새롭게 주셨습니다. 제 삶에 행복이 회복되게 해주신 것입니다. 그런데 되돌아보면 하나님께서 제게 이러한 물질적인 복을 주신 것보다 더욱 감사한 것은 저로 하여금 하나님에 대해 좀더 잘 알게 해주셨다는 점입니다. 하나님께서 저의 논리적인 생각과 신앙적 경험들을 뛰어 넘어, 자신이 계획하신 뜻에 따라 이 세상을 다스리고 계신 위대한 창조주요 신비로운 주관자이라는 점을 저는 깨닫게 되었습니다. 다시 말하여, 피조물인 저를 포함하여 모든 인간은 창조주 되신 하나님께서 계획하고 계신 일을 다 알지 못하는 제한된 자들이기에, 하나님께서 하시는 일에 왈가왈부할 수가 없다는 점을 알게 된 것입니다. 또한, 이전에는 제가 하나님의 율법에 따라 살아가면, 그러한 행동이 저를 하나님 앞에서 의롭게 보이게 한다고 자부했습니다. 그러나 이제는 그러한 행동이 아니라 하나님을 창조주요 제 삶의 주관자로 믿는 믿음이 하나님 앞에서 참다운 의로 간주된다는 점을 깨달았습니다. 그래서 저는 이제 위대하신 하나님 앞에서 겸손한 자세로 주님을 섬기려 하는 것입니다. 저의 이러한 깨달음이 여러분의 삶에 있어서도 동일한 깨달음이 될 수 있기를 바랍니다.

주(註)

1) 김종렬 편저, 『2001 예배와 강단』 (서울: 한들출판사, 2000), 47.

2) Ibid., 48.

3) Ibid., 49.

4) 민영규, 『예루살렘 입성기』 (서울: 연대출판부, 1976), 159.

5) www.IslamCan.com/cgi-bin, "Story of Alexander the Great"

6) 돈 미겔 루이스, 『내가 말을 배우기 전 세상은 아름다웠다』, 이진 역 (서울: The Book Company, 2004), 202.

제10장 구약성서 지혜문학의 배경
- 고대 근동 지혜문학과의 비교 연구 -

고대 이스라엘과 잦은 관계를 맺었던 애굽, 바벨론, 가나안 등과 같은 고대 근동 국가들에서 백성들에게 삶의 다양한 지혜를 제공하기 위해 기록된 지혜문학들이 존재했다는 점은 앞 장에서 언급한 바 있다. 그런데 이러한 이스라엘의 주변 국가들에서 보존되어진 지혜서들을 살펴보면 고대 이스라엘의 지혜서들보다 훨씬 이전 시대에 존재했던 것들도 많이 있었던 것으로 이해된다. 아울러 고대 근동 국가의 지혜서들과 고대 이스라엘의 지혜서들을 비교해보면 그 형식이나 다루는 주제, 그리고 내용에 있어서 유사성과 차이성을 동시에 발견할 수 있다. 그러므로 구약성서 지혜문학을 연구함에 있어서 고대 근동 국가들에 존재했던 지혜문학들을 살펴보고 둘의 관계에 관해 유추해보는 일은 의미 있는 일이다. 필자는 고대 근동 지혜문학과 구약성서 지혜문학의 관계에 관해 어떤 의견을 피력하기 전에 먼저 애굽, 바벨론, 가나안 등에서 존재했던 지혜서들 중에 구약성서와 연관성이 있다고 생각되는 것들을 소개하고자 한다. 고대 근동 지혜문학에 관해 좋은 자료를 제공하고 있는 책들을 소개한다면 제임스 프리차드(James B. Pritchard)의 『구약성서와 관련된 고대 근동 문헌』, 크렌쇼의 『구약성서 지혜문학 서론』, 그리고 데이(John Day), 고든(Robert Gordon), 그리고 윌리암슨(H. G. M. Williamson)이 편집한 『고대 이스라엘의 지혜』라는 책들이 언급될 수 있다.[1]

1. 애굽의 지혜문학

애굽의 지혜문학은 문학 형태면으로 볼 때, 일상적인 사회생활과 윤리 생활을 위해서 실제적인 교훈을 제공하는 교훈(sebayit)의 형태와 일상성이 깨어져버린 현실 속에서 삶의 의미나 진리와 거짓 사이의 갈등에 대해 질문하는 내용을 담고 있는 사색적인 형태의 작품들로 구분할 수 있다.[2]

일반 백성들이나 젊은이들, 혹은 특정인들의 지혜로운 삶을 위해 애굽의 왕들이나 왕자, 혹은 현인들이 구체적인 교훈을 제공했던 글들은 다양한데, 연대적으로 볼 때 기원전 27세기에 기록된 것으로 추정되는 "호데데프 왕자의 교훈"(the Instruction of Prince Hor-dedef)으로부터 기원전 3세기경에 기록된 것으로 간주되는 "인싱어 파피루스"(Insinger Papyrus)에 이르고 있다.[3] 여러 교훈들 중에서 대표적인 것들을 소개한다면 다음과 같다.

(1) **"고관 프타호텝의 교훈"**(The Instruction of the Vizier Ptah-hotep)

프타호텝은 기원전 2450년 경에 애굽의 제 5 왕조를 다스렸던 이제지(Izezi) 왕의 고관이요 한 지역의 시장이었다. 그는 그 나라에서 성공적인 관리가 되기 위해 취해야 할 행동들과 자세들에 관해 그의 아들이자 후계자에게 교훈하고 있다. 그의 교훈 중에서 구약성서의 내용과 비교할만한 부분들을 소개한다면 다음과 같다.

오 전능하신 나의 주여! 연로함이 다가오고 나이 많은 때가 찾아왔습니다. 나약함이 도래하고, 노망이 새로와집니다. 심장은 매일 지쳐서 잠이 듭니다. 눈이 약해지고, 귀가 들리지 않고, 심장의 피곤함으로 말미암아 힘이 사라져가고, 입은 침묵하며 말할 수가 없습니다. 마음이 쉽게 잊어버려서 어제도 기억을 못하게 됩니다. 늙어서 뼈가 아픕니다. 선한 것이 악한 것으로 변해버립니다. 모든 맛이 사라졌습니다. 연로함은 사람에게 모든 면에서 악한 것만 제공합니다. 코가 막혀 숨을 쉴 수가 없습니다. 서거나 앉는 것도 어렵습니다.

……

그러자 이 위대한 신께서 말씀하시기를...

너는 그에게 먼저 대화에 관해 가르쳐라. 그러면 그는 관료들의 자녀들에게 본이 될 것이다. 그에게 순종이 들어가서, 모든 심장이 균형 잡히게 하라. 그에게 말하라. 지혜롭게 태어난 자가 아무도 없다.

……

그러자 그는 그의 아들에게 말했다.

너의 지식 때문에 네 마음이 우쭐대지 않게 하라. 네가 지혜로운 자라고 해서 자만하지 말라. 지혜로운 자 뿐만 아니라 무지한 자로부터도 조언을 얻어라. 기술의 정점에 도달하기는 어렵고, 아무리 기술이 뛰어난 자라도 온전히 준비되지는 못한다. 선한 말은 에메랄드 보다 더 숨겨져 있지만, 맷돌 가는 하녀들에게서 발견될 수도 있다….

만약 네가 많은 사람들의 일을 다루도록 명령하는 지도자라면 네가 다루는 일들에 잘못이 없을 때까지 모든 선행을 베풀도록 추구하라. 공의는 위대한 것이요, 그것의 당위성은 영구하니, 그것을 만든 분의 때로부터 어지럽혀지지 않았고, 그것의 법도를 어기는 자에게는 심판이 있게 된다….

만약 네가 너보다 상관과 식탁에 앉게 된 사람들 중에 한 사람이라면, 네 코 앞에 놓여져 있을 때 그가 주는 것만 취하라. 네 앞에 있는 것만 바라보아라. 그를 자꾸 뚫어지게 보지 말지니, 그에게 호전적인 모습을 보이는 것은 상관에게 무례한 죄를 범하는 것이다. 그가 너에게 말할 때까지 얼굴을 아래로 향하게 하고, 그가 너에게 말할 때만 말하라. 그가 웃으면 따라 웃으라. 그러면 그의 마음을 아주 즐겁게 할 것이고 네가 하는 일이 그의 마음에 즐거움이 될 것이다. 누구도 마음에 있는 바를 알지 못한다.

…진실을 붙잡고 더 이상을 넘어서지 말라. 단순한 감사는 반복하지 말라. 잘못된 말을 하지 않도록 힘써라. 위대한 사람도 천한 말로 적대시하게 된다….

……

만약 누군가 너에게 간청을 하게 되면 너는 간청하는 사람의 말을 듣는 동안 잠잠하라. 그가 그의 답답함을 다 드러내어 놓거나 방문한 용건을 다 말하기 전에 그를 저지하지 말라. 간청하는 사람은 그가 온 목적을 이루기보다는 그의 말에 주의를 기울여 주는 것을 것을 더 좋아한다….

……

만약 네가 주인으로, 혹은 형제나 친구로 어느 집에 들어가게 될 때 친분을 만들기 원한다면 여자들에게 다가가는 것을 조심하라. 그렇지 않으면 그곳이 평안하지 못하게 된다. 여자들에게 눈길을 주는 사람은 예리할 수가 없다. 천이나 되는 남자들이 (여자들 때문에) 그들의 장점들로부터 벗어나게 된다. 남자는 이쁜 다리와 손들에 바보가 되고, 그녀가 거기 서 있을 때 모두 얼굴이 홍옥수처럼 된다. 하나의 꿈처럼, 그녀를 알게 된 사소한 일이 죽음에 이르게 한다. 그러지 말라. 그것은 정말 범죄이다. 만약 이것에서 벗어나면 너는 매일 마음의 병으로부터 자유로울 것이다. 그것을 밝히는 것에서 벗어난 자는 모든 일에 형통할 것이다.

너의 재산이 아닌 것에 대해서는 탐욕을 품지 말라. 친척들에 대해서도 탐심을 품지 말라…. 침착한 사람을 다투기 좋아하는 사람으로 바꾸려면 아주 조금의 탐심만 있어도 된다. ……

만약 네가 지위가 있는 자라면 가정을 잘 돌보고 아내를 사랑해야 한다. 그녀의 배를 채워주고, 그녀의 등에 옷을 입혀 줘야 한다. 기름으로 그녀의 몸에 바르게 해야 한다. 네가 사는 동안 그녀의 마음이 기쁘게 해야 한다….

……

만약 네가 지위가 있어 주인을 조언하는 자리에 앉는 자라면 너의 마음을 선한 일을 위해 집중해야 한다. 네가 침묵한다면 귀한 식물들보다 낫다. 만약 네가 말을 하게 된다면 어려운 것들에 대해 어떻게 설명할지를 반드시 알아야 한다. 조언을 할 수 있는 자는 진정으로 재능이 뛰어난 자니, 말하는 것이 어떤 노동보다 어렵기 때문이다.

… 듣는 것이 어떤 다른 것보다 나으니, 선한 사랑이 여기서 기인한다.

아들이 자기 아버지의 말씀을 받아들이는 것이 얼마나 선한고! 그로 말미암아 성숙해지게 된다. 신이 사랑하는 자는 듣는 자이지만 신이 미워하는 자는 들을 줄 모르는 자이다.

… 들을 줄 모르는 어리석은 자는 아무 것도 할 수가 없다.

프타호텝은 자기 아들이 애굽의 고관이요 지위가 있는 자로서 성공적이고도 행복한 삶을 영위하도록 하기 위해 실제적인 교훈들을 다양하게 언급하고 있다. 맨 처음 부분에는 전도서에서 언급하고 있는 것처럼 세월이 덧없이 빨리 지나 연로한 때가 곧 이르게 된다는 점을 언급함으로써 인생무상의 진리와 아울러 젊은 때를 허비하지 말라는 교훈도 암시하고 있다.

이어서 프타호텝은 그의 아들이 왕 앞에 있을 때 어떤 예절을 지켜야 하는지, 또 언제 침묵해야 하며, 말을 할 때에는 어떻게 지혜롭게 해야 하는지를 가르치고 있다. 아울러 그는 아래 사람들이나 도움을 필요로 하는 자들이 찾아올 때 그들에게 어떤 자세로 대하며 어떻게 대화해야 하는지도 가르치고 있다. 그리고 사회에서 중요한 위치에 있는 자로서 공의롭게, 진실하게 사는 것의 중요성도 지적하고 있다. 뿐만 아니라 그는 자신의 아들이 배우자와의 관계를 어떻게 유지해야 하는지도 가르치고, 한 걸음 더 나아가 성적으로 깨끗한 삶을 살아갈 수 있도록 조언하고 있다. 그런가 하면 물질에 대한 탐욕에 대한 경고도 빠뜨리지 않고 있다. 프타호텝은 그의 교훈 마지막 부분에서 자기의 교훈을 듣는 자와 그렇지 않는 자의 다른 결말을 소개함으로써 그의 아들이 순종하는 결정을 내리도록 유도하고 있다.

이렇게 볼 때, 프타호텝의 교훈을 보면 구약성서 지혜문학에 속하는 잠언이나 전도서에서 다루고 있는 주제들과 연관되는 것들이 많이 있다. 왕 앞에서의 예절에 대한 교훈, 경우에 합당한 말을 할 줄 아는 지혜와 침묵의 가치에 관한 교훈, 지도자에게 있어서 정의와 선을 베푸는 일의 가치에 관한 교훈, 성적인 청결함에 관한 교훈, 아내를 사랑하라는 교훈, 물질적인 탐욕을 멀리하라는 교훈, 교만하지 말라는 교훈, 그리고 인생무상에 관한 회고 등은 구체적인 형태는 다르지만 잠언과 전도서에서 거듭 다루어지고 또 강조되고 있는 주제들이다. 그런가 하면, 아버지가 아들에게 교훈하는 형태나 끝 부분에서 아버지의 교훈에 순종하는 아들과 그렇지 않은 자의 다른 운명을 소개하는 부분은 잠언에서 언급되는 교훈의 형태와 유사한 모습이 있다.

(2) "메리카레를 위한 교훈"(The Instruction for Merikare)

이 글은 애굽의 고대 왕조에서 중기 왕조로 바뀌던 때인 기원전 22세기경의 한 왕이 자기 아들이자 후계자에게 충고하는 내용을 담고 있다.

만약 네가 추종자들이 많은 사람을 발견하거든… 그리고 그의 지지자들에게 호의를 베풀며, 쉽게 흥분하고 말 잘 하는 사람을 발견하거든 그를 제거하고, 죽이고, 그의 이름을 지워버리고, 그의 도당을 멸하고, 그를 기억하게 하는 것들과 그를 사랑하던 추종자들을 추방하라.

……

말하는데 뛰어난 사람이 되라. 그리하면 너는 강하게 될 것이니, 혀는 사람의 칼이요 말은 어떤 전투보다 용맹스러운 것이다. 아무도 마음이 지혜로운 자를 어려움에 빠지게 할 수 없다…. 그의 지혜를 아는 자들은 그를 공격하지 못할 것이요, 그에게 불행이 닥치지 않을 것이다….

선조들과 조상들로부터 배우라…. 보라, 그들의 말들이 기록으로 남아 있도다. 펼쳐라, 그러면 너는 그들의 지혜를 읽고 배우게 될 것이다. 그러면 재능이 많은 자가, 학식 있는 자가 될 것이다.

악한 자가 되지 말라. 인내는 선한 것이다. 너의 추모식에 너를 향한 사랑이 계속되게 하라…. 너의 보상으로 신께서 찬양을 받을 것이다….

고귀한 자들을 존경하고 백성들이 번영하게 만들라. 경계들을 정하고 보초들을 세우라. 미래를 위해 행하는 것이 선하다….

위대한 자들을 사용하여 네 법도들을 준행하게 하라. 부한 자는 자기 집을 편애하지 않는다… 그러나 가난한 자는 그에게 옳은 대로 말하지 않는다…. 그의 위인들이 위대할 때 그들을 사용할 줄 아는 자가 진실로 위대한 자다. 충신들을 소유한 왕은 용감한 왕이고, 그의 귀족들이 많은 자는 존엄한 왕이다.

너는 네 집에서 공의로 말하라. 그리하면 땅에 있는 위대한 자들이 너를 두려워 할 것이다. 마음의 의로움이 주께 합당한 것이다. 집의 앞부분이 뒷부분의 존경을 유발한다(필자 주: 주인의 의로움을 종들이 존경하게 된다).

땅에 지내는 동안 공의를 행하라. 우는 자를 돌봐주고, 과부를 압제하지 말라. 어느 누구에게서라도 그의 부친의 재산을 빼앗지 말고, 관료들을 그들의 관직으로부터 해치지 말라. 잘못 처벌하지 않도록 조심하라. 학살하지 말라. 너에게 이롭지 못하다…. 네가 선한 성품들을 가진 자, 네가 함께 글들을 노래한 자를 안다면 죽이지 말라.

너의 젊은 세대들을 양육하라. 그러면 도시의 거민들이 너를 사랑할 것이다. 새롭게 보충함으로써 추종들을 증가시켜라…. 재산과 밭을 주고 가축을 보상으로 주면서 너의 관료들을 위대하게 만들고, 군사들을 모으고, 젊은 세대들을 모으라.

가진 자의 아들과 가난한 자의 아들을 차별하지 말고, 그의 손으로 하는 일을 통해 판단하라. 재능이 필요한 모든 일은 강한 손을 가진 자에게 맡겨져야 한다.

……

신을 위해 기념비들을 만들라. 이 일이야 말로 그것을 만드는 자의 이름을 살리는 것이다. 사람은 자기 영혼에 유익한 일을 해야 하는데, 매달 흰 신발을 신고 성전을 찾아가 신비한 것들을 보이며 제사장을 돕는 것이 그것이다…. 신은 그를 위해 섬기는 자를 알고 계신다.

신을 경배하라. 그분은 마음이 약한 분이라고 말하지 말라….

……

너는 왕에 관한 모든 법도들을 전해준 나를 해롭게 하는 어떤 일도 하지 말라.

……

왕위를 이어받게 되는 메리카레에게 주어진 선왕의 충고들에는 한 나라의 정치적 지도자로서 지녀야 할 덕목들이 다양하게 열거되고 있다. 그 중에서도 정적들이 될 수 있는 자들을 단호하게 처리하라는 충고는 잔인하면서도 단호한 면을 담고 있다. 그러나 일반적으로 왕이 백성들에게 공의를 베풀어야 하며, 나라를 안전하게 지키기 위해 힘써야 하며, 신하들을 뽑는 일에 신중을 기해야 하며, 백성들에게 말을 할 때에 지혜로워야 하며, 나라의 가난한 자들과 약한 자들을 돌보는 책임을 다해야 한다는 교훈 등은 구약성서의 지혜서들에서도 발견할 수 있는 것들이다. 그런가 하면 "신은 그를 위해 섬기는 자를 알고 계신다"는 구절을 거듭 반복함으로써 그들이 섬기는 신이 심판자가 된다는 점을 상기시켜주기도 한다. 그 이외에도 이 글에는 메리카레가 왕으로서 활동할 때 남쪽, 북쪽 등에 인접하고 있는 백성들과 어떻게 무역하고 관계를 맺어야 할지를 충고하고 있다.

(3) **"아메네멧 왕의 교훈"**(The Instruction of King Amen-em-het)

이 글은 애굽의 열두 번째 왕조의 첫 왕이었던 아메네멧 1세가 그의 아들이자 후계자에게 전했던 교훈이다. 아메네멧 1세는 기원전 1960년경에 후궁들의 모함에 의해 죽었지만, 이 글은 기원전 1500-1100년경에 비문 작업이 활발했던 때에 보전된 것으로 추정된다.

네가 신으로 나타날 때, 내가 네게 하는 말에 귀를 기울여라. 그리하면 너는 그 땅의 왕이요 그 지역의 통치자가 될 것이고, 너는 선한 것을 풍성하게 얻을 것이다.

위협들이 닥칠 때 주의를 기울이지 못하는 일을 당하지 않으려면, 네 아래에 있는 자들로부터 자신을 멀리하라. 혼자 있을 때 그들에게 다가가지 말라. 네 마음을 형제나 친구로 채우지 말라. 너에게 가까운 자들을 만들지 말라. 그리해서 이루는 것이 없다. 잘 때에도 네 마음을 지켜라. 왜냐하면 고난의 때에는 추종자들이 없기 때문이다. 내가 가난한 자에게 주었고 고아를 키웠다. 나는 아무 것도 이룰 수 없는 자를 가치 있는 자로 대해 주었다.

그러나 나의 음식을 먹은 자가 나를 대항하여 군대를 일으켰고 내가 도움을 주었던 자가 테러를 일으켰다….

나의 뒤를 이어 통치할 자들이여, 큰 싸움이 보여지지 못할테니, 들리지 않게 나를 위해 애가를 만들어다오.

……

정찬 후에, 저녁이 되었을 때, 피곤하여 한 시간 가량 침대에 누워 쉬고 있었다. 내 심장이 잠에 빠져들었다. 그때 나를 걱정해야 할 무기들이 휘둘려졌고, 나는 먼지에 비틀거리는 것처럼, 사막의 뱀처럼 비틀거리는 자가 되어버렸다. 나는 일어나 홀로 싸우게 되었는데, 경비병과의 백병전이었다. 내 손에 무기만 있었다면 나는 겁장이들이 물러가게 할 수 있었을 것이다. 그러나 밤에 용감한 자가 하나도 없었고, 혼자 싸울 수가 없었다. 지켜주는 자 하나 없이 성공할 수가 없었다.

여인들이 정리되었다면 전쟁이 생겼을까? 다투기 좋아하는 자들이 집안에서 자라난건가? 나는 엘레판틴까지 걸어갔다. 나는 삼각주의 습지까지 갔다. 나는 땅의 변두리까지 가서 경내를 보았다….

나는 사자들을 이겼고, 악어들을 잡았다….

……

보라, 내가 처음을 만들었고 너를 위해 마지막을 정할 것이다. 나는 내 마음에 있는 자를 위하여 항구에 도달한 자이다. 이제 신의 씨앗을 위해 흰 왕관을 내려놓아야 할 것 같다…. 환희는 레(Re)의 소리 가운데 있으니, 전에 존재했던 왕권은 자비를 베풀고, 용감하게 행동하는 자를 통해 건재하게 될 것이다. 너의 기념비들을 완전하고 영구하게 세워라. 지혜로운 자를 위해 싸워라….

아메네멧 왕의 교훈은 아메네멧 왕 자신이 후궁들의 모함으로 말미암아 경험하게 된 비참한 도피 생활을 기초로 하여, 자기의 뒤를 이어 왕이 되는 아들은 후궁들이나 신하들을 쉽게 믿지 말고 그들과의 관계에 있어서 주의를 기울여야 한다는 점을 권고하고 있다. 그래서 인간관계에서 경험할 수 있는 부정적인 측면을 부각시키고 있다. 또한 아메네멧 왕은 자신의 어려운 정치적 입지 속에서도, '레'라는 신의 인도 가운데서 자신의 후손을 통해 왕권이 이어질 것을 믿고 있다.

(4) **"호데데프 왕자의 교훈"**(The Instruction of Prince Hor-dedef)

호데데프는 기원전 27세기경에 애굽을 통치했던 쿠푸(Khufu 혹은 Cheops) 왕의 아들로 그의 교훈은 그의 아들인 아우입레(Au-ib-Re)에게 주어진 것이다. 호데데프는 디오제르(Djoser) 왕의 고관이었던 이엠호텝(Ii-em-hotep)과 함께 애굽의 현인들 중의 한 명으로 간주되어 왔다. 안타깝게도 "호데데프의 교훈"은 보존 상태가 좋지 못하고, 번역이 불명확하고, 내용이 진부하다.[4]

내 앞에서 자랑하지 말고, 다른 사람의 자랑에 주의하라. 만약 네가 지위가 있는 자이면, 마음을 다스리는 자로서 아내를 맞이하라. 그리하면 너에게 아들이 태어날 것이다.

너는 네 아들을 위해 네 집을 짓도록 하라. 네 묘지를 장식하고 서쪽에 있는 너의 처소를 풍족하게 하라. 죽은 자를 위해서는 낮게 받아들이고, 산 자를 위해서는 높이 받아들여라. 그리고 너의 죽음의 집은 생명을 위한 것이다.

호데데프는 그의 아들이 사람들과의 관계에 있어서 특히 자랑하는 것을 조심하도록 충고하고 있다. 그리고 아내를 잘 대해주는 것이 아들을 얻는 것과 같은 좋은 결과를 초래한다고 언급하고 있다. 마지막 부분에 있는 묘지와 죽은 자, 그리고 산 자에 관한 언급들은 고대 애굽인들의 내세에 관한 믿음을 엿보게 만든다. 맨 마지막 문장은 난해한 문장인데, 프리차드는 이 문장을 '죽은 사람이라도 필요한 의식들을 지키게 되면 죽지 않고 산 자가 된다'는 뜻으로 이해했다.[5)]

(5) **"아니의 교훈"**(The Instruction of Ani)

이 글은 그리 높지 않은 관직에 있었던 한 아버지가 애굽 제국이 끝날 즈음에 아들에게 주었던 교훈으로 추정된다. 아주 후기의 사본들에 근거하여 번역되었기에 내용이 많이 훼손되었을 수 있다.

젊을 때 아내를 취하여 그녀가 너를 위해 아들을 낳게 하라. 젊었을 때 그를 낳아라. 그가 성숙하도록 가르치라. 가족들이 많은 자는 행복하다. 그는 그의 자녀들로 인하여 인사를 받게 될 것이다.

너의 신의 축제를 즐기고 절기마다 반복하라. 신은 자기를 무시하는 자들에게 진노하신다. 처음 제사를 드리는 때에 증인이 참관하도록 하라…. 신은 제사를 드리는 자의 이름을 높일 것이다….

마을 사람들이 모르는, 이방에서 온 여인을 조심하라. 그녀가 지나칠 때 보지 말라. 감아 도는 것을 사람들이 모르는 깊은 물처럼, 그녀의 남편으로부터 멀리 있는 여인을 육체적으로 가까이 하지 말라. "나는 매끈하다"고 그녀는 매일 말할 것이다. 그녀가 너를 함정에 빠뜨리려고 기다릴 때 아무 증인도 없다. 누군가 그것을 들으면 죽음에 이르는 큰 죄에 빠지게 된다….

말을 많이 하지 말라. 침묵하라, 그러면 행복해질 것이다. 수다쟁이가 되지 말라. 신의 처소에서 왁자지껄하는 소리는 죄이다. 사랑스런 마음으로 기도하고, 숨겨진 모든 말들로 하라. 그러면 네가 필요로 하는 것을 그가 이루시리라. 그분은 네가 하는 말을 들으시고, 너의 헌물을 받으실 것이다….

사막의 계곡에 있는, 너의 시체를 숨기게 될 구덩이가 있는, 너의 처소를 장식하라…. 너의 사자가 와서 너를 데려가기 전에 준비하라…. "당신이 나를 데려 가기에 나는 너무 젊었소"라고 말하지 말라. 왜냐하면 너는 너의 죽음을 모르기 때문이다. 죽음이 올 때, 연로한 자에게 하는 것처럼 엄마의 무릎에 앉아 있는 어린 아이도 빼앗아 가버린다….

……

너보다 연세가 많은 자나 고관으로 승진된 자가 서 있을 때 너는 앉아 있지 말라. 기록된 길에 따라 매일 행하라. 그러면 너는 우위를 차지하게 될 것이다….

너는 낯선 사람에게 네 마음을 다 드러내지 말고, 그를 대적하는 너의 말을 찾게 하지 말라. 네 입에서 나온 스치는 말이 성급한 것이고, 또 반복되게 되면, 너는 적들을 만들게 될 것이다. 사람은 자기의 혀 때문에 망하게 된다…. 너는 선한 말을 가려 말하고, 나쁜 말은 너의 배 안에 닫아 두어라….

너의 신에게 헌물을 드리고, 그를 대적하는 죄들을 주의하라, 신의 분노가 어떤 것인지 주의하고 그의 이름에 굴복하라….

네 어머니에게 드리는 식물을 두 배로 드리고, 그녀가 너를 안은 것처럼 안으라. 그녀는 네가 무거웠지만 나에게 떠넘기지 않았다…. 그녀의 젖은 삼 년 동안이나 꾸준히 너의 입에 있었다. 너의 불결함이 역겨웠을지라도 그녀의 마음은 "내가 어떻게 해야 하나?" 하고 불결하게 생각하지 않았다. 글을 배워야 할 때가 되었을 때 그녀는 너를 학교에 보내었고, 매일 너를 걱정하고 그녀의 집에 빵과 음료를 마련했다.

……

다른 사람이 기다리고 있을 때 너는 빵을 먹지 말고 그를 위해 음식에 손을 내밀지 말라. 그것은 여기에 영원히 있다. 사람은 아무 것도 아니다. 한 사람은 부자이고, 다른 사람은 가난하지만, 빵은 여전히 있다. 그가 그것을 지나치겠느냐? 지난 해에 부자였던 사람이 올해에는 방랑자이다. 너의 배를 채우려 욕심을 부리지 말라…. 지난 해의 물길은 가버렸고, 올 해에는 다른 지역이다. 큰 바다들이 마른 땅이 되고, 모래사장들이 심연이 되었다.

…네 아내가 유능한 것을 안다면, 너는 아내 집에서 그녀를 너무 면밀하게 감시하지 말라. 그녀가 그것을 가장 필요한 장소에 두었다면 "그것이 어디 있느냐? 우리를 위해 그것을 가져오라!"라고 말하지 말라. 너의 눈이 관심을 가지고 있지만 침묵한다면 너는 그녀의 능력을 인정하는 것이다. 너의 손이 그녀와 함께 한다면 얼마나 행복한가! 자기 집에서 불화를 멈추기 위해 무엇을 해야 하는지를 모르는 사람들이 여기에 많다. 가정을 화목하게 하는 사람은 조급한 마음을 추스려야 한다. 너는 다른 여자를 좇지 말아야 한다. 그녀가 너의 마음을 빼앗지 않도록 하라….

"아니의 교훈"을 통해 한 아버지는 자신의 아들이 신에게 제사를 드리고 신의 뜻에 굴복하는 거룩한 신앙생활을 하도록 가르치고 있다. 뿐만 아니라 그는 가정에서의 행복을 위해 배우자와의 관계는 어떠해야 하며, 어머니는 어떻게 모셔야 하는지도 교훈하고 있다. 아울러 그는 남편 된 자가 이방 여인에게 성적으로 관심을 가지지 않도록 각별하게 충고하고 있는데, 이 내용은 음녀의 유혹에 조심하라는 잠언 7장의 내용과 주제 면에서나 용어 면에서 유사성이 있다. 한 걸음 더 나아가서 이 글은 경우에 합당한 말과 침묵의 장점을 강조하고 있는데, 이러한 주제도 잠언에서 부각되는 것이다. 연로한 자나 상관들에게 예절을 다하라는 교훈도 인간관계를 위한 충고이다. 그런가 하면 묘지를 미리 준비함으로써 죽음을 대비하라는 교훈 속에는 죽음의 필연성을 깨닫고 살게 하려는 현자의 지혜가 엿보이고, 부자와 가난한 자, 그리고 빵에 관한 교훈에서는 인간의 미래를 어느 누구도 알 수 없다는 인간 지혜의 한계를 드러내기도 한다. 죽음의 필연성에 관한 교훈이나 인간 지혜의 한계에 관한 가르침은 전도서나 잠언에서 다른 비유적 표현들을 통하여 다루고 있다.

(6) "아메네모프의 교훈"(The Instruction of Amen-em-opet)

이 글은 카낙(Ka-nakht)의 아들 아메네모프가 자신의 막내 아들에게 전했던 교훈들을 담고 있다. 서론에는 이 글을 기록한 목적이 언급되고 있는데, 삶의 교훈, 번영을 위한 율법, 장로들과의 교제를 위한 원리들, 고관들을 위한 규율 등을 제공함으로써 자기 아들로 하여금 생명에 이르게 하고, 땅에서 번영하게 하고, 그의 마음이 제단으로 내려가게 하고, 악에서 멀리하게 하며, 군중들의 입방아에 오르지 않게 하며, 백성들의 입으로 존경받게 하기 위해서 기록했다고 밝히고 있다.[6] 흥미로운 사실은 잠언의 서론이라고 할 수 있는 1장 2-6절에서도 잠언의 기록 목적이 명료하게 언급되고 있다는 점이다. 그러나 잠언에서는 아메네모프의 교훈에서처럼 저자가 누구인지, 그리고 교훈의 직접적인 대상이 누구인지를 밝히기 위해 장황하게 설명하고 있지 않다.

아메네모프의 교훈은 30장으로 구성되어 있는데, 각 장은 평행법을 사용하는 가운데 네 개의 절을 이루는 구문들로 이루어져 있다. 특히 이 글이 중요하게 간주되는 이유는 여러 구약학자들이 이 글과 잠언 22장 17절부터 24장 22절과의 긴밀한 관계를 인정하고 있기 때문이다. 필자는 아래에서 아메네모프의 교훈을 『구약성서와 관련된 고대 근동 문헌』에 기록된 것에 근거하여 가능한 한 그대로 번역하려고 한다. 그래서 독자들이 아메네모프의 교훈과 잠언 22장 17절부터 24장 22절의 내용을 비교할 수 있는 기회를 제공하고자 한다. 뿐만 아니라, 프리차드가 『구약성서와 관련된 고대 근동 문헌』의 간주에서 설명하고 또 인용하고 있는 것에 근거하여, 아메네모프의 교훈의 구절 끝에 그것과 유사성이 있는 잠언의 구절을 언급하고자 한다.

1장

네 귀를 기울여, 말한 것을 들으라.
그것들을 이해하도록 네 마음을 주어라.
그것들을 네 마음에 두는 것이 가치가 있으니(잠 22:17-18a)
그것을 무시하는 자에게 해가 있으리라.
그것들로 네 뱃속의 상자 안에 쉬게 하라.
그리하면 그것들이 네 마음의 열쇠가 될 것이다.
말들이 회오리바람처럼 일어날 때,
그것들이 너의 혀를 든든하게 묶어주는 말뚝이 될 것이다.

그것이 네 마음에 있으면,
너는 행복을 발견할 것이다.
너는 내 말들에서 생의 보화를 발견할 것이요,
너의 육체가 땅에서 형통하게 될 것이다.

2장

억압당한 자로부터 훔치지 않도록,
그리고 장애를 지닌 자들에게 지나친 짐을 지게 하지 않도록 네 자신을 지켜라.
연로한 자가 다가오는 것을 막으려고 네 손을 내밀지 말고,
노인이 말하는 것을 빼앗지 말라.
위험한 심부름을 하지 말고,
그것을 실행하는 자를 사랑하지 말라.
네가 공격했던 사람을 대적하여 외치지 말고,
네 자신을 위하여 대답하지도 말라.
악을 행하는 자를 강둑이 버려버릴 것이요,
그의 홍수가 그를 데려갈 것이다.
북풍이 불어와 그의 때를 끝내버릴 것이요,
태풍이 합세할 것이다.
천둥소리가 크고, 악어들은 사악하다.
화를 잘 내는 자여, 지금은 어떠한가?
그가 외치고 있고, 그의 목소리가 하늘에 이른다.
오, 달(Thoth라는 달신)이 그의 죄를 지적한다!
……

4장

성전에서 화내는 자는,
넓게 트인 곳에서 자라는 나무와 같다.
때가 되면 잎이 떨어져 버리고,
조선소에서 끝을 맺게 된다.
그렇지 않으면 그것은 본래 자리에서 멀리 떠내려가서,
화염이 그것의 수의가 될 것이다.
그러나 진실로 침묵하는 자는 자신을 지킬 줄 아는 자이다.
그는 정원 안에서 자라는 나무와 같다.
그것은 잘 자라나서 두 배의 수확을 맺는다.
그것은 주인 앞에 서게 된다.
그것의 열매는 달고, 그것의 그늘은 즐겁다.
그리고 정원에서 끝을 맞이하게 된다….

6장

경작할 수 있는 땅의 경계를 지시하는 이정표를 옮기지 말고,
측량줄의 위치도 교란하지 말며,
한 규빗의 땅이라도 욕심내지 말고,
과부의 경계들을 침해하지 말라…(잠 22:28; 23:10).
사람이 주의 뜻 안에서 신을 만족하게 하나니,
그분은 경작할 수 있는 땅의 경계를 결정하는 분이다(잠 23:11).
신이 그대에게 주는 한 치의 땅이
불법으로 취한 오천 배의 땅보다 낫다….

신의 손 안에서 가난한 것이 창고 안에서 부유한 것보다 낫다.
즐거운 마음으로 빵을 먹는 것이 슬퍼하며 부요한 것보다 낫다.

7장

부를 추구하는데 네 마음을 두지 말지니,
운명과 행운의 신들을 무시할 수 없기 때문이다.
네 마음을 외적인 것들에 두지 말지니,
모든 사람은 자기의 정한 때에 속하기 때문이다….
도적질로 말미암아 부가 네가 왔다면,
그것들은 하룻밤도 너와 함께 하지 못할 것이니,
날이 새면 네 집에 있지 않을 것이다….
그것들은 오리처럼 날개를 만들어
하늘로 날아갈 것이다(잠 23:4-5).
도적질하여 부하게 된 것을 즐거워하지 말고
가난하다고 슬퍼하지 말라….
탐욕을 부리는 자의 배는 진흙에 빠져 있게 되지만,
침묵하는 자의 배는 순풍을 만나게 된다.
아톤 신이 일어날 때 "나에게 번영과 건강을 주소서" 하고 기도할지니,
그는 삶에 필요한 것들을 줄 것이고,
너는 공포로부터 안전하게 될 것이다.

9장

흥분하는 사람과 어울리지 말고, (잠 22:24)

대화하기 위해 그를 방문하지도 말라.
너의 윗사람에게 함부로 대답하지 말고,
그에 대해 욕하지 말라.
그가 너에게 올가미를 씌우려고 말을 하지 않도록 하며,
너의 대답을 가지고 아무렇게나 대하지 않게 하라….
마음이 상했을 때 하는 말은 상류에서 부는 바람보다 빠르니,
공포가 너를 데려가지 않게 하려면
그것을 잡으려고 재빨리 행동하지 말라.

10장
흥분한 적에게 너의 과격함으로 맞이하지 말고,
그리하여 네 마음이 상하지 않게 하라….
사람에게 거짓되게 말하지 말지니,
신이 혐오하는 것이기 때문이다.
네 마음을 네 혀로부터 끊어버리지 말지니,
네 모든 일들이 형통하게 될 것이다….
신은 거짓을 말하는 자를 미워하나니,
그가 가장 혐오하는 것은 탐욕을 위해 다투기 좋아하는 것이다.

11장
가난한 자의 재산을 탐하지 말며,
그의 빵을 갈망하지 말라.
가난한 자의 재산은 목을 막는 것이요,

식도로 하여금 토하게 만드는 것이다.
거짓 맹세로 그것을 취했다면,
그의 마음이 탐욕으로 비뚤어진 것이다(잠 23:6-7).
네가 한 입 가득히 삼키고 토하고 나면,
다 비워지게 된다(잠 23:8).

13장
종이 위의 펜으로 사람을 혼돈하지 말지니,
신이 혐오하는 것이라.
거짓말로 증언하지 말고,
네 입으로 다른 사람을 도와주지 말라.
아무 것도 가지지 못한 자라고 참작하지 말고,
네 펜을 거짓되게 말라.
가난한 자가 커다란 빚이 있다는 것을 네가 발견하게 되면,
세 부분으로 나누어,
둘은 용서해주고, 하나만 있게 하라.
너는 그것이 인생의 도리와 같다는 것을 알게 될 것이다.
너는 편안히 눕고 자게 되며,
아침에 그것이 다시 기쁜 소식이 된다는 것을 알게 될 것이다.
사람들을 사랑하는 자로 칭찬받는 것이
창고가 넘치는 부자가 되는 것보다 낫다.
마음이 즐거울 때 먹는 빵이
슬퍼하며 부한 것보다 낫다….

16장

추에 기대거나 저울을 속이지 말고,

측량하는 것의 일부를 망가뜨리지 말라(잠 20:23).

보통 시골에서 이루어지는 계량을 기대하지 말고,

금고에 있는 것들을 무시하라.

원숭이(필자 주: 측량의 신인 토트를 상징하는 동물)가 저울 곁에 앉아 있고,

그의 마음이 다림줄이다.

누가 토트와 같이 위대한 신인가,

이러한 것들을 발견하고 만들 수 있는 자가 누구인가?

너를 위하여 무게 재는 것들을 잘못 만들지 말지니,

그들은 신의 뜻에 따라 슬픔이 많아지게 될 것이다….

18장

내일에 대한 두려움을 가지고 밤을 지새우지 말라.

새벽녘에 내일은 어떻게 될까?(묻지 말라)

내일이 어떻게 될지 사람은 알지 못한다.

신은 항상 성공하고,

인간은 실패한다.

사람들이 말하는 것이 이것이라면,

신이 행하는 것은 또 다른 것이다.

"나는 잘못한 것이 없다"고 말하지 말고,

다투려 하지 말라.

잘못한 것에 관해서는, 오직 신에게 달려 있으니,

그것은 그의 손가락에 의해 결정된다.
신의 손에 성공이 없고,
그 앞에 실패도 없다.
사람이 성공을 추구하는데 매달리면,
이루게 되는 바로 그 순간에 그것을 망가뜨리게 된다.
네 마음을 온전히 하고 네 가슴을 견고하게 하라.
네 혀만 가지고 나아가지 말라.
만약 사람의 입이 배의 키라면,
만유의 주는 그것의 선장이다….

20장

법정에 선 사람을 혼돈하지 말며,
의로운 자를 뒤바꾸지 말라.
흰 옷을 입은 자에게만 너의 관심을 주지 말며,
단정하지 못한 자라고 배려하지 말라.
힘 있는 자의 뇌물을 받지 말며,
무력하게 된 자를 압제하지 말라.
정의는 신의 위대한 보상이니,
그분은 자신이 원하는 자에게 그것을 주신다….
장부에 수입을 속이지 말며,
신의 계획을 망치지 말라….

21장

"너의 도성에 있는 자가 나를 해쳤기에
내가 강한 윗사람을 발견했다"고 말하지 말라.
"나를 미워하는 자가 나를 해쳤기에
내가 보호자를 발견했다"라고 말하지 말라.
분명히 네가 신의 계획들을 알지 못하니
내일 부끄러움을 당지 않게 되려면 말이다.
신의 손에 앉으라.
그러면 너의 침묵이 그들을 던져버리리라…(잠 20:22; 27:1).
모든 사람에게 네 속을 보이지 말고,
너를 향한 존경심을 상하게 하지 말라.
보통 사람들에게 네 말을 퍼뜨리지 말고,
마음을 쉽게 드러내는 자를 가까이 하지 말라(잠 23:9; 20:19).
말을 자기의 뱃속에 두는 자가
말을 내뱉어서 자신을 상하게 하는 자보다 낫다.
사람은 성공에 이르도록 달리지 않으며,
자신을 상하게 하는데 자신을 내던지지 않는다….

23장

높은 자 앞에서 빵을 먹지 말며,
먼저 네 입에 넣지 말라.
만일 네가 잘못 씹은 것에 만족한다면,
그것들은 네 침에나 즐거운 것이다.

네 앞에 놓인 잔을 잘 보고,
그것이 네 필요를 채우게 하라(잠 23:1-3).
높은 자는 그의 자리에서 위대하니,
그는 풍부한 물을 퍼올 수 있는 샘과 같다….

25장
장님을 비웃지 말고 난장이를 놀리지 말며,
저는 자가 하는 일들을 망가뜨리지 말라.
신의 손 안에 있는 자를 놀리지 말고,
그가 실수를 한다고 해서 격노한 얼굴을 보이지 말라.
인간은 흙이요 지푸라기이며,
신이 그를 만든 분이니라.
그분은 매일 부수시고 또 세우시느니라.
그분은 원하시면 가난한 자들을 천 명이나 만드시고,
자신의 때에 천 명의 감독관도 만드신다.
서쪽에 다다르는 자는 얼마나 즐거울까,
신의 손 안에서 안전할 때….

28장
들에서 이삭을 줍는 과부를 모른 체 하고,
그녀의 요구에 무관심하지 말라.
네 기름 항아리를 가지고 낯선 사람을 무시하지 말지니,
네 형제들이 두 배로 가질 수 있도록 하기 위해 그렇게 하지 말라.

신은 가난한 자를 존중하기 바라시니,
높은 자를 존경하는 것보다 더하기를 원하시느니라….

30장
너는 이 서른 장들을 볼지니,
그것들은 즐겁게 하고, 그것들은 교훈하고, (잠 22:20)
그것들은 모든 책들 중에 최고이며,
그것들은 무지한 자를 알게 하느니라.
만약 그것들이 무지한 자 앞에서 읽혀지면,
그는 그것들로 말미암아 깨끗하게 될 것이다.
네 자신을 그것들로 채워라, 그것들을 네 마음에 두라.
그리고 그것들을 해석할 수 있는 자가 되라.
선생으로서 그것들을 가르칠 수 있는 자가 되라.
자신의 직무에 경험이 많은 서기관은,
고관이 될 자격이 있는 자가 될 것이다(잠 22:29).

이제 끝에 이르렀다.
신의 아버지인 파미우(Pa-miu)의 아들인 세누(Senu)가 기록하다.

위에서 소개한 아메네모프의 교훈을 잠언의 내용과 비교해보면 유사한 주제나 교훈, 혹은 용어들을 담고 있는 구절들이 있다는 점을 발견하게 된다. 그렇다고 해서 전자와 후자가 다루고 있는 교훈들의 순서가 일치하는 것은 아니다. 그래서 잠언의 저자가 자기 시대에 이미 접할 수 있었던 애굽의 아메네모프의 교훈의 내용을 무비판적으로 인용했다고 보는 것은 무리이다. 오히려 그들은 애굽의 지혜문학 작품들 중에서 다루어지는 교훈들을, 여호와만을 신뢰하는 자신들의 독자적인 신앙관에 입각한 채 수용할 것은 수용하고 배척할 것은 배척한 것으로 간주된다.[7] 특히 아메네모프의 교훈과 유사성을 많이 내포하고 있는 잠언 22장 17절부터 24장 22절은 고대 이스라엘의 현인들이 자신들의 독자적인 신학과 삶의 방식을 기초로 한 가운데 세계 보편적으로 적용할 수 있는 삶의 지혜들을 수용하는 진취적이고 현명한 신학자들이요 문학가들이었다는 점을 변증해준다.[8]

(7) "옹크셰숑키의 교훈"(The Instructions of Onchsheshonqy)

이 교훈은 겜세르(Berend Gemser)가 심도 있게 연구하여 소개하였는데, 고대 애굽의 민중 교훈들 중에 하나이다.[9] 그 내용의 처음 부분은 왕궁 안에서 일어난 반란에 관여했던 한 현인이 지도자에 의해 쫓겨나 오래 동안 감옥 생활을 한 것을 언급하는데, 그는 감옥에서 매일 포도주를 마실 때 사용하던 질그릇의 조각들을 모아서, 보존할 가치가 있는 교훈들을 그 조각에 새겼다.[10] 이 교훈은 550가지 이상의 교훈들을 담고 있는데, 그것들 중에 많은 것들이 구문적으로 간단하며 한 절에 그치고 있는가 하면, 반어적 평행법(antithetic parallelism)보다 종합적 평행법(synthetic parallelism)을 많이 사용하고 있다.[11] 잠언에 반어적 평행법이 많이 사용되고 있는 것과는 차이가 있다.

크렌쇼는 이 교훈의 두 가지 특징을 지적하는데, 하나는 성서의 잠언들 중에서 아주 오래된 것으로 간주되는 것들과 흡사하게 간단한 격언 형태를 사용하고 있다는 점이요, 다른 하나는 그 사회의 엘리트 그룹이 아닌 일반 대중들에게 전해진 것들로 보인다는 점이다.[12] 이 교훈 속에는 잠언과 전도서와 유사한 신앙적, 도덕적 교훈들이 많이 소개되고 있다.

(8) "인싱어 파피루스"(Papyrus Insinger)

프톨레미 왕조 때(기원전 4세기나 3세기)에 기록된 것으로 간주되는 이 글은 스무 다섯 가지 교훈들로 이루어져 있다. 이 글 역시 민중들에게 전해진 교훈들로 간주되는데, 신앙적인 성격이 강하게 느껴지는 내용들이다. 침묵에 관한 가르침은 평정의 개념으로 대치되었는데, 이것은 모든 극단을 피하는 자기 통제를 의미한다.[13] 죄는 이러한 평정을 방해하는 힘이기에, 신은 균형 잡힌 삶을 위협하는 그러한 행동들을 심판한다.[14] 그러므로 현재 죄인들이 번성하는 것처럼 보인다 할지라도 그것은 현혹시키는 것이다. 왜냐하면 신의 보복이 효과적으로 이루어지게 하기 위해 신이 충분한 시간을 허용하고 있는 것뿐이기 때문이다.[15] 삶에 있어서 평정과 균형이 중요하다는 교훈은 전도서 7장 15절부터 18절에서 강조하는 바, 중용의 도를 가르치는 내용과 같은 맥락으로 간주할 수 있을 것이다.

(9) "자살에 관한 논쟁"(A Dispute over Suicide)

이 글은 기원전 삼천년 경에 애굽의 구 왕국(Old Kingdom)과 중기 왕국(Middle Kingdom) 사이의 혼돈기에 기록된 것으로 추정되는데, 이 세상에서의 삶에 지친 한 사람이 자기의 영혼과 논쟁하는 내용을 소개하고 있다.

나는 내 영혼이 말한 것에 대해 답하기 위해 내 영혼에게 입을 열었다: "이것은 오늘 나에게 너무하니, 내 영혼이 더 이상 나에게 말하지 않는구나….[16] 나를 포기하는 거나 같구나. 내 영혼이 나를 떠나지 않게 하라…. 그래야 그것이 불행한 날을 피할 수 없을 것이다. 보라, 내 영혼이 나를 해하려 하고 있으나, 나는 그를 듣지 않는다. 내가 그것에 이르기 전에 내 영혼이 나를 죽음에 다가가게 하고, 나를 태우기 위해 불길에 던지는구나…. 불행한 날에 그것이 내 곁에 있고 곁에서 기다리기 바란다…. 오, 너무나 어리석어서 생명을 삼키려는 사악한 것을 정복할 수가 없는 내 영혼아, 내가 죽음에 이르러야 하기 전에 나를 데려가다오. 내가 서쪽(역자 주: 죽은 자들이 가는 땅)에서 즐기게 해다오. 그것이 그렇게 나쁜 건가? 인생이란 한정된 기간이요, 나무들조차도 쓰러지게 된다. 잘못들을 짓밟아라. 그러나 나의 가엾음은 남아 있다. 신들을 화해시키는 토트(Thoth)가 나를 재판하게 하라. 진실하게 기록하는 콘수(Khonsu)가 나를 옹호하게 하라. 태양의 항해를 조정하는 레(Re)로 하여금 내 말을 듣게 하라. 이스데스(Isdes)로 하여금 나를 옹호하게 하라. 나의 가엾음이 중하구나….

내 영혼이 나에게 한 말이라: "너는 사람이 아니냐? 네가 사는 동안 네 목적이 무엇이냐? 너는 부귀를 가진 자처럼 사는데 관심이 있구나!"[17]

내가 말했다: "나는 이런 것들이 무시되는 한 떠나지 않는다. 사람들을 강제로 빼앗아 가는 자는 너에게 신경을 쓰지도 않고 죄인처럼 너를 데려갈 것이다. '네 이름은 살게 되어도 네 운명은 여전히 죽음이니, 내가 너를 데려가겠다' 고 말하면서 말이다…. 무죄한 내 영혼이 나를 듣는다면, 그리고 그 마음이 나와 동의한다면, 다행일 것이다. 그러면 나는 그것이 매장할 때에 사람이 와주었던 자, 피라미드에 있는 자처럼 서쪽에 이르게 할 것이다. 나

는 네 시체의 은신처를 만들 것이니, 너는 다른 영혼에게 생기가 없다고 꾸짖을 것이다….

내가 은신처를 만들 것이니–너무 차갑지 않아야 한다–너무나 열기가 있는 영혼을 꾸짖을 것이다…. 만약 네가 나로 하여금 이러한 형태의 죽음을 맞이하는 것을 지연시키게 된다면, 네가 서쪽에서 정착할 수 있는 장소를 발견하지 못할 것이다. 그러므로 내 영혼이자 내 형제여, 매장하는 날에 헌물을 드리고 무덤에서 줄 내 후계자가 나타날 때까지, 그래서 그가 묘지에 침상을 준비할 때까지 인내하라.

내 영혼이 내가 한 말에 답하기 위해 나에게 입을 열었다: 만약 네가 묻히는 것에 대해 생각한다면, 그것은 마음에 근심이 되는 것이다. 눈물을 자아내게 만들고, 사람을 슬프게 만든다. 그것은 사람을 그의 집에서 쫓아내는 것이요, 언덕에 넘겨지게 하는 것이다. 그러면 너는 해를 보기 위해 결코 일어설 수 없게 될 것이다…. 나를 들으라. 보라. 듣는 것이 사람에게 좋으니라. 행복한 날을 추구하고 근심을 잊으라! ….

나는 내 영혼이 말한 것에 답하기 위해 내 영혼에게 입을 열었다:

보라, 내 이름이 너로 말미암아 악취를 내는구나,
여름 날에 하늘이 뜨거울 때 나는 새똥 냄새보다 더.
보라, 내 이름이 너로 말미암아 악취를 내는구나,
하늘이 뜨거울 때 생선을 잡아 취급하는 자가 내는 냄새보다 더.
보라, 내 이름이 너로 말미암아 악취를 내는구나,
새똥의 악취보다 더, 물새가 있는 갈대 숲의 은밀한 곳보다 더.
보라, 내 이름이 너로 말미암아 악취를 내는구나,

어부의 악취보다 더, 그들이 고기를 잡은 고인 물웅덩이보다 더.
보라, 내 이름이 너로 말미암아 악취를 내는구나,
악어의 악취보다 더, 악어들이 모인 곳에 앉아 있는 것보다 더.
보라, 내 이름이 너로 말미암아 악취를 내는구나,
한 남자 때문에 거짓말을 전해 받게 된, 한 결혼한 여자보다 더.
보라, 내 이름이 너로 말미암아 악취를 내는구나,
"그는 그의 경쟁자의 아이이다!"라는 말을 듣게 된 완강한 사내아이보다 더.
보라, 내 이름이 너로 말미암아 악취를 내는구나,
겉으로는 좋아 보이지만, 반역을 꽤하고 배반이 성행하는 도성보다 더.

오늘 내가 누구하고 말할 수 있을까?
친구들은 악하고,
지금 내 친구는 사랑하지 않는다.
오늘 내가 누구하고 말할 수 있을까?
마음들이 탐욕스럽고,
모든 사람이 자기 친구의 재물들을 탈취한다.
오늘 내가 누구하고 말할 수 있을까?
온유한 사람은 사라지고,
난폭한 사람이 모두에게 다가간다.
오늘 내가 누구하고 말할 수 있을까?
사람들은 악한 것에 만족하고,
선이 어디에서나 거부되고 있다.

오늘 내가 누구하고 말할 수 있을까?
사람이 자기의 악한 성품으로 진노를 일으켜야 하지만,
모든 사람에게 웃음을 자아내게 하니, 그의 죄가 악하다….
오늘 내가 누구하고 말할 수 있을까?
비열하고 잔인한 사람이 친한 자이고,
같이 일하는 형제가 적이 되었다.
오늘 내가 누구하고 말할 수 있을까?
아무도 어제를 생각하지 않고,
아무도 자기를 선대해 준 자를 위해 선대하지 않는다.
오늘 내가 누구하고 말할 수 있을까?
친구들이 악하니,
사람들은 낯선 자들에게 의로운 마음을 바란다.
오늘 내가 누구하고 말할 수 있을까?
얼굴들이 사라졌고,
사람들은 친구들에게 풀죽은 얼굴을 보인다.
오늘 내가 누구하고 말할 수 있을까?
마음들이 탐욕스럽고,
사람들이 신뢰할만한 마음을 가진 자가 아무도 없다.
오늘 내가 누구하고 말할 수 있을까?
의로운 자가 없고,
땅에는 악을 행하는 자들만 남았다.
오늘 내가 누구하고 말할 수 있을까?
친한 친구가 없고,

모르는 사람에게 불평을 늘어놓기를 바란다.
오늘 내가 누구하고 말할 수 있을까?
마음이 만족한 자가 없고,
함께 다니던 자가 더 이상 존재하지 않는다.
오늘 내가 누구하고 말할 수 있을까?
나는 심히 가여운 자이니,
친한 친구가 없음이라.
오늘 내가 누구하고 말할 수 있을까?
죄가 이 땅을 짓밟고 있고,
그 끝이 없구나.

죽음이 오늘 내 눈 앞에 있구나.
병들었던 자가 회복되듯이,
갇혀 있다가 넓은 곳으로 나가는 것처럼.
죽음이 오늘 내 눈 앞에 있구나.
몰약 냄새처럼,
선선한 바람이 부는 날 천막 아래에 앉아 있는 것처럼.
죽음이 오늘 내 눈 앞에 있구나.
연꽃이 만발했을 때의 향기처럼,
술에 취하여 둑에 앉아 있는 것처럼.
죽음이 오늘 내 눈 앞에 있구나.
비가 사라짐 같이,
사람들이 먼 여행을 갔다가 자기 집으로 돌아가듯이.

죽음이 오늘 내 눈 앞에 있구나.
하늘이 개는 것 같이,
갑자기 좋아진 날씨에 새 사냥을 가는 사람 같이.[18)]
죽음이 오늘 내 눈 앞에 있구나.
사람이 수년간 포로로 잡혀갔다가
자기 집을 다시 보기를 갈망하는 것처럼.

죽음 너머에 있는 자는,
살아 있는 신이 될 것이요,
죄 지은 자를 심판하게 될 것이다.
죽음 너머에 있는 자는,
태양이 항해하는 앞에 서서,
선택된 예물들을 성전들에 줄 것이다.
죽음 너머에 있는 자는,
지혜로운 사람이 될 것이니,
그가 레(Re)에게 호소할 때 방해를 받지 않을 것이다.

나의 영혼이 내게 한 말이라: "애도하는 것을 멈추어라. 나에게 속한 자, 나의 형제여! 비록 네가 화로 위에 놓여지게 될지라도, 네가 말한 대로, 너는 아직 생명을 고수하라. 네가 서쪽에 가기를 거부하여 내가 여기에 머무는 것이 바람직하거나, 네가 서쪽에 다다르고 네 육체가 땅으로 돌아가는 것이 바람직하게 될지라도, 나는 네가 죽어 쉬게 된 후에 쉬러 올 것이다. 그리하여 우리는 함께하게 될 것이다.

"한 사람과 자기 영혼과의 논쟁"(A Dispute of a Man with His Soul)이라고 제목이 붙여지기도 한 이 글은 한 사람이 삶의 어려움들을 참다가 못해서 자살을 진지하게 고려하는 내용을 담고 있다.[19] 그의 영혼은 망설이다가 자살에 동의하게 된다. 그러나 자살하게 되면 살아남은 자들이 자살한 사람을 위해 장례식을 거행해주지 않을 위험을 생각하고는, 덧없는 향락의 삶을 포기하도록 제안하고, 그 남자로 하여금 살아 있도록 권유한다. 이 글의 처음 부분은 잃어버린 상태이고, 번역이 된 부분은 어떤 사람이 자기 영혼이 앞에서 논쟁한 것에 대해 답하는 것부터 시작된다.

이 글에서 죽음의 필연성에 관해 강조하는 내용은 전도서 2장이나 3장, 그리고 9장의 그것과 유사하다. 그러나 이 글이 죽음 너머에서 있게 될 일들에 관해 예찬하는 것과는 대조적으로 전도서는 이 땅에서 하나님께서 주신 생명을 영위하고 있는 것의 보람과 기쁨을 더 부각시키고 있다(전 9:4-6).

> 지혜자도 우매자와 함께 영원하도록 기억함을 얻지 못하나니 후일에는 모두 다 잊어버린지 오랠 것임이라. 오호라 지혜자의 죽음이 우매자의 죽음과 일반이로다. 이러므로 내가 사는 것을 미워하였노니 이는 해 아래에서 하는 일이 내게 괴로움이요 모두 다 헛되어 바람을 잡으려는 것이기 때문이로다(전 2:16-17).

> 인생이 당하는 일을 짐승도 당하나니 그들이 당하는 일이 일반이라. 다 동일한 호흡이 있어서 짐승이 죽음 같이 사람도 죽으니 사람이 짐승보다 뛰어남이 없음은 모든 것이 헛 됨이로다. 다 흙으로 말미암았으므로 다 흙으로 돌아가나니 다 한 곳으로 가거니와(전 3:19)

모든 사람에게 임하는 그 모든 것이 일반이라. 의인과 악인, 선한 자와 깨끗한 자와 깨끗하지 아니한 자, 제사를 드리는 자와 제사를 드리지 아니하는 자에게 일어나는 일들이 모두 일반이니 선인과 죄인, 맹세하는 자와 맹세하기를 무서워하는 자가 일반이로다. 모든 사람의 결국은 일반이라. 이것은 해 아래에서 행해지는 모든 일 중의 악한 것이니 곧 인생의 마음에는 악이 가득하여 그들의 평생에 미친 마음을 품고 있다가 후에는 죽은 자들에게로 돌아가는 것이라. 모든 산 자들 중에 들어 있는 자에게는 누구나 소망이 있음은 산 개가 죽은 사자보다 낫기 때문이니라. 산 자들은 죽을 줄을 알되 죽은 자들은 아무 것도 모르며 그들이 다시는 상을 받지 못하는 것은 그들의 이름이 잊어 버린 바 됨이니라. 그들의 사랑과 미움과 시기도 없어진 지 오래이니해 아래에서 행하는 모든 일 중에서 그들에게 돌아갈 몫은 영원히 없느니라(전 9:2-4).

뿐만 아니라, 이 글에 언급되는 사람이 자기에게 주어진 죽음의 때보다 먼저 목숨을 끊으려고 생각했던 이유들 중에 가장 심각한 것이 친구들을 비롯하여 더불어 살아가는 자들이 보이는 탐욕과 난폭함과 비열함, 그리고 감사할 줄 모르는 마음과 무관심 등과 같은 죄악들이다. 친한 사람이라고 여겼던 자들로부터 이러한 악행을 경험하게 되었을 때 극심한 외로움과 우울함을 느끼게 되고 결국은 목숨을 끊으려는 생각까지 갖게 된 것이다. 그런데 이러한 사회생활 속에서의 무질서와 모순, 그리고 죄악들이 사람들로 하여금 허무주의에 빠지게 만든다는 점은 전도서 4장에서도 강조하고 있다.

내가 다시 해 아래에서 행하는 모든 학대를 살펴보았도다. 보라 학대받는 자들의 눈물이로다. 그들에게 위로자가 없도다. 그들을 학대하는 자들의 손에 권세가 있으나 그들에게는 위로자가 없도다. 그러므로 나는 아직 살아 있는 산 자들보다 죽은 지 오랜 죽은 자들을 더 복되다 하

> 였으며 이 둘보다도 아직 출생하지 아니하여 해 아래에서 행하는 악한 일을 보지 못한 자가 더 복되다 하였노라(전 4:1-3).

이 글의 끝 부분에서 언급되는 바, 한 사람의 영혼이 그 사람에게 목숨을 끊지 말고 생명을 고수하라는 충고는 삶을 허무하게 만드는 요소들이 있음에도 불구하고 삶을 택하고, 삶을 즐기라고 제안하는 전도서의 교훈과 맥을 같이 한다. 그러나 인생의 허무주의를 극복할 수 있는 최고의 방법은 매일 하나님을 경외하며 하나님이 주신 복을 누리며 사는 것이라는 야웨 신앙적 교훈은 이 글에 찾아볼 수 없는 독자적인 것이다.

(10) "언변이 좋은 소작농의 항변"(The Protests of the Eloquent Peasant)

이 이야기는 기원전 21 세기에 헤라클레오폴리스 지역의 왕이었던 네브카우레 케티 3세(Neb-kau-Re Khety III)와 또 그와 경쟁하던 바로들(pharaohs) 중에 한 사람이 통치할 당시를 배경으로 하고 있다.[20] 이 책의 지면의 한계 때문에 모든 내용을 다 소개할 수는 없다. 그러나 핵심적인 부분들을 소개한다면 다음과 같다.

소금 들(the Field of Salt)이라고 불리는 곳에서 소작농으로 일하는 쿤아눞(Khun-Anup)이란 사람이 있었다. 그는 지난 해에 거두어들인 곡식들의 양을 조사한 후에 아이들을 위해 음식을 구하려고 애굽으로 가게 되었다. 그는 나귀에 여러 가지 식물들과 소금과 막대기와 표범 가죽과 이리 가죽과 조약돌과 비둘기와 털과 소금들에서 수확한 모든 것들을 싣고 갔다. 그런데 그가 페페피(Per-Fefi)라는 지역에 도착했을 때,

투트나크트(Thut-Nakht)라는 사람이 이 사람의 나귀에 있는 물건들을 탐내기 시작했다. 이스리의 아들인 투트나크트는 그 지역의 최고 책임자인 렌시(Rensi)의 신하였다. 그는 강둑 옆에 살았는데, 그 강둑을 지나가는 길이 너무 좁았다. 그리고 좁은 길의 한 쪽은 물이 있었고 다른 한 쪽은 곡식들이 서있었다. 투트나크트는 자기의 시종에게 천을 가져오게 해서 그것을 길에 놓았다. 그래서 천의 한 쪽 가장자리는 물에 닿았고, 다른 한쪽 끝은 곡식들이 서 있는 곳에 닿았다.

쿤아눞이 좁은 강둑 길을 지나가게 되자 투트나크트는 그와 그의 나귀가 그 천을 밟고 지나가는지 아니면 나귀가 곡식을 먹는지를 보았다. 이윽고 나귀가 길을 지나가면서 곡식을 먹게 되자 투트나크트는 그 나귀를 가지겠다고 말했다. 그러자 쿤아눞은 나귀가 곡식을 한 입 먹었다고 해서 그 나귀를 데려간다는 것은 부당하다고 말했다. 그리고 그는 그 지역의 주권자이자, 그 땅 모든 지역의 도둑들을 심판하는 자인 렌시(Rensi)를 잘 안다고 말했다. 쿤아눞이 "내가 그의 지역에서 도적질을 당할 수 있느냐?"고 묻자, 투트나크트는 "너에게 말하는 자는 나인데, 너는 최고 책임자를 언급하는구나!"라고 말했다.

투트나크트는 쿤아눞의 손발을 막대기로 때리고 나귀는 자기의 소유로 데려갔다. 쿤아눞은 고통 때문에 슬피 울었다. 투트나크트가 그로 하여금 울지 못하도록 막자, 그는 열흘 동안이나 투트나크트에게 자기 소유를 돌려주도록 호소했다. 그래도 듣지 않자, 그는 그 지역의 최고 책임자인 렌시에게 갔다. 그는 자기에게 있었던 일들을 모두 렌시의 신하를 통해 렌시에게 전했다. 그러자 최고 책임자인 렌시는 자기 곁에 있는 신하들 앞에서 투트나크트을 비난했는데, 소다석과 소금 조금을 빼앗은 정도의 죄로 간주하며, 그것을 돌려주도록 명령했다.

그러자 쿤아눞은 렌시에게 말했다. "만약 당신이 정의의 호수를 항해한다면, 당신은 산들바람 가운데 항해하게 될 것입니다. 돌풍이 당신의 배를 부수지 못할 것이요, 불행이 당신이 돛대를 덮치지 못할 것이며, 당신의 막대기가 부서지지 않을 것이요…. 당신은 강의 사악함을 맛보지 않을 것이요, 공포에 쌓인 얼굴을 보지 않을 것입니다. 겁에 질린 물고기들이 당신에게 올 것이요, 당신은 살찐 새들을 얻을 수 있을 것입니다…. 왜냐하면 당신은 고아의 아버지요, 과부의 남편이요, 이혼당한 자의 형제요, 엄마를 잃은 자를 돌보는 자이기 때문입니다. 나로 하여금 선한 법에 따라 당신의 이름을 이 땅에 드러내게 하소서: 당신은 탐심이 없는 지도자요, 실수가 없는 위대한 자요, 거짓을 없애고 정의가 나타나게 하는 자요, 울부짖는 자에게 찾아가는 자입니다. 내가 말할 때 들으소서. 은혜를 입은 자들이 좋아하는 당신이여, 공의를 행하소서! 내 고통을 없애주소서. 내가 얼마나 고통스러워 하는지 보소서! 보소서, 내가 부족합니다."

쿤아눞의 말을 들은 렌시는 위쪽 애굽과 아래쪽 애굽을 모두 다스리는 왕, 승리자, 네브카우레(Neb-kau-Re)에게 가서 소작농 쿤아눞에 관해 말했다. 그러자 왕은 그 소작농과 그의 가족들에게 필요한 최소한의 양식인 빵과 음료, 그리고 곡물을 주도록 렌시에게 명령했다. 그러나 쿤아눞은 다시 호소하기 위해 렌시에게 갔다. 그리고 공의를 집행해야 할 자가 오히려 공의를 그르치고 있다는 점을 강하게 지적했다. 그러자 렌시는 "나의 신하가 너를 쫓아내어버리면 네게 속한 것들이 네 목숨보다 중하겠느냐?"라고 말했다. 쿤아눞이 빼앗긴 물건들을 다시 찾겠다고 떼를 쓰면 가만두지 않겠다는 엄포를 놓은 것이다. 그러자 이 소작농은 말했다. "곡물을 계량하는 자가 속이고 있습니다. 다른 사람을 위해 가득 채워야 할 사람이 자신의 몫을 빼돌리고 있습니다. 법에 따라 이끌어야 할 자가 강도질을 명령하고 있습니다. 그러니 누가 악한 것을 벌하겠습니까? 부패를 추방해야 할 자가 왜곡시키고 있습니다…. '공의를 행하는 것이 생명의 호흡을 들이쉬는 것이다'는 말처럼, 장수하기를 바라소서. 심판해야 할 자를 심판하소서, 당신의 면밀함을 따라갈 자가 없나이다…. 탐욕이 많은 위대한 자는 결코 위대한 자가 아닙니다. 당신의 혀는 저울의 다림줄이요, 당신의 마음은 추요, 당신의 두 입술은 저울대입니다. 만약 당신이 폭력을 보고도 얼굴을 가리면 누가 악한 것을 벌하겠습니까? 당신은 손님 때문에 동반자를 포기하고 친구를 상하게 하는 탐욕스럽고 비열한 사람입니다. 손님이 바로 형제이군요. 당신은 배 삯을 가로채는 나룻배 선장입니다…. 당신은 도살하기를 즐기는 관리인입니다…. 내일이 오기 전에 준비하지 마시오. 아무도 무슨 재난이 닥칠지 모릅니다."

이 소작농이 이 말을 하자, 렌시는 두 명의 보초병을 보내서 그의 수족을 채찍으로 때리게 했다. 그러자 이 소작농은 말했다. "메루의 아들이 거듭 실수를 하는군요! 그의 얼굴은 보아야 할 것을 보지 못하고 들어야 할 것을 듣지 못하고, 그와 연관된 것 때문에 마음이 비뚤어져 있군요. 보시오, 당신은 성주가 없는 도성이고, 지도자가 없는 무리 같고, 선장이 없는 배 같고, 지도자가 없는 동맹국 같소. 보시오, 당신은 훔치는 경관이요, 뇌물을 받는 성주요, 도적을 심판해야 하지만 도리어 그의 앞을 봐주는 지역 관리자입니다…. 당신이 보기에 가난한 자라고 해서 그의 재물을 약탈하지 마시오. 그의 재물은 고통당하는 자의 생명이요, 그것을 빼앗는 자는 그의 숨통을 막는 것입니다. 당신은 재판을 열고, 양측 사람들을 조사하여 도적을 심판하도록 임명을 받은 자입니다. 그러나 보시오, 당신은 도적을 변호하는 자가 되어 버렸소. 모두 당신을 신뢰하는데, 당신은 죄짓는 자가 되어 버렸소. 당신은 고통당하는 자의 둑이 되고, 그가 빠지지 않도록 막아주는 자가 되도록 임명되었는데, 보시오, 당신은 그를 호수에 빠뜨리는 자가 되고 있소."

그 후에 이 소작농은 그에게 여섯 번째 호소하러 와서 말했다. "…속이는 것은 공의를 사라지게 만듭니다. 그러나 충만한 공의는 줄어들지도 않고 넘쳐나지도 않습니다…."

그 후에 이 소작농이 그에게 여덟 번째 호소하러 와서 말했다. "…사람이 탐심 때문에 먼 길로 떨어질 수 있습니다. 탐욕가는 성공할 수 없고, 어떤 성공도 결국 실패하게 됩니다. 당신 마음이 탐욕을 품어도 당신을 위한 것이 될 수 없습니다. 당신이 탈취해도 당신에게 도움이 되지 못합니다. 당신은 사람들이 적당한 일을 하도록 허락하는 자가 되어야 합니다. 당신이 필요로 하는 것은 당신 집에 다 있고, 당신의 배도 부릅니다. 곡물은 넘쳐서, 계량하기 위해 팔꿈치로 밀면 넘치는 것들이 땅이 떨어질 정도입니다. 취하는 자들, 빼앗는 자들, 사용자들, 행정하는 자들-그러나 악을 심판하기 위해 세워졌습니다! 행정하는 자들이 포악한 자의 피난처가 되어버렸지만-그러나 속이는 자를 심판하기 위해 세워졌습니다! …공의의 주를 위하여 공의를 행하시오. 토트(Thoth)의 갈대로 만든 펜, 파피루스, 그리고 그림물감은 악을 행하는 데로부터 벗어나시오. 그대들이 선하다면 정말 선한 것이요. 공의는 영원합니다. 그것은 공의를 행하는 자와 함께 공동묘지까지 내려갑니다. 그가 장사되고 묻혀도 그의 이름은 땅에서 지워지지 않고 영원히 기억될 것입니다…."

그 후에 이 소작농은 그에게 아홉 번째 호소하러 와서 말했다. "…사람들의 저울은 그들의 혀입니다. 부족한 것을 찾는 것이 저울눈입니다. 심판당해야 할 자에게 심판하시오, 그렇지 않으면 다른 사람이 당신의 면밀함에 버금가게 될 것입니다…. 거짓이 행보하면 잘못된 길로 가게 됩니다. 배로 건널 수가 없고, 진행할 수도 없습니다…. 과중하게 되지 마시오, 당신은 가볍지 않습니다. 지체하지 마시오, 당신은 빠르지 않습니다. 편견을 보이지 마시오. 마음의 소리를 듣지 마시오. 당신이 아는 자에 대하여 당신의 얼굴을 가리지 마시오. 당신이 아는 자에 대해서 당신의 눈을 감지 마시오. 당신에게 간청하는 자를 저지하지 마시오. 이와 같은 나태함에서 내려오시오…. 모든 자에게 듣지 말고, 합당한 관계에 있는 자만 소환하시오. 나태한 자에게는 과거가 없고, 진리에 귀가 어두운 자에게는 친구가 없고, 탐욕스런 자에게는 휴가가 없습니다. 만약 대적이 살인자가 되면 지금 존경을 받고 있는 자가 고통받는 자가 될 수 있고, 고통받는 자가 간청자가 될 수 있습니다. 보시오, 나는 당신에게 호소해 왔소. 그러나 당신은 듣지 않으니, 나는 당신에 대해 아누비스(Anubis)에게 호소하러 가야겠소."

그러자 렌시는 두 보초병을 보내서 그 소작농을 데려오게 했다. 그는 잣긴이 한 말에 대해 심판할 것이라고 생각하고 두려워했다. 그래서 그에게 말했다. "목마른 자가 물로 다가가듯, 어린 아이가 우유를 맛보듯—이것이 죽음이 지연될 때 사람이 보기를 열망했던 죽음이구나."

그러자 렌시가 말했다. "소작농이여, 두려워 마시오! 네가 당신과 함께 살도록 주선할 것이오."

그러자 이 소작농은 맹세를 했다. "나는 영원토록 반드시 당신의 빵을 먹고, 반드시 당신의 음료를 마실 것입니다."

그러자 렌시가 말했다. “여기 머무시오. 그래서 당신이 호소한 바들을 들어보시오.”

그리고는 소작농의 호소들을 기록한 새 파피루스로부터 호소를 하나하나 읽도록 했다. 그리고 난 후에 렌시는 그것을 위쪽 애굽과 아래쪽 애굽을 모두 다스리는 왕, 승리자, 네브카우레에게 보냈다. 그러자 그것이 이 땅 전역에 있는 어떤 것보다 그의 마음을 기쁘게 했다. 그래서 그 왕이 말했다. “메루의 아들이여, 그대의 판결을 시행하도록 하시오!”

그래서 렌시는 두 보초병을 투트나크트에게 보내어서 그가 소작농으로부터 빼앗은 모든 재물들을 그 소작농에게 다시 돌려주도록 했다.

“언변이 좋은 소작농의 항변”이라는 이야기의 핵심적인 주제는 사회를 다스리는 지도자들이 백성들에게 공의를 베풀어야 한다는 점이다. 이러한 책임을 망각하고 오히려 탐욕에 사로잡혀 불의를 행하거나, 악한 자들을 두둔하는 것은 용납될 수 없는 일이라는 점을 이 이야기는 강조하고 있다. 한 걸음 더 나아가서 백성들 사이에서 벌어지는 크고 작은 일들에 대해 공의롭게 재판해야 하는 지도자들은 그들의 마음이 가는대로 재판해서도 안 되고, 그들과의 친분 관계에 따라 재판해서 안 되며, 더구나 그들이 주는 뇌물 때문에 판결을 그르치지 말아야 한다는 점도 지적하고 있다. 이러한 가르침은 잠언의 여러 부분에서 언급하는 왕이나 지도자들의 책임에 관한 그것과 같은 맥락의 것으로 볼 수 있다.

“언변이 좋은 소작농의 항변”에서 지도자가 공의로 백성을 다스려야 한다는 점을 강조하면서 저울과 저울추의 비유를 들고 있는데, 잠언 16장 11절도 같은 비유를 사용하고 있다. 아울러 공의를 행하는 자의 행복한 결과와 불의를 행하는 자의 비참한 미래를 대조시키는 내용도 잠언에서 자주 발견할 수 있다. 공의로운 지도자가 고아의 아버지, 과부의 남편, 이혼당한 자의 형제, 어머니 잃은 자를 돌보는 자의 역할도 할 수 있어야 한다는 내용은 고대 이집트에서 지도자를 향한 백성들의 기대가 어떠했는지를 알게 한다. 그런데 흥미로운 점은, 욥이 자신의 삶의 의로움을 내세우기 위해 그의 친구들과 하나님 앞에서 했던 항변의 내용 중에 이와 비슷한 표현이 언급되고 있다는 점이다.

> 이는 부르짖는 빈민과 도와 줄 자 없는 고아를 내가 건졌음이라. 망하게 된 자도 나를 위하여 복을 빌었으며 과부의 마음이 나로 말미암아 기뻐 노래하였느니라. 내가 의를 옷으로 삼아 입었으며 나의 정의는 겉옷과 모자 같았느니라. 나는 맹인의 눈도 되고 다리 저는 사람의 발도 되고 빈궁한 자의 아버지도 되며 내가 모르는 사람의 송사를 돌보아 주었느니라(욥 29:12-16).

그러나 "언변이 좋은 소작농의 항변"은 잠언과 비교해 볼 때 문학 형태에 있어서 차이가 있는데, 전자는 이야기 형식이라면 후자는 격언 형식을 사용하기 때문이다. 공의를 수호해야 하는 지도자의 책임을 부각시키는 잠언의 대표적인 구절들을 소개한다면 다음과 같다.

> 악인을 의롭다 하고 의인을 악하다 하는 이 두 사람은 다 여호와께 미움을 받느니라(잠 17:15).

> 악인을 두둔하는 것과 재판할 때에 의인을 억울하게 하는 것이 선하지 아니하니라(잠 18:5).

의인이 많아지면 백성이 즐거워하고 악인이 권세를 잡으면 백성이 탄식하느니라(잠 29:2).

하나님의 말씀이 왕의 입술에 있은즉 재판할 때에 그의 입이 그르치지 아니하리라. 공평한 저울과 접시 저울은 여호와의 것이요 주머니 속의 저울추도 다 그가 지으신 것이니라. 악을 행하는 것은 왕들이 미워할 바니 이는 그 보좌가 공의로 말미암아 굳게 섬이니라(잠 16: 10-12).

의인이 악인 앞에 굴복하는 것은 우물이 흐려짐과 샘이 더러워짐과 같으니라(잠 25:26).

보라 의인이라도 이 세상에서 보응을 받겠거든 하물며 악인과 죄인이리요(잠 11:31).

정의를 행하는 것이 의인에게는 즐거움이요 죄인에게는 패망이니라 (잠 21:15).

악인의 삯은 허무하되 공의를 뿌린 자의 상은 확실하니라. 공의를 굳게 지키는 자는 생명에 이르고 악을 따르는 자는 사망에 이르느니라 (잠 11:18, 19).

마음이 굽은 자는 여호와께 미움을 받아도 행위가 온전한 자는 그의 기뻐하심을 받느니라(잠 11:20).

악인의 길은 여호와께서 미워하셔도 공의를 따라가는 자는 그가 사랑하시느니라(잠 15:9).

(11) "수금 타는 자의 노래"(A Song of the Harper)

이 노래는 파피루스 해리스 500(Papyrus harris 500)이라고 불리는 사본에 근거한 것으로, 기원전 1300년 경에 기록되었다고 추정된다. 이것의 교훈은 전도서의 교훈과 대조되곤 한다.

> 승리자이신 인테프(Intef) 왕의 집에서, 수금 타며 노래하는 자 앞에 있는 노래라.

> 이 선한 왕자, 그는 번성하리니,
> 선한 운명이 해를 당하게 될지라도!
> 선조때로부터 세대들은 지나가고
> 또 다른 세대는 남으리라.
> 전에 살았던 신들은 그들의 피라밋에서 안식하고,
> 아름답게 치장하여 죽은 자도 그들의 피라밋에 묻혀있다.
> 집들을 짓고, 그들의 처소들을 지은 자들은 그렇지 않으니,
> 그들이 만든 것들을 보라!
> 이엠오텝과 호데데프의 말들을 내가 들었나니,
> 그들의 말들을 사람들이 많이 말하곤 하였다.
> 그들의 처소가 어디인가?
> 그들의 벽들은 부서지고, 그들의 처소들은 존재하지 않는다--
> 마치 그들이 존재하지 않았던 것처럼!
> 그들이 가버린 곳으로 우리가 갈 때까지,
> 그들의 상태를 말해주고,

그들의 행위를 말해주고,
우리의 마음을 잔잔하게 하기 위해,
그곳으로부터 다시 돌아오는 자가 없도다.
너의 시체를 아름답게 하는 것을 네 마음이 잊어버리게 하기 위해
너의 욕망이 번성하게 하라.
네가 사는 날 동안 너의 욕망을 따르라.
네 머리에 몰약을 바르고 좋은 천으로 만든 옷을 입으라.
신의 소유물인 순전하고 신비한 것들로 기름 붓고,
너의 좋은 것들이 늘어나게 하고,
네 마음이 시들지 않게 하라.
네 욕망과 네가 좋아하는 것을 따르라.
땅 위에서 네가 필요로 하는 것을 이루고, 네 마음의 명령을 따르라,
애통하는 때가 너에게 올 때까지.
마음을 약하게 만드는 신은 그들의 애통을 듣지 못하니,
슬피 운다고 해서 사람의 마음을 저승에서 구하지 못한다.

후렴: 휴일을 즐기고, 그 날에 지루해 하지 말라.
보라, 사람이 자기 재산을 가지고 갈 수 없으며,
보라, 떠났다가 다시 돌아 올 수 있는 자가 한 사람도 없느니라.

이 노래는 인간이 죽음이라는 필연적인 사건 앞에서 어떻게 살아야 할지를 교훈하는데, 첫째는 이 세상에 있는 동안 얻은 재물을 죽은 후에 가지고 가지 못한다는 점이고, 둘째는 죽은 자가 다시 이 땅에 돌아

올 수 없다는 점이고, 셋째는, 그러므로 이 땅에 살아 있는 동안 인생을 마음껏 즐기라는 것이다. 이 땅에 있는 동안 부귀를 지닌 자들이 자신이 죽은 후에 거할 좋은 집과 처소를 짓는데 신경을 썼지만 결국은 그것들이 폐허가 되어버리고 마는 것을 보았던 저자는 이 땅에 살아 있는 동안 몰약을 머리에 바르고, 좋은 옷을 입고, 신비한 것들을 즐기도록 권유한다. 죽음이 찾아올 때까지 욕망을 이루며 살아가라고 하며 향락주의적인 인생관을 제시하고 있다. 그런데 이러한 인생관은 구약성서의 전도서에서 가르치는 인생관과 뚜렷하게 구분된다. 몰약을 머리에 바르고, 좋은 옷을 입고, 신비한 것들을 즐기라는 제안은 전도서의 내용과 유사한 면이 있다.

> 너는 가서 기쁨으로 네 음식물을 먹고 즐거운 마음으로 네 포도주를 마실지어다 이는 하나님이 네가 하는 일들을 벌써 기쁘게 받으셨음이니라 네 의복을 항상 희게 하며 네 머리에 향 기름을 그치지 아니하도록 할지니라…(전 9:7-8).

그러나 이 노래 전체에서 거듭 강조하고 있는 바, 필연적인 죽음 앞에서 살아 있는 자들이 원하는 것을 다 행하며 욕망에 따라 살아가도록 교훈하는 내용은 전도서의 결론과 상반된다. 왜냐하면 전도서는 사람들이 살아 있는 동안 인생을 즐겨야 하지만 하나님을 경외하는 자답게 살아가며 인생의 보람을 누리라고 권하기 때문이다. 한 걸음 더 나아가서 전도서는 인간들이 언젠가 심판자 되신 하나님 앞에서 이 땅에서의 삶을 평가받게 될 날이 있을 것을 경고하고 있기 때문이다.

청년이여 네 어린 때를 즐거워하며 네 청년의 날들을 마음에 기뻐하여 마음에 원하는 길들과 네 눈이 보는 대로 행하라 그러나 하나님이 이 모든 일로 말미암아 너를 심판하실 줄 알라(전 11:9).

2. 메소포타미아의 지혜문학들

메소포타미아 지역이라고 하면 유프라데스 강과 티그리스 강을 중심으로 하여 고대의 문명이 형성된 지역을 뜻하는데, 아주 고대에는 남쪽 지역에 수메르와 아카드가 존재했고, 보다 후대에는 남쪽에는 바벨론, 북쪽에는 앗수르가 존재했던 지역을 말한다. 지금은 이라크가 존재하는 지역이다. 메소포타미아 지역에 존재했던 다양한 국가들과 문명들 속에서도 지혜문학들이 발견되었고, 이것들과 구약성서 지혜문헌들과의 비교 연구가 이루어지고 있다. 메소포타미아 지역에서 발견된 지혜문학의 대표적인 몇 가지들을 소개한다면 다음과 같다.

(1) **"슈루팍의 교훈들"**(The Instructions of Shuruppak)

기원전 2500년 이전에 기록된 것으로 추정되어 메소포타미아 문헌들 중에 가장 오래된 것 중에 하나로 간주되고 있는 이 글은 홍수에서 생존하게 된 슈루팍이 그의 아들 우투나푸스튜(Utnapushtu)에게 충고하는 내용을 담고 있다.[21] 원래는 수백 줄에 이르는 내용을 담고 있었던 것으로 추정되지만 현재는 아주 짧은 부분만 보존되고 있다. 아카드어로 되어 있는 이 글은 수메르어로 된 유사한 사본도 존재한다.

우부투투(Uburtutu)의 아들 슈루팍이
그의 아들 우투나푸스튜에게 교훈을 주었다.
“내 아들아, 내가 네게 교훈을 줄 것이니, 내 교훈을 받으라.
우투나푸스튜, 내가 네게 교훈을 줄 것이다.
내 교훈을 무시하지 말라.
내가 네게 말한 것들에 불순종하지 말라.
너무 시끄럽게 우는 당나귀를 사지 말라.
길 가의 밭을 개간하지 말라.
너의 밭을 …하지 말라.
너의 개간한 밭에 …하지 말라.
자유로운 사람의 딸을 해치지 말지니, 안마당(원어적 의미는 입술들)이 그 것을 발견하게 될 것이다.”

알스터(Bendt Alster)는 이 글의 수메르어 본문을 연구하여 소개하고 있는데, 그가 첨가하여 소개하고 있는 내용에는 다음 구절들도 포함된다.[22]

연로한 자의 교훈은 진귀하니,
네가 그것들에 복종하라.
……
내 아들아, 다른 사람의 아내와 방에서 홀로 앉지 말라.
사람은 좋은 밭에 좋은 여인을 세우느니라.

이 글의 서론 부분에서 아버지가 아들에게 교훈을 제공하면서 자신의 교훈을 듣도록 명령하는 형태는 잠언에서 자주 언급되는 교훈의 형태와 유사한 점이 있다. 그렇다고 해서 잠언의 내용들이 아버지로부터 아들에게 직접 전해진 내용이라고 단정하기는 어렵다. 고대 이스라엘의 신앙적 스승들이 제자들에게 가르치던 삶의 지혜들을 부모가 자녀에게 가르치는 형태로 전하고 있다고 보는 것이 합당할 것이다. 그런데 잠언의 형태의 색다른 점은 부모가 자녀에게 전하는 교훈들을 실행할 때의 선한 결과들을 같이 언급하고 있다는 점이다.

> 내 아들아 아비의 훈계를 들으며 네 어미의 법을 떠나지 말라 이는 네 머리의 아름다운 관이요 네 목의 금사슬이니라(잠 1:8-9).

> 내 아들아 나의 법을 잊어버리지 말고 네 마음으로 나의 명령을 지키라 그리하면 그것이 네가 장수하여 많은 해를 누리게 하며 평강을 더하게 하리라(잠 3:1-2).

> 내 아들아 들으라 내 말을 받으라 그리하면 네 생명의 해가 길리라(잠 4:10).

> 내 아들아 내 지혜에 주의하며 내 명철에 네 귀를 기울여서 근신을 지키며 네 입술로 지식을 지키도록 하라(잠 5:1-2).

(2) "지혜의 조언들"(Counsels of Wisdom)

기원전 14세기나 13세기에 기록된 것으로 추정되는 이 글은 왕궁의 요직에 있던 한 사람이 그의 아들에게 제공한 다양한 도덕적 교훈들을 담고 있다.

소문을 퍼뜨리는 자와 말하지 말고,
게으른 자의 의견을 듣지 말라.
너의 좋은 품성 때문에 너는 그들에게 본보기가 될 수 있을 것이다.
그러나 후에는 너의 업적이 줄어들고, 너의 길을 포기하고,
너의 현명하고 바른 견해들을 비뚤어지게 할 것이다.
너의 입을 자제하고 너의 말을 지켜라.
그것이 사람의 긍지이니-네가 말하는 바가 아주 소중한 것이 되게 하라.
오만과 독설이 네게는 혐오하는 것이 되게 하라.
불경한 말을 하지 말고 불의한 보고를 하지 말라.
소문을 퍼뜨리는 자는 경멸을 당하게 되느니라.

회중들이 모인 주위에 서려고 다가가지 말라.
논쟁이 있는 곳에 서성거리지 말라.
그들이 논쟁을 하다가 너를 평가자로 세우고,
너는 그들의 증인이 되게 되리니,
그들이 너로 하여금 너와 상관이 없는 일로 재판에 휘말리게 할 것이다.
논쟁이 있을 때, 그것으로부터 떠나고, 그것을 무시하라.
네가 속하게 된 논쟁이 불붙게 되면, 그것을 진정시켜라.
논쟁은 가려진 함정이요,
적들을 덮어 가리는 벽이다.
그것은 사람이 잊었던 것들을 상기시키고 그에 대하여 비난하게 만든다.
너의 대적에게 악으로 갚지 말라.
너에게 악을 행하는 자에게 친절하게 대하라.

너의 대적에게 공의롭게 대하라.
너의 대적에게 친절하라.
……
먹을 음식을 주고, 마실 음료를 주라.
요구하는 것을 주고, 명예롭게 대해주라.
이렇게 할 때 그의 신이 기뻐할 것이다.
이것이 샤마시(Shamash)를 기쁘게 하리니, 그에게 은혜를 베풀 자이다.
선한 것들을 행하고, 너의 모든 날 동안에 친절하라.

네 집에 있는 여종을 존대하지 말라.
그녀는 아내처럼 너의 침대를 지배해서는 안 된다.
… 네 자신을 여종들에게 주지 말라.
만약 그녀가 너의 … 올라가면, 너는 내려가지 못할 것이다.
사람들로 하여금 이 말을 하게 하라.
"여종이 다스리는 집안에서는, 그녀가 망하게 한다."
남편이 군대처럼 많은, 창녀와 결혼하지 말라.
신에게 바쳐진 이스타리투 여인(ishtaritu woman-성전의 여인),
… 이 많은 쿨마시투 여인(kulmashitu woman).
네게 문제가 생기면 그녀는 너를 도와주지 않을 것이다.
네게 논쟁이 생기면 그녀는 조롱하는 자가 될 것이다.
그녀 속에는 존경심이나 순종하는 마음이 없다.
그녀가 집에서 권세가 있어도, 쫓아버려라.
왜냐하면 그녀는 다른 남자의 발자국 소리에도 귀를 기울이기 때문이다.

그녀가 어느 집에 아내로 들어가게 되든지, 그 집은 흩어지게 되고,
그녀와 결혼한 자는 평온하지 못할 것이다.

내 아들아, 통치자가 원한다면 너는 그와 함께 해주라.
그가 네게 잘 간수된 인장을 맡기면
그의 보물 창고를 열고 그곳에 들어가라,
다른 아무도 아닌 너만 그 일을 할 수 있기 때문이다.
그 속에서 수많은 보물을 발견하겠지만,
그 중에 어떤 것도 탐내지 말고,
은밀한 죄를 계획하지 말라,
왜냐하면 나중에 그 일이 조사가 되고 나서,
네가 범한 은밀한 죄가 드러나게 될 것이기 때문이다.
통치자가 그것에 대해 듣고…
그의 밝은 얼굴이 …

나쁜 말을 하지 말고, 오직 선한 말만 하라.
사람들의 악한 것들을 말하지 말고, 좋은 것만 말하라.
나쁘고 악한 말을 하는 자는 …
그가 샤마시에게 진 빚 때문에 매복하여 그를 세울 것이다.
너무 함부로 말하지 말고, 네가 말하는 것에 주의하라.
네가 혼자 있을 때에라도 너의 깊은 속을 드러내지 말라.
네가 급하게 말한 것에 대해 나중에 후회하게 될 것이다.
말을 아끼려고 노력하라.

신에게 매일 예배를 드려라.
희생 제물과 경건한 말은 향과 함께 드려질 수 있는 것이다.
너의 신에게 자원 제사를 드려라.
이것이 신에게 합당한 것이라.
기도, 간구, 그리고 자복함(엎드림)을
매일 그에게 올려라. 그러면 너의 기도가 응답될 것이다.
그러면 너는 너의 신과 화목하게 될 것이다.
네가 배운 자이니, 돌판에서 읽으라.
"경외함은 은혜를 낳고,
제사는 삶이 나아지게 만든다.
그리고 기도는 죄책감을 없애준다.
신들에게 예배하는 자는 …에 의해서 경멸을 당하지 아니하리니,
아누나키(Anunnaki)에게 예배하는 자는 그의 날들이 길어지리라."

친구나 동료와 악한 것들을 말하지 말라.
가치 없는 것들을 말하지 말고, 선한 것을 말하라.
만약 네가 약속을 했다면… 하라.
만약 네가 신뢰를 쌓게 했다면… 해야 한다.
그리고 동료가 바라는 바를 이루어주라.
만약 네가 친구들에게 신뢰를 쌓게 했다면…
네가 배운 자이니, 돌판에서 읽으라.

이 글에서 다루고 있는 몇 가지의 주제들은 구약성서의 지혜서들을

비롯하여 오경에서 다루는 것들과 유사한 점들이 있다. 먼저, 말의 지혜를 가르치는 내용은 잠언에서도 빈번하게 소개되고 있다

> 말이 많으면 허물을 면하기 어려우나 그 입술을 제어하는 자는 지혜가 있느니라(잠 10:19).

> 진실한 입술은 영원히 보존되거니와 거짓 혀는 잠시 동안만 있을 뿐이니라(잠 12:19).

> 입을 지키는 자는 자기의 생명을 보전하나 입술을 크게 벌리는 자에게는 멸망이 오느니라(잠 13:3).

> 두루다니며 한담하는 자는 남의 비밀을 누설하나니 입술을 벌린 자를 사귀지 말지니라(잠 20:19).

자신과 상관없는 일로 논쟁하는 자들로부터 떠나가라는 교훈과 비슷한 내용의 교훈이 잠언 26장 17장부터 21절에 소개되고 있다.

> 길로 지나가다가 자기와 상관 없는 다툼을 간섭하는 자는 개의 귀를 잡는 자와 같으니라…. 나무가 다하면 불이 꺼지고 말쟁이가 없어지면 다툼이 쉬느니라. 숯불 위에 불을 더하는 것과 타는 불에 나무를 더하는 것 같이 다툼을 좋아하는 자는 시비를 일으키느니라(잠 26:17-21).

여종을 대하여 성적으로 가까이 하지 않도록 충고하는 내용은 잠언 5장과 7장에 언급되는 것처럼 성적으로 깨끗한 삶을 살도록 가르치는 교훈과 같은 맥락으로 간주할 수 있을 것이다. 그런가 하면, 통치자의 신하가 어떻게 통치자를 섬겨야 할 것인지를 가르치는 내용은, 비록

꼭 같은 교훈을 제시하고 있지는 않지만, 잠언에서도 다루고 있는 주제 중에 하나가 되고 있다.

> 의로운 입술은 왕들이 기뻐하는 것이요 정직하게 말하는 자는 그들의 사랑을 입느니라. 왕의 진노는 죽음의 사자들과 같아도 지혜로운 사람은 그것을 쉬게 하리라(잠 16:13-14).

> 왕 앞에서 스스로 높은 체하지 말며 대인들의 자리에 서지 말라(잠 25:6).

대적에 대하여 악을 갚지 말고, 공의로 대하고 친절하게 대하라는 교훈은 잠언의 여러 곳에서도 발견된다.

> 네 원수가 배고파하거든 음식을 먹이고 목말라하거든 물을 마시게 하라. 그리하는 것은 핀 숯을 그의 머리에 놓는 것과 일반이요 여호와께서 네게 갚아 주시리라(잠 25:21-22).

> 네 원수가 넘어질 때에 즐거워하지 말며 그가 엎드러질 때에 마음에 기뻐하지 말라. 여호와께서 이것을 보시고 기뻐하지 아니하사 그의 진노를 그에게서 옮기실까 두려우니라(잠 24:17).

> 누구든지 악으로 선을 갚으면 악이 그 집을 떠나지 아니하리라(잠 17:13).

(3) "나는 지혜의 주를 찬양하리라"(I Will Praise the Lord of Wisdom)

이 글은 구약성서의 욥기처럼, 자신을 의인이라고 자부하는 한 사람이 심각한 고난을 겪는 가운데서 그 이유를 찾는 내용을 다루고, 결국에 신이 그의 신실한 행위 때문에 그를 구원하는 내용을 소개한다. 이 글은 다른 글들에 비해서 내용이 긴 편이다. 그래서 구약성서의 욥기와 비교될 수 있는 내용들을 중심으로 번역하여 소개하고자 한다.

제 1 판

나는 지혜의 주, 신중한 신을 찬양하리라.
밤을 붙잡고, 낮을 놓아주는 신,
지혜의 주, 신중한 신, 말둑(Marduk),
밤을 붙잡고, 낮을 놓아주는 신,
그의 주위에는 태풍처럼 진노가 두르고 있네,
그러나 그의 바람은 아침에 솔솔 부는 바람처럼 유쾌하니,
그의 진노는 저항할 수 없고, 그의 격노함은 황폐케 하는 홍수이라,
그러나 그의 마음은 자비롭고, 그의 마음은 용서가 많으니,
하늘도 그의 손의 …을 막을 수 없네.
그러나 그의 부드런 손은 죽어가는 자도 살리니,
말둑… 하늘도 그의 손의 …을 막을 수 없네.
……
주…혼돈
용사인 엔릴(Enlil)…
나의 신이 나를 잊고 사라졌다.
나의 여신이 나를 끊어버리고 나로부터 떠나버렸다.
내 곁에 계시던 은혜로운 영이 떠나버렸다.

나를 지켜주던 영이 흘러가버리고 다른 사람을 찾고 있다.
나의 위엄이 빼앗겨버렸고, 나의 선함이 위태롭게 되었다.
무서운 징조들이 나에게 임했고,
나는 내 집에서 쫓겨나 밖에서 떠돌아다니게 되었다.
나에게 임한 징조들이 혼돈스럽고, 날로 심해진다.
나는 점쟁이와 해몽가에게 갈 수밖에 없다.
거리에서 말해주는 것은 나에게 나쁜 것만 예언한다.
내가 밤에 누우면 내 꿈은 무섭다.
신들의 육신이요, 그의 백성들의 태양인 왕,
그의 마음이 나에게 격노하여 가라앉힐 수가 없다.
내가 기도하며 서 있어도 그들은 나를 대하여… 한다.
그들은 함께 모여 하지 말아야 할 것들을 말한다.
첫째는 말한다. "나는 그가 그의 삶을 끝내기를 원하게 만들었다."
둘째는 말한다. "나는 그의 자리를 비우도록 만들었다."
셋째도, "나는 그의 자리를 대신 차지하겠다."
"나는 그의 집을 대신 차지하겠다," 넷째가 말했다.
다섯째…
여섯째와 일곱째가 그의 …을 추구할 것이다.
일곱이 한 그룹이 되어 그들의 힘을 모았으니,
그들은 폭풍의 마귀처럼 자비가 없었다….
그들은 한 목적을 가지고 모인, 한 몸이었다.
그들의 마음이 나를 대하여 격노하고 그들은 불처럼 타오른다.
그들은 나를 약탈하고 나에게 거짓말을 하기로 동의한다.

그들은 내 입에 재갈을 물리려고 했다.

재잘거리기를 좋아하는 입술을 가진 나는 벙어리처럼 되었다.

내 마음에 외치는 것은 침묵으로 바뀌었고,

나의 당당하던 머리는 땅에 숙이게 되었다.

근심이 나의 용감하던 마음을 약하게 만들었다.

아이조차도 나의 넓은 가슴을 막을 수 있게 되었다.

한 때는 강했던 나의 팔도…

전에는 존경받는 자였는데, 이제 나는 노예가 되어 버렸다.

많은 사람들과 관계를 가졌던 내가 이제는 은둔자처럼 되어 버렸다.

내가 거리를 걸어가면, 사람들이 나에게 손가락질을 한다.

내가 왕궁으로 들어가면, 사람들이 눈을 흘기고,

내가 살던 성읍이 나를 대적처럼 대한다.

내 땅이 나에게 잔인하게 대하고 나를 적대시한다.

내 친구가 낯선 사람이 되어버렸고,

나의 동료가 악한 자요 마귀가 되어버렸다.

나의 친구가 격노하며 나를 비난하고,

나의 동료가 끊임없이 그의 무기들을 갈고 닦는다.

나의 친한 친구가 내 삶을 위험에 빠뜨리고,

나의 종이 회중들 앞에서 나를 공적으로 저주했다.

… 무리가 나를 비방했다.

나를 아는 자가 나를 보면, 그는 다른 쪽으로 가버린다.

나의 가족들은 마치 내가 그들과 관련이 없는 자처럼 대한다.

나에 대해 좋은 말을 해주는 자를 위해 무덤이 준비되어 있고,

나에 대해 나쁜 말을 하는 자는 승진하게 된다.
나를 비방하는 자는 신의 도움을 얻고,
죽음이 임박한 때에 "신이 자비를 베푸신다"라고 말하는 자는 …
내 편이 아무도 없고, 나를 이해하는 자를 하나도 찾을 수 없다.
그들이 나의 소유들을 이방의 하층민들에게 나누어 주었다.
그들이 내 수로를 침적토로 막아버렸다.
그들이 내 밭에서 즐겁게 부르는 추수의 노래를 중단시켜 버렸다.
그리고 나의 성읍을 대적의 성읍으로 잠잠케 해버렸다.
그들이 다른 사람으로 하여금 나의 임무들을 대신 지게 했고,
내가 참여해야 하는 예식에 다른 사람이 가도록 지명했다.
낮에는 한숨이 있고, 밤에는 애통이 있다.
달(month)이 울부짖고, 해(year)가 침울해 한다.
나는 내내 비둘기처럼 슬퍼하고,
노래하는 대신 크게 신음한다.
내 눈들은 끊임없이 울어서 …
내 아래 눈썹은 눈물로 부었다.
내 앞에 내 마음의 근심들이…
공포와 근심…

제 2 판

나는 다음 해까지 살아 남았고, 정해진 때가 지냈다.
내가 돌아보지만, 나쁘다, 아주 나쁘다.

나의 불운이 커가고 나는 옳은 것을 찾을 수가 없다.
내가 나의 신을 불렀지만, 그는 그의 얼굴을 보이지 않는다.
내가 나의 여신에게 기도했지만, 그녀는 그녀의 머리를 들지 않았다.
점쟁이도 예견하지 못했고,
해몽가도 내 경우를 설명하지 못했다.
나는 자쿠쿠(zaququ)영의 도움을 청했지만, 그는 나에게 알려주지 못했고,
무당도 그의 의식을 통해 나에 대한 신의 진노를 가라앉히지 못했다.
어디에나 이상한 상황들이다!
내가 내 뒤를 돌아보니, 핍박과 고통뿐이다.
그의 신에게 술을 드리지 않은 자처럼,
그가 먹을 때 그의 여신에게 기도하지 않은 자,
엎드릴 줄 모르고 머리 숙일 필요를 모르는 자,
그의 입에 간청과 기도가 없는 자,
거룩한 날들을 게을리하고, 축제들을 무시한 자,
신들의 의식을 게을리하고 지키지 않은 자,
그의 백성에게 존경과 예배를 가르치지 않은 자,
그의 신에게 기도하지 않고 음식을 먹은 자,
밀로 된 예물을 가져오지 않으므로 그의 여신을 무시한 자,
미쳐 날뛰어서 그의 주를 잊어버린 자처럼,
그의 신에게 경솔하게 맹세한 자, 내가 그런 자처럼 보여지고 있다.
그러나 나로 말하면, 나는 간구와 기도에 주의를 기울였고,
나의 기도는 신중했고, 제사는 나의 철칙이었다.
신에게 예배드리는 날은 내 마음에 즐거움이었다.

여신에게 나아가는 날은 나에게 이롭고 득이 되는 것이었다.
왕의 축복–그것이 나의 기쁨이었고,
함께 드려지는 음악은 나에게 즐거움이 되었다.
나는 내 땅으로 하여금 신의 제의들을 지키게 했고,
내 백성들로 하여금 여신의 이름을 존경하도록 했다.
나는 왕을 위한 찬양이 신을 위한 것 같게 하였고,
백성들로 하여금 왕궁을 존귀하게 간주하도록 가르쳤다.
이러한 것들이 신을 기쁘게 하는 것이라는 점을 내가 알았으면 좋았으리라!
자신에게만 좋은 것은 신을 모욕하는 것이 되고,
자신의 마음에 나쁘게 여겨지는 것은 신에게 적합한 것이 될지니,
하늘에 있는 신들의 뜻을 누가 알리요?
사후 세계를 다스리는 신들의 계획을 누가 이해하랴?
인간들이 신의 길을 어디서 배웠는가?
어제 살아 있던 자도 오늘은 죽은 자가 된다.
그가 한 동안 염려하다가, 곧바로 활기차게 된다.
한 동안 즐거운 노래를 부르다가,
곧바로 전문적으로 곡하는 자처럼 울부짖는다.
그들의 상태가 눈이 깜박이는 것같이 변한다.
굶주리면 시체 같다가도,
배가 부르면 그들의 신을 저항한다.
잘 나갈 때 그들은 하늘에 오르는 것을 이야기 하다가도,
어려움을 당할 때 그들은 지옥에 내려가는 것을 이야기 한다.

나는 이런 것들에 당황하게 되니, 그들의 중요성을 이해할 수가 없다.
탈진해버린 나로 말할 것 같으면, 폭풍이 나를 끌고 있다!
쇠약하게 만드는 병이 나에게 임하고,
악한 바람이 지평선으로부터 불어,
두통이 지하 세계의 표면을 뚫고 올라 왔고,
지독한 기침이 앞수(Apsu)를 떠나고,
피할 수 없는 마귀가 에쿨(Ekur)을 떠나고,
라마스투(Lamashtu) 마귀가 산으로부터 내려와서,
경련이 홍수처럼 시작되고,
쇠약함이 식물들과 함께 땅에 시작되었다.
그것들 모두가 함께 나에게 임했다.
그것들이 내 머리를 때리고, 그것들이 내 두뇌를 포위했다.
나의 안색이 어두워지고, 눈물이 흐른다.
그것들이 내 목의 근육을 비틀고 내 목이 온전하지 못하게 만들었다.
그것들이 내 가슴을 치고,
그것들이 내 피부를 상하게 하여, 내가 떨게 만들었고,
내 복부에 그것들이 불을 지폈다.
그것들이 내 배를 휘저었고,
점액이 나오게 하고, 그것들이 나의 폐를 지치게 했다.
그것들이 내 손발을 지치게 하고 내 살이 떨리게 했다.
내가 똑바르게 서 있어도 그것들이 벽처럼 무너지게 했고,
내 강건하던 모습을 하찮게 만들어 버렸다.
……

잠이 그물처럼 나를 덮고,
내 눈이 앞을 똑바로 응시해도 보지를 못하고,
내 귀가 열려 있어도 듣지를 못한다.
나약함이 내 몸 전체를 덮어버렸다.
질병의 공격이 내 육체에 임했다.
내 팔이 뻣뻣하고,
내 무릎이 약해지고,
내 발이 움직일 줄을 모른다.
발작이 일어나면, 나는 넘어지는 자처럼 숨이 막히게 된다.
죽음이 다가와서 내 얼굴을 덮었다.
누가 나를 걱정하여 질문하면, 나는 대답조차 할 수가 없다.
울기 시작하면, 자제할 수가 없다.
내 입에 함정이 놓여 있고,
나사가 내 입을 잠그고 있다.
내 "문"이 잠겨 있고, 나의 "마시는 곳"이 막혀 있다.
내 숨통이 조인다.
나는 비록 천한 것일지라도 곡물을 먹는다.
사람에게 꼭 필요한 음료도 나에게는 맛이 없다.
내 질병이 심히 길어졌다.
먹지를 못해서, 내 모습이 이상해졌다.
내 살이 흐늘흐늘하고, 내 피가 모자라게 된다.
내 뼈가 분리된 것 같고, 내 피부로만 덮어져 있다.
내 피부에 염증이 나고, 질병이 나를 괴롭힌다.

나는 가두어 두는 침대에 있고, 외출한다는 것은 고통이다.
내 집이 내 감옥이 되어버렸다.
내 팔들이 힘이 없고, 내 몸이 수갑이다.
내 발들이 납작하게 넘어졌고, 내 몸이 족쇄다.
내 질병이 심하고, 내 상처가 중하다.
바늘 가득 달린 채찍이 나를 쳤고,
나를 찌른 막대기는 가시로 덮어져 있다.
하루 내내 괴롭히는 자가 나를 괴롭히고,
밤에도 그가 나를 잠시라도 쉽게 숨을 쉬도록 하지 않는다.
내 관절들을 비틀어서 분리되게 만들고,
내 손발이 탈구되고 부서지게 했다.
나는 소처럼 밤에 내 똥에서 지내게 되고,
양처럼 나의 배설물에 뒹굴게 되었다.
내 증세는 무당도 어쩔 수 없고,
내 징조는 점술가를 혼란케 했다.
무당이 내 질병을 진단할 수 없었고,
점술가가 내 병이 얼마나 지속될 것인지를 진단하지 못했다.
나의 신이 나를 구원하거나 손으로 나를 데려가려고 오지 않았고,
나의 여신이 나에게 연민을 보이지 않고 내 편이 되지도 않았다.
내가 죽기도 전에 나를 위해 애가가 완성되었다.
내 나라의 모든 사람들이 말했다, "그가 그렇게 뭉개졌구나!"
그 말을 듣고 고소해하는 그의 얼굴이 밝아지고,
그 소식이 고소해하는 그녀에게 전해져서, 그녀의 마음이 즐거워한다.

나는 내 모든 가족을 위한 날을 알고 있으니,
내 친구들이 모인 데서, 그들의 태양신이 자비를 베풀어 줄 날이 있을 것이다.

제 3 판

그의 손이 내 위에서 무거워, 내가 견딜 수가 없었다.
그에 대한 나의 두려움이 놀라울 정도였다.
그의 사나운 바람이 파괴력 있는 홍수를 일으켰다.
……
나는 불면을 잊었고, 그것이 내 마음을 산만하게 한다.
밤낮으로 내가 신음하며,
깨어 있으나 꿈을 꾸나 마찬가지로 나는 비참하다.
뛰어난 몸매를 가진 놀라운 한 젊은이가,
몸이 근사하고, 새 옷을 입은,
깨어날 때부터…
화려하게 입고, 경외로움을 입고,
(첫 꿈의 나머지 부분은 대부분 없어졌음)

두 번째 내가 꿈을 꾸었을 때,
밤에 내가 꾼 꿈에서
훌륭한 사제 한 사람이…
정결케 하는 나무 한 조각을 그의 손에 들고 있었다.
"니푸르에 거하는 랄루라리마(Laluralimma)가

너를 정결하게 하려고 나를 보냈다."
그가 가지고 온 물을 내 위에 붓고,
소생하게 하는 주문을 외우고, 내 몸을 안마했다.

세 번째 내가 꿈을 꾸었을 때,
밤에 내가 꾼 꿈에서
화려한 외모의 훌륭한 한 여인이,
… 신과 동등했다.
그 백성들의 왕후가…
그녀가 들어와 앉았다….
그녀가 나의 구원에 관해 말했다….
"두려워 말라," 그녀가 말했다, "내가 너를 …"
… 한 꿈을 꾸었다….
그녀가 말하기를, "너의 아주 비참한 상태에서 구출되어라,
밤에 환상을 가진 자는 누구든지."
꿈에 우르닌딘루가(Urnindinlugga)…
모자를 쓰고 있는, 수염을 기른 한 젊은이가,
문자가 기록된 판을 들고 있는 한 무당이,
"말둑(Marduk)이 나를 보냈다.
숩시메스레샤칸(Shubshi-meshre-Shakkan)에게 내가 번영을 가지고 왔노라.
말둑의 정결한 손들로부터 내가 번영을 가지고 왔노라."
그가(말둑이) 나로 하여금 나의 보좌관들을 다스리도록 위임했다.
깨어 있는 동안에 그가 메시지를 보냈고

나의 백성들에게 그의 자비의 표징을 보여주었다.
질병 중에…
나의 병이 즉시 끝나고…
내 주의 마음이 평온해지고
자비로운 말둑의 마음이 기뻐한 후에,
그가 나의 기도들을 응답한 후에
……

(몇 줄들이 심하게 손상되었다)

그는 묶는 마술로…
그는 악한 바람을 지평선으로 몰아내었고,
두통을 지하 세계의 표면까지 몰아내고,
지독한 기침을 앞수에게 내려보내고,
저항할 수 없는 마귀를 에쿨에게 보내고,
그는 라마스투 마귀를 산으로 던져버리고,
오한을 넘치는 물과 바다로 보냈다.
그는 연약함의 뿌리를 마치 식물처럼 찢어버렸다.
불안한 잠, 지속적인 잠을
그는 하늘을 가득 채운 연기처럼 멀리 떠나보냈다.
아 참으로… 그는 안개처럼 일으켜서 지하 세계에 두었다.
머리 속의 끊임없는 불평…
그는 밤의 이슬같이 그것을 나로부터 없애고 제거했다.
수의처럼 옷 입었던 나의 침침한 눈을

그는 수의를 몇 만 리나 쫓아 보내고 나의 시력을 밝게 했다.
귀가 먼 자처럼 막히고 메인 나의 귀들을
그가 막은 것들을 제거하고 나의 청력을 회복시켰다.
……
(이어지는 구절들에서 그는 코, 입술, 입, 치아, 혀, 목, 식도, 장, 체격, 손톱, 무릎, 침울한 모습 등이 회복된 상태를 설명한다.)
……
나는 나의 질병들로부터 해방되어 쿠누스카드루(Kunush-kadru) 거리로 나아갔다.
에사길(Esagil)과 관련하여 잘못한 그는 나로부터 배우기 바란다!
나를 잡아먹으려는 사자의 입에 재갈을 물린 것은 말둑(Marduk)이다.
나를 쫓아오던 자로부터 물매를 빼앗아 물맷돌을 되돌려 준 이가 바로 말둑이다.
(본문의 나머지 부분은 심하게 손상되거나 없어졌다)

제 4 판

주가 나에게…
주가 나를 붙들었고,
주가 나를 내 발로 서게 했고,
주가 내 건강을 회복시키고,
그가 나를 구덩이로부터 구하고,
그가 파멸로부터 나를 부르고,

… 그가 부버(Huber) 강으로부터 나를 끌어내고,
… 그가 내 손을 잡았다.
이전에 나를 쳤던 이인,
말둑이 이제 나를 높이셨다.
그가 나를 치던 자의 손을 치시고,
그의 무기를 놓게 하신 이가 말둑이다.
(몇 절이 손상되어 없다)
……
말둑이 건강을 회복시켜 주는 것을 바벨론 사람들이 보았다.
그래서 모든 입들이 그의 위대함을 선포한다.
그가 그의 해(Sun)를 볼 수 있을 거라고 누가 생각했을까?
그가 거리를 활보할 수 있을 거라고 누가 생각했을까?
말둑이 아니고 누가 죽어가는 자를 회생시킬 수 있을까?
사파니툼(Sarpanitum) 이외의 어느 여신이 생명을 허락할 수 있을까?
땅이 놓여지고, 하늘이 펼쳐 치는 곳마다,
해신이 빛나고, 불의 신이 타오르는 곳마다,
물이 넘치고 바람이 부는 곳마다,
아루루(Aruru)가 그녀의 손으로 흙을 빚어 창조한 것마다,
생명을 부여받아 걸어 다니는 자마다,
모든 인간은 말둑에게 찬양을 드린다!
……
…나의 기도로…
자복함과 간구로 나는 에사길의 성전에 들어갔다.

무덤으로 내려갔던 내가 "해가 뜨는 문"으로 돌아갔다.
"번영의 문"에서 나에게 번영이 주어졌고,
"보호하는 영의 문"에서 보호하는 영이 나에게 왔고,
"행복의 문"에서 내가 행복을 찾았고,
"생명의 문"에서 내가 생명을 얻었고,
"해가 뜨는 문"에서 내가 살아 있는 자들 가운데서 알려지게 되었고,
"놀랍고 신비한 문"에서 나에 관한 징조가 평범했고,
"죄책감을 해방시키는 문"에서 나는 나의 속박으로부터 풀어졌고,
"예배의 문"에서 내 입이 간구했고,
"한숨을 풀어주는 문"에서 나의 한숨들이 풀어졌고,
"정결한 물의 문"에서 정결하게 하는 물이 나에게 뿌려졌고,
"행복의 문"에서 내가 말둑과 대화를 나누었고,
"풍성함의 문"에서 내가 사파니툼 여신의 발에 입맞추었다.
내가 그들 앞에서 간구와 기도를 드렸고,
달콤한 향냄새를 그들 앞에 놓아드렸고,
내가 헌물, 선물, 모은 기부금들을 드렸고,
내가 살찐 소들을 잡고, 살찐 양들을 잡고,
내가 꿀이 섞인 달콤한 음료와 순전한 포도주를 거듭하여 드렸다.
……

이 글의 제1판과 2판에서 소개되는 바, 의로운 삶을 살았다고 자부하는 한 사람이 극한 질병과 사회적 배척 가운데서 부르짖는 탄식의 절규는 구약성서 욥기 3, 6, 7장에서 소개되는 욥의 절규를 생각나게

만든다. 자신의 운명이 예기치 못한 가운데 극도로 불행한 방향으로 흘러가고 심각한 질병까지도 경험하게 된 상황 속에서 이 글의 주인공은 신들에게 자신의 상황을 호소하려 했지만, 신들은 자기를 떠나고 관심을 기울이지 않는 것 같아 안타까워 한다. 욥기에서도 욥이 자신이 처한 상황에 대해 왜 그러한 일이 일어나게 되었는지를 하나님 앞에 묻고 있는데, 하나님이 논리적으로 설명해주지 않자 안타까워하는 내용을 소개하고 있다(욥 10:2; 23장).

> 내가 하나님께 아뢰오리니 나를 정죄하지 마시옵고 무슨 까닭으로 나와 더불어 변론하시는지 내게 알게 하옵소서(욥 10:2).

> 내가 어찌하면 하나님을 발견하고 그의 처소에 나아가랴 어찌하면 그 앞에서 내가 호소하며 변론할 말을 내 입에 채우고 내게 대답하시는 말씀을 내가 알며 내게 이르시는 것을 내가 깨달으랴(욥 23:3-5).

이 글 제2판의 중간에 언급되는 다음 내용들은 욥기를 포함하여 구약성서 지혜문학에서 가르치는 중요한 주제들과 유사한 내용을 소개하는데, 그것들은 다름이 아니라 인간들이 제한된 지혜로 하나님이 하시는 모든 것들을 이해할 수 없다는 점이다. 다르게 표현한다면, 하나님께서는 인간이나 다른 피조물들의 간섭을 받지 않고 마음대로 자신의 계획을 펼쳐나가실 수 있고 무슨 일이든 하실 수 있는 자유자라는 사상이다. 인간 지혜의 한계와 하나님의 자유자 사상을 가르치는 내용과 연관된다고 볼 수 있는 내용이 "나는 지혜의 주를 찬양하리라!"라는 글에도 소개되고 있다.

이러한 것들이 신을 기쁘게 하는 것이라는 점을 내가 알았으면 좋았으리라!
자신에게만 좋은 것은 신을 모욕하는 것이 되고,
자신의 마음에 나쁘게 여겨지는 것은 신에게 적합한 것이 될지니,
하늘에 있는 신들의 뜻을 누가 알리요?
사후 세계를 다스리는 신들의 계획을 누가 이해하랴?
인간들이 신의 길을 어디서 배웠는가?

예기치 못했던 삶의 고난들과 질병들 속에서 신들에게 간구했을 때, 결국 신들이 자신의 의로운 삶과 신들을 섬기던 삶들을 기억하고 그를 다시 회복시켜 주었다는 내용의 이 글은 인간의 고난의 문제를 다루고 있다는 점에서 욥기와 비교될 수 있다. 그리고 고통과 질병의 극한 상황을 토로하는 내용도 욥기와 유사한 면이 있다. 그러나 이 글은 신들이 주인공의 신앙적 의로움을 인정하고 회복시켜 주었다는 단순한 내용을 소개하고 있는 반면에, 욥기는 정반대이다. 자신을 의로운 생활을 근거로 하여 자신이 당하는 고난이 합당하지 못하다고 변론하던 욥을 하나님이 꾸짖고, 그 결과로 그가 신앙 안에서 더욱 겸손하게 살아가도록 훈계하고 있는 욥기는 내용과 줄거리와 주된 교훈들에 있어서 이 글과 차이가 크다.

(4) **"한 사람과 그의 신"**(Man and His God)**-"욥**(Job) **모티브의 수메르적 변이"**(A Sumerian Variation of the "Job" Variation)

"자기 신을 향한 한 남자의 애가"로 번갈아 가면서 부르도록 되어

있었던 이 노래는 이해할 수 없는 고통 속에 있던 한 사람이 자신이 고통을 당하는 이유를 정확하게 알지 못하지만 그 속에서도 여전히 자기의 신에게 기도하고 간구하여 신의 긍휼함을 받아 고난으로부터 벗어나게 된다는 내용을 담고 있다. 인간이 당면하게 되는 고통의 문제와 관련하여 그 이유와 해결책을 다루는 점에 있어서 구약성서의 욥기와 비교해 볼만하다.

> 사람으로 하여금 자기 신의 숭고함을 지속적으로 선포하게 하라,
> 젊은이로 하여금 자기 신의 말들을 꾸밈없이 찬양하게 하라,
> 똑바른 땅에 거주하는 자들로 슬퍼하게 하라,
> ……
> 그의 애가가 그의 신의 마음을 누그러뜨리게 하라.
> 왜냐하면 신이 없는 사람은 양식을 얻을 수 없다.
> 그 젊은이는 헛된 곳에서 그의 힘을 악한 것에 쓰지 않고,
> 그러나 그에게… 질병, 심각한 고통이…
> ……
> … 악한 손이 그에게 임했고, 그는 …처럼 취급되었다.
> ……
> 나는 젊고, 분별력이 있는 사람이지만, 나를 존경하는 자가 번성하지 못하고,
> 나의 의로운 말이 거짓말이 되어버렸고,
> 속이는 자가 나를 동풍으로 덮었고, 나는 그를 섬기도록 강요되었고,
> 나를 존경하는 자가 당신 앞에서 나를 부끄럽게 하지 않았다.

당신은 나에게 새로운 고통을 나누어 주었고,
나는 집에 들어가지만, 마음이 무거웠고,
젊은이인 나는 거리로 나갔지만, 마음이 눌렸고,
나와 함께 한 용감한 자, 나의 의로운 목자가 분노하여, 나를 적대시하여 보았고,
나의 목동이 그의 대적이 아닌 나를 대하여서 악한 것들을 찾으려 했고,
나의 동료는 나에 대해 진실한 말을 하지 않고,
나의 친구는 나의 의로운 말에 대해 거짓말을 한다.
속이는 자가 나를 모함해도,
나의 신, 당신은 그를 물리치지 않고,
당신이 나로 이해하지 못하게 하고,
악한 자가 나를 모함하고
당신을 분노하게 만들고, 사나워지고, 악을 꾸몄다.
지혜로운 자인 내가 왜 무지한 젊은이들에게 속해야 합니까?
분별력이 있는 자인 내가 왜 무지한 자들 중에 한 사람으로 간주되어야 합니까?
음식이 사방에 있지만, 내 음식은 기근이요,
모든 이에게 배분되는 날, 나에게 할당된 것은 고통뿐이다.
……
나의 신이여, 내가 당신 앞에 서리다,
당신에게 말한다면… 내 말은 신음이요,
그것에 관해 말한다면, 내 여정의 쓰라림을 한탄하게 될 것이요,
……

보소서, 나를 낳으신 어머니가 당신 앞에서 나의 애가를 멈추지 못하게 하시고,
나의 누이가 즐거운 노래와 영장을 부르지 못하게 하시고,
당신 앞에서 나의 불행에 대해 눈물로 전하게 하시고,
나의 아내가 나의 고통에 대해 애곡하는 소리를 발하게 하시고,
전문으로 노래하는 자가 나의 쓰라린 운명을 슬퍼하게 하소서.

나의 신이여, 땅 위에는 밝게 비치는 날이 나에게는 어두운 날이요,
……
눈물, 애통, 괴로움, 우울함이 내 안에 머물고 있고,
고통이 나를 덮어 나는 울기만 하는 자같이 되었고,
운명의 마귀가 … 내 숨을 빼앗고 있고,
사악한 질병의 마귀가 내 몸에 있고,
내 여정의 쓰라림, 내 …악한 것이…

나를 낳으신 아버지가 되는, 나의 신이 내 얼굴을 들고,
불쌍하고 … 신음하는, 무죄한 소처럼,
언제까지 당신이 나를 거부하고, 내가 보호받지 못한 상태로 두려고 하십니까?
… 소처럼,
언제까지 나를 인도받지 못한 상태로 두려고 하십니까?

지혜로운 자들이 의롭고 바른 말을 합니다.

'죄 없는 아이가 엄마에게서 태어난 적이 없고,
오래 전부터 죄 없는 일꾼이 존재하지 않았다….'
……
진노의 날에 당신이 … 하는 자에게 은혜의 말을 전하시고,
… 하는 날에 당신이 …하는 자에게 기쁨을 선포하소서.

나의 신이여, 당신이 나에게 내 죄를 보이셨으니…
… 문에서, 내가 …을 말하리이다.
젊은이인 나는 당신 앞에서 내 죄를 자백하렵니다.
……

그 사람의 슬피 우는 것이 그의 신에게 들렸고,
그를 가득 채운 애가와 통곡이 그 젊은이를 위한 그의 신의 마음을 누그러뜨렸을 때,
그가 의로운 말과 꾸밈없는 말을 했을 때, 그의 신이 받으셨고,
그 젊은이가 간절한 기도 속에 자백한 말이,
…와 신의 몸을 기쁘게 했기에, 그의 신이 악한 말로부터 그의 손을 회수하고,
… 그 마음을 억누르던 것… 그가 감싸고,
날개를 활짝 펴서 그를 에워싸고 있던 질병의 마귀를, 그가 물러가게 하고,
그를 … 처럼 때리던 …을, 그가 쫓아버렸고,
그의 형벌에 따라 거기에 머물게 했던 운명의 마귀를, 그가 비켜나게 했고,
그가 그 젊은이의 고통을 기쁨으로 바꾸었고,

그의 곁에 선한 영을 지키는 자, 보호자로 세웠고,
그에게 …을 친근하게 대하며 그를 수호하는 자로 주었다.

그 사람은 자기의 신의 숭고함을 지속적으로 선포했고,
……

"… 그가 나를 위해 돌아오기 바라며,
… 그가 놓아주기 바라며,
… 그가 나를 바르게 세워주기 바란다."

자기 신을 향한 한 사람의 애가로 번갈아가면서 부르는 노래이다.

이 글도 "나는 지혜의 주를 찬양하리라"라는 글과 전반적인 줄거리가 흡사하다. 비록 후자의 글에서 소개하는 것처럼 고난에 처한 상황을 상세하게 진술하는 면은 조금 부족하지만, 예기치 못했던 고난 속에서도 여전히 자기 신에게 기도와 간구를 드릴 때, 그의 신이 그의 운명을 밝게 바꾸어 준다는 중심 내용은 유사하다. 특별히, "죄 없는 아이가 엄마에게서 태어난 적이 없고, 오래 전부터 죄 없는 일꾼이 존재하지 않았다"는 구절은 고난 속에서 인간의 죄성을 인정하고 있다는 점에서, 욥기의 고백과 맥을 같이한다.

> … 인생이 어찌 하나님 앞에 의로우랴 사람이 하나님께 변론하기를 좋아할지라도 천 마디에 한 마디도 대답하지 못하리라(욥 9:2-3).

> 내 모든 고통을 두려워하오니 주께서 나를 죄 없다고 여기지 않으실 줄을 아나이다 내가 정죄하심을 당할진대 어찌 헛되이 수고하리이까…(욥 9:28-29).

"한 사람과 그의 신"이란 이 글도 "나는 지혜의 주를 찬양하리라"라는 글과 마찬가지로 인간이 경험하는 고난의 문제에 대하여 그 이유와 해결책을 제시하고 있지만, 구약성서 욥기에서 제시하는 고난의 이유와 고난에 대한 해결책을 비교해보면 차이가 많다. 전자의 글들이 인간 고난의 이유를 전적으로 인간의 죄의 결과요, 신들의 뜻으로 규정하고 있지만, 욥기의 견해는 그리 단정적이거나 단순하지 않다. 오히려 욥기는 인간이 고난을 당하는 이유가 다양할 수 있고 또 그것을 인간의 제한된 머리로는 완전히 이해할 수 없을 수도 있다는 점을 가르치고 있다. 그런가 하면, 전자의 글들이 제시하는 고난에 대한 해결책은 신들에게 기도와 간구를 지속적으로 드리는 것이지만, 욥기가 제시하는 교훈은 훨씬 심오하고 다양하다. 왜냐하면 욥기에서는 의인이라고 자부하는 인간이 고난을 당할 때 자신의 의로운 행위들에 근거하여 자신이 당하는 고난의 부당성을 호소하지만, 결국 창조주 하나님의 위엄과 임재 앞에서 자신의 영적인 교만이 깨어진다는 신앙적 교훈을 제시하기 때문이다. 아울러 자신의 의로운 행위에 근거한 의인됨의 자부심이 하나님이 기대하는 의를 충족시킬 수 없다는 점도 가르치고 있고, 욥기에 등장하는 세 친구들의 공통된 주장인 신앙적 인과응보 사상이 하나님의 섭리와 계획을 모두 포괄하는 원리가 아니라는 점도 가르쳐 주고 있기 때문이다.

(5) “바벨론인 신정론”(The Babylonian Theodicy)

기원전 1000 년경에 기록된 것으로 추정되는 이 글은 한 고통당하는 자와 그의 동료 사이의 대화를 담고 있는데, 신의 통치가 의롭지 못하다는 불평을 언급하고 있다. 이 글의 특징은 한 연(stanza)이 11행(줄: line)을 이루고 있는 27개의 연으로 구성된 글이라는 점이다. 고난 속에서 신들이 멀리 떨어져 있는 것 같고 그들의 뜻을 발견할 수도 없는 상황을 푸념하며, 인간 만사를 의롭지 못하게 만든 신들에 대해 불평하는 이 글의 내용은, 이해할 수 없고 수긍할 수 없는 고난 속에서 자신의 의로움을 내세우다가 하나님 앞에서 겸손한 신앙인의 모습을 회복하게 되는 욥기의 내용과 대조가 된다. 고난을 당한 자와 친구의 대화가 번갈아 가며 소개되는 이 글은 욥과 세 친구의 대화가 번갈아가면서 소개되는 욥기와 그 구성 면에 있어서 유사한 면이 있다.

고통당한 자 (1연)

현자여 오시오, 당신에게 말하리다.
당신에게 알리리다.
……
극심하게 고통당한 나이지만 당신을 존경하는 것을 멈추지 않을 것이오.
당신같이 현명한 사람이 어디 있습니까?
당신과 견줄만한 학자가 어디 있습니까?
내 고통을 상담할 자가 어디 있습니까?
나는 끝장이 났습니다. 괴로움이 나에게 임했습니다.

내가 아직 어린아이일 때, 운명이 내 아버지를 데려갔습니다.
나를 낳으신 나의 어머니도 돌아올 수 없는 땅으로 갔습니다.
나의 보호자가 아무도 없는 상태에서 나의 아버지와 어머니가 나를 떠났습니다.

친구 (2연)

존경하는 친구여, 당신 말이 슬프구나.
경애하는 친구여, 당신은 당신의 마음이 악한 것에 머물게 하는군요.
당신은 당신의 분별력을 무능한 자의 분별력처럼 만들어버렸군요.
당신은 빛나는 얼굴을 찌푸린 모습으로 바꾸어버렸군요.
우리 선조들은 실제로 포기하고 죽음의 길로 갑니다.
그들이 후버 강을 건넌다는 옛말이 있습니다.
……
자기 신을 바라보는 자는 보호하는 영을 가지게 됩니다.
자기 여신을 경외하는 겸손한 자는 부귀를 쌓게 됩니다.

고통당한 자 (3연)

나의 친구여, 당신의 생각은 깊이를 알 수 없는 샘입니다.
바다의 줄어들 줄 모르는 높은 파도입니다.
내가 질문을 할 것이니, 내 말을 들어보시오.
잠시 주의를 집중하고, 내 말을 들어보시오.

내 몸은… 기근이 나의 두려움입니다.

나의 성공은 사라지고, 나의 안정된 삶은 사라졌습니다.

나의 힘은 약해지고, 나의 번영은 끝났습니다.

애통함과 근심이 나의 얼굴을 어둡게 만들었습니다.

나의 밭의 곡식들이 나를 만족하게 할 정도에서 멀고,

사람들의 필수품인 음료가 나에게 충분할 정도가 되지 못합니다.

행복한 삶이 보장될 수 있습니까? 내가 그 방법을 알 수만 있다면 좋겠습니다!

친구 (4연)

내가 하는 말은 제한된 것입니다….

그러나 당신은… 당신의 논리를 반대로…

당신은 당신의… 산만하고 비논리적으로…

당신의 …을 위한 끝없는 욕구가…

이전의 안전함은 … 기도를 통해서…

만족하게 된 여신이 …으로 되돌려 줄 것입니다.

……

합당한 기준에 맞는 공의를 추구하시오.

당신의 … 강하신 분이 친절을 보이실 것이고,

…이 자비를 베풀 것입니다.

고통당한 자 (5연)

나의 동료여, 내가 당신에게 절하고, 당신의 …을 받아들였습니다.
… 당신의 말을…
… 오시오, 나로 말하게 하시오.
… 을 가득 채운 야생 당나귀…
확실한 신적인 예언들을 준 자에게 그것이 주의를 기울입니까?
가장 좋은 고기를 삼킨 잔인한 사자가,
여신의 분노를 완화시키기 위해 밀로 된 헌물을 가지고 왔습니까?
… 자기 부귀를 늘리게 된 유명한 자가,
마미(Mami) 여신에게 주려고 진귀한 금을 달아본 적이 있습니까?
내가 헌물들을 미룬 적이 있습니까? 나는 나의 신에게 기도했고,
나는 여신을 위한 정규적인 제사를 축복하도록 외쳤습니다….

친구 (6연)

오, 부귀를 주는 대추야자나무, 나의 귀한 형제여,
모든 지혜를 받고…
당신은 이 땅처럼 견고하지만, 신들의 계획은 너무나 멀리 떨어져 있군요.
들에 있는 뛰어난 야생 당나귀를 보시오,
화살은 들녘을 밟고 찌르는 자에게 돌아올 것입니다.
와서, 당신이 언급한 사자를 생각해 보시오, 그것은 가축의 적이오,
사자가 한 일에 대해 함정이 그를 기다리고 있소.

물질들을 쌓고 있는 부자는,
자기 때가 이르기 전에 왕에 의해 불에 타 죽게 될 것이오.
이것들이 걸어간 길로 당신도 가고 싶소?
차라리 당신의 신이 주는 영구한 보상을 추구하시오!

고통당한 자 (7연)

당신의 생각은 북쪽 바람, 사람들에게 즐거움을 주는 신선한 바람입니다.
경애하는 친구여, 당신의 충고는 선합니다.
당신 앞에 한 말만 하겠습니다.
신을 찾지 않는 자들이 번성의 길로 가지만,
여신에게 기도하는 자들은 빈곤하게 되고, 가난하게 됩니다.
나의 젊은 시절에 나는 나의 신의 뜻을 찾으려고 시도했습니다.
자복함과 기도로 나는 나의 여신을 찾았습니다.
그러나 나는 소용없는 강제 노동을 하며 멍에나 매고 있었습니다.
나의 신은 나에게 부귀 대신에 가난을 선포하셨습니다.
장애를 가진 자가 나보다 더 낫고, 멍청한 사람이 나보다 앞서 있습니다.
불량배는 승진을 했지만, 나는 더 낮아졌습니다.

친구 (8연)

나의 의롭고, 알만한 친구여, 당신의 생각이 잘못되었군요.
당신은 이제 공의를 포기하고 당신의 신의 계획들에 대하여 모독하는군요.

당신 생각으로 신의 규례들을 무시하려 하는군요.
… 당신의 여신의 바른 법도들을 …
신의 현명한 계획들은 하늘의 중심과 같고,
여신의 칙령들은 … 하지 않습니다.
… 을 사람들이 잘 배웠습니다.

(9-12연은 없거나 심하게 손상되었다)

고통당한 자 (13연)

나는 나의 집을 포기할 것입니다….
나는 재물을 바라지 않을 것입니다….
나는 내 신의 규례들을 무시하고 그의 제사 의식들을 짓밟을 것입니다.
나는 소를 잡고 …음식을…,
나는 길을 떠나 먼 곳으로 갈 것이고,
나는 우물을 파서 홍수를 벗어나게 할 것이고,
나는 강도처럼 먼 나라에서 배회하며,
나는 내 배고픔을 피하기 위해 가가호호 방문할 것이고,
나는 가난 중에서 찾아 헤매고 거리를 배회할 것입니다.
거지처럼 나는…
행복은 멀리 떨어져….

(14 연은 심하게 손상되었다)

고통당한 자 (15연)

딸이 그녀의 어머니께 옳지 못한 것들을 말하고 있다.
그물을 쳐서 사냥하는 자가 넘어졌다.
대체로 말하면, 누가 성공한 자인가?
… 하는 많은 야생 동물들…
그들 중에 누가…
내가 … 하는 아들과 딸을 찾아야 하는가?
내가 … 하는 자를 찾는다면 놓아야 하지 않는가?

친구 (16연)

겸손하고 순종하는 자…
당신의 뜻이 순종하면… 진귀하다.
… (이 연의 나머지 부분은 손상되거나 잃어버렸다)

고통당한 자 (17연)

관을 쓴 왕자가 누더기 옷을 입고 있고,
가난하고 헐벗은 자의 아들이 좋은 옷을 입고 있다.
녹여진 금을 지키는 자 그것을 모으게 된다.
붉은 금을 배분하는 자는… 해야 한다.
채소만 먹는 자가 고귀한 자들의 식사를 하게 된다.

중요한 자와 부자의 아들이 쥐엄나무나 먹게 된다.
부자가 넘어졌다. 그의 부귀가 멀리 가버렸다.

(18 연과 19 연은 심하게 손상되었다)

친구 (20연)

당신은 당신의 지혜로운 생각이 떠나가게 했군요.
… 당신은 지혜를 조롱했고,
… 당신은 합당한 것을 경멸하고, 규례들을 모독했고,
… 손님은 그로부터 멀리 떠나가고,
… 중요한 사람이 되고,
… 학자로 불리고,
그는 돌봄을 받고 그가 원하는 것을 얻게 된다.
신의 길을 따르고, 그의 제의들을 지키고,
… 의롭다고 간주된다.

(21연은 심하게 손상되었다)

친구 (22연)

당신이 은혜를 구하고 있는 불량배로 말할 것 같으면,
그의 …은 곧 사라질 것이다.

신들의 뜻을 거스리며 부귀를 얻게 된 불량배는

살인자의 무기에 의해 학대를 받을 것이다. 당신이 신의 뜻을 구하지 않고서, 무슨 성공을 얻을 수 있는가?

그의 신의 멍에를 지는 자는 불경기에라도 결코 양식이 모자라지 않을 것이다.

신의 은혜의 숨결을 구하면,

당신이 일 년 동안 잃었던 것을 한 순간에 다 회복할 것이다.

고통당한 자 (23연)

내가 세상을 돌아보니, 세상이 변했다.

신은 마귀의 길조차 방해하지 않으신다.

아버지가 운하를 따라서 배를 끌고 있는 반면에,

아들은 침대에 누워있다.

장자가 사자처럼 처신하는가 하면,

둘째 아들은 당나귀를 끄는 사람이 되는 것에 흡족해 한다.

상속자는 어린아이처럼 거리를 다니고 있고,

막내 아들은 가난한 자에게 음식을 나눠줄 수 있을 정도로 풍부하다.

내가 나의 신을 경배한다고 해서 나에게 유익한 것이 무엇인가?

나는 나보다 더 낮은 사람에게조차 절해야 하고,

막내 동생처럼, 부자가 나를 경멸한다.

친구 (24연)

오, 지혜롭고 학식 있는 자여, 지식을 통달한 자여,
당신의 마음이 완고해져서 당신이 신을 잘못 비난하고 있다.
신의 생각은 하늘의 중심 같아서 크게 다르다.
그것을 아는 것이 아주 어렵고, 사람은 그것을 알 수가 없다.
아루루가(Aruru) 만든 모든 피조물들 중에서
왜 가장 오래 된 자식이 그렇게…?
소의 경우를 보면, 첫 소가 송아지인데,
그 뒤에 나오는 새끼는 크기가 두 배나 된다.
첫 아이는 약하게 태어나지만,
둘째는 용맹스러운 전사라고 불린다.
비록 신의 뜻을 발견하는 것이 가능할지라도,
사람은 어떻게 그것을 발견할지를 모른다.

고통당한 자(25연)

주의를 기울이시오, 나의 친구여, 나의 현명한 계획을 이해하시오,
내가 신중하게 선택한 말들에 주의를 기울이시오.
사람들은 죽일 줄 아는 강한 사람의 말은 칭찬하지만,
잘못한 것이 없는 힘없는 사람은 무시합니다.
혐오스러운 짓이 바른 것으로 간주되고 있는 악한 자의 지위를 그들은 인정해주지만,

자기 신의 뜻에 주의를 기울이는 정직한 자는 쫓아냅니다.
그들은 억압하는 자의 창고를 금으로 채우지만,
거지의 식량을 저장소에서 비워버립니다.
그들은 힘 있는 자를 지원하고… ,
힘 없는 자를 파멸하고 권세 없는 자를 짓밟습니다.
권세 있는 사람이 하찮은 나를 핍박합니다.

친구 (26연)

신들의 왕인 나루(Narru), 사람을 만든 자가,
위엄 있는 줄루마(Zulummar), 그들을 위해 진흙을 손으로 집으신 자가,
여신 마미(Mami), 그들의 형체를 정한 여왕이,
인류에게 비뚤어진 말을 주셨군요.
그들이 인류에게 영원히 진실이 아닌 거짓말을 주셨습니다.
그들이 엄숙하게 부자에게 좋은 말을 하고,
"그가 왕이시다," "부귀가 그의 것입니다"라고 말하지만,
그러나 그들은 가난한 자를 도적처럼 취급하고,
그들은 그에게 나쁜 말만 하고 그를 죽일 것을 음모하고,
범죄자처럼 모든 악한 것을 당하도록 만드는데, 왜냐하면 그가 …
무섭게도 그들은 그를 끝장내고, 그를 타오르는 석탄처럼 사라지게 만듭니다.

고통당한 자 (27연)

당신은 친절하군요, 나의 친구여, 내 괴로움을 보시오.
나를 도와주시오, 나의 고통을 보고, 그것을 알기 바라오.
나는 겸손하고, 지혜롭고, 간구하는 자이지만,
잠시라도 도움이나 보조를 얻지 못했습니다.
나는 내 도성의 사방을 주제넘지 않은 모습으로 다녔고,
내 목소리를 높이지 않았고, 말도 아주 작게 했습니다.
나는 내 머리를 들지 않았고, 땅을 보고 다녔고,
나의 동료들 무리의 종처럼 예배드리지도 않았습니다.
나를 버린 신이 나에게 도움을 주시기 바라며,
나를 포기한 여신이 자비를 보여주기를 바라며,
백성의 태양인, 목자가 신으로서 마땅히 해야 할 바인 그의 양을 먹이기를 바랍니다.

(6) "인간의 고통에 관한 대화"(A Dialogue about Human Misery)

이 시는 "바벨론인 전도서"(The Babylonian Ecclesiastes)라고 불리기도 한다. 이 시는 27연으로 되어 있는 답관체 시(알파벳 순으로 진행되는 시, acrostic poem)인데, 한 연마다 같은 자음으로 시작하는 11행으로 이루어져 있다. 히브리어로 된 시편 119편을 생각하면 이해가 쉬울 것이다. 이 시가 새겨진 돌판들은 기원전 7세기경에 존재했던 것으로 추정되지만, 이 시는 그보다 몇 세기 이전부터 존재했던 것으로 보인다. 고통당한 자의 말은 홀수 연에서 소개되는 반면에, 그의 친구의 말은 짝수

연에서 언급된다.[22] 그런데 이 시의 내용은 "바벨론인 신정론"과 매우 흡사하다. 그래서 이 곳에서 다시 소개할 필요가 없을 정도이다.

(7) "염세주의의 대화"(The Dialogue of Pessimism)

이 글은 한 주인과 그의 종 사이에 주고받은 대화를 소개하는데, 그 대화 속에서 다루는 중심 주제는 인생의 보람과 의미이다. 사람들의 삶을 기쁘게 하고 보람을 누리게 하는 것이 무엇인지를 다루는 이 글은 어떤 긍정적인 결론과 교훈을 얻기를 원하는 독자들의 기대와는 전혀 다른 결론을 제시하고 있다. 그래서 삶의 다양한 모순들과 부조리 속에서도 인생의 보람과 의미를 잃지 않기 위해서 하나님을 경외하는 가운데 하나님께서 허락하신 일과 가족과 친구들을 통해 인생을 즐겁게 누리도록 제안하는 전도서의 가르침과는 대조적인 면을 보인다.

1) ("종아, 내 말을 들으라.") "네, 주인님, 네." "내가 왕궁에 타고 갈 수 있도록, 빨리 마차를 가져와서 말에 매어라." "가십시오, 주인님, 가십시오…. 준비가 될 것입니다…. 당신에게 은혜를 보여줄 것입니다." "아니다, 종아, 나는 왕궁으로 가지 않을 것이다." "가지 마십시오, 주인님, 가지 마십시오…. 당신을 보낼 것입니다…. 당신이 알지 못하는 길로 가도록 할 것입니다. 그가 당신으로 하여금 밤낮으로 고통하게 할 것입니다."

2) "종아, 내 말을 들으라." "네, 주인님, 네." "내가 손을 씻고 저녁 식사를 할 수 있도록, 빨리 나에게 물을 가져오너라." "식사를 하십시오, 주인님, 식사를 하십시오. 꾸준히 식사를 하면 생각이 넓어집니다.…은 그의 신의 음식입니다. 샤마시(Shamash)는 손을 씻은 자와 함께 하십니다." "아니다, 종

아, 내가 식사를 하지 않겠다. 배가 고팠다가 먹고, 목이 말랐다가 마시는 것이 사람에게 최고이니라."

3) "좋아, 내 말을 들으라." "네, 주인님, 네." "내가 넓은 들녘으로 나갈 수 있도록, 빨리 마차를 가져와서 말에 매어라." "가십시오, 주인님, 가십시오. 사냥꾼이 자기의 배를 채울 수 있을 것입니다. 사냥개들이 사냥감의 뼈들을 부수고, 사냥꾼의 매가 땅에 내려앉고, 지나치는 야생 나귀가 넓은 들녘에서 사냥감을 취하게 될 것입니다." "아니다, 좋아, 내가 들녘으로 나가지 않을 것이다." "가지 마십시오, 주인님, 가지 마십시오. 사냥꾼의 생각이 바뀌고, 사냥개의 이빨이 부서지고, 사냥꾼의 매가 있는 집이… 그의 집의 벽에… 그리고 떠도는 야생 나귀가 머무는 곳은 황량한 곳입니다."

4) "좋아, 내 말을 들으라." "네, 주인님, 네." "나는 가정을 이루고 아이들을 가질 것이다." "그리 하십시오, 주인님, 그리 하십시오. 가정을 이루는 사람은 … '함정'이라고 불리는 문… 강하고, 셋 중에 둘은 약골이 될 것입니다." "내가 태울 것이다, 갔다가 돌아올 것이다. 나는 법정에서 나의 대적을 기다릴 것이다." "그러면 기다리십시오, 주인님, 기다리십시오." "그래서, 그래서 내가 가정을 이루려 한다." "가정을 이루지 마십시오. 이렇게 하는 자는 그의 아버지의 가정을 깨트리게 됩니다."

5) "좋아, 내 말을 들으라." "네, 주인님, 네." "내가 정직하지 않은 일을 할 것이다." "그러시면, 하십시오, 하십시오. 당신이 정직하지 않은 일을 하지 않고서 당신의 옷이 어디서 생깁니까? 당신의 배를 채우게 하는 어떤 것을 누가 당신에게 주겠습니까?" "아니다, 좋아, 나는 부정직한 어떤 일도 하지 않으련다." "부정직한 짓을 하는 사람은 죽게 되거나 갈취를 당하게 되거나, 자기 눈이 뽑히게 되거나, 포로가 되거나, 감옥에 갇히게 됩니다."

6) "좋아, 내 말을 들으라." "네, 주인님, 네." "내가 여인과 연애할 것이다." "그러면 연애하십시오, 주인님, 연애하십시오. 여인과 연애하는 자는 슬픔과 근심을 잊게 됩니다." "아니다, 좋아, 내가 여인과 연애하지 않겠다." "연애하지 마십시오, 주인님, 연애하지 마십시오. 여인이란 함정이요, 구멍이요, 시궁창이요, 여인은 남자의 목을 베는, 날카로운 철 단도입니다."

7) "좋아, 내 말을 들으라." "네, 주인님, 네." "내가 손을 씻고 나의 신에게 제사를 드릴 수 있도록, 빨리 나에게 물을 가지고 오너라." "제사를 드리십시오, 주인님, 제사를 드리십시오. 자기 신에게 제사를 드리는 사람의 마음은 편안해집니다. 그는 빌리고 또 빌릴 수 있게 됩니다." "아니다, 좋아, 내가 나의 신에게 제사를 드리지 않겠다." "제사를 드리지 마십시오. 주인님, 제사를 드리지 마십시오. 당신의 신이 제의를 행하기를 원하든, 아니면 '너의 신과 상의하지 말라' 고 하든지, 혹은 다른 것을 말하더라도, 당신은 당신의 신이 개처럼 당신을 쫓아오도록 만드십시오."

8) "좋아, 내 말을 들으라." "네, 주인님, 네." "내가 대출을 해주려고 한다." "그러면 빌려주십시오, 주인님, 빌려주십시오. 빌려주는 사람은 곡물은 그대로 있고 추가로 이자가 있습니다." "아니다, 좋아, 내가 빌려주지 않으련다." "빌려주지 마십시오, 주인님, 빌려주지 마십시오. 빌려주는 것은 연애하는 것과 같이 쉽지만, 그것들을 갚는 것은 아이를 낳는 것처럼 어렵습니다. 그들이 당신의 대출금을 다 쓰고 당신에 대해 끝없이 불평하며 당신의 이자도 잃게 만들 것입니다."

9) "좋아, 내 말을 들으라." "네, 주인님, 네." "내가 내 나라를 위해서 좋은 일을 할 것이다." "그러면 그렇게 하십시오, 주인님, 그렇게 하십시오. 자기 나라를 위해 좋은 일을 하는 사람은 자기의 좋은 일을 말둑(Marduk)의 …

에 넣어두는 것입니다." "아니다, 종아, 내가 내 나라를 위해 좋은 일을 하지 않겠다." "그러면 하지 마십시오, 주인님, 하지 마십시오. 오래된 폐허 더미로 올라가서 돌아다녀 보십시오. 천한 자들과 위대한 자들의 해골들을 보십시오. 어느 것이 악한 일을 한 사람의 것이고 어느 것이 좋은 일을 한 사람의 것입니까?"

10) "종아, 내 말을 들으라." "네, 주인님, 네." "그러면 무엇이 선한 것이냐?" "나의 목과 당신의 목을 부러뜨려서 강에 던져 넣는 것입니다. 누가 하늘에 이를 정도로 큰 사람이 있습니까? 누가 광대하여 지하 세계를 둘러쌀 수 있습니까?" "아니다, 종아, 내가 너를 죽여서 네가 먼저 가도록 하겠다." "그렇다면 맹세하건대 나의 주인님이 나보다 사흘도 더 오래 살지 못할 것입니다."

이 글에 언급되는 주인은 자신이 처한 사회적인 위치와 자신이 가진 물질을 가지고 보람을 느낄 수 있는 무엇인가를 하고자 하지만, 곧 이어서 마음을 바꾸어 그 일을 하지 않으려고 결심한다. 그의 심정의 변화를 일으키게 만든 것이 무엇인지가 구체적으로 밝혀지지는 않지만, "그러면 무엇이 선한 것이냐?"라는 주인의 질문은 그가 다양한 일들을 하면서 추구하고자 한 것이 선한 것, 삶을 보람 있게 하는 것, 의미 있게 하는 것이라는 점을 유추하게 만든다. 그런데 이 주인은 왕궁에서 권세 있는 자들과 교제하는 것, 맛있는 음식을 먹는 것, 사냥을 하는 것, 가정을 가지는 것, 연애하는 것, 신에게 제사를 드리는 것, 물질을 불리는 것, 나라를 위해 일하는 것 등과 같은 다양한 일들이 자기에게 어떤 보람과 의미를 줄 수 있을 것이라는 확신을 가지지 못하고 있다.

주인보다 더욱 인생의 경륜이 많은 것으로 추정되는 종이 주인에게 해준 조언들은 사람들이 행하는 어떤 일들에도 긍정적인 면과 부정적인 면이 동반된다는 점을 상기시켜 준다. 그리고 그는 인생에서 선한 것이 죽는 것이라고 조언함으로써 염세적인 인생관을 표현하고 있다.

그러므로 어떠한 일에서도 삶의 의미를 찾지 못하여 어떤 일을 해야 할지 하지 말아야 할지를 결정하지 못하는 주인의 모습이나, 죽는 것이 선하다고 말하는 종의 모습 속에서 배울 수 있는 긍정적인 인생관은 너무나 미약하게 보인다. 이러한 염세주의적인 인생관의 가르침은 전도서에서 소개하는 바와 대조된다. 왜냐하면 전도서는 비록 죽음이 필연적으로 다가온다고 할지라도 하나님께서 허락하신 일을 하면서 가족들과 친지들과 함께 즐거워하며, 하나님을 경외하는 삶을 살아가도록 교훈하는 긍정적인 인생관과 신앙관을 제공하기 있기 때문이다.

(8) **"아히칼의 교훈"**(The Words of Ahiqar)

이 글은 1906년과 1907년에 걸쳐 북 이집트의 엘레판틴(Elephantine)에서 독일의 발굴자들에 의해 발견된 것으로, 기원전 8세기와 7세기에 앗수르를 통치했던 산헤립(705-681) 과 에살핫돈(680-669) 왕 당시에 왕궁을 중심으로 있었던 사건을 소개한다. 열 한 개의 파피루스 중에서 처음 네 개는 아히칼과 관련된 사건들을 다루고 있고, 나머지 일곱 개는 아히칼의 교훈을 기록하고 있는데, 그 교훈 속에서 다루어지는 주제들(자녀를 매로 훈계함, 대화의 지혜, 진실함, 겸손함)이 구약성서의 그것들과 유사하다. 앗수르의 인물에 관해 기록하고 있는 이 글은 앗시리아어뿐만 아니라 시리아어를 포함한 여러 다른 언어로도 기록되고 있는데, 현존하는 기록 중에 가장 오래된 것은 아람어로 된 본문이다. 아하칼은 토빗서에도 언급되고 있다(1:22; 14:10).

아히칼은 왕궁의 지혜로운 서기관 중에 한 사람이요, 왕의 봉인을 간수하는 자였는데, 왕궁 내에서 있었던 봉기에 가담했던 자로 추정된다. 그래서 왕이 나부수미스쿤(Nabusumiskun)으로 하여금 그를 죽이도록 명령하고 있다. 나부수미스쿤이 아히칼을 발견하게 되었을 때, 아히칼은 이전에 산헤립 왕이 다스릴 때 자신이 나부수키스쿤을 살려준 사건을 상기시키면서 자기를 살려주도록 부탁한다. 그러자 나부수미스쿤은 아히칼을 살려주고 대신 자기의 종을 죽게 하려 한다. 나중에 에살핫돈 왕이 아히칼의 시체를 확인하게 될 때 문제가 생기지 않게 하려 한 것이다. 나부수미스쿤과 동행했던 자들은 아히칼이 죽었다고 왕에게 보고했다. 그 이후에 이어지는 내용이 발견되지 않았지만, 끝 부분에 소개되는 내용에 의하면 왕이 아히칼의 조언을 받아들이게 되고, 아히칼이 살아 있다는 소식을 듣고 기뻐한다. 아히칼의 교훈을 소개하는 내용들 중에서 구약성서의 내용과 비교해 볼 수 있는 것들을 언급한다면 다음과 같다.

우는 당나귀보다 더 강한 것이 무엇이냐? 짐이다. 훈련을 받고 가르침을 받고 발에 차꼬가 메여 있는 아들은 번창하게 될 것이다. 네 아들이 매로부터 멀어지지 않게 하라, 그렇지 않으면 네가 네 아들을 악으로부터 건지지 못할 것이다.[23] 내 아들아, 내가 너를 때리면 네가 죽지 않을 것이지만, 내가 너를 네 마음대로 내버려두면 너는 살지 못할 것이다…. 샤마시(Shamash)를 기쁘게 하는 것이 두세 가지 있으니, 포도주를 마시고 또 마시도록 주는 자요, 지혜를 지키는 자요, 또 말을 듣고도 말하지 않는 자라. 보라 그것이 샤마시에게 귀하다. 그러나 포도주를 마시고 주지 않는 자와 자기 지혜를 타락하게 한 자…지혜….

신들에게도 그녀는 귀하다. 항상 나라가 그녀의 것이다. 하늘에서 그녀가 세워졌으니, 거룩한 자들의 주가 그녀를 높인다. 내 아들아, 너무 말을 많이 하지 말고 네 생각에 따라서만 말하라…. 주의해야 할 모든 것들보다 네 입을 더 주의하라….[24] 왕의 말을 가볍게 여기지 마라. 그것이 네 육체를 치유하게 하라.[25] 왕의 말은 부드러우나, 그것은 양날이 선 칼보다 날카롭고 강하다…. 왕이 네게 명령하면, 왕의 진노는 타는 불이다. 그것을 즉시 순종하라…. 왕의 혀는 부드러우나, 그것은 용의 뼈를 부순다….[26]

나는 모래도 들어보았고, 소금도 날라 보았지만, 슬픔보다 무거운 것이 없다. 나는 상한 갈대도 세워 보았고, 겨도 집어 보았지만, 나그네보다 가벼운 것(역자주: 존중받지 못하는 것)이 없다. 전쟁은 좋은 친구들 사이에 있던 잔잔한 바다를 요동케 한다…. 의로운 자에게 활을 당겨 화살을 쏘지 마라. 그렇지 않으면 신이 그를 도와서 그것이 네게 다시 돌아오게 할 것이다. 내 아들아, 네가 배고프면 어떤 어려운 일이라도 하라, 그러면 네가 먹고 만족할 것이요 너의 자녀들에게 줄 수 있을 것이다. 네가 의로운 자에게 활을 당겨 화살을 쏘면 네게서는 화살이 나가지만 신에게서는 보호하심이 나갈 것이다. . . 악한 자로부터 대출을 받지 말라. 만약 내게 대출을 받으면 네가 그것을 갚을 때까지 쉼이 없을 것이다…. 내 아들아, 거짓말 하는 사람에게 네 귀를 기울이지 마라. 사람의 매력은 그의 진실함에 있다…. 처음에는 거짓말쟁이에게 보좌가 제공하지만, 나중에는 그들이 그의 거짓말을 발견하고 그의 얼굴에 침을 뱉는다…. 누구든지 자기 부모의 이름을 자랑스러워하지 않는 자는 해가 그에게 비치지 않을 것이니, 그가 악함이라….[27] 네 친구들 앞에서 네 비밀을 드러내지 말지니, 그렇지 않으면 그들이 네 이름을 경멸하게 될 것이다. 너보다 높은 자와 다투지 마라. 너보다… 한 자와 강한 자와 싸우지 말지니, 그가 너에게 속한 것을 가져가서 그의 것으로 만들 것이기 때문이다…. 너로부터 지혜를 떠나보내지 말고… 네 시력이 어두워지지 않도록, 너무 많은 것을 보지 마라. 그들이 너를 삼키지 않도록 너무 달콤하게 대하지 말고, 그들이 너를 내뱉어버리지 않도록 너무 쓰게 대하지 마라…. 내 아들아, 만약 네가 높아지게 되면 신 앞에서 자신을 겸손하게 할지니, 그는 높은 자를 낮추고 낮은 자를 높이신다…. 신은 비뚤게 말하는 자의 입을 뒤틀고 그의 혀를 찢는다. 선한 눈을 어둡게 하지 말며, 선한 귀를 막지 말며, 선한 입이 진리를 사랑하고 말하게 하라. 마음이 선하고 바르게 행동하는 자는 산 위에 위치한 강한 도시 같다. 그를 끌어내릴 자가 아무도 없다. 신과 함께 거하는 자 이외에는 누가 자신의 도피성으로 말미암아 보호될 수 있는가?… 사람은 자기 친구의 마음을 알 수가 없다. 그러므로 선한 사람이 악한 자를 보면 그를 조심하게 하라. 여행 중에 그와 같이 하지 말게 하며 선한 이와 악한 자가 이웃이 되지 말게 하라….

각주에서도 언급한 바 있지만, "아히칼의 교훈"에서 다루고 있는 다양한 주제들(자녀들을 엄하게 교육하는 일의 중요성, 왕 앞에서의 처신술, 말의 지혜, 진실함의 중요성, 부모를 공경하는 일의 중요성, 악한 자를 멀리하는 지혜, 신의 보호 아래 사는 삶 등)을 볼 때 구약성서의 잠언에 언급되는 그것들과 유사한 점이 있다. 또 교훈의 내용이 "내 아들아"라는 구문을 사용하고 있기에 잠언의 형태와 유사하다(잠 1:10; 2:1; 3:1, 11 등). 아울러 "서너 가지"와 같이 숫자를 사용하여 격언을 기억하게 만드는 용법이 잠언 30장 18, 21절에 소개된다.

> 내가 심히 기이히 여기고도 깨닫지 못하는 것이 서넛이 있나니 곧 공중에 날아다니는 독수리의 자취와 반석 위로 기어 다니는 뱀의 자취와 바다로 지나다니는 배의 자취와 남자가 여자와 함께 한 자취며…
> 세상을 진동시키며 세상이 견딜 수 없게 하는 것 서넛이 있나니 곧 종이 임금된 것과 미련한 자가 음식으로 배부른 것과 미움 받는 여자가 시집 간 것과 여종이 주모를 이은 것이니라.

"아히칼의 교훈"에서 지혜를 여성으로 의인화하여 부르는 형식은 잠언 8장에서도 발견된다. 이러한 형식의 유사성과 아울러 다양한 주제들의 유사성을 발견하면서 두 글의 관계성에 관해 추론해 볼 수 있다. 첫째 의견은 두 글의 저자들이 상대의 글을 전혀 접하지 않은 채 독자적으로 자신의 글을 기록했다고 보는 것이다. 둘째 의견은 한 글의 저자가 다른 글의 내용과 문학적 형식에 관해 잘 알고 또 참고할 수도 있었을 것이라는 의견이다. 만약 둘째 의견이 사실로 간주된다면, "아히칼의 교훈"이 기원전 7세기경에 존재했던 사람의 교훈을 다루고 있고, 잠언은 그 주된 기원을 솔로몬 시대까지 거슬러 올라갈 수 있는 것으로 볼 때, "아히칼의 교훈"을 기록한 저자가 잠언의 내용이나 문학 형식을 참고하는 가운데 자신의 글을 기록했을 가능성이 크다. 그러나 잠언 8장이 솔로몬보다 훨씬 후대에 기록된 것이라고 간주한다면 잠언 8장의 기록자는 적어도 "아히칼의 교훈"을 이해하는 가운데, 하나님께서 자신에게 주신 영감에 따라 잠언 8장을 기록한 것이라고 볼 수 있을 것이다. 필자는 지혜가 여성으로 의인화되어 소개되는 잠언 8장의 긴 내용이 "아히칼의 교훈"에서 한 문장으로 아주 간략하게 소개되는 내용과 그렇게 직접적인 연관성이 없고, 오직 지혜를 '그녀'라고 부르는 정도의 연관성에 그치는 것으로 볼 때, 이 두 글의 저자들이 상대의 글을 참고하여 자신의 글을 기록했다고 볼 근거가 희박하다고 간주한다. 더욱이 잠언 8장에서는 지혜를 의인화 할 뿐 아니라 창조주의 한 속성으로 해석할 수 있을 정도로 신격화시키고 있는 점으로 미루어 볼 때, 잠언의 저자가 "아히칼의 교훈"을 참고하여 잠언 8장을 기록했다고 보는 데는 회의적이다. 지혜를 "그녀"라고 의인화한 것은 고대 근동 국가들에서 지혜의 중요성을 강조한 자들이 지혜의 교훈을 부각시키기 위해 사용한 보편적인 문학 표현 중에 하나로 간주된다. 여기에 덧붙여 잠언 8장의 저자는 지혜의 신적인 면을 더욱 부각시켜 소개하고 있다고 보여진다.

> 신들에게도 그녀는 귀하다. 항상 나라가 그녀의 것이다. 하늘에서 그녀가 세워졌으니, 거룩한 자들의 주가 그녀를 높인다(아히칼의 교훈).

> 지혜가 부르지 아니하냐 명철이 소리를 높이지 아니하냐… 나 지혜는 명철로 주소를 삼으며 지식과 근신을 찾아 얻나니… 나로 말미암아 왕들이 치리하며 방백들이 공의를 세우며 나로 말미암아 재상과 존귀한 자 곧 모든 의로운 재판관들이 다스리느니라…. 여호와께서 그 조화의 시작 곧 태초에 일하시기 전에 나를 가지셨으며 만세 전부터, 태초부터 땅이 생기기 전부터 내가 세움을 받았나니…(잠 8:1-31).

필자는 이 장에서 아주 많은 페이지를 할애하면서 고대 애굽과 메소포타미아 국가들의 지혜문헌들을 소개했다. 그래서 독자들이 구약성서의 지혜문헌들과 고대 근동 국가들의 지혜문헌들의 문학적 형식들과 사상적 주제들을 직접 비교해볼 수 있는 기회를 제공하고자 했다. 이러한 시도의 결과로 필자가 내릴 수 있는 결론은 구약성서의 지혜문헌들과 고대 근동의 지혜문헌들이 문학적인 형식들에 있어서나 각 책들에서 다루고 있는 사상적 주제들에 있어서 유사한 경우들이 많이 있다는 점이다. 그렇다고 해서 전자가 후자로부터 직접적으로 인용한 내용들이나 구절들이 있다고 단정을 짓기는 어렵다. 오히려 구약성서 지혜문헌의 저자들은 고대 근동 국가들의 지혜문헌들의 내용과 문학 형태들을 충분히 이해하고 있는 가운데 자신의 독자적인 신학 사상이나 삶의 교훈을 전하기 위해 유용하다고 생각되는 내용과 문학적 형태들을 참고했던 것으로 추정된다. 뿐만 아니라, 그들은 여호와 신앙에 입각하여, 다양한 삶의 주제들과 신앙적 교훈들을 전달함에 있어서 고대 근동 국가들에서 다루어지고 있었던 주제들과 사안들, 그리고 해답들을 충분히 이해한 가운데 그것들의 주장에 대해 동의할 것은 동의하고, 비판할 것을 비판하는 가운데 독자적이면서도 창조적인 작품을 만들어내었던 것으로 보인다. 그러기에 우리는 구약성서 지혜문헌의 저자들이 이전이나 당대에 존재했던 근동의 지혜 문헌들로부터 무비판적으로 표절하거나 인용했던 자들이 아니라 성령의 감동 아래에서 창조적이고도 비판적인 저술 활동을 할 줄 알았던 창조적인 저자들이었다고 평가할 수 있을 것이다.

주(註)

1) James B. Prtichard, ed., *Ancient Near Eastern Text Relating to the Old Testament* (Princeton: Princeton University Press, 1969), 405-471; James L. Crenshaw, *Old Testament Wisdom: An Introduction,* 212-235; John Day, Robert P. Gordon and H. G. M. Williamson, ed., *Wisdom in Ancient Israel: Essays in Honor of J. A. Emerton,* 17-54.

2) Crenshaw, *Old Testament Wisdom,* 213.

3) Murphy, "Wisdom in the OT," 928-929; Pritchard, 419.

4) Pritchard, 419.

5) Ibid.

6) Ibid., 421.

7) 이형원, 『잠언』, 150.

8) Ibid.

9) Berend Gemser, "The Instructions of Onchsheshonqy and Biblical Wisdom Literature," *Studies in Ancient Israelite Wisdom,* James L. Crenshaw, ed. (New York: Ktav Publishing Co., 1976), 134-160.

10) James L. Crenshaw, *Old Testament Wisdom,* 222.

11) Ibid.

12) Ibid.

13) Ibid.

14) Ibid.

15) Ibid.

16) 이 사람의 영혼이 그와 더 이상 논쟁을 하지 않으려 한 것에 대한 반응이다.

17) Pritchard의 해설을 따름. Pritchard, 407. 난하주 23번을 참조하라.

18) Pritchard., 405.

19) Ibid., 407.

20) Ibid., 594.

21) Bendt Alster, *The Instructions of Suruppak: A Sumerian Proverb Collection* (Copenhagen: Akademisk Forlag, 1974) ; Crenshaw, *Old Testament Wisdom,* 228-9.

22) Ibid., 438-9.

23) 잠언 13장 24절과 유사하다.

24) 잠언 4장 23절과 유사하다.

25) 잠언 4장 22절, 16장 24절과 유사하다.

26) 잠언 25장 15절과 유사하다.

27) 잠언 20장 20절과 유사하다.

부록[1)]

(1) 술: 술과 중독(23:35; 23:30), 술과 속임(20:1; 23:7), 술과 권세자(31:4, 5), 술과 가난한 자(23:20; 31:7; 23:21; 20:1; 21:17), 술과 무감각(26:9; 23:35), 술과 절제(23:31), 술과 폭력(23:29; 4:17; 23:35)

(2) 동물들과 곤충들: 동물들과 술(23:32), 동물들과 훈계(26:3), 동물들과 어리석은 자(17:12; 26:11, 17), 동물들과 권세자들(19:12; 20:2; 28:15; 30:27, 28), 동물들과 지혜(30:19, 26), 동물들과 의인(12:10; 28:1), 동물들과 힘(21:31; 30:30), 동물들과 가족(5:19; 30:17), 동물들과 예비함(27:26), 동물들과 나태함(22:13; 26:13), 동 물들과 부도덕함(7:22-23), 동물들과 시기심(15:17; 26:2), 곤충들과 근면함(6:6-8; 30:25)

(3) 외모: 외모와 부도덕함(6:25), 외모와 연로함(20:29), 외모와 여호와 경외하기(31:30), 외모와 얼굴의 표현(15:13; 25:23), 외모와 권세자들(16:15)

(4) 권세자들: 권세자들과 가난한 자(29:14; 31:9; 22:7; 28:15, 16), 권세자들과 명예(14:28; 16:13; 25:6; 31:3; 27:18; 25:7; 17:26; 23:1), 권세자들과 심판(14:35; 16:10, 14, 15; 19:12; 20:2, 8, 26; 25:2, 5, 15; 29:4; 30:10), 권세자들과 순종(14:35; 16:14; 19:6, 12; 24:21; 25:13; 29:26), 권세자들과 정직함(16:12, 13; 20:28; 22:11; 17:7; 28:2; 29:12), 권세자들과 절제(31:4), 권세자들과 일(12:24; 17:2; 22:29)

(5) 복: 복과 의인(3:33; 10:6, 7; 11:11, 18; 20:7; 28:20; 12:2; 13:15; 11:27; 14:9, 14, 19, 22; 15:3, 8, 29; 28:10; 13:21; 16:20; 19:8), 복과 순종하는 자(8:32, 34; 13:13), 복과 가정(5:18; 31:12, 18, 28, 30; 18:22; 13:22), 복과 구제(11:26; 22:9; 19:6; 3:27; 25:22), 복과 합당한 말(13:2; 15:23, 30; 17:22; 25:22; 12:25), 복과 부유함(10:22; 12:14), 복과 정의(24:23, 25; 19:2; 28:21).

(6) 복에 대조되는 것들: 악에 대조되는 복(11:11, 17, 18, 23, 27; 14:19, 22; 15:8, 29; 17:13; 28:9, 10; 13:21, 22; 3:33; 10:6, 7; 18:5; 21:10; 24:20; 14:35), 혀에 대조되는 복(27:14; 30:11; 17:20), 어리석은 자에 대조되는 복(14:9; 19:2; 13:13), 분노에 대조되는 복(19:12;

16:29), 불성실함에 대조되는 복(12:2; 13:2, 15; 14:14), 속임에 대조되는 복(20:23)

(7) 몸: 가족과 덕이 많은 아내와 관련된 몸(6:1, 3, 4, 5; 7:2; 23:26; 30:17; 31:13, 17, 20; 12:4; 5:19, 20; 14:1), 근면과 훈계와 관련된 몸(12:14, 24; 25:12; 10:13; 19:29; 26:3; 29:1), 분노와 악한 자와 관련한 몸(30:33; 1:11, 16, 18; 6:13, 17; 12:6; 29:10; 16:30; 13:25), 몸과 혀(29:5; 17:4; 18:20; 25:15), 몸과 주님(3:7-8; 15:3; 20:12; 22:12; 29:13; 3:26; 30:4), 몸과 부도덕함(7:11, 13-15, 23; 5:5; 6:25, 27; 30:12), 몸과 건강(14:30; 15:30; 16:24; 17:22), 가난한 자와 나태함에 관련한 몸(21:13; 28:27; 29:13; 10:4; 30:14; 6:10; 19:24; 21:25; 26:15; 10:26; 25:19), 의인과 지혜에 관련된 몸(10:6; 2:2; 18:15; 23:12; 3:16; 1:9; 3:21-22; 4:9; 6:20-21), 몸과 교훈(28:9; 4:25-27; 1:15, 24; 3:3, 26; 25:17; 7:3; 22:26), 몸과 권세자들(20:8; 21:1; 23:1-2), 어리석은 자와 교만한 자와 관련된 몸(17:16, 18, 24; 26:6, 7, 9; 30:13-14, 32; 16:5), 몸과 구제(25:21-22), 몸과 술(23:29, 33)

(8) 비교들과 대조들: 악한 자와 관련한 비교들(26:21; 10:23, 25; 11:19; 1:12, 27; 4:19; 16:27; 17:14; 25:26; 28:15), 의로운 자와 관련한 비교들(16:8, 19; 19:22; 28:6; 10:20; 11:20, 28; 15:19; 21:8, 29; 28:1; 4:18), 하나님의 말씀에 관련한 비교들(2:4; 7:2; 16:16; 28:4), 훈계와 관련한 비교들(3:12; 16:32; 27:5; 25:28), 부도덕함에 관련한 비교(5:3-4; 6:5, 11; 7:22-23; 11:22; 23:28), 가정에 관련한 비교들(15:17; 17:1; 21:9, 19; 25:24; 12:4; 27:15-16; 31:4), 하나님에 관련한 비교(15:16), 나태함에 관련한 비교들(10:26; 26:14; 15:19; 24:4), 권세자들에 관련한 비교들(25:6-7; 16:15; 19:12; 20:2; 21:1), 혀에 관련한 비교들(19:1; 18:4, 8; 12:18; 25:11-12, 14; 26:2, 22-23), 가난한 자에 관련한 비교(28:3), 격려에 관련한 비교들(17:22; 27:21; 25:13, 20, 25), 어리석은 자에 관련한 비교들(26:1, 4, 8-9, 11), 우정에 관련한 비교들(27:10; 20:5; 18:19)

(9) 만족: 만족과 충족(12:11; 30:8-9; 19:23; 24:15-16; 13:2; 4:26-27; 29:17; 22:18; 12:14; 14:14; 20:13), 만족과 보호(20:22; 16:6; 1:8-9, 33; 12:21; 3:21-22; 18:10; 28:26; 29:25; 30:5; 19:23; 11:14; 21:31; 24:6), 성실함과 의인에 관련한 만족(20:6; 28:20; 27:6; 11:13; 13:17; 25:13; 14:5; 28:4; 15:26; 10:21; 11:30-31; 12:3, 7, 12; 2:21), 진리와 지혜와 관련한 만족(12:19; 4:9; 10:9; 3:17; 14:33; 24:3-4), 재정과 우정에 관련한 만족(3:9-10; 8:20-21; 21:20; 27:6; 3:29), 만족과 주님(3:5-6; 16:20; 22:19; 28:25-26; 29:25), 조언과 겸손에 관련한 만족(20:18; 11:14; 15:22; 24:6; 19:21; 25:6; 3:34; 27:2; 27:21), 훈계와 일과 관련한 만족(29:17; 16:3; 21:5; 10:16; 12:11, 14; 22:29), 만족과 권세자들(25:6-7; 27:18; 29:4, 14; 28:16; 28:2; 25:5, 15; 22:11, 29; 16:12), 만족과 혀(12:14; 13:2; 18:21; 16:24; 22:17-18; 18:20), 만족과 과부(15:25), 만족에

대조되는 것들(13:23; 29:9; 21:9; 27:20; 30:15-16)

(10) 죽음: 죽음과 지혜를 거부함(1:26-27; 24:21-22; 5:23; 8:36; 14:12; 16:25; 19:16; 21:16; 6:15), 죽음과 어리석은 자(1:32; 10:14, 21), 죽음과 가난한 자를 억누름(17:5), 죽음과 부도덕함(2:18; 5:5; 7:27; 9:18), 죽음과 악한 자(11:3, 7, 19; 14:32; 28:24; 15:11; 17:19; 27:20; 10:29), 죽음과 혀(21:6, 23; 11:9; 13:3; 24:1-2), 죽음과 교만(16:18; 18:12), 죽음과 훈계가 부족함(15:10; 23:13; 24:11; 29:1), 죽음에 대조되는 것들(14:27, 32; 19:16; 10:2; 11:3-4; 13:14)

(11) 근면: 근면과 일(10:4, 16; 12:27; 13:4; 16:26; 14:23; 22:29; 24:27; 31:13, 31), 근면과 훈계(4:23; 16:3), 근면과 지도력(27:23; 12:24), 근면과 부귀(13:11; 21:5; 23:4; 5:10; 11:18)

(12) 훈계: 훈계와 주님(3:11; 6:23; 1:23, 25, 30; 30:6), 훈계와 자녀들(27:11; 13:24; 15:5; 29:15; 19:26; 13:1; 22:6), 훈계와 복(20:30; 24:25; 10:17; 13:18; 15:32; 21:11; 28:23), 훈계와 심판(14:31, 34; 17:5; 5:12; 10:17; 12:1; 13:18; 15:10, 32; 18:3; 19:19; 29:1; 6:33), 훈계와 조롱하는 자(19:29; 15:12; 22:10; 21:11; 9:7-8; 13:1; 19:25), 훈계와 어리석은 자(15:5; 19:29; 17:10), 훈계와 지혜로운 자(21:11; 22:3; 27:5, 12; 9:8; 15:31; 17:10; 25:12)

(13) 가족: 가족과 자녀 교육(1:8; 4:1, 10, 20; 6:20; 13:1; 2:1; 3:1, 21; 5:1; 7:1, 24; 19:27; 23:26; 24:21; 8:32), 가족과 지혜로운 자녀(10:1, 5; 13:1; 15:20; 23:15, 19, 24-25; 29:3; 1:10, 15; 27:11; 28:7), 가족과 어리석은 자녀(15:5, 20; 17:2, 21, 25; 19:13, 26; 20:20; 28:7, 24; 30:11, 17; 10:1, 5), 가족과 남편(13:22; 14:26; 20:7), 가족과 부모 공경(17:6; 31:28; 23:22; 27:10), 가족과 훈계(20:11; 22:6, 15; 23:13; 29:15, 17; 3:11-12; 13:24; 19:18), 가족과 현숙한 아내(12:4; 31:11, 28; 5:18; 18:22; 19:14), 가족과 다투기 좋아하는 아내(12:4; 19:13), 가족과 간음(5:20; 6:29)

(14) 재정: 재정과 돈 빌리기(22:7), 재정과 보증서기(6:1; 11:15; 17:18; 20:16; 22:26; 27:13), 재정과 정직(11:1; 16:11; 20:10, 23)

(15) 어리석은 자: 어리석은 자와 조언을 거부함(12:15; 16:22; 23:9; 26:4-5, 12; 28:26), 지식과 지혜를 거부하는 것과 관련하여 어리석은 자(1:7, 22; 8:5; 10:21; 13:16; 14:6-7; 17:16; 18:2; 24:7; 9:4-6, 12), 어리석은 자와 신뢰할 수 없음(14:8; 26:6), 어리석은 자와 분별력 부족(9:13; 14:1, 15, 18; 15:21; 18:13; 24:9; 10:23; 26:7, 9; 28:26; 29:9; 30:32; 7:7; 9:16; 22:3; 27:12), 어리석은 자와 무책임한 삶(19:3; 1:32; 14:9, 18, 24; 17:24; 21:20, 24;

26:11), 어리석은 자와 자기 절제력의 부족(14:16-17, 29; 17:12; 20:3; 27:3; 29:8, 11), 어리석은 자와 수치(3:35; 12:16; 13:16, 19; 26:1, 8), 어리석은 자와 혀(10:8, 10, 14, 18; 12:23; 14:3; 15:2, 7, 14; 17:7, 28; 18:6-7; 19:1; 20:20), 어리석은 자와 지혜로운 자를 섬김(11:29; 14:33; 19:10), 어리석은 자와 나쁜 친구(13:20), 어리석은 자와 훈계(14:3; 17:10; 18:6; 26:3; 27:3; 9:7-8; 13:1; 15:12; 19:25, 29; 21:11; 22:10), 어리석은 자와 가족(22:15; 10:1; 15:5, 20; 17:21, 25; 19:13)

(16) 우정: 우정과 실수 인정(18:17; 6:1-5; 17:18; 25:8), 우정과 조건 없는 사랑(17:17; 18:24; 27:10; 12:26; 3:29), 우정과 혀(16:28; 17:9; 22:11; 11:9, 12; 24:28; 25:9, 18; 26:18-19; 29:5), 우정과 부귀(14:20; 19:4, 6; 3:28), 우정과 가난한 자(19:4, 7; 14:20-21), 우정과 나쁜 친구(22:24; 16:29; 21:10), 우정과 때(25:17)

(17) 하나님: 지식과 지혜와 관련한 하나님(1:7, 29; 2:5-6; 9:10; 15:33; 15:16; 28:5), 하나님과 거룩함(3:7; 8:13; 14:2; 16:6; 23:17; 9:10; 30:3; 10:29; 21:3), 하나님과 정직(16:11), 하나님과 생명(10:27; 14:27; 19:23; 22:4; 8:35), 하나님과 복(15:16; 22:4; 31:30; 3:4, 32-33; 10:3, 22; 12:2; 16:3, 20; 18:22; 19:14, 17; 25:21-22; 28:14, 25; 30:7), 하나님과 보호(23:11; 14:26; 30:5; 3:25-26; 16:7, 9; 18:10), 하나님과 신뢰(3:5-10; 16:1; 22:19), 하나님과 편재(5:21; 15:3, 11; 24:17-18), 하나님과 창조(3:19; 8:22; 20:12; 22:2; 29:13; 14:31; 17:5), 하나님과 주권성(16:2, 4, 33; 17:3; 19:21; 20:24, 27; 21:1-2, 30; 22:12; 29:26), 하나님과 의인(3:11-12; 11:20; 12:22; 15:8-9, 26, 29), 하나님과 악인(3:32-33; 10:29; 11:20; 12:2; 15:8-9, 25-26, 29; 16:5; 17:15; 19:3; 22:14; 21:12)

(18) 증오심: 증오심과 분노(22:8; 14:17, 29), 증오심과 혀(15:1; 25:23; 10:18; 13:5), 증오심과 다툼(20:2; 20:22; 30:33; 12:16; 10:12; 15:17, 18; 19:19; 29:8, 9; 14:35), 증오심과 나쁜 친구(22:24), 증오심과 훈계를 거부함(8:36; 9:8; 12:1; 13:24; 15:10; 24:17-18), 증오심과 욕심(15:27; 11:4), 증오심에 대조되는 것들(16:14, 32; 14:29, 35; 15:1, 18; 21:14; 11:23; 10:12; 12:1; 19:11; 29:8)

(19) 겸손: 겸손과 높여짐(4:7-8; 15:33; 18:12; 22:4; 29:23; 16:19), 겸손과 자랑(25:27; 12:9), 겸손과 자기 절제(20:3; 11:16), 겸손과 교훈(13:18; 11:2), 겸손과 가난한 자(14:31), 겸손과 의인(21:21), 겸손과 다른 사람들을 섬김(27:18; 6:1-5), 겸손과 지혜(3:13-16, 35; 8:17-18)

(20) 부도덕함: 부도덕함에 관련한 교훈과 결과(6:20-35; 23:26-27; 29:3; 20:16; 27:13), 부

도덕함과 양심(30:20), 부도덕함과 혀(2:16; 5:3; 22:14; 6:24; 7:5), 부도덕함과 가족(5:1-23; 7:6-27; 2:16-19)

(21) 교훈: 교훈과 지혜로운 자(12:15; 13:10; 19:20; 10:17; 12:1; 23:23; 1:5; 4:13; 8:10, 33; 21:11; 23:12; 19:16; 9:9), 교훈과 바른 판단(11:14; 24:6; 15:22; 16:20-23; 20:5), 교훈과 조언 찾기(19:20; 20:18; 27:9), 교훈과 지혜를 거부하기(1:20-33), 교훈과 주님(8:14; 1:2-3; 6:23; 19:21; 21:30; 15:33), 교훈과 가족(4:1-4, 10-11; 1:8-9; 13:1; 19:27)

(22) 율법: 율법과 가족(2:1-5; 3:1-2; 4:1-4; 6:20-24; 7:1-3; 31:26; 28:7; 1:8), 율법과 하나님(8:27-29; 28:9), 율법과 지혜로운 자(10:8; 13:13-14; 19:16; 28:4; 29:18), 율법과 결과(19:16; 10:8; 28:7; 31:4-5; 13:13; 28:4)

(23) 나태함: 나태함과 잠(6:9-11; 10:5; 19:15; 20:13; 24:32-34; 26:14), 나태함과 지혜(6:6-8), 나태함과 신뢰할 수 없음(10:26), 나태함과 일(18:9; 21:25), 나태함과 야망(13:4; 15:19), 나태함과 게으름(12:24, 27; 19:24; 24:30-31; 26:15), 나태함과 변명(20:4; 22:13; 26:13, 16)

(24) 생명: 지혜와 명철과 관련한 생명(2:1-2; 10:8; 14:33; 15:14, 24, 31; 16:21-22; 18:15; 20:5; 22:17; 3:13-18; 4:13; 8:35; 9:6; 24:14), 생명과 가족(3:1-3, 21-22; 4:4, 10, 20-22; 6:20-23; 7:1-3; 23:19, 26; 31:12; 29:17), 생명과 주님 (1:23; 19:21; 23:12), 생명과 하나님을 신뢰하기(3:5-6; 15:11; 16:9; 17:3; 21:1-2; 23:17; 24:12; 28:14; 9:10-11; 11:30; 14:27; 19:23; 22:4; 16:2; 20:27), 생명과 훈계(4:23; 5:12; 10:8; 22:15; 24:17; 10:16-17; 15:31; 22:5; 23:13-14; 29:17), 생명과 격려(12:25; 13:12; 15:13, 15, 30; 17:22; 27:9, 19; 16:24; 25:13, 25), 생명과 낙망(31:6; 14:10; 25:20; 18:14), 생명과 혀(21:23; 10:20; 15:7, 28; 16:23, 24; 22:11; 10:11; 13:3; 15:4; 18:21), 생명과 부도덕함(6:26, 32; 5:6; 7:22-23), 생명과 악인(6:12-15, 16-19; 10:20; 11:20; 12:20; 17:20; 23:7; 24:2; 26:23-25; 1:18-19), 생명과 의인(15:28; 10:16; 11:19, 30; 12:28; 16:17; 21:21), 생명과 어리석은 자(12:23; 15:7; 19:3; 18:7)

(25) 사랑: 사랑과 행복(14:21-22), 사랑과 주님을 경외함(3:3; 15:9; 16:6; 21:21), 사랑과 소망(19:18; 12:25; 13:12), 사랑과 혀(15:23; 18:21), 친구들과 적들과 관련한 사랑(17:5; 24:17; 17:17), 사랑과 가족(5:19; 13:24; 29:3; 5:18), 사랑과 지혜(4:6; 8:17-21; 19:8), 사랑과 용서(10:12; 15:17; 17:9; 28:13), 사랑과 진솔한 대면(9:8; 27:5), 사랑과 죽음(8:36)

(26) 거짓말: 거짓말과 속임(12:5, 20; 14:8; 24:28; 26:19; 31:30; 20:17; 21:6), 거짓말과 증오심(26:24-26; 10:18; 26:28), 거짓말과 거짓 증인(14:5, 25; 30:6; 12:17; 19:5, 9), 거짓말과 혀(17:4; 6:16-19; 12:19, 22), 거짓말과 권세자들(29:12; 17:7), 거짓말에 대조되는 것들(30:7-9; 12:5, 17, 19, 22; 14:5, 8, 25; 13:5)

(27) 도덕성: 도덕성과 자기 절제(19:11), 도덕성과 건전한 판단력(16:21; 18:15; 3:21-22; 1:4; 2:10-11; 5:1-2; 12:16, 23; 13:16; 14:8, 15, 18; 22:3; 27:12), 도덕성과 선함(21:8; 12:4; 31:10, 29; 8:12; 19:14; 20:9, 11), 생각과 말과 연관된 도덕성(15:26; 22;11)

(28) 자연: 자연과 주님(3:19-20; 8:24-31; 30:4), 자연과 권세자들(25:3, 13; 16:15; 21:1), 어리석은 자와 혀와 관련한 자연(26:1; 25:23; 18:4), 자연과 조언(20:5; 27:19), 교만과 분쟁과 연관된 자연(25:14; 27:15), 자연과 근면함(6:6-8; 10:5; 30:24-25), 자연과 가난한 자(28:3)

(29) 음식물: 음식물과 권세자들(27:18; 23:1-3), 음식물과 부도덕함(6:26; 9:17; 30:20; 5:3), 음식물과 의인(13:25; 10:21), 속임과 교만에 관련한 음식물(20:17; 23:6-8; 12:9; 25:27), 음식물과 일(6:6-8; 12:11; 20:13; 28:19; 30:25; 16:26), 음식물과 구제(22:9; 25:21; 11:25), 음식물과 현숙한 아내(31:14-15, 27), 음식물과 혀(18:21; 13:2; 16:24; 27:7), 불순종과 악인과 관련한 음식물(30:17; 23:20-21), 만족과 건강과 관련한 음식물(30:8; 15:15, 30; 3:7-8; 24:13; 25:16; 27:27), 음식물과 어리석은 자(15:14; 30:20-23), 음식물과 기근(12:9; 6:30; 13:25; 19:15)

(30) 가난한 자: 가난한 자와 압제(28:15; 30:11-14; 13:23; 14:31; 17:5; 22:16, 22; 28:3; 31:9), 가난한 자와 호의(11:24; 14:21; 31:20; 19:17; 21:13; 22:9; 28:8, 27; 29:7, 14), 가난한 자와 일(10:4; 13:23; 30:7-9), 가난한 자와 영향력(10:15; 13:8; 14:20; 18:23; 19:1, 4, 7, 22), 가난한 자와 부자(22:2, 7; 28:11), 가난한 자와 훈계(20:13; 21:17; 23:19-21; 28:6, 22; 13:18)

(31) 교만: 교만과 자랑(20:14; 25:14; 27:1; 21:4), 교만과 패망(15:25; 16:5, 18; 18:12; 29:23), 교만과 수치(11:2), 교만과 다툼(28:25; 6:16-19; 13:10; 21:24), 교만에 대조되는 것들(11:2; 18:12; 29:23; 8:13; 28:25; 13:10)

(32) 부자: 부자와 유산(8:20-21; 13:22; 17:2; 19:14; 20:21), 부자와 주님을 경외하기(22:2, 4; 28:20; 10:22; 14:24), 부자와 구제(3:9-10), 부자와 일(28:19; 13:11; 14:23; 21:5; 23:4; 10:4; 11:16), 부자와 악함(28:6, 22; 10:2; 11:4), 부자와 영향력(14:20; 18:23; 19:4), 부자과

가난한 자(22:7, 16), 부자와 안정(10:15; 18:11; 13:8), 부자와 불안정(13:7; 28:11; 11:28; 23:5; 27:24), 부자에 대조되는 것들(10:4; 15; 13:8; 14:20, 23; 18:23; 21:5, 17; 28:19)

(33) 부요함: 부요함과 혀(21:6; 26:23; 20:15; 25:11; 10:20), 부요함과 훈계(17:3; 25:4-5, 12; 27:21), 부요함과 지혜(3:13-15; 8:10, 19; 16:16; 21:20; 2:1-5), 부요함과 선함(31:10), 부요함과 주님을 경외하기(15:6; 3:9; 8:21), 부요함과 악인(10:2; 6:30-31; 28:8; 29:3)

(34) 공의: 공의와 복(3:32-33; 10:6-7, 24-25, 28; 11:10-11, 28; 12:12; 13:9, 21-22, 25; 15:6; 20:7; 23:24; 28:10, 12; 29:2, 6; 14:34; 16:8; 21:21; 14:9, 11), 공의와 배움(8:6, 9; 2:20; 9:9; 11:9; 15:19), 공의와 혀(8:8; 10:11, 21, 31-32; 12:13; 15:28; 28:1), 공의와 보호(10:2-3, 29; 11:4-6, 8, 21; 12:3, 7, 21; 18:10; 24:15-16; 13:6; 2:7-8; 29:10), 공의와 정의(17:15; 18:5, 17; 25:26; 11:31; 13:5; 21:15; 8:20; 16:12), 공의와 생명(11:19, 30; 14:32; 12:28), 공의와 일(11:18), 공의와 주님을 경외하기(11:20; 15:8-9, 29, 14:2), 공의와 구제(21:25-26; 29:7), 공의와 권세자들(29:2; 16:12; 25:4-5)

(35) 고난의 때: 고통과 관련한 고난의 때(17:1, 14, 17; 1:24-27; 15:15-16, 27; 26:17, 21; 25:6-8, 19; 30:33; 11:17, 29; 24:10), 가난한 자와 관련한 고난의 때(22:22), 혀로 말미암은 고난의 때(21:23; 16:28; 26:20, 28; 12:13), 고난의 때와 관련한 하나님의 보호하심(3:25; 11:8; 29:25; 1:33; 28:5; 14:16), 악한 자들과 관련한 고난의 때(16:28; 28:25; 10:24; 17:19; 13:13; 15:6; 25:26), 권세자들과 관련한 고난의 때(29:2; 24:21; 20:2), 고난의 때에 낙담함(14:13; 15:13), 술로 말미암은 고난의 때(31:5-7; 23:29-30), 어리석은 자와 관련한 고난의 때(17:21; 20:3; 22:10; 14:16; 10:10), 분노로 말미암은 고난의 때(10:12; 15:18; 29:22; 19:19)

(36) 혀: 혀와 신중함(15:1, 4, 28; 18:13-14, 20-21; 22:17-18, 20-21; 23:15-16; 24:26, 28; 26:4-5; 5:1-2; 12:14; 13:2-3; 16:1, 23; 27:2; 29:20; 10:19; 17:28; 25:15), 혀와 악인(16:27, 30; 17:4, 20; 24:1-2; 26:23; 6:12-15; 10:6, 11, 31-32; 11:9, 11; 15:4, 26, 28; 19:28; 12:6, 13; 22:12), 혀와 의인(15:28; 10:11, 20-21, 31-32; 16:13; 31:8-9; 12:6), 혀와 진실(8:6-8; 12:17, 19; 22:20-21; 14:25; 30:5-6), 혀와 어리석은 자(26:4-5, 7, 9; 15:2, 7, 14 ; 14:3, 7; 17:7, 28; 18:6-7; 19:1; 10:14; 10:18; 13:3; 23:9), 혀와 지혜로운 자(27:11; 10:13, 19; 14:3; 15:2, 7; 20:15; 16:21, 23; 18:4; 22:17-18; 12:18; 31:26; 4:3-5), 혀와 거짓말(26;19; 12:17, 19, 22; 14:25; 19:5, 9; 21:6, 28; 10:18; 17:4, 7; 26:24-25, 28; 6:16-19), 혀와 훈계(28:23; 25:23; 29:19), 혀와 교훈(13:13; 4:10, 20, 24; 8:6; 14:7; 22:17-18; 7:1-5; 19:27; 23:12), 혀와 부도덕함(5:3-4; 22:14; 30:20; 6:24; 2:16; 7:5, 21), 혀와 험담(29:5;

11:9, 13; 16:28; 18:8; 20:19; 26:20, 22, 28; 24:28; 12:18), 혀와 증오심(10:18; 26:24-25), 혀와 일(12:14; 14:23), 혀와 권세자들(16:10, 13; 22:11; 25:15), 혀와 격려(12:25; 15:23; 16:24; 25:11), 혀와 자랑(20:14; 27:2)

(37) 진실: 진실과 재판(13:23; 24:23-25; 1:1-6; 2:7-9; 21:3; 8:20; 18:5; 21:15; 23:23), 진실과 권세자들(20:8, 28; 8:15; 16:10, 13; 29:4, 7), 진실과 악인(17:23; 18:5; 19:28; 28:5: 21:7), 진실과 혀(8:7; 22:20-21; 121:17, 19, 22; 14:25), 진실과 신뢰성(3:3; 14:22; 16:6)

(38) 삶의 방식: 악인의 삶의 방식(5:22-23; 12:11, 26; 17:23; 19:3; 28:4; 13:6, 15; 10:9, 29; 16:25, 29; 22:5; 28:10, 18; 21:16; 1:31; 4:19; 11:5; 14:2, 12, 14; 15:9), 의인의 삶의 방식(12:26; 21:8, 21; 13:6; 19:16; 22:5; 2:8-9; 4:18; 12:28; 15:9, 19, 24; 10:9; 14:2; 28:6, 18), 일과 관련한 삶의 방식(31:27; 12:11; 28:19; 6:6), 부도덕한 삶의 방식(2:16-19; 5:6-10; 31:3; 7:24-27; 30:20), 훈계와 관련한 삶의 방식(28:4; 15:10; 6:23; 10:17; 22:6), 교훈과 관련한 삶의 방식(4:10-11, 14-17, 26; 23:19; 2:12-15, 20; 3:23, 31; 8:32; 9:6; 22:24-25; 23:26), 하나님과 관련한 삶의 방식(16:2, 7, 9; 3:5-6, 17; 8:1-2, 20; 5:21; 10:29; 20:24; 21:2)

(39) 악함: 악함과 부도덕함(23:28; 22:14; 30:20), 악함과 거짓말(24:24; 12:5, 20, 22; 11:18; 17:4; 26:24-26), 악함과 악인(12:2, 12; 10:9, 29; 14:2, 19, 22; 2:12-15; 6:14, 16-19; 11:19, 27; 17:11, 13; 21:10, 15; 24:8, 19-20; 28:10; 29:6; 8:36; 3:31-31 등), 악함과 혀(26:24-25; 15:4; 12:6, 13; 15:28; 16:27, 28, 30; 26:23; 17:20; 10:19; 13;2; 22:12; 10:6, 11, 20, 32; 11:11; 19:28; 24:1-2), 악함과 어리석은 자(10:23; 13:19; 19:1, 3; 14:9, 16; 24:9; 18:6; 22:3, 10; 27:12), 악함과 교만(16:5; 13:10; 21:4), 악함과 권세자들(16:10, 12; 20:8; 28:2, 12, 15; 20:26; 25:4-5; 29:2, 12), 악함과 재판(19:28; 17:15, 23; 20:8; 18:5; 21:7; 11:23), 악함과 율법(28:4, 9), 악함과 분노(29:22; 26:23; 22:8; 10:12), 악함과 다툼(18:18-19; 17:14; 22:10; 26:21)

(40) 악함에 대조되는 것들: 의인에 대조되는 악함(11:5; 28:10, 18; 11:27; 13:22; 14:22; 10:9; 22:3; 27:12; 3:33; 4:18; 10:3 등), 혀에 대조되는 악함(13:2; 15:4; 10:11, 20, 32; 12:6), 주님을 경외하는 것도 대조되는 악함(3:7; 8:13; 10:27, 29; 14:2; 16:6; 19:23; 23:17; 28:14; 12:2; 15:3; 20:22; 22:12; 28:5), 지혜에 대조되는 악함(13:15; 28:2; 10:19, 23, 31; 12:8; 14:16), 훈계에 대조되는 악함 (20:30)

(41) 지혜: 지혜와 교훈(3:21-22; 2:10; 8:10; 12:1; 14:7; 22:17-18; 4:10-13 등), 지혜와 의인(11:9; 12:23; 10:21, 31; 14:8; 15:21 등), 지혜와 혀(10:13; 5:1-2; 11:9; 15:2, 7; 17:27; 20:15 등), 지

혜와 주님(16:20; 1:7, 20; 2:1-6; 8:12-13; 22:12; 21:30; 3:5; 20:24; 28:5; 9:10; 15:33; 3:7; 14:16), 지혜와 명철(8:6-9; 9:10; 10:14; 11:9; 12:23; 13:16; 14:6, 18; 15:2, 7, 14; 18:15; 19:2; 21:11; 24:3-5; 28:2), 지혜와 훈계(17:10; 19:25; 21:11 등), 지혜와 복(3:13, 35; 24:14; 21:20), 지혜와 권세자들(28:2; 14:35; 16:14; 20:26), 지혜와 깨달음(1:1-6; 2:1-5, 9-11; 3:13; 4:5-9; 7:4-5; 8:1-5, 14; 9:6; 10:13; 11:12; 13:15; 14:6, 33; 15:32; 17:24; 28:11 등), 지혜와 분노(11;12; 14:29; 29:8, 11), 지혜와 지혜로운 자(18:1; 2:10-11; 3:13; 10:23, 31; 12:8; 14:33; 17:24; 19:8; 28:26 등), 지혜와 겸손(11:2; 13:10), 지혜와 가족(28:7; 3:21-22; 5:1-2; 19:27; 4:1-2; 29:3; 10:1, 5; 13:1; 14:1; 15:20; 17:2; 23:15, 19, 24; 27:11)

(42) 지혜에 대조되는 것들: 악인에 대조되는 지혜(28:5; 21:16; 13:15; 22:12; 12:8; 4:19; 21:12; 29:7), 혀로 범하는 죄와 대조되는 지혜(14:29; 10:8, 14, 21; 12:23; 15:2, 7, 14; 17:28 등), 어리석은 자와 대조되는 지혜(15:21; 1:22; 10:23; 11:29; 12:15; 13:16 등), 훈계를 싫어하는 것과 대조되는 지혜(12:1; 15:12, 32; 1:7; 29:15; 17:10; 9:8; 13:1; 21:11; 16:22; 10:13; 26:3)

주(註)

1) Ronald M. Sailler and David Wyrtzen, *The Practice of Wisdom: A Topical Guide to Proverbs.*

참고자료

1. 단행본

김종렬 편저. 『2001 예배와 강단』. 서울: 한들출판사, 2000.

문희석 편. 『오늘의 지혜문학연구』. 서울: 대한기독교서회, 1976.

민영규. 『예루살렘 입성기』. 서울: 연대출판부, 1976.

옥한음, 김종렬 편저. 『2000 예배와 강단』. 서울: 한들출판사, 1999.

이형원. 『구약성서 비평학 입문』. 대전: 침례신학대학교출판부, 1991.

_______. 『구약성서 해석의 원리와 실제: 사회-문학적 연구를 중심으로』. 서울: 대한기독교서회, 1999.

_______. 『잠언』. 『전망성서주해』. 서울: 전망사, 1993.

전병욱. 『파워 전도서』. 서울: 규장, 1998.

Alster, Bendt. *The Instruction of Suruppak: A Sumerian Proverb Collection.* Copenhagen: Akademisk Forlag, 1974.

Anderson, Berhard W. *Understanding the Old Testament.* Englewood Cliffs: Prentice-Hall, Inc., 1975.

Bergant, Dianne. *Israel's Wisdom Literature.* Minneapolis: Fortress Press, 1997.

Bickerman, Elias. *Four Strange Books of the Bible.* New York: Schocken Books, 1967.

Blenkinsopp, Joseph. *Sage, Priest, Prophet.* Louisville: Westminster John Knox Press, 1995.

________. *Wisdom and Law in the Old Testament.* New York: Oxford University Press, 1983.

Boadt, Lawrence. *Reading the Old Testament: An Introduction.* New York: Paulist Press, 1984.

Brueggemann, Walter. *In Man We Trust.* Richmond: John Knox Press, 1972.

________. *Theology of the Old Testament.* Minneapolis: Fortress Press, 1997.

Bullock. C. Hassell. *An Introduction to the Old Testament Poetic Books: The Wisdom and Songs of Israel.* Chicago: Moody Press, 1979.

Clements, Ronald E. *Wisdom In Theology.* Grand Rapids: William B. Eerdmans Publishing Co., 1992.

Cline, David J. A. *Job 1-20, Work Biblical Commentary 17.* Dallas: Word Books, Publisher, 1989.

Cohen, A., ed. *The Five Megilloth, The Soncino Books of the Bible.* London: The Sonsino Press, 1971.

________. *Proverbs, The Soncino Books of the Bible.* London: The Soncino Press, 1970.

Crenshaw, James L. *Ecclesiastes, Old Testament Library.* Philadelphia: Westminster Press, 1987.

________. *Old Testament Wisdom: An Introduction.* Atlanta: John Knox Press, 1981.

________. *Urgent Advice and Probing Questions: Collected Writings on Old Testament Wisdom.* Macon: Mercer University Press, 1995.

________. and John Willis, eds. *Essays in Old Testament Ethics.* New York: Ktav, 1974.

Day, John. and Robert P. Gordon and H. G. M. Williamson, eds. *Wisdom in Ancient Israel.* Cambridge: Cambridge University Press, 1995.

Fichtner, J. "Isaiah among the Wise." *Studies in Ancient Israelite Wisdom.* Ed. James L. Crenshaw. 429-38. New York: Ktav Publishing Co., 1976.

Fretheim, Terence E. *Deuteronomic History.* Nashville: Abingdon Press, 1989.

Gammie, John. and Lep Perdue, eds. *The Sage in Israel and the Ancient Near East.* Winona Lake: Eisenbrauns, 1990.

Gemser, Berend. "The Instruction of 'Onchsheshonqy and Biblical Wisdom Literature." *Studies in Ancient Israelite Wisdom.* Ed. James L. Crenshaw. 134-60. New York: Ktav Publishing Co., 1976.

Gordis, Robert. *Poets, Prophets, Sages.* Bloomington: Indiana University Press, 1971.

Habel, Norman C. *The Book of Job, Old Testament Library.* London: SCM Press, 1985.

Harper, W. R. *A Critical and Exegetical Commentary on Amos and Hosea.* Edinburgh: Scribner, 1970.

Harrison, R. K. *Introduction to the Old Testament.* Grand Rapids: Wm. E. Eerdmans Publishing Co., 1969.

Hayes, John H. *An Introduction to Old Testament Study.* Nashville: Abingdon Press, 1979.

Hengel, Martin. *Judaism and Hellenism,* vol. 1. Philadelphia: Fortress Press, 1974.

Hinson, David. *The Books of the Old Testament.* London: SPCK, 1992.

Janzen, J. Gerald. *Job, Interpretation.* Atlanta: John Knox Press, 1985.

Jensen, J. J. *The Use of tora by Isaiah: His Debate with the Wisdom Tradition.* Washington: Catholic Biblical Quarterly Monograph Series 3, 1973.

LaSor, William S. et al. *Old Testament Survey: The Message, Form, and Background of the Old Testament.* Grand Rapids: William B. Eerdmans Publishing

Company, 1996.

Lindblom, J. "Wisdom in the Old Testament Prophets." *Wisdom in Israel and in the Ancient Near East. Supplement to Vetus Testamentum 3.* 192-204. Leiden: E J Brill, 1955.

Macintosh, A. A. "Hosea and the wisdom tradition: dependence and independence." *Wisdom in Ancient Israel.* Eds. John Day, Robert Gordon and H. G. M. Williamson. 124-132. Cambridge: Cambridge University Press, 1995.

Mastin, B. A. "Wisdom and Daniel." *Wisdom in Ancient Israel.* 161-9.

Mayes, James L. *Amos: A Commentary. The Old Testament Library.* Philadelphia: Westminster Press, 1969.

McKane, William. "Jeremiah and the wise." *Wisdom in Ancient Israel.* 142-151.

________. *Prophets and Wise Men.* London: SCM Press, 1965.

Mills, Watson E., ed. *Mercer Dictionary of the Bible.* Macon: Mercer University Press, 1990.

Morgan, Donn F. *Wisdom in the Old Testament Traditions.* Atlanta: John Knox Press, 1981.

Murphy, Roland E. *Ecclesiastes, Word Biblical Commentary 23A*. Dallas: Word Books, Publisher, 1992.

________. *Wisdom Literature & Psalms.* Nashville: Abingdon Press, 1983.

________. "Wisdom in the OT." *The Anchor Bible Dictionary,* vol. 6. 920-31. New York: Doubleday, 1992.

Paul, S. M. *Amos. Hermeneia.* Minneapolis: Fortress Press, 1991.

Pope, Marvin H. *Job, The Anchor Bible.* Garden City: Doubleday & Company, Inc., 1982.

Pritchard, James B. ed. *Ancient Near Eastern Text Relating to the Old Testament.* Princeton: Princeton University Press, 1969.

Quinn, Arthur. *Figures of Speech: 60 Ways to Turn a Phrase.* Salt Lake City: Gibbs M. Smith, Inc., 1982.

Reese, James M. *The Book of Wisdom, Song of Songs. Old Testament Message 20.* Wilmington: Glazier, 1983.

Reichert, Victor E. *Job, The Soncino Books of the Bible.* London: The Soncino Press, 1970.

Rowley, H. H. *The Servant of the Lord.* Oxford: Blackwell, 1965.

Rudolph, W. *Joel, Amos, Obadja, Jona.* Gutersloh, 1971.

Sailler, Ronald M. and David Wyrtzen. *The Practice of Wisdom: A Topical Guide to Proverbs.* Chicago: Moody Press, 1992.

Sellin, E. and G. Fohrer. *Introduction to the Old Testament.* Trans. David Green. Nashville: Abingdon Press, 1968.

Soggin, J. A. *The Prophet Amos.* Philadelphia: SCM Press, 1987.

Terrien, Samuel. "Amos and Wisdom." *Israel's Prophetic Heritage.* Eds. B. W. Anderson and W. Harrelson. 108-15. New York: Harper, 1962.

VanGemeren, Willem A., ed. *New International Dictionary of Old Testament Theology & Exegesis,* vol. 2. Grand Rapids: Zondervan Publishing House, 1997.

von Rad, Gerhard. *The Problem of the Hexateuch and Other Essays.* London: Oliver & Boyd, 1966.

________. *Wisdom in Israel.* Trans., James D. Martin. London: SCM Press, 1972.

Watts, John D. W. *Isaiah 1-33, Word Biblical Commentary,* vol. 24. Waco: Word Books, Publisher, 1985.

Weeks, Stuart. *Early Israelite Wisdom.* Oxford: Clarendon Press, 1994.

West, James K. *Introduction to the Old Testament.* New York: Macmillan Publishing Co., Inc., 1981.

Westermann, Claus. *Genesis 37-50.* Trans. J. J. Scullion. Minneapolis: Augsburg Publishing House, 1986.

Whybray, R. N. *The Intellectual Tradition in the Old Testament.* Berlin: Walter de Gruyter, 1974.

________. *The Succession Narrative: A Study of II Samuel 9-20 and 1 Kings 1 and 2.* London: SCM, 1968.

Williamson, H. G. M. "Isaiah and the wise." *Wisdom in Ancient Israel.* 133-41.

Wolff, H. W. *Dodekapropheton 2: Joel und Amos.* Neukirchen-Vluyn, 1969.

________. *Hosea. Hermeneia.* Trans. Gary Stansell. Philadelphia: Fortress Press, 1974.

Wurthwein, Ernst. *Die fumf Megilloth.* Tubingen: J. C. B. Mohr, 1969.

Achtemeier, Elizabeth. 『구약, 어떻게 설교할 것인가?』 이우제 역. 서울: 이레서원, 2004.

Brueggemann, Walter. 『구약신학』. 류호영, 류호준 역. 서울: 기독교문서선교회, 2003.

________. 『지혜전승연구』. 장일선 역. 서울: 대한기독교출판사, 1980.

Crenshaw, James L. 『구약 지혜문학의 이해』. 강성열 역. 서울: 한국장로교출판사, 1993.

Ellul, Jacques. 『존재의 이유』. 박건택 역. 서울: 규장, 2005.

Gottwald, Norman K. 『히브리 성서: 사회, 문학적 연구』. 김상기 역. 서울: 한국신학연구 소, 1987.

Haystead, Wes. 『우리 아이, 잠언으로 키울 수 있다?』. 이주엽 역. 서울: 요단출판사, 1994.

Johnston, Robert K. 『허무한 아름다움』. 주종훈 역. 서울: IVP, 2005.

Kidner, Derek. 『어떻게 지혜서를 읽을 것인가?』. 유윤종 역. 서울: IVP, 2000.

Ruiz, Don Miguel et al. 『내가 말을 배우기 전 세상은 아름다웠다』. 이전 역. 서울: The Book Company, 2004.

2. 정기간행물

이형원. "구약성서에 나타나는 신학적 전통들이 현대 목회자들에게 주는 교훈." 『복음과 실천』, 25집 (2000 봄): 45-78.

차준희. "구약과 복음: 기독교 신앙을 위한 구약의 가치." 『성경과 신학』, 28집 (2000) : 24-43.

Brown, John. "Proverb-Book, Gold-Economy, Alphabet." *Journal of Biblical Literature,* vol. 100, no. 2 (1981) : 169-91.

Clements, Ronald E. "Solomon and the Origins of Wisdom in Israel." *Perspectives in Religous Studies,* vol. 15, no. 4 (1988) : 23-35.

Coats, George. "The Joseph Story and Ancient Wisdom: A Reappraisal." *Catholical Biblical Quarterly,* vol. 35 (1973) : 285-97.

Crenshaw, James L. "The Influence of the Wise upon Amos." *ZAW*, vol. 79 (1967) : 42-52.

_______. "A Mother' s Instruction to Her Son (Proverbs 31:1-9)." *Perspectives in Religious Studies,* vol. 15, no. 4 (1988) : 9-22.

Dell, Katharine J. "Ecclesiastes as Wisdom: Consulting Early Interpreters." *Vetus Testamentum,* vol. 44, no. 3 (1994) : 301-29.

Fox, Michael V. "Wisdom in the Joseph Story." *Vetus Testamentum,* vol. 51, no. 1 (2001) : 26-41.

Goldingay, John. "The Arrangement of Sayings in Proverbs 10-15." *JSOT*, vol. 61 (1994) : 75-83.

Harris, James Ian. "The King as Public Servant: Towards an Ethic of Public Leadership

Based on Virtues Suggested in the Wisdom Literature of the Older Testament." *Journal of Theology for Southern Africa*, vol. 113 (July 2002) : 61-73.

Hayman, A. P. "Qohelet and the Book of Creation." *JSOT*, vol. 50 (1991) : 93-111.

Hilber, John W. "Old Testament Wisdom and the Integration Debate in Christian Counseling." *Bibliotheca Sacra*, vol. 155 (October-December 1998) : 411-22.

Hurvitz, Avi. "Wisdom Vocabulary in the Hebrew Psalter: A Contribution to the Study of 'Wisdom Psalms.'" *Vetus Testamentum*, vol. 38, no. 1 (1988) : 41-51.

Johnson, John E. "An Analysis of Proverbs 1:1-7." *Bibliotheca Sacra,* vol. 144 (October-December 1987) : 419-32.

McKenzie, Alyce M. "Out of Character! Preaching Biblical Wisdom in a Secular Age." *Journal for Preachers,* vol. 22, no. 4 (Pentecost 1999) : 44-50.

_______. "Wisdom as a Resource for Preaching in a Time of War." *Journal for Preachers,* vol. 28, no. 1 (Advent 2004) : 21-27.

Meinhold, Arndt. "Die Gattung der Josephgeschichte und des Estherbuches: Diaporanovelle I." *ZAW*, vol. 87 (1975) : 306-24.

Melchert, Charles F. "Creation and Justice among the Sages." *Religious Education*, vol. 85, no. 3 (1990) : 368-81.

Murphy, Roland E. "Wisdom's Song: Proverbs 1:20-33." *Catholic Biblical Quarterly,* vol. 48, no. 3 (1986) : 456-60.

Newsom, Carol A. "The Book of Job as Polyphonic Text." *JSOT*, vol. 97 (2002) : 87-108.

O'Connor, Kathleen M. "The City Square and the Home: Wisdom's World." *Journal for Preachers,* vol. 19, no. 4 (Pentecost 1996) : 10-15.

Pleins, J. David. "Poverty in the Social World of the Wise." *JSOT*, vol. 37 (1987) :61-78.

Radice, Lawrence D. "Wisdom Tradition: A Door to Inter-religious Dialogue." *African Ecclesial Review*, vol. 43, no. 6 (2001) : 296-312.

Schmid, H. H. "Amos. Zur Frage nac der 'Geistigen Heimat' des Propheten." WuD NF, vol. 10 (1969) : 85-103.

Scobie, Charles H. H. "The Place of Wisdom in Biblical Theology." *Biblical Theology Bulletin,* vol. 14 (April 1984) : 43-8.

Scott, R. B. Y. "Priesthood, Prophecy, Wisdom, and the Knowledge of God." *Journal of Biblical Literature,* vol. 80, no. 1 (1961) : 1-15.

Sherwood, Stephen K. "Psalm 112-A Royal Wisdom Psalm?" *Catholic Biblical Quarterly,* vol. 51, no. 1 (1989) : 50-64.

Sneed, Mark. "Wisdom and Class." *Journal of the American Academy of Religion,* vol. 62, no. 3 (1994) : 651-72.

Talmon, S. " 'Wisdom' in the Book of Esther." *Vetus Testamentum,* vol. 13, no. 4 (1963) : 419-55.

Wright, A. G. "The Riddle of the Sphinx: The Structure of the Book of Qoheleth." *Catholic Biblical Quarterly,* vol. 42 (1980) : 38-51.

Zimmerli, Walther. "The Place and Limit of the Wisdom in the Framework of the Old Testament Theology." *Scottish Journal of Theology,* vol. 17 (Jume 1964): 146-58.

3. 미간행물

Kovacs, Brian. "Sociological-Structural Constraints upon Wisdom." Ph.D. diss., Vanderbilt University, 1978.

Lee, Hyung Won. "The Function of Figurative Language in the Book of Nahum." Ph.D. diss., The Southern Baptist Theological Seminary, 1988.

4. 기타 자료

Bratcher, Dennis. "The Character of Wisdom: An Introduction to Old Testament Wisdom Literature." http://www.cresourcei.org/wisdom.html.

Copeland, Mark A. "The Book of Job: Introduction." http://www.ccle.org/contrib/ exe_outlines/job.

일의 결국을 다 들었으니 하나님을 경외하고 그의 명령들을 지킬지어다
이것이 모든 사람의 본분이니라
하나님은 모든 행위와 모든 은밀한 일을 선악 간에 심판하시리라
(전도서 12:13-14)

설교자를 위한 구약 지혜문학

지은이	이 형 원
발행인	도 한 호
초판발행	2007년 4월 16일
2쇄발행	2011년 8월 25일
등록번호	출판 제6호(1979. 9. 22)
펴낸곳	침례신학대학교 출판부
주 소	대전광역시 유성구 북유성대로 190 (305-358)
전 화	(042)828-3255, 3257
팩 스	(042)828-3256
홈페이지	http://www.kbtus.ac.kr
이메일	public@kbtus.ac.kr

값 16,000원
ISBN 978-89-87763-86-6 93230